THE HOLOGRAPHIC UNIVERSE

Michael Talbot

投影された宇宙

ホログラフィック・ユニヴァースへの招待

▼著
マイケル・タルボット
▼訳
川瀬 勝

春秋社

アレクサンドラ、チャド、ライアン
ラリー・ジョー、ショーンに
愛をこめて

新たなデータにははかり知れない重要性があり、人間の精神、精神病理、そして治療のプロセスに関する私たちの理解を革命的に変えてしまう可能性がある。そこから得られる結論のなかには、その意義という観点からすると心理学や精神医学の枠組みを超越するものもあり、現在の西洋科学が持つニュートン‐デカルト的パラダイムに対する深刻な挑戦となっているのだ。それは、私たちが持っている人間の本質像、文化・歴史観、現実像を根こそぎ変えてしまう可能性を秘めているのである。

——ホログラフィック現象について——

スタニスラフ・グロフ『自己発見の冒険』より

はじめに

映画「スター・ウォーズ」の主人公ルーク・スカイウォーカーの冒険は、R2D2というロボットから一筋の光線が発せられ、レーア姫の小さな三次元映像が映し出されるところから始まる。オービワン・ケノービという名の何者かに助けを求めるこの幽霊のような映像に心を奪われ、じっと見つめるルーク。この映像こそがレーザー光の力を借りて作られる三次元立体映像「ホログラム」であり、これを可能にしたテクノロジーの魔術は驚異的なものである。しかし、さらに驚くべきは、宇宙そのものもこれまた一種の巨大なホログラムであり、ルークが冒険の旅を始めるきっかけとなったレーア姫の映像となんら変わらず、すばらしく精密にできた幻にほかならないと考える科学者が出はじめていることである。

言いかえれば、私たちの世界も、その中にあるものも――舞い落ちるひとひらの雪から、楓の木、流れ星、回転する電子に至るまで、ありとあらゆるものは幽霊のごとき映像にすぎず、私たちが認識する現実とはあまりにかけ離れた、文字どおり時間と空間をまったく超越したレベルからの投影であることを示唆する証拠がある、というのだ。

この驚くべき考えを築き上げたのは、アインシュタインの弟子であり、世界で最も尊敬されている量子物理学者のひとり、ロンドン大学のデイヴィッド・ボームと、スタンフォード大学の神経生理学者で、古典的とも言える神経心理学の教科書『脳の言語』（邦訳、誠信書房、一九七八）の著者でもあるカール・プリブラムの二人である。興味深いのは、ボームとプリブラムが、それぞれまったく異なる方角から進んできて、同じ結論に達したという事実だ。ボームは、通常の理論では量子物理学の世界で遭遇する現象のすべてを説明できないことにあきたらず、長年不満を持ちつづけたのちに、はじめて宇宙のホログラフィックな本質に確信をもつようになった。プリブラムのほうも、通常の理論ではさまざまな神経生理学上の謎を説明できなかったため、これに確信をもつに至ったのだった。

しかし、いったんこの考えに到達してからは、ボーム、プリブラムともに、ホログラフィック・モデルが他にもいくつかの謎を解明できることにすぐ気づいた。たとえば、どんな包括的な理論を用いても説明がつかない、自然界で遭遇するさまざまな現象である。片方の耳でしか聞くことができない人でも音の発生している方向を特定できることや、長年のあいだ会わず、顔つきが相当変わっていたとしても、私たちがその人を認識できることなどだ。

が、ホログラフィック・モデルに関して最も仰天すべきことは、あまりにつかみどころがないという理由から、これまでは科学の領域外にあると分類されてきた広範な種類の現象に、突如としてはっきりと説明がつくようになった、という点にある。例をあげれば、テレパシー、予知現象、宇宙との神秘的な一体感、そして念力《サイコキネシス》（手を触れずに物理的に物を動かすという心の力）でさえも説明ができるようになったのである。

このホログラフィック・モデルを受けいれる科学者は増えつづけており、そうした科学者たちにすぐに明らかになったのは、このモデルがほとんどすべての超常現象や神秘体験を説明するのに役立つということだ。またこのモデルは、ここ六、七年のあいだ、研究者たちに活気をもたらしており、以前は説明不可能と考えられていた現象に解明の光が当てられるといったケースも増えてきている。その例をいくつかあげてみよう。

◎一九八〇年、コネティカット大学のケネス・リング教授は、臨死体験がホログラフィック・モデルで説明できると提唱した。国際臨死研究学会の会長であるリングは、このような体験や、ひいては死そのものでさえも、リアリティをかたちづくるホログラムのひとつのレベルから別のレベルに意識が移行するにすぎないと考えている。

◎一九八五年に出版された著書の中で、メリーランド精神医学研究センターの精神医学研究部長であり、ジョンズ・ホプキンズ大学医学部の精神医学部助教授のスタニスラフ・グロフ博士は、脳に関する現在の神経生理学モデルはどれも不充分であり、元型《アーキタイプ》体験、集合無意識との遭遇や、変性意識状態で経験する他の異常現象を説明できるのは、ホログラフィック・モデルしかないという結論を下している。

◎一九八七年、ワシントンで開かれた夢研究学会の年次総会で行なわれた講演で、物理学者フレッド・アラン・ウルフは、ホログラフィック・モデルが覚醒夢（Lucid dreams：自分が夢をみていることを自覚している、現実感の強い夢。明晰夢ともいう）を説明できるとの考えを示した。ウルフは、そのような夢が実は並行現実《パラレル・リアリティ》への訪問であり、ホログラフィック・モデルが最終的には「意識物理学」を発展させる役割を果たし、こうした異次元の存在レベルの探求を可能にすると考えている。

◎一九八七年出版の著書『シンクロニシティ』(朝日出版社、一九八九)において、カナダのクイーンズ大学の物理学者F・デイヴィッド・ピートは、シンクロニシティ(共時性——あまりにも異常で心理的意味も深いために、単なる可能性の結果とはとても思えないような偶然の一致)もホログラフィック・モデルで解釈できる、としている。ピートは、そのような偶然は実は「現実という生地にできたほころび」であると考えている。それは私たちの思考過程をかいま見せてくれるものであり、今まで思われてきた以上に物理的世界とのつながりも深い、との考えだ。

ここにあげたような刺激的な考えは、この本で探究していくことのうちのほんの一部にすぎず、その多くは激しい論議を引き起こしている。それどころか、ホログラフィック・モデルそのものもまだ論議の対象であり、けっして大多数の科学者に受けいれられているとは言えない。しかしながら、のちに明らかにしていくように、重要な思想家たち、著名な人たちの多くがこれを支持しており、今日まで私たちが手にしてきたなかで最も正確な現実像であると考えられていることも事実なのだ。

ホログラフィック・モデルを劇的に立証する実験も行なわれている。神経生理学の分野では、記憶や知覚の本質がホログラフィックなものであるとのプリブラムの主張を裏づける研究が数多く出ている。同じように、一九八二年には、パリの理論応用光学研究所の物理学者アラン・アスペック率いる研究チームが画期的な実験を行なった。私たちの宇宙を物理的に構成している素粒子のマトリックス、つまりリアリティを構成する素地自体が、まぎれもなく「ホログラフィック」と思われるような特性を有している、と立証したのである。こういったさまざまな結果についても触れていく。

実験を通じての立証材料に加えて、ホログラフィック仮説に重みを与えている他の要素がいくつかある。おそらく最も重要なのは、この考えを最初に唱えたボームとプリブラムの人格と業績であろう。ホログラフィック・モデルが二人の思考の片隅にわずかな光を放ちはじめるずっと以前、そのキャリアの初期から両者ともすでに多大な業績をあげており、ふつうならその輝かしい業績だけでも残りの学究生活を充分送ることができるほどのものである。一九四〇年代、プリブラムは、脳の中でも感情や行動に関係する領域である辺縁系に関するパイオニア的研究を行なった。また、一九五〇年代にボームが行なったプラズマ物理学の研究も画期的なものと評価されている。

しかし、さらに意義深いのは、これとはちがうかたちで両者ともその卓越した人間性を示していることだ。どんなにすばらしい業績をあげたとしても、自分の生き方に胸を張って誇りをもてる人間はめったにいない。というのも、これは単に知性や才能だけで測れる性質のものではないからだ。ひとりの人間としての勇気、圧倒的に不利な状況に直面しても、自分の信念のためなら正々堂々と立ち上がるという確固たる決意こそがそれを体現するのである。大学院生だった頃、ボームはロバート・オッペンハイマーのもとで博士課程の研究を行なっていた。その後一九五一年に、ジョセフ・マッカーシー上院議員率いる反アメリカ活動調査委員会の厳しい追求の手がオッペンハイマーにのびたとき、喚問を受けたボームは、オッペンハイマーに不利な証言をするよう迫られたが、これを拒否している。その結果、彼はプリンストン大学での教職を失い、最初はブラジルへ、のちにロンドンへと移り住み、二度とアメリカで教壇に立つことはなかった。

プリブラムも、キャリアの初期に同じような試練に立たされている。一九三五年、ポルトガル人のエガス・モニスという名の神経科医が、精神病の完璧な治療方法なるものを編み出した。モニスは、患者の頭蓋骨に外科手術用のピックを挿入し、前頭葉を脳の他の部分から切断すれば、どんなに問題のある患者でもおとなしくさせられることを発見したのだった。彼が「前頭葉ロボトミー」と名づけたこの処置法は、一九四〇年代にさしかかる頃には医師たちの間で全盛となり、モニスはノーベル賞まで授与されたくらいである。一九五〇年代もこの処置法の隆盛は続き、ちょうどマッカーシー議員の公聴会と同じように、社会的に望ましくないと見なされた者たちを押さえつける手段になってしまった。この目的でのロボトミー手術の使用は公然と認められ、アメリカでこの処置法の推進を最も声高に主張していた外科医ウォルター・フリーマンは、恥じることもなくこう書いたくらいだ。曰く、ロボトミー手術は「精神分裂病者、ホモセクシュアル、過激派」などの社会的不適格者たちを「良きアメリカ市民にしてくれるものである」。

プリブラムが医療活動を始めたのはこの時代のことだった。しかし、当時の他の医師たちとは異なり、プリブラムは他人の脳をやたらといじくりまわすのはまちがっていると感じていた。この信念は堅く、フロリダ州ジャクソンビルで若い神経外科医として働いていた彼は、当時だれも疑わなかったこの考え方に反対し、自分の管理していた病棟でのロボトミー手術を一切認めようとしなかった。その後エール大学へ移ってからも、反対も多かったみずからの立場を守りつづけ、当時は過激と目されたその考え方のおかげで、危うく職さえも失いかけている。

結果はどうあろうと、自分の信ずることのためなら正々堂々と立ち上がるという、ボームとプリブラムの強い意志は、ホログラフィック・モデルの場合にもはっきりと表われている。のちほど明らかになることだが、これほどの功成った人物が、このようなまだかなり論議の対象となっている考えに支持を表明するのは、けっしてなまやさしいことではない。過去に二人が示した勇気とヴィジョンが、こんどはこのホログラフィック・モデルの考え方に重みを与えてくれているのだ。

ホログラフィック・モデルの有効性を示す証拠で最後にあげたいのは、超常現象そのものだ。これは見すごしてはならないポイントである。というのも、いま私たちがもっている現実に関する理解、高校の科学の授業で習ったような、世界は堅固な物質で成り立っているという、あの一種の安心感をもたらしてくれる世界像はどうもまちがっているらしいことを示す証拠が、ここ数十年の間にかなり現われてきているのである。こういった証拠材料は、どの標準的な科学モデルを用いても説明がつかないため、科学はおおむねこれを無視してきた。しかし、その量は厖大なものとなり、もはやそれでは通用しないところまできてしまっている。

ひとつ例をあげてみよう。一九八七年、プリンストン大学の物理学者ロバート・G・ジャーンと臨床心理学者ブレンダ・J・ダンは、二人の所属するプリンストン工学変異現象研究室で行なわれてきた十年間にわたる厳正な実験の結果、意識が物質的現実と物理的に干渉しうることをはっきり証明する証拠がそろった、と発表した。具体的に言うと、ジャーンとダンは、人間は精神を集中するだけで、ある種の機械の働きに影響をおよぼすことができる、という結論を出したのだ。これは驚愕すべき発見であり、現在の私たちの標準的な現実像ではとても説明のつかないものである。

だが、ホログラフィック・モデルの見方を使えばこれも説明可能となる。逆に言えば、現在私たちのもっている科学的理解では超常現象の説明がつかないため、そういう現象それ自体が、宇宙に関する新しい見方、新しい科学的パラダイムを求めているのである。この本では、ホログラフィック・モデルが超常現象を説明できることを示すとともに、超常現象の存在を肯定する厖大な量の証拠が、こんどは現実にそのようなモデルの存在の必要性を余儀なくしていることを探っていく。

超常現象がこれほど論議の対象となった理由にはいくつかあるが、現在の科学的世界観では説明できないという点は、そのひとつにしかすぎない。いまひとつは、超常的・心霊的な作用を実験室ではっきりととらえることはむずかしいという点で、これこそ多くの科学者が、「故に存在せず」との結論を下す原因となっているのだ。超常現象が、なぜこのように一見とらえどころがないように映るのかについても触れていきたいと思っている。

さらに重要な理由は、私たちの多くが信じていることとは裏腹に、科学もまた偏見を免れているわけではない、という点だ。私がこのことを初めて学んだのは、数年前、さる高名な物理学者に、ある超心理学の実験についてどう思うかたずねたときのことだった。この物理学者は、超常現象に対しては斜にかまえた見方をしているとの評価があったが、私をしっかり見据えると、この実験の結果には「超能力の働きを示す証拠はまったく見当らない」と述べた。結果をまだ目にしてはいなかったが、この物理学者の知性と名声に対する尊敬の念から、私は疑うことなく彼の判断を受けいれた。のちに自分でその結果を調べたとき、あまりに明白な超能力の証拠があがっているのにびっくりしてしまった。そのときわかったのは、どんなに高名な科学者でも、偏見や盲点をもつことがありうるということだった。

残念なことに、超常現象の研究ではこういった状況がよく起きる。『アメリカン・サイコロジスト』誌に最近掲載された記事で、エール大学の心理学者アーヴィン・L・チャイルドは、ニューヨークのブルックリンにあるマイモニデス医療センターで行なわれた一連の超能力（ESP）と夢に関する実験が、科学界でどういう扱いをされたかを調べている。この実験はよく知られており、その結果も超能力の存在を劇的に立証するものであったにもかかわらず、科学界はこの研究をほとんど無視した、とチャイルドは述べている。それよりもさらに深刻なのは、これをとにかく取り上げることは取り上げたほんのひと握りの科学専門誌では、この研究を「あまりにひどく歪曲して伝えている」ために、その重要性が完全に見失われてしまっている、ということだ。

いったいなぜこんなことが可能なのだろうか。ひとつ理由をあげるとすれば、科学は必ずしも私たちがそうあってほしいと願っているほど客観的ではない、ということだろう。私たちは科学者をある種の畏敬の念をもって見てしまい、自分たちと同じように、宗教上、哲学上の、あるいは社会的、文化的な偏見をもつこともあるのだということを忘れてしまう。これは残念なことだ。というのも、本書で明らかになるように、この宇宙には、現在の私たちの世界観が許容しているよりもはるかに深遠で奥深いものが存在しているからである。

だが、科学はなぜ超常現象に対して特に強い抵抗を示すのだろうか。これはもっとむずかしい問題である。エール大学の外科医であり、ベストセラーとなった『奇跡的治癒とは何か』(日本教文社、一九八八)の著者バーニー・S・シーゲルは、自分が健康について人とはかなり変わった考えをもっているので、周囲からかなりの抵抗があったと述べているが、この問題の原因については、人々が自分の信念に中毒を起こしているからだという意見をもっている。だからこそ、その信念を変えさせようとすると、人々は中毒患者のように振る舞うのだ、とシーゲルは言う。

シーゲルの観察はかなり当たっているように思われる。文明史上での偉大な発見や進歩の中で、当初、強烈な拒絶に出会ったものがこれほど多くあるのも、おそらくそのためではないだろうか。私たちは、まさに自分の信念の中毒なのであり、誰かが自分のドグマという強力なアヘンをもぎ取ろうなどとしようものなら、文字どおり中毒患者のごとく振る舞うのだ。そして、西洋科学がここ数世紀のあいだ、超常現象を信じないことにその労をさいてきたことを考えれば、中毒の対象をそう簡単にあきらめようとするはずがないのも当然である。

その点、私はめぐまれていた。この世界には、ふつう世間で言われている以上のものが存在していることはいつもわかっていた。サイキックな家庭に育ったし、本書で触れていくような現象も小さい頃からずいぶんと経験してきている。折りにふれ、テーマに関連があるようなときには、私自身の体験もいくつか話していくつもりである。それらはただの寓話にすぎないかもしれないが、私にとっては、現在やっと人間がその片鱗をかいま見ることが可能になってきた宇宙の深遠さの明確な証左であり、私たちにある種の直観を与えてくれるものであると思うからだ。

最後に触れたいのは、このホログラフィックという概念は、現在まだ形成途上にあって、いろいろな見方やさまざまな証拠材料がモザイクを成している状態であるため、これらバラバラの見解がもう少しまとまったひとつの全体像に統合されるまでは、モデルだの理論だのとは呼ぶべきでないとする意見もあるという点だ。そのため、研究者によっては「ホログラフィック・パラダイム」とよんだり、「ホログラフィック・アナロジー」、あるいは「ホログラフィック・メタファー」といった言い方を好む人もいる。本書では、多様性を良しとし、これらすべてのことばを使わせてもらうことにした。ホログラフィック・モデル、ホログラフィック理論という表現も使ってはいるが、こうしたホログラフィックな考え方が、厳密な意味でのモデルや理論の地位を獲得しているという意味合いをこめているわけではないこともつけ加えたい。

同じ意味で、ボームとプリブラムはこのホログラフィックな考え方の創始者ではあるが、ここで提示する見方や結論をすべて支持しているわけではないことも明記しておきたい。本書は、ボームとプリブラムの理論だけを見るのではなく、ホログラフィック・モデルに影響され、ときには論議を巻き起こすようなやり方で独自の解釈をしてきた多数の研究者たちの考えや結論にも目を向けていく。

また、この本で私は、原子より小さい素粒子（電子、陽子など）に関する諸理論が属する分野、すなわち量子物理学の考え方にも言及している。前にこのテーマで本を書いたことがあることもあって、「量子物理学」という言葉を見ただけで恐れをなしてしまい、その概念を理解することなどできないと考える人もいることはよくわかっている。だが私の経験では、数学をまったく知らない人でも、この本で触れている程度の物理学の考え方は充分理解できる。科学的な知識さえ特に必要ないくらいである。ページを開いて、もしそこに知らない科学用語が目についたとしても、開かれた心でいてくださるなら、それで充分だ。そういった用語は最小限におさえてあるし、どうしても使う必要のあるときには、話を進める前に必ず説明を加えたつもりである。

とにかくあまりこわがらずにいてほしい。「水の恐怖」さえ克服してしまえば、量子物理学の不可思議で魅惑的な考え方の海で泳ぐのは、思ったよりもずっとやさしく感じられることだろう。じっくり考えてみれば、自分の世界観を変えてしまうような考え方もいくつかあるやもしれない。実をいうと、この本にあるさまざまな考え方が、読者諸兄諸姉の世界観を本当に変えてしまうことを私は願っている。この謙虚な願いとともに、本書を読者の皆さんに捧げたいと思う。

投影された宇宙　ホログラフィック・ユニヴァースへの招待◉目次

第一部　驚くべき世界観の登場

事実の前に小さな子供のようにしゃがみこみ、今まで学んできたあらゆる概念をすべて捨て去ってもいいという気持ちになることだ。どこであろうと、どんな深淵だろうと、自然に導かれるままにあとをついていく。さもなければ、何も学ぶことはできないだろう。

T・H・ハクスリー

第一章　ホログラムとしての脳

目に見える世界がまちがっている、というわけではないのです。目の前に広がる世界に物質など存在していないということでもありません。事実、現実のあるレベルでは物質は確かに存在しているのですから。そういうことではなくて、ホログラフィック・システムを通して宇宙を見ると、いままでとは異なった現実のレベル、異なった現実そのものに到達する、ということなのです。そして、超常現象や、どう見ても意味がある一連の偶然の出来事を指すシンクロニシティなど、これまでは科学的な説明が不可能だった現象が、このもうひとつの現実の観点からだと説明がつく、ということなのです。

カール・プリブラム
『サイコロジー・トゥデイ』誌のインタビューより

プリブラムがホログラフィック・モデルをつくる道に入りこむきっかけとなったのは、記憶が脳のいったいどこに、どのように蓄積されているのか、という謎だった。一九四〇年代の初期、彼が最初にこの謎に関心をもった頃は、記憶は脳内のそれぞれ特定の部分に蓄積されているというのが一般的な考えだった。最後に祖母に会ったときの思い出、十六才のときにかいだくちなしの花の芳香など、人の個々の記憶は脳細胞のどこかに特定の場所をもっていると考えられていたのである。この記憶の痕跡は「エングラム」とよばれ、それが何でできているのか――神経細胞なのか、あるいは特殊な分子なのかは誰も知らなかったが、発見されるのは時間の問題だとの自信をもつ科学者がほとんどであった。

この自信にはわけがあった。一九二〇年代、カナダの神経外科医ワイルダー・ペンフィールドの手がけた研究が、特定の記憶が脳内に特定の場所をもっているとの有力な証拠を提示していたのである。脳がもつひとつの変わった特徴は、それ自体は痛みを直接感じないという点だ。頭皮と頭蓋骨を局部麻酔で麻痺させてしまえば、完全に目が覚めた状態の人に、まったく痛みを感じさせることなく脳の外科手術を施すこともできる。

ペンフィールドはこの事実をうまく利用して、一連の画期的な実験を行なったのだった。てんかん症の患者の脳の手術をしながら、脳細胞のさまざまな部分に電気的な刺激を加えてみたのである。驚いたことに、完全に目覚めた状態にある患者の側頭葉（こめかみの内側にあたる部分）に刺激を加えたとき、その患者は自分の過去に起きた出来事を微に入り細にわたり、あざやかに再体験したのだ。ある男性は、以前に南アフリカで友人と交わした会話を突如として再体験した。ある少年は母親が電話をしているのを聞き、ペンフィールドが電極での刺激を何回か繰り返すと、その会話を完璧に再現することができた。ある女性は自分がキッチンにいて、息子が外で遊んでいる声が聞こえると言った。ペンフィールドが患者を混乱させようと、他の部分を刺激しているのだと嘘を言っても結果は同じだった。同じ場所を刺激すると、やはり同じ記憶が呼び起こされるのである。

他界する直前の一九七五年に出版された『脳と心の正体』（法政大学出版局、一九八七）で、ペンフィールドはこう語っている。「これらの現象が夢でないのは明らかだった。意識の時系列的な記録、患者が過去にある体験をしているときに記された記録が呼び起こされていたのである。ちょうど映画の『回想シーン』のように、患者は過去のその特定の時間に意識していたことをすべて『再体験』していたのであった(1)」。

ペンフィールドは自分の研究から、私たちが経験してきたことはすべて、群集の中でちらりと見た他人の顔から、子供の頃に見つめたクモの巣まで、あらゆることが脳に記録されているとの結論を下した。たいして重要とは思えないような出来事の記憶が呼び覚まされる例がこれほど多いのもそのためだ、と彼は説明している。私たちの記憶が日常の取るに足らないような体験をも含む完璧な記録であるとするなら、それだけ厖大な記録から無作為に記憶を引き出せば、平凡な情報が相当量入っていても不思議はないはずである。

当時若い神経外科臨床研修医だったプリブラムには、ペンフィールドのエングラム理論を疑う理由は何もなかった。しかしその後、彼の考え方を永遠に変えてしまうことが起きたのである。一九四六年、プリブラムは当時フロリダ州のオレンジ・パークにあったヤークス霊長類生物学研究所の高名な神経心理学者、カール・ラシュリーのもとで研究を行なうことになった。三〇年以上にわたり、ラシュリーもこのつかみどころのない記憶のメカニズムを求めて自分の研究を続けており、ここでプリブラムは、ラシュリーの研究作業の成果を直接目にすることができたのである。驚いたことに、ラシュリーはエングラムが存在する証拠をいっさい見つけることができなかったばかりか、その研究結果はペンフィールドの結論をすべて根底からひっくり返してしまうように思われた。

ラシュリーは、ネズミを訓練し、迷路走行などのさまざまな行動を学習させ、つぎに、脳の一部を外科手術で切除し、ふたたびテストするという実験を行なったのだ。目的は、ネズミの脳の中で迷路を走る能力が記憶されている部分を文字どおり切り取ってしまうことであった。だが驚いたことに、脳のどの部分を切り取ろうが、この記憶を消し去ることはできなかった。運動能力が損なわれたため、迷路をつまずきながら走ることはよく見られたものの、脳の大部分を切除されても、ネズミの記憶力は依然としてきちんと残っていたのだ。

プリブラムにとってこれは信じがたい結果であった。図書館の書架に並ぶ本と同じように、もし記憶が脳の中で特定の場所をもっているとしたら、ラシュリーの外科手術はなぜまったく影響を与えなかったのか？　プリブラムには、答はたったひとつしかないように思われた。記憶は、脳の特定の場所に位置しているのではなく、なんらかのかたちで、脳全体に広がって、または分散して蓄積されているのである。問題は、少なくとも彼の知るかぎり、このような状態を説明できるメカニズムやプロセスが存在していないことだった。

ラシュリーはこの結果に確信がもてず、のちにこう書いている。「記憶の蓄積場所に関する研究結果を振り返ってみると、そこから得られるのは、学習はまったく不可能だという結論しかないと思えることがある。しかしながら、そういう証拠材料があるにもかかわらず、学習は実際に起きていることなのだ」[2]。一九四八年、プリブラムはエール大学での研究の誘いを受けた。エールに向かう前に、ラシュリーの手になる、この三〇年間にわたる記念すべき研究の成果をまとめる手伝いをしている。

突破口

エール大学でも、プリブラムは記憶が脳全体に分散されているというこの見解を考察しつづけたが、考えれば考えるほどその正しさに確信を強めていった。結局のところ、医学的な理由で脳の一部を切除したとしても、患者が特定の記憶を喪失することはなかったのだ。脳のかなりの部分を切除した患者の記憶力は、全体としてぼやけることはあっても、手術後に特定の記憶を失った人など誰もいなかったのである。同じように、車の衝突や他の事故で頭に損傷を受けた人たちも、家族の半分を忘れてしまったり、自分が読んだ小説を半分忘れてしまった、などということはなかった。ペンフィールドの研究であれほど重要な役割を演じた側頭葉を除去してしまっても、その人の記憶に亀裂が生じることはなかったのである。

もうひとつの事実がプリブラムの考えをさらに固めた。彼自身も他の研究者も、てんかん症でない人の脳をいくら刺激してもペンフィールドと同じ結果を得ることはできなかったのだ。ペンフィールド自身でさえ、てんかん症以外の患者では、同じ結果は得られていなかったのである。

記憶が分散されていることを示す証拠が増えつつあったにもかかわらず、プリブラムには、脳がどうやってそんな手品めいたことができるのか、依然まったく想像がつかなかった。が、一九六〇年代半ば、『サイエンティフィック・アメリカン』誌に掲載された、史上初のホログラムについての記事を読んだとき、彼はまるで雷にでも打たれたような気分になった。ホログラムの概念自体も目がくらむようなすごいものであったが、同時に自分が頭を悩ませてきた謎にも解決策を提供してくれたからである。

プリブラムがなぜそれだけ興奮したのかを理解するには、ホログラムについてもう少し理解しておく必要がある。ホログラフィを可能にするものに、干渉とよばれる現象がある。干渉とは、二つ以上の波、

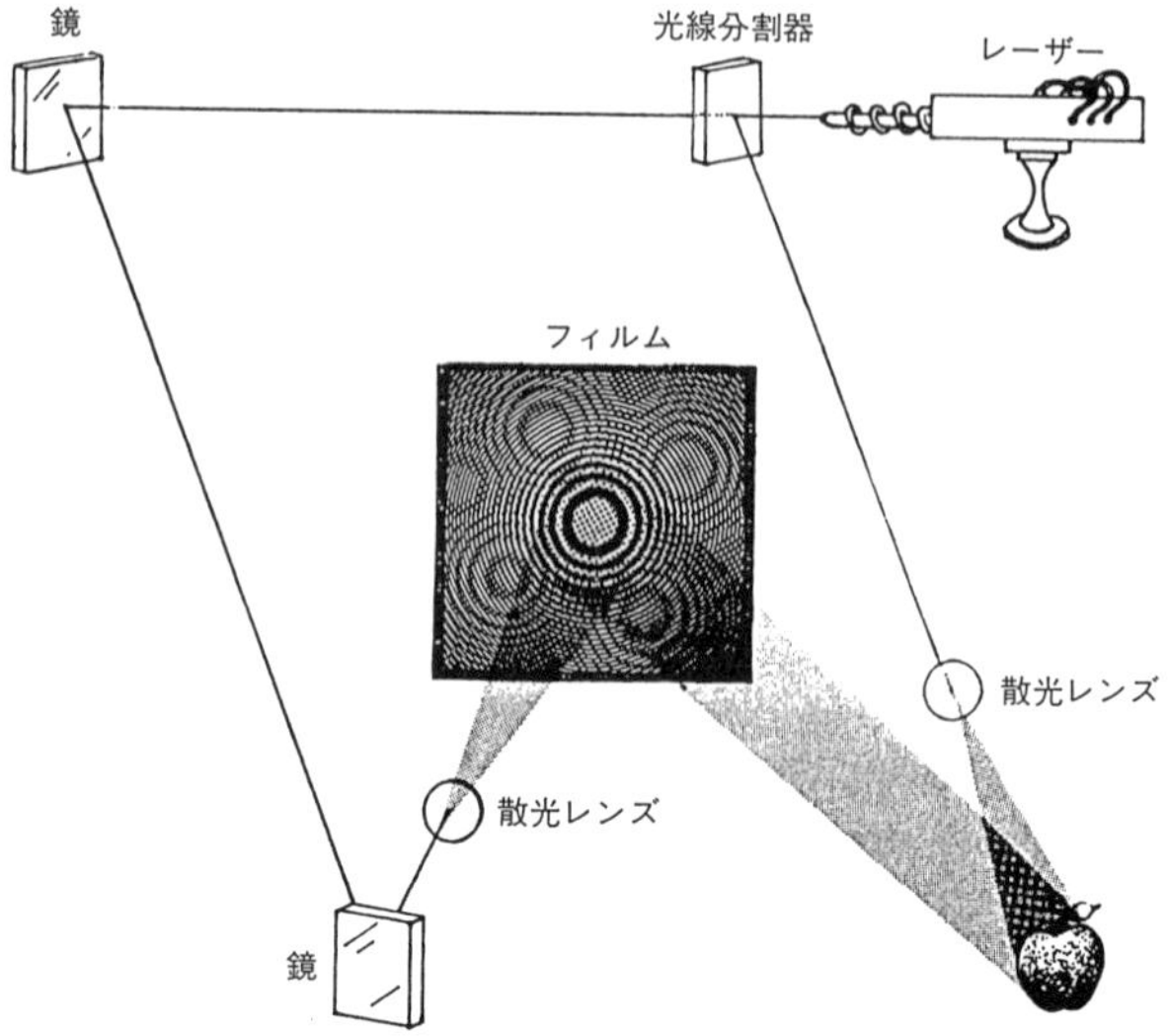

たとえば水面に生ずる波が交差するときに起きる、十文字模様のようなパターンのことをいう。池に小石を一個落とすと、外側に同心円状の波が広がっていく。小石を二個落とせばふたつの波が生じ、広がりながら互いに交差していく。この衝突の結果できる山や谷の部分が、干渉パターンとよばれるものである。

波状の現象であればどんなものでも干渉パターンをつくることができる。これは光やラジオ波でも同じことだ。なかでもレーザー光はきわめて同質性が高く、位相のそろった光であるため、干渉パターンをつくり出すのに最適である。先ほどの例で言えば、完璧な小石と完璧な池になってくれるということだ。つまり、今日あるようなホログラムは、レーザーの発明を待って初めて可能になったと言える。

ホログラムは、単一のレーザー光が、二本の光線に分割されるときに作られる。最初の光線は撮影される対象の物体に当てられ、反射する。つぎに二本目の光線を、最初の光の反射光と衝突させる。このときに干渉パターンが生じ、それがフィルムに記録されるというわけだ（図1）。

ふつうの目には、このフィルムにある画像は、撮影された物とは似ても似つかないようなものに映る。ちょうど数個の小石が池に投げ込まれたときにできる同心円の集まりのように見える（図2）。しかし、もう一本のレーザー光線（または、場合によっては単なる明るい光源）が当てられるやいなや、そこには撮影された物体の三次元映像が出現するのである。この映像の立体性はしばしば気味悪いほどリアルだ。実物を見ているときとまったく同じように、ホログラフィック映像のまわりを歩いて、ちがった角度から実際にそれを眺めることもできる。だが、手を伸ばして触れようとすると、その手は映像をすーっと突き抜けてしまい、そこには何もないことがわかるのである。

ホログラムのユニークな点は映像の立体性だけではない。たとえば、りんごの画像が映っているホログラフィック・フィルムを半分に切り、そこにレーザー光線を当てると、なんとどちらの半分にもりんご全体の映像が残されているのである！この半分をまた半分に、そしてさらに半分にと分けていっても、それぞれの小さなフィルムの断片からりんご全体の映像をつくることが可能なのだ（ただし、分割された部分が小さくなるにつれて

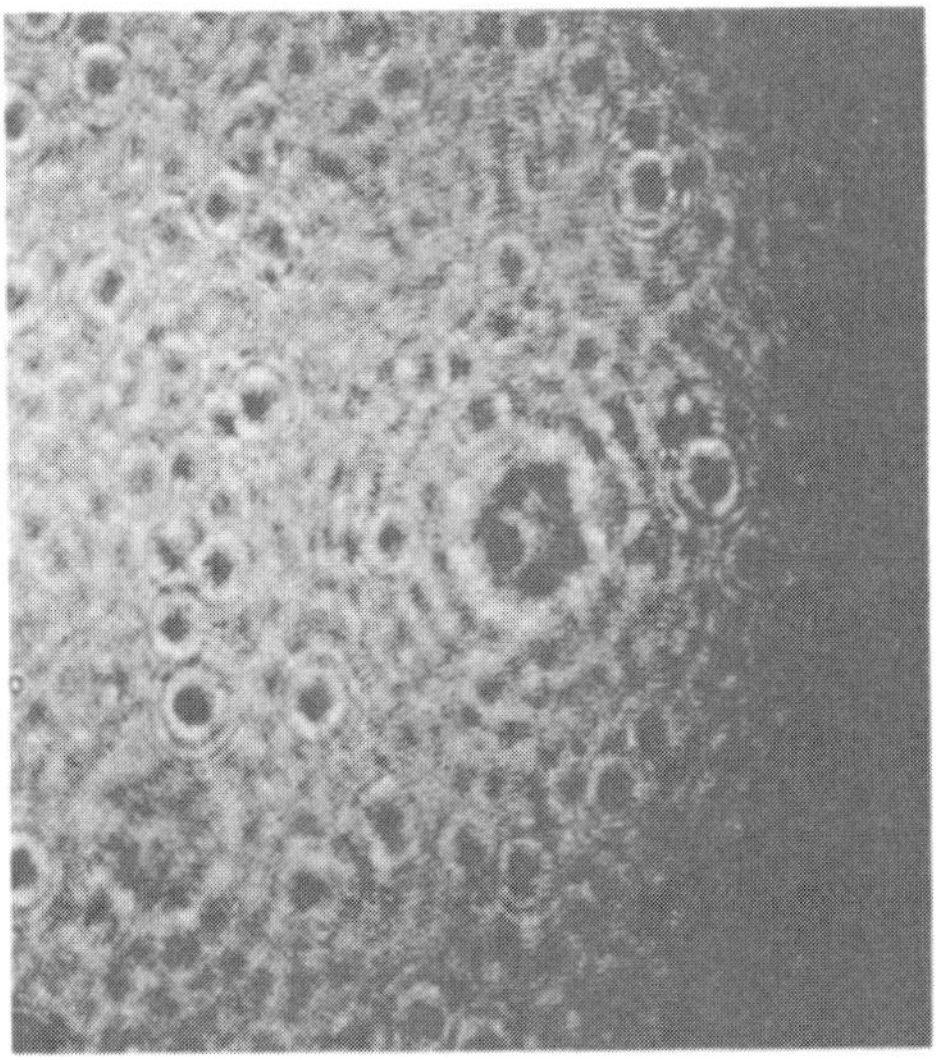

図2

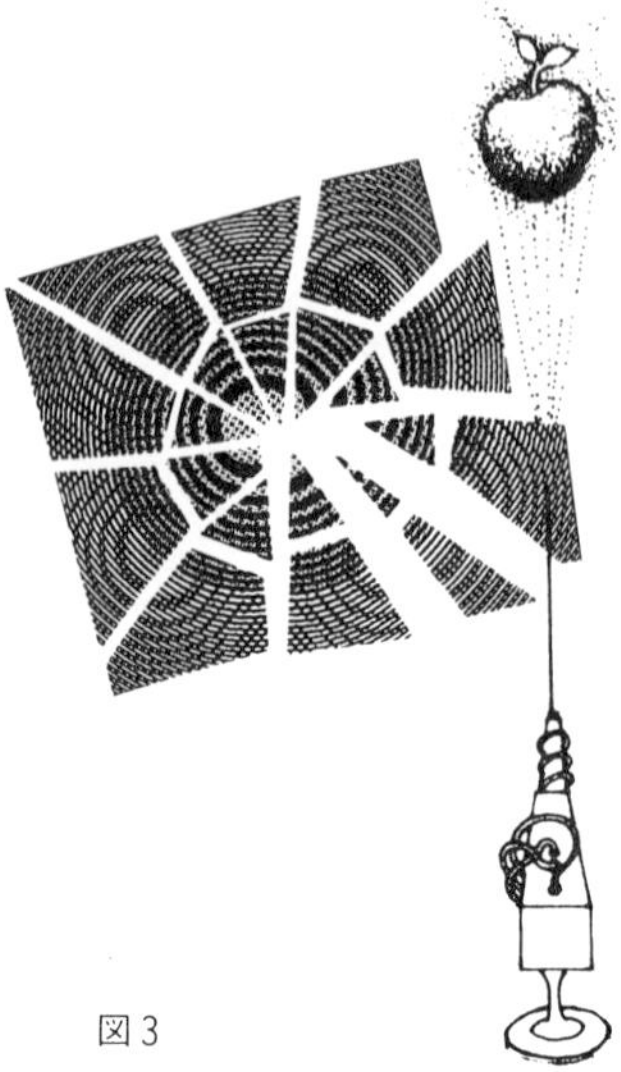

図3

画像の鮮明度は落ちていく）。ふつうの写真と異なり、ホログラフィック・フィルムは、ほんの小さな一部分のすべてに全情報がそっくり含まれているのである＊（図3）。

プリブラムを興奮させたのは、まさにこの特徴だった。記憶が脳内の特定の場所に蓄積されるのではなく、脳全体にどう分散されているのかを理解する方法がついに見つかったからである。ホログラフィック・フィルムのどの部分にも、映像全体をつくるのに必要な情報が含まれることが可能ならば、同じように、脳のどの部分にも記憶全体を呼び起こすのに必要な情報すべてが含まれることも充分可能なはずだ。

＊この驚異的な特徴は、肉眼ではその映像が見えないホログラフィック・フィルムにだけに見られることを付記しておく必要がある。どこかの店でホログラフィック・フィルム（またはホログラフィック・フィルムが入ったもの）を買われて、特に光線を当てなくてもそこに三次元画像が見えるなら、半分に切ったりしないように。もとの画像の一部しか残らない。

視覚もホログラフィック

脳がホログラフィックに処理している可能性があるのは記憶だけではない。ラシュリーの研究のいまひとつの発見は、視覚機能もまた、脳の外科的切除の影響を驚くほど受けにくいということだった。ラシュリーは、ネズミの視覚中枢（眼からの情報を受け取り、処理する脳内領域）のなんと九〇パーセントを除去しても、複雑な視覚能力を必要とする作業が依然可能なことを発見したのである。同様に、プリブラムの手になる研究でも、猫の視神経の九八パーセントまでを除去しても、複雑な視覚作業を行なう能力を大きく損なうことはないという結果が得られている[3]。

　このような状態は、映画館の観客がスクリーンの九割がなくなってもまだ映画を楽しむことができると考えるのに等しく、プリブラムの実験は、視覚機能に関する従来の考え方にも大きな疑問を投げかけたのである。当時支配的だった理論によれば、眼が見る像と、脳の中でその像がどう処理されるかには、一対一の対応関係があるはずだった。つまり、正方形を見たとしたら、私たちの脳の視覚中枢の電気活動にも、正方形の形があると考えられていたのである（図4）。

　ラシュリーの行なったような研究の結果が、この考えに終止符を打ったかに見えたが、プリブラムはまだ満足していなかった。エール大学で彼は、この問題を解決すべく各種の実験を考案し、その後七年間にわたり、視覚を用いてさまざまな作業をしている猿の脳の電気活動を正確に計ってみたのである。そこでわかった

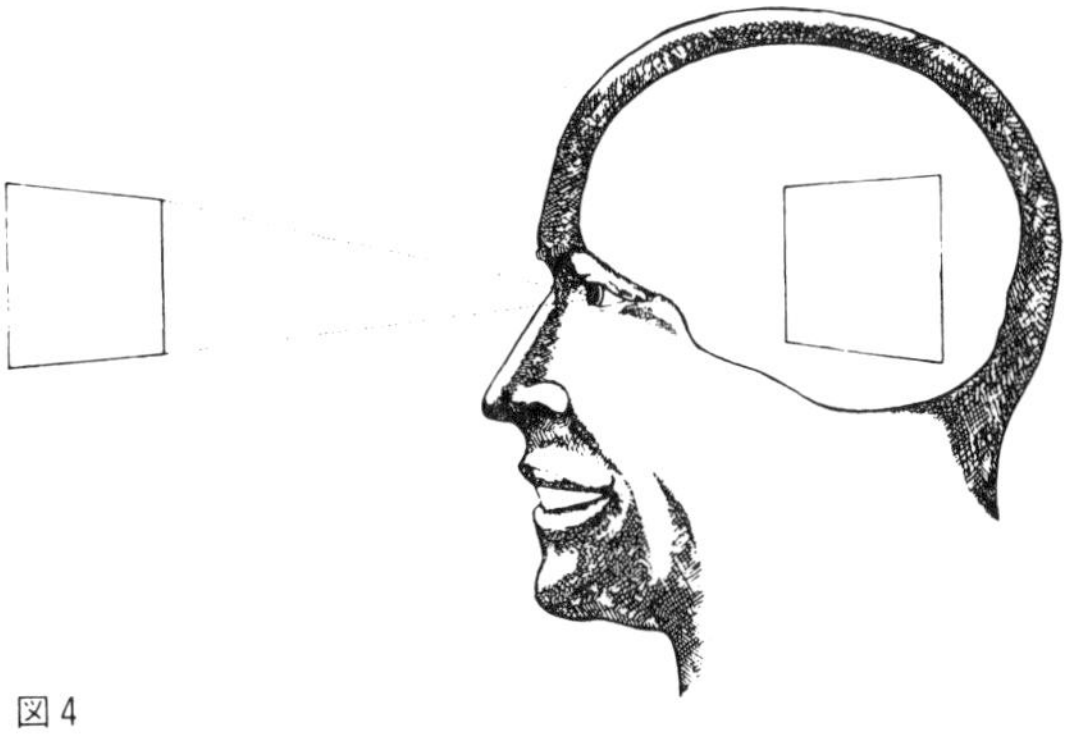

図4

のは、そのような一対一の関係など存在していないばかりか、電極が電気活動を感知する順序にも特にこれといったパターンが見出せないということだった。この結果について彼はこう記している。「これらの実験結果は、視覚中枢の表面に写真のような画像が投影されるという考え方とは相反するものである」[4]。

先に述べたような、脳を切除しても視覚中枢があまり影響を受けないとの事実は、記憶と同じように、視覚機能もまた分散されていることを示していた。そして、ホログラフィの存在を知ってからは、視覚も本質的にはホログラフィックなものではないか、とプリブラムは考えはじめたのである。あれだけ多くの視覚中枢を切除しても、どうして視覚機能は影響を受けないのかという疑問を、「すべての部分に全体が含まれる」というホログラムの性質は確かに解き明かしているように思われた。もし脳が像をなんらかの内部ホログラムを用いて処理しているとすれば、そのホログラムのほんの小さな一部からでも、眼が見ている物の全体像を再現することができるはずである。外部の世界と脳の電気活動との間に一対一の対応関係がないこともこれで説明がつく。繰り返しになるが、もし脳がホログラムの原理を使って視覚情報を処理しているのだとすれば、脳の電気活動と眼が見ている像との間に一対一の対応関係はありえない。ホログラフィック・フィルム上の意味のない干渉パターンと、それが記録している物体の画像との間に対応関係がないのと同じことである。

残る問題は、そのような内部ホログラムをつくるのに、脳はいったいどんな波動現象を使っているのか、ということだけだった。この疑問を解こうとしたプリブラムは、ひとつの可能性として、ある答えを思いついた。脳の神経細胞（ニューロン）どうしの間で交わされる電気的なコミュニケーションが、ひとつひとつ独立して行なわれるのではないことはすでに知られていた。ニューロンは小さな木のように枝分かれしており、電気的なメッセージがこの枝の先端まで到達すると、ちょうど池に波が広がっていくように、そこから外側に向かって放電が起きる。この広がっていく電気もまた波動現象であり、ニューロンが脳の中でぎっしりとつまっていることから、この電気の波はいつも互いに交錯している状態にある。このことを思い出したプリブラムは、これが、まるで万華鏡のような、ほとんど無限に近い干渉パターンを次から次へとつくり出しているにちがいない、そしてこの干渉パターンこそが、脳にホログラフィックな特質を与えているのかもしれないと気づいたのだった。「その先端が交錯する波動のような脳細胞どうしの結びつきの中に、ホログラムは常に存在していたのである」とプリブラムは語っている。「それに気づくだけの機転が私たちになかっただけのことなのだ[5]」。

ホログラフィック脳のモデルで説明できるその他の謎

一九六六年、プリブラムは、脳がホログラフィックな性格をもつ可能性があることについて最初の論文を書き、その後の数年間もこの考えを広げ、さらに吟味する作業を続けた。やがてプリブラムの理論が他の研究者たちにも知られるようになると、ホログラフィック・モデルによって説明できる神経生理学上の謎は、記憶と視覚がもつ分散型の性質だけにはとどまらない、ということが明らかになってきた。

▼厖大な人間の記憶量

人間の脳がこれだけ小さなスペースにどうやってあれだけ厖大な記憶を蓄積できるのかも、ホログラフィによって説明できる。ハンガリー生まれの優れた物理学者、数学者であるジョン・フォン・ノイマンの計算によると、平均的な人間の脳が一生の間に蓄積する情報量は、二・八×一〇の二〇乗（二八〇、〇〇〇、〇〇〇〇、〇〇〇〇、〇〇〇〇、〇〇〇〇、〇〇〇〇）ビット程度に達するとのことである。これは想像を絶する情報量であり、脳の研究者たちは、この能力を説明できるメカニズムを求めて長い間四苦八苦してきた。

興味深いことに、ホログラムもまた、なみはずれた情報蓄積能力をもつ。二本のレーザー光線がフィルムに当たる角度を変えることによって、同じ表面に多くのちがう画像を記録することが可能なのである。こうして記録された画像を取り出すには、単に最初の二本の光線と同じ角度でレーザー光線をフィルムに当てればよいだけである。この方法を使えば、一平方インチ（約六平方センチ）のフィルムに、なんと聖書五〇冊分に相当する情報を記録することが可能だとの計算結果が出されているのだ。(6)

▼思い出す能力、忘れる能力

いま説明したような、複数の画像を記録したホログラフィック・フィルムは、なぜ物事を思い出したり忘れたりする両方の能力が私たちにあるのかを理解するヒントも与えてくれる。このフィルムにレーザー光線を当てていろいろな方向に傾けてみると、そこに記録されているさまざまな画像が、きらきらと流れるように現われては消えていく。思い出す能力とは、このように、ある角度でフィルムにレーザー光線を当てることによって特定の画像を呼び出すのに似ているのではないかと考えられている。同様に、何かが思い出せないというのは、いろいろな光線を複数画像のフィルムに当ててはいるものの、求めている画像や記憶を呼び出すのに必要な、正しい角度を見つけられないでいる状態にあたるのかもしれない。

▼記憶の関連性

プルーストの『スワン家のほうへ』では、紅茶をひとくちすすり、貝の形をしたケーキ、プチ・マドレーヌのひとかけらを口に入れると、物語の語り手は突如として自分の過去の思い出に浸りきってしまう。はじめは不思議に思うものの、しばらくじっと考えたあと、自分が小さな子供の頃、叔母がよく紅茶とマドレーヌをくれたことを思い出す。この関連が記憶を呼び覚ましたのだった。ある料理の香りが漂ってきたときや、ずっと忘れ去られていた物をちらりと目にしたときなどに突然呼び起こされる過去のある場面。だれもが似たような体験をしたことがあるだろう。

ホログラフィックな考え方は、記憶の関連性というこの傾向についてもわかりやすい説明を与えてくれる。これは、ホログラムを記録するもうひとつ別のやり方を見るとよくわかる。まず、一本のレーザー光線の光を同時に二個の物体に当て、反射させる。たとえば、安楽椅子とパイプだとしよう。つぎにそれぞれから反射してきた光を衝突させ、その結果できた干渉パターンをフィルムにとらえる。そしてこんどは、安楽椅子にレーザーの光を当てて、そこから反射してくる光をこのフィルムに通すと、パイプの三次元映像が現われてくるのである。逆に、同じことをパイプを使って行なうと、安楽椅子のホログラムが現われてくるのだ。もし私たちの脳がホログラフィックに機能しているとしたら、これと同様のプロセスで、ある物が過去の特定の記憶を呼び覚ますのかもしれない。

▼見たことのある物を認識する能力

見たことのある物を認識する能力は一見それほど大したことではないようだが、脳の研究者たちは、これがかなり複雑な能力であることに昔から気づいていた。たとえば、数百人の群集の中から知った顔を見つけたときに感じる絶対の確信は、単なる主観的な感情というだけではなく、ある種の非常に高速で信頼性の高い情報処理が脳の中で行なわれることによって生じるようなのだ。

一九七〇年、イギリスの科学雑誌『ネイチャー』の記事で、物理学者ピーター・ヴァン・ヒアデンは、「認識ホログラフィ」と呼ばれるタイプのホログラフィがこの能力を理解する道を示していると提唱した。*認識ホログラフィでは、対象の画像は通常の方法で記録されるが、レーザー光線をフィルムに当てて感光させる前に、「焦束鏡」(フォーカシング・ミラー)として知られる特殊な鏡に反射させる。つぎに、最初のものと似てはいるがまったく同一ではない別の物体にレーザー光線を浴びせ、その光線をこの鏡に当てたあとに、先の感光したフィルムに当ててやると、明るい光が点となって現われてくる。これが明るければ明るいほど、またピントが合っているほど、二つの物体の類似性の度合いは高いということになる。ホログラフィック・フィルムの裏側に光を感知する光電管を置けば、この仕掛けを自動認識装置として使うことも実際に可能である。[7]

これと似た技術に「干渉ホログラフィ」というものがあるが、長年会っていない人の顔のように、ある像の見たことのある部分、知らない部分を私たちがどうやって認識するのかについても、それによって説明できる可能性がある。この技術は、ある物体の画像を記録したホログラフィック・フィルムを通した光で、その物体自体を見るというものだ。そうすると、この画像が記録された時点以後に変化した部分があれば、そこでは光の反射がちがってくる。この方法を使うと、見る人は、その物体のどこが同じままで、どこが変わったのかを一瞬にして目のあたりにすることができる。この技術は、花崗岩に指を押しつけただけでも、その痕跡がすぐわかってしまうほど超敏感であり、材料試験を専門とする業界で実用化されてきている。[8]

＊ヴァン・ヒアデンは、マサチューセッツ州ケンブリッジにあるポラロイド研究所の研究員で、一九六三年に自分でも記憶のホログラフィック理論を発表したが、その研究はあまり注目を集めなかった。

▼フォトグラフィック・メモリー

一九七二年、ハーバード大学で視覚機能を研究していたダニエル・ポルンとマイケル・トラクテンバーグは、ホログラフィックな脳という理論を使うと、一部の人々にそなわるフォトグラフィック・メモリー（あるいは直観記憶 eidetic memory）を説明できる可能性があると主張した。ふつう暗記の天才とよばれる人々は、暗記したいものをしばらく全体的にざっと眺める。思い出したいときには、目を閉じるか、または何も書いてない壁やスクリーンにむかって、心にあるその場面の映像を「投影」するのである。エリザベスという名前のハーバードの歴史学の教授は、実際にこの能力をそなえていたが、ポルンとトラクテンバーグの研究によれば、投影した心の映像は彼女にとってきわめてリアルなものであり、ゲーテの『ファウスト』のあるページを読んでもらうと、彼女の目はまるで現実にそのページを追っているかのように動いていたという。

ホログラフィック・フィルムの一片が小さくなるにつれ、そこに記録された画像がかすんでいくという点を考えると、ポルンとトラクテンバーグは、こういった人たちが鮮明な記憶力をもつのは、おそらく記憶ホログラムの非常に広い領域をなんらかの方法で活用しているからではないかと示唆している。逆に、ほとんどの人間は、記憶ホログラムのごく限られた領域しか活用できないために、記憶力がそれほど鮮明ではないのであろう。(9)

▼習得した技能の転移

プリブラムは、ホログラフィック・モデルが、身体のある部分で習得した技能を他の部分に転移させる能力にも解明の光を当ててくれると考えている。いまこの本を読みながら、ひと息入れて、左のひじで空中に自分の名前を書いてみてほしい。たぶん、比較的簡単にできるだろうが、たぶんいままでそんなことは一度もしたことはないのではないかと思う。別にびっくりするほどの能力ではないと思われるかもしれないが、脳の中で身体の各部分を制御している領域（たとえば肘の動きを制御している領域）が「配線でつながっている」という見方、つまり、繰り返し学習し、脳細胞の間に適切な神経の接続がしっかりとできあがることによってのみこういった作業を行なうことが可能になる、といった従来の考え方からすれば、これはひとつの謎である。だが、もし脳があらゆる記憶（書くことなどの習得された能力の記憶も含めて）を、干渉波のパターンに変換しているとしたら、この問題はずっとわかりやすくなるとプリブラムは指摘する。そういう脳であれば、もっと柔軟性もあり、ちょうど優秀なピアニストが、ある曲の調性《キー》をわけなく変えられるのと同じように、蓄積された情報を簡単にあちこち動かすことが可能だろう。

見たことのある顔なら、どの角度から見ても認識できるという能力も、この同じ柔軟性で説明できるかもしれない。ひとたび脳がある顔（あるいはどんな物、場面でも）を記憶し、波形の言語に変換してしまえば、この内部ホログラムを言わば「回転」させ、望む視点からこれをじっくりと眺めることもできるわけである。

▼ないはずの四肢からの感覚、「外の世界」の構築

愛情、飢え、怒りなどの感覚が内的な現実であり、オーケストラの演奏する音、日差しの暑さ、パンの焼ける香りなどは外的な現実だということは、ほとんどの人たちにとって当たり前のことである。しかし、私たちの脳がこのふたつをどう区別しているかは、それほど明確ではない。たとえば私たちが誰かを見るとき、その人の画像は現実には網膜の表面にあるのだが、私たちはその人が網膜の上にいるとは知覚しない、とプリブラムは指摘する。その人は「外の世界」にいる、と知覚するのである。同様に、何かにつまずくと足の指に痛みを感じるが、実はその痛みは足の指に存在しているわけではない。痛み痛みというのは、現実には脳のどこかで起きている神経生理学的なプロセスなのである。つまり、私たちの体験として現われる厖大な量の神経生理学的なプロセスは、すべて内面で起きているものなのだ。だとすれば、そのどれが内的体験で、どれがこの脳という灰色の物質の外側で起きている現象だなどと、脳はいったいどうやって私たちに信じこませているのであろうか。

そこにない物をあるように見せかける虚像をつくるのは、ホログラムの真髄とも言える特質である。前に述べたように、ホログラムはまるで空間に広がりをもっているかのように見えるが、手でさわろうとすると、そこには何もないのがわかる。知覚が私たちに伝えていることとは裏腹に、ホログラムがふわふわと浮かんでいる場所からは、どんな計器を使っても異常なエネルギーや物質の存在を感知することはできない。これは、ホログラムが仮想現実映像《ヴァーチャル・イメージ》、つまり実際にはそこにないのにあるように見せかける映像だからであり、鏡に映る自分の像と同様、空間的な広がりはもっていない。鏡の中の像が裏にほどこした銀色の塗装面上にあるのとまったく同じように、ホログラムが実際に存在している場所は、それが記録されたフィルムの表面にある写真用薬剤の中なのである。

脳が私たちをだまして、内面でのプロセスが体外で起きているように思わせる働きについての証拠は、ノーベル賞授賞者である生理学者ゲオルグ・フォン・ベケシーからも出されている。一九六〇年代後半、ベケシーが行なった実験は、被験者たちに目隠しをして、ひざに振動機をつけるというものだった。そうしておいて、その装置の振動数を変えてみたのである。こうすることにより、実験対象の人間に、その振動源が片方のひざからもう一方のひざに変わったとの感覚を体験させることができるのを発見した。それどころか、振動源がなんと両ひざの間の空間にあるような感覚さえ覚えさせることもできた。つまり、彼が立証したのは、人間は感覚器官などまったく存在していない場所でも感覚を体験できるような能力をもつ、ということなのである。[10] ベケシーの研究はホログラフィックな考えと一致するものであり、干渉する波動（ベケシーの場合には、干渉する物理的振動の発生源）を用いて、脳が身体の物理的境界を越えたところに感覚体験の場所を設定することもできる、という点をさらに深く理解するのにも役立つとプリブラムは考えている。また、このプロセスが、四肢錯覚現象（Phantom Limb Phenomenon）、つまり、切断した手足がまだあるように感じるという感覚も説明できる可能性があるとも考える。この現象では、気味が悪いほどリアルな痛みやピリピリする感じ、手足がつるといった感覚さえも生じる場合がよくあるが、それは、脳内の干渉パターンにまだ記録されているホログラフィックな手足の記憶であるのかもしれない。

「ホログラフィックな脳」を実証した実験

脳とホログラムとの間にある多くの類似性は、プリブラムの興味をそそってやまなかったが、しっかりした証拠の裏づけがなければ、自分の理論には何の意味もないこともよく承知していた。その証拠を提供してくれたひとりが、インディアナ大学の生物学者ポール・ピーチであった。興味深いことに、ピーチ自身は当初プリブラムの理論をまったく信じていなかった。なかでも、記憶が脳内に特定の場所をもっていないという主張にはとりわけ懐疑的であった。

プリブラムがまちがっていることを証明するため、ピーチは一連の実験を考案し、実験対象としてサンショオウオを選んだ。それまでの研究で、脳をすべて除去してもサンショオウオが死なないことはわかっていた。脳がなくなると昏睡状態にはなるが、脳をもとへ戻してやると、ただちにその行動は完全に正常に戻るのだった。

ピーチが考えたのは、もしサンショオウオの食行動が、脳のどの特定の場所にも属していないならば、頭の中で脳がどういうかたちで置かれていようと関係ないはずだ、ということだった。もしこれでちがいが出れば、プリブラムの理論は反証されたことになる。そして、さっそくサンショオウオの右脳と左脳を逆にしてみたが、がっかりしたことに、意識を取り戻すやいなや、そのサンショオウオは正常な食行動を再開したのであった。

もう一匹のサンショオウオで、こんどは脳の上下を逆さにしてみた。意識を取り戻すとこれもまた、正常に餌を食べた。だんだんイライラをつのらせた彼は、もっと過激な方法を選ぶことにしたのである。七百回を越える一連の実験で、ピーチはこの無害な実験台の動物の脳を切る、ひっくり返す、まぜこぜにする、一部を取り除く、果ては細かく切り刻むことまでをやってみたが、残った脳をもとに戻してやると、必ず行動は正常に戻ってしまうのであった。(11)

この研究や他の研究結果を見て、ピーチはプリブラムの理論を信じるようになり、これが世間の注目を集めた結果、彼の研究はテレビ番組「CBSドキュメント」の一部で取り上げられるまでになった。

このときの経験や、その研究の内容については、洞察あふれる著作『シャッフルブレーン』に彼自身が詳しく書いている。

ホログラムの数学言語

ホログラムの開発を可能にした理論が最初にまとめられたのは、一九四七年、デニス・ガボーア（ガボール）の手によってであったが（のちにこの業績に対しノーベル賞が授与されている）、一九六〇年代の後半から七〇年代初期にかけて、プリブラムの理論はさらに説得力のある実験で立証されることとなった。ガボーアが最初にホログラフィのアイデアを思いついたとき、彼はレーザーのことなど考えてはいなかった。目標は、当時はまだ原始的で不完全な機器だった電子顕微鏡を改善することだったのだ。そのアプローチは数学的なもので、使用した方法は十八世紀のフランス人J・B・J・フーリエが発明した積分計算法だった。

大ざっぱに言ってしまえば、フーリエがつくりあげたのは、どんなに複雑なパターンをも単純な波動の言語に変換してしまう数学的な方法、ということになる。また、この波形をもとのパターンに再変換できることも同時に示した。つまり、テレビカメラが映像を電磁波の周波数に変換し、家庭のテレビがそれをまたもとの映像に変換するのと同様の過程が、数学的にも行なえることをフーリエは実証したのである。映像を波形に変換したり、もとに戻したりするために彼が発明した数式は「フーリエ変換」として知られている。

フーリエ変換のおかげで、ガボーアは物体の写真をホログラフィック・フィルム上のもやもやした干渉パターンへと変換することができるようになった。また、この干渉パターンをもとの物体の画像に戻す方法を編み出すことも可能になった。実は、ホログラムがもつ、どの部分にも全体があるという特質は、画像やパターンをフーリエの波形言語に変換するときに生ずる副産物なのである。

一九六〇年代、七〇年代を通じ、さまざまな研究者たちがプリブラムに接触し、視覚系統が一種の周波数分析器として機能していることを示す証拠を発見した、と伝えてきた。周波数というのは、ある波動が一秒間に何回振動するかの単位であることを考えると、これは脳がホログラムと同じかたちで機能している可能性を強く示唆していた。

しかし、バークリーの神経生理学者、ラッセル・デヴァロア、カレン・デヴァロアの二人がこの問題に決着をつける発見をするのは、一九七九年になってからだった。一九六〇年代に行なわれた研究で、視覚中枢にある脳細胞のひとつひとつは、水平の線を見て反応するもの、垂直の線を見て反応するものというように、異なったパターンに反応するようにできていることがわかっていた。その結果、多くの研究者たちはつぎのような結論を下した。すなわち、脳はこうした高度に専門化された特徴感知細胞と呼ばれる細胞からの情報を受けて、それをなんらかの方法でまとめ、世界がどんなものかを私たちに見せているのだ、と。

この考えは広く受けいれられていたが、デヴァロア夫妻は、これは真実の一部しか語っていないと感じていた。自分たちの仮説が正しいかどうかを試してみるため、二人はフーリエ公式を用いて、格子縞模様と市松模様を単純な波形に置き替えてみた。そしてこんどは、視覚中枢の脳細胞がこの新しい波形の画像にどう反応するかを調べてみたのである。二人が発見したのは、脳はもとのパターンにではなく、そのパターンをフーリエ言語に翻訳したものに反応する、ということであった。ここから導き出される結論はたったひとつしかなかった。脳は、ホログラフィが用いるのと同じ数式、フーリエ数式を使って、視覚映像をフーリエ波形言語に変換しているのだ(12)。

デヴァロア夫妻の発見は、その後世界のあちこちの研究所で確認された。そして、脳がホログラムであるという絶対的な証明とまではならないものの、プリブラムが自説の正しさを確信するのに充分な証拠を提示してくれたのである。視覚中枢が、パターンではなく、さまざまな波形の周波数に反応するという考えに触発されたプリブラムは、周波数が他の感覚機能で果たしている役割についても再評価を始めた。

二〇世紀の科学者たちは周波数の役割の重要性を見過ごしてきたのではないか――ほどなくしてプリブラムはそう悟った。デヴァロア夫妻の発見の一世紀以上も前に、ドイツの生理学者、物理学者であるヘルマン・フォン・ヘルムホルツは、耳が周波数分析器であることを示していた。最近の研究では、匂いの感覚も、嗅覚周波数とよばれるものによるらしいことがわかってきた。先にあげたベケシーの研究も、皮膚が振動周波数に敏感であることをはっきり立証した上に、味覚にも周波数分析が関与している可能性も示しているのである。おもしろいことに、ベケシーの研究で、被験者がさまざまな振動周波数にどう反応するかを予測するのを可能にした公式も、フーリエ数式のジャンルに属するものだった。

波動としての踊り

だが、プリブラムが掘り起こした中で最も驚異的なのは、私たちの肉体的な動きでさえも、脳にはフーリエ波形言語で記録されている可能性がある、というロシアの科学者ニコライ・ベルンシテインの発見であろう。一九三〇年代、ベルンシテインはある実験を行なった。人に黒いレオタードを着せ、肘や膝などの関節に白く点を塗る。そして、黒い背景の前で、踊る、歩く、跳びあがる、ハンマーで叩く、タイプを打つなどの、さまざまな動作をしてもらい、それを映画に記録してみたのだ。

フィルムを現像すると、そこに映っているのは、上下左右に複雑な動きを示し、流れるように動きまわる白い点だけである（図5）。この結果を数量化するため、彼は点をなぞってできた数々の線をフーリエ分析し、波形言語に変換した。驚いたことに、これらの波形にはパターンが隠されており、これを使えば、対象となった人間の動きをわずか数センチ以内の誤差で予測できることを発見したのである。

ベルンシテインの研究に遭遇したとき、プリブラムはその意味するところをたちまち理解した。被験者の動きをフーリエ分析すると隠されたパターンが表に出てきたということは、もしかすると脳がこの方法で体の動きを記録しているからかもしれない。これは大変おもしろい可能性だった。というのも、もし脳が、動作の各部分の周波数を使って体の動きを分析しているとしたら、私たちがなぜこれほどはやく複雑な肉体的作業を学ぶことができるかを説明してくれるからである。たとえば、自転車の乗り方を覚えるのに、私たちはそのプロセスの詳細をひとつひとつ全部暗記していくわけではない。全体の動きの流れをつかむのである。もしも脳が情報をビットごとに、ひとつひとつ蓄積しているのであれば、なぜ私たちがこれだけ多くの肉体的動作を学び、流れるような全体性の中でそれをこなしていけるのかを説明するのはむずかしい。だが、脳が動作をフーリエ分析し、その全体を吸収しているのだとしたら、これはずっと理解しやすくなるのである。

図5

科学界の反応

このような証拠があるにもかかわらず、プリブラムのホログラフィック・モデルについてはいまだに決着がついていない。というのも、脳の機能に関しては有名な理論が数多くあり、それぞれを裏づける証拠もあげられているからだ。記憶が分散されて記録されるということに関しては、さまざまな脳内化学物質の濃度の変化で説明できると考えている研究者もいれば、ニューロンの大きな集団どうしの間に起きる電流の変動によって記憶や学習を説明できる、とする者もいる。それぞれの学派には熱烈な支持者がおり、いまのところ、ほとんどの科学者はプリブラムの主張を受けいれてはいない、と言ってもまちがいにはならないだろう。たとえば、ノースカロライナ州ウィンストン・セーラムにあるボウマン・グレイ医科大学の神経心理学者フランク・ウッドは、自分の感想をこう述べている。「ホログラフィによる説明が、この問題の理解にどうしても必要である、あるいは、望ましいとでも示してくれる実験結果があまりにも少なすぎる」[13]。プリブラムはといえば、ウッドのような発言には当惑しており、まもなく出版される著作には、そのようなデータが五〇〇以上引用されていると反論する。

プリブラムの考えに賛同する研究者もいる。メディカル・シティ・ダラス病院の院長だったラリー・ドッシー博士は、プリブラムの理論が、長い間当然視されてきた脳に関する多くの定説に疑問を投げかけるものであると認め、こう指摘している。「現在の通説があまりに不充分であるという理由からだけかもしれないとしても、脳機能の専門家がこの考え方に魅かれるものを感じているのは事実である」[14]。

神経科医で、PBS（公共放送）の番組「脳」の制作者でもあるリチャード・レスタックはドッシーの意見に賛成だ。人間の能力が、脳全体にホリスティックに分散されていることを示す圧倒的な証拠にもかかわらず、ほとんどの研究者は、まるで地図の上で都市の場所を示すのと同じように、脳の内部で各機能が占める場所を特定できるという考えに固執しつづけている、と彼は指摘する。レスタックによれば、この前提にもとづく理論は、すべて「単純化されすぎている」ばかりか、実際、脳の真の複雑さを認識するのを妨げる、いわば「概念の拘束衣(凶暴な人間の動きを封じるために着させる服)」として機能してしまっているのである。「ホログラムは、可能性があるどころか、脳の機能に関する現時点での最良の『モデル』である」と彼は感じている。

プリブラムとボームの出会い

一九七〇年代になる頃には、プリブラムが自分の理論が正しいと確信するのに充分な証拠がそろってきた。そのうえ、自分の考えを実験室にもち込んでいた彼は、脳の運動中枢の個々のニューロンが、ある限られた幅の周波数だけに選択的に反応することも発見した。その結果は、持論をあらためて立証するものだった。だが、そこで気がかりになった問題は、もし脳内の現実像が、実はただの像などではなくホログラムであるなら、それはいったい何のホログラムなのか、ということだった。テーブルのまわりに座っている人たちのポラロイド写真を撮り、それが出来上がってくると、そこには人々のかわりに雲のようなぼやけた干渉パターンが写っているだけ――この問題が提起しているジレンマは、こんな状況になぞらえることができる。私たちはこう問いかけてしかるべきである――はたしてどちらが真の現実なのか? 観察者/撮影者が体験している一見客観的な世界なのか、それともカメラ/脳に記録された干渉パターンのほうなのか? プリブラムは、ホログラフィックな脳のモデルの理論を論理的につきつめると、客観的現実、つまり、コーヒーカップや山の風景、楡の木、テーブルランプなどの世界はひょっとすると存在すらしない、あるいは少なくとも私たちが考えているようなかたちでは存在していない、という可能性の扉を開いてしまうことに気がついた。彼は考えた。神秘主義者たちが何世紀にもわたって言いつづけてきたことは、もしかしたら真実なのだろうか？　現実とは「マーヤ」、すなわち幻にすぎず、外に広がっているのは、実は茫漠とした波動の共鳴が奏でるシンフォニー、言わば「波動領域」であり、感覚器官に入ってきた後にはじめて私たちの知るような世界にその姿を変えているにすぎない……。

　求める答えが自分の専門分野の外にあると気づいて、物理学者である息子のところに相談にいったプリブラムは、デイヴィッド・ボームという名の物理学者の研究にあたってみてはどうかとアドバイスされた。ボームの研究に触れたプリブラムは衝撃を受けた。そこに自分の問題に対する答えを見つけたばかりか、ボームによれば、宇宙全体がホログラムだというのである。

第二章　ホログラムとしての宇宙

科学者に身についてしまいがちな、型にはまった硬直した考え方の殻を打ち破り、斬新で、文字どおり想像を絶するほど巨視的なこの考えを〔ボームが〕たったひとりで提唱していける勇気には感嘆せざるをえない。この考え方には、内的な一貫性と、物理的世界での体験が内包する幅広いさまざまな現象を、まったく予想外の視点から解き明かす論理の力という両方の資質がそなわっている。……この理論は、直観的になるほどと思わせるような満足感を与えてくれる。だからこそ、もし宇宙がボームの言うようなものでないなら、そうあるべきだと感じてしまう人もたくさんいるほどなのだ。

ジョン・P・ブリッグス＋F・デイヴィッド・ピート『鏡の中の宇宙』

宇宙はホログラム状であるという確信にボームを導いた道は、物質の最先端、素粒子の世界で始まった。科学や、ものごとの働きに対する彼の関心は幼い頃から花開いていた。ペンシルバニア州のウィルクスバリで育ったボームは、少年時代、しずくのたれないやかんを発明し、自分も功成ったビジネスマンだった父親は、そのアイデアでひと儲けしてみてはどうかと彼に熱望した。しかし、事業の第一歩が、一軒一軒ドアを叩いてまわり、自分の発明が売れるかどうか試してみることだとわかってからは、ボームのビジネスへの興味は薄れてしまった(1)。

が、科学への関心は続き、とどまるところを知らない好奇心が、征服すべき新しい頂きの探求へとボームを駆りたてていった。ペンシルバニア州立大学に在籍していた一九三〇年代、ボームは最も意欲をそそられる高峰に出会った。量子力学が彼を魅了したのである。

それも当然であろう。物理学が遭遇した、原子の内部に潜むこの異様な新世界には、コルテスやマルコ・ポーロが未踏の地で遭遇したどんなものよりも、はるかに不可思議なものがたくさんあった。この新しい世界がこれだけ興味深かったのは、あらゆる点が常識に反しているように見えるからだった。そこは自然界の延長というよりは呪術が律する世界、謎めいた力が中心となり、論理はすべて逆転させられる不思議の国のアリス的領域であった。

量子物理学者が発見した驚愕すべき点は、物質をどんどん小さな単位まで分解していくと、それを構成している粒子（電子、陽子など）が、物質の様相を失うところまで行き着いてしまうということだった。たとえば、電子というと小さな球体で、おもちゃのピストルの弾のようなものが飛び回っている図を想像する人がほとんどだろうが、これほど現実からかけ離れた描写もない。たしかに電子は小さな粒子であるかのような挙動をすることもあるが、物理学者によれば、電子は文字どおり体積をもたないのである。私たちの存在のレベルでは、まわりにあるあらゆる物が体積をもっているため、ほとんどの人間にはこれを想像するのはむずかしい。しかし、電子の幅を計ろうとすると、それが不可能であることがわかる。電子は、とにかく私たちがふつう考えるような意味での「物質」ではないのだ。

物理学者のもうひとつの発見は、電子は粒子としても波動としても現われるということだった。スイッチを切った状態のテレビのブラウン管に電子を放射すると、ガラスの内部に塗ってある螢光物質に当たって小さな光の点が現われる。スクリーン上に残った衝突点が、電子の粒子としての性格をはっきりと示している。

しかし、電子の現わす姿はこれだけではない。もやもやとしたエネルギーの雲の中に溶け込んでしまい、空間に広がる波であるかのような挙動をすることもある。波動として姿を現わすときには、粒子にはけっしてできないようなこともやってのける。二本の細い切れ目が入った障害物に向けて電子を当てると、同時に両方の切れ目を通過してしまう。波動状態の電子どうしが衝突すると、干渉パターンさえ生じる。まるで民話に登場する七変化の人物よろしく、電子は粒子としても波動としてもその姿を現わすことができるのである。

このカメレオンのような能力は、すべての素粒子に共通している。また、それは、以前は波動としてしか現われないと考えられていたものにも共通した性質である。光、ガンマー線、ラジオ波、X線などは、すべて波動から粒子へ、またその逆へと変貌することが可能なのだ。今日では、物理学者も、素粒子レベルの現象は、波動とも粒子とも分類されるべきではなく、常に両方の性格をもつものとしてひとつのカテゴリーを作るべきだと考えている。これらの素粒子はまとめて量子（quanta）とよばれ、これが全宇宙を構成している根源的物質だと物理学者たちは考えているのである。*

＊英語の Quanta というのは quantum の複数形。Quantum は、波動と粒子の両方の特徴をもつことを表わす wave particle とも同義語として使われる。

おそらく最も驚くべきなのは、量子が粒子として現われるのは、私たちが見ているときだけであると考えざるをえない証拠が存在することであろう。たとえば、観察されていない状態のときは、電子は常に波動である、と実験結果は示している。物理学者は、電子が観察されていないときにどういう挙動を示すかを推論するうまい方法を編み出し、この結論を導き出すことができたのである（ここにあげたのは、この証拠のひとつの解釈にすぎないという点は明記しておかねばならない。のちに示すように、ボーム自身はこれとはちがう解釈をしている）。

これもまた、自然界の反応として私たちが通常予想しているものというよりは、まるで魔法だ。自分のボウリング用のボールが目を向けたときだけボールになる図を想像してみてほしい。レーンの上にタルカムパウダーをまき、そこにこの「量子」ボールをピンに向かって投げてみれば、見ているかぎりはパウダーの上に一本の線を描いてころがっていく。だが、ボールが動いているときに一瞬まばたきをしたら、その目を離した一、二秒の間、ボールは線を描かずに、まるで砂漠の蛇が砂の上を横に動いたあとのようなくねくねと曲がった、広い波状の痕跡を残しているというわけである。

量子は観察されているときだけ凝集して粒子となるという証拠を量子物理学者が発見したときの状況は、いまあげたような話にたとえることができるだろう。この解釈を支持している物理学者ニック・ハーバートは、こんな状況のせいで、自分が見ていないときの世界はいつも「とてつもなく曖昧で、とめどなくうごめいている量子スープ」のような状態だと想像してしまうこともある、と述べている。だが、このスープをひとめ見ようと後ろを振り向くと、視線がスープを凍結させ、一瞬のうちに平常の現実に戻ってしまうというわけである。私たちは言ってみればミダス王のようなものかもしれない、と彼は考えている。伝説の王ミダスは、手を触れるものすべてが黄金と化してしまうために、絹の感触や人の手のぬくもりを知ることがなかった。「同じように、人間は量子レベルの現実の本当の感触を体験することはない」と彼は言う。「なぜなら、私たちの手が触れるものは、すべて物質と化してしまうからである」(2)。

ボームと相互結合性

量子レベルの現実がもつ側面の中で、ボームがとりわけ興味深く思ったのは、表面上はまったく関係ないように見える素粒子レベルの出来事の間に、きわめて不思議な相互結合性が存在しているように思われる点だった。これに劣らず彼が当惑したのは、ほとんどの物理学者がこのことをまったくといっていいほど重要視していないことだった。ある量子物理学者の出した仮説の基本前提条件の中にこの相互結合性の最もよく知られた事例が含まれていたのに、何年もそれが埋もれたままになっていたという事実を見ても、いかに誰もこの点に注目していなかったかがわかる。

その仮説とは、量子力学を築いた父のひとり、デンマークの物理学者ニールス・ボーアによって提起されたものである。ボーアが指摘したのは、もし素粒子が観察者がいることによってはじめてその存在を得るというのであれば、素粒子の特性や性質などについて、観察される以前に存在したものとして述べても意味がない、という点だった。これは多くの物理学者を不安にさせた。というのも、科学とよばれるもののかなりの部分は、諸現象の特性を発見することにその基礎を置いていたからだ。だが、もし観察するという行為自体がそのような特性を創造するのに一役買っているのだとしたら、科学の将来はいったいどうなってしまうのだろう。

ボーアの主張に懸念を抱いた物理学者のひとりに、アインシュタインがいる。量子理論の創設という役割を果たしたにもかかわらず、アインシュタインはこのよちよち歩きの科学が進みはじめた方向にまったく満足してはいなかった。とりわけ、観察されるまでは素粒子の特性など存在しないというボーアの結論について、アインシュタインは強く反対した。というのも、その結論が量子物理学のもうひとつの発見と組み合わされると、素粒子どうしが相互に結びついているという結果が示唆されることになり、そんなことは彼にとって、どうみても可能とは思われなかったからである。

その発見とは、素粒子レベルで起きる現象の中に、まったく同一もしくはきわめて似通った特性をもつふたつの粒子が生じる結果をもたらすものがあるということだった。物理学でポジトロニウムとよばれる、きわめて不安定な原子を考えてみよう。ポジトロニウム原子は、ひとつの電子とひとつの陽電子(陽電子とは、プラスの電気を帯びた電子のこと)でできている。陽電子は電子の反対の極にあることから、この二者は最終的には相殺し合い、光の素粒子である二個の「光子」に自然崩壊して、反対の方角に移動していく(ひとつの粒子から他の粒子に変貌できるというのも、量子がもつ特質である)。量子力学によれば、このふたつの光子は、どんなに互いに距離が離れようとも、計測するとまったく同一の偏光角をもつという(偏光角とは、光子が発生点から離れていく過程で、その波動の性質の部分が空間でどういう方角を向いているかを示すもの)。一九三五年、アインシュタインは、同僚のボリス・ポドルスキー、ネイサン・ローゼンとともに、現在ではよく知られている論文「物理的現実に関する量子力学の記述は完全と考えてよいのだろうか」を発表する。その中でこの三人は、この一対の粒子の存在が、なぜボーアが正しいことがありえないのかを証明していると説いた。三人が指摘するように、そのような二個の粒子、たとえばポジトロニウムが自然崩壊していく過程で発せられる光子は実験室でつくり出すことが可能であるし、二個の間の距離がかなり離れるまで移動するのをそのままにしておくこともできる。* そして、つぎにこの二個の粒子をとらえ、その偏光角を計ることも可能なのである。もし、偏光角が正確に同じ瞬間に計測され、量子力学が予測するようにそれが同一であることが発見されて、しかもボーアの言うとおり、観察されるか計測される瞬間までこの偏光角のような特性が存在していないとするなら、このような結果は、ふたつの光子が同じ瞬間に互いに連絡をとりあい、どの偏光角で一致させるのかを知っていなければならないことを意味する。問題は、アインシュタインの特殊相対性理論によれば、光速より速く移動できる物質は存在せず、まったく同じ瞬間に別の場所に移動するなどもちろん論外、という点である。もしそうなれば、これは時間の壁をつき破ることになり、とても受けいれることのできないあらゆる矛盾の扉を開くことになってしまう。アインシュタインら三人は、光速より速いそうした相互結合性の存在を許すような現実の定義が「妥当であることはありえない」との確信があり、それゆえにボーアはまちがっている、との結論を下したのである。[3] この三人の主張は、アインシュタイン＝ポドルスキー＝ローゼン・パラドックス、略してＥＰＲパラドックスとして知られている。

＊ポジトロニウムの自然崩壊はアインシュタイン他がこの思考実験で用いたものではないが、ここではわかりやすい例として使っている。

ボーアのほうはアインシュタインの主張に動じる様子はなかった。彼は光速より速いなんらかのコミュニケーションが行なわれていると考えずに、別の説明を提示したのである。もし素粒子が観察されるまで存在していないのであれば、もはやこれは独立した「もの」として考えることはできない。したがって、アインシュタインは、二個の素粒子を別々のものとして見た段階において、すでにまちがった前提の上に立つ議論を展開していた。ふたつの粒子は、分かつことのできないひとつのシステムの一部であり、他にどんなとらえ方をしてもそれは意味のないことだ、というのである。

やがてほとんどの物理学者はボーアの側に立つようになり、彼の説明は正しいのだということで皆が納得してしまった。量子力学は各種の現象の予測にあまりにめざましい成功を収めていたため、ほとんどの学者たちはそれがまちがっている可能性など考えてみようとすらしなかったが、そのこともまた、ボーアの勝利に貢献した。それに、アインシュタインら三人が最初にこの一対の粒子についての論点を発表した当時は、これを試す実験を実際に行なうのは技術的な理由などでまだ無理だったのだ。これもまた、彼らの主張が忘れ去られるのにさらに一役買ってしまった。だが、これはちょっと不思議なことである。ボーアが量子力学に対するアインシュタインの攻撃に反論する目的で自分の論点を構築したことは確かだが、のちほど明らかにするように、素粒子のシステムが分かつことのできないものであるとのボーアの考えにも、現実というものの本質に関して、これに劣らぬ深い意味が隠されているからだ。皮肉にも、この意味するものも無視され、相互結合性のもつ重要性はまたもなおざりにされたのである。

生きた電子の海

ボームも物理学者として初期の頃、ボーアの考え方を受けいれていたが、ボーアとその信奉者たちがなぜ相互結合性に関心を示さないのか不思議に思っていた。ペンシルバニア州立大学を卒業したあと、カリフォルニア大学バークリー校に移り、一九四三年に同校で博士号を授与されるまでは、ローレンス・バークリー放射線研究所で研究活動をした。ここで彼は、またも量子の相互結合性の衝撃的な例に出会ったのである。

バークリー放射線研究所でボームは、彼の名を知らしめることになる画期的なプラズマの研究を始めていた。プラズマとは、電子と陽性イオン（プラスに帯電している原子）を高密度で内包している気体のことを言う。驚いたことに、いったんプラズマの中に入った電子は、個体としての動きをやめ、あたかもつながりをもった大きな全体の一員になったかのような挙動を始めることをボームは発見した。個々の動きはバラバラのように見えるが、厖大な数の電子を見ると、驚くほどよくまとまった効果を生み出すことができるのだった。まるでアメーバのごとくプラズマは常に再生し、生物的な有機体が侵入物を包み込んで嚢腫を形成するように、あらゆる不純物を壁の中に閉じ込めてしまうのである。(4) この有機的な性質に大きな衝撃を受けたボームは、この電子の海が「生きている」と感じることがよくあったとのちに語っている。(5)

一九四七年、ボームはプリンストン大学の助教授のポストを受諾した。これも彼の人望の厚さを表わしているが、ここでもバークリーでの研究を一歩進め、金属の電子にその対象を広げた。ふたたび、でたらめとも思える個々の電子の動きが、全体としてはきわめてまとまった結果を生み出しうることを彼は発見した。バークリーで研究したプラズマと同じように、もはやこれは単にふたつの粒子が互いの行動を知っているなどというのではなく、厖大な数の粒子の海の中で、あたかも個々が他の何兆個もの粒子の行動を知っているかのごとく行動していたのである。

量子理論への不満

相互結合性が重要であるとの感触、それに物理学で支配的ないくつかの考え方に対して頭をもたげてきた不満がきっかけで、ボームはボーアの量子理論の解釈にどうしても釈然としないものを感じるようになってきた。プリンストンで三年間この教科を教えたあと、ボームは自分の理解をさらに深めるために教科書を書こうと決める。執筆が完了しても、量子力学が言っていることにまだしっくり来ないものを感じていたボームは、著書をボーアとアインシュタインに送り、二人の意見を仰ぐことにしたのだった。ボーアからは返事がなかったが、アインシュタインからは連絡があり、同じプリンストンにいるのだからいちど会ってこの本について話し合ってみようと言ってきた。この対話はその後六カ月にわたり、活気あふれるものに発展していくのだが、最初に会ったとき、アインシュタインはこの本について、これほど量子理論が明確に説明されている例は見たことがない、と熱っぽく語った。そうは言うものの、彼もまたボームとまったく同様に、この理論にはけっして満足していないことも認めるのだった。

この対話を通じ、量子理論が現象を予測する力に関しては感嘆するほかないと二人とも感じていることがわかった。どちらもひっかかっていたのは、この理論が世界の基本構造を把握するための方法を何も提供していないことであった。一方、ボーアと彼の学派は、量子理論が完全なものであり、量子の世界で起きることについてこれ以上明確な理解に到達することは不可能だとも主張していた。これはまるで、素粒子の世界を越えるようなさらに深い現実など存在しない、もう見つけるべき答えもないと言っているのと同じで、この点もまた、ボームとアインシュタインの哲学的感覚を逆なでするものがあったのだ。幾度か会うなかで二人は多くのテーマについて語り合ったが、とりわけこのような点がボームの思考の中で新たに重要度を増していった。アインシュタインとの交流で新たな刺激を受けたボームは、量子力学についての彼の疑いが妥当であることを認め、別の見方があってしかるべきだと確信した。ボームの手になる教科書『量子論』(みすず書房、一九六四)は、一九五一年に出版されたとき、すでに名著のほまれ高かったが、彼はもはやそのテーマに自分のすべてを捧げようとは思っていなかった。常に活動的でさらに深い説明を求めてやまない彼の心は、現実そのものをよりよく説明できる方法を探求しはじめていたのだ。

新しい「場」とリンカーンを殺した弾丸

アインシュタインとの対話を終えたあと、ボームはボーアの解釈に代わりうる理論を模索してみた。まず彼は、電子などの粒子は、観察者がいなくても存在するという前提から出発した。もうひとつの前提は、ボーアの言う不可侵の壁を越えたレベルにも、さらに深いリアリティが科学によって発見されるのを待っており、いわば「量子下」の現実が存在しているというものだった。このふたつの前提にもとづいて、ボームは、量子下レベルに新たな「場《フィールド》」の存在を想定するだけで、ボーアと同様の明確さで、量子力学で発見された事実が説明できることを発見したのである。ボームはこの新たに提唱したフィールドを「量子ポテンシャル」と名づけ、重力と同じように、それはあらゆる空間に浸透しているという理論を展開した。だが重力場や磁場などと異なり、その影響は距離とともに減衰しない。その効果は微妙なものではあるが、どこであろうと同じ力をもっている。一九五二年、ボームはこの量子理論の新解釈を発表した。

彼の新しいアプローチに対する反応はおおむね否定的なものだった。このような新たな考えは不可能であるとの強い確信から、それを頭からはねつける物理学者も一部にいた。ボームの論理の進め方に激しい攻撃を加える者もいた。つまるところ、ほとんどすべての議論は基本的に哲学の違いにもとづいていたのだが、それは関係ないことだった。ボーアの観点が物理学にあまりに深く根をおろしてしまっていたために、ボームの代案はほとんど宗教上の異端と同じレベルでしか見られなかったのである。

きびしい批判にもかかわらず、ボーアの考えを越えたものが現実の中には存在するのだというボームの確信はゆるがなかった。また、このような新しい考え方を評価するのに、科学の見方はあまりにも限られてすぎているとも感じた。そして、一九五七年に出版された『現代物理学における因果性と偶然性』（東京図書、一九六九）と題された著書の中で、彼はこの態度の原因となっている哲学的な前提条件をいくつか検証した。一例が、あるひとつの理論、たとえば量子理論は、それだけで完全なものとなりうるという、広く受けいれられている前提である。ボームは、自然は無限であるかもしれないことを指摘し、この前提を批判した。どんな理論であっても無限であるものを完全に説明しきることは不可能なのだから、研究者がこうした前提条件を立てるのをやめれば、科学的な探求はもっと自由なものになるだろう、とボームは提唱するのだった。

その本の中で彼は、因果性に関しても科学の見方は限定されすぎていると論じた。ある結果には、ひとつか、せいぜいいくつかの原因しかないと考える場合がほとんどだ。しかし、ある結果には無数の原因がありうるとボームは考える。たとえば、誰かにエイブラハム・リンカーンの死の原因は何かときいてみれば、それはジョン・ウィルクス・ブースの銃から発射された弾丸だという答えが返ってくるかもしれない。だが、リンカーンの死につながった原因すべての完全なリストをつくろうとすれば、銃の開発につながるあらゆる出来事から、ブースがリンカーンを殺したいと思うようになった原因、銃が持てるような手を生み出した人類の進化のあらゆる段階などなど、すべてを網羅しなくてはならないことだろう。ほとんどの場合、ある結果につながっていった厖大な数の原因を無視しても問題ないことはボームも認めているが、それでも、どんな因果関係も真の意味で宇宙全体と切り離された存在ではありえないということを、科学者は忘れてはならないと考えるのだった。

量子ポテンシャルと「非局在性」

この同じ時期、ボームは量子力学に代わるアプローチを吟味し、さらに磨きをかける作業も続けていた。量子ポテンシャルの意味を注意深く探っていくにつれて、その特質がいくつか見えはじめ、そこには通常の考え方からさらに大きくかけ離れたものが隠されていることがわかってきた。そのひとつが、全体の重要性である。古典的な科学は、あるシステム全体の状態を、ただ単にその各部分の相互作用の結果として考えるのが常であった。しかし、量子ポテンシャルの考え方はこの観点を根底から覆し、各部分の動きとは、実は全体が決めているものであることを示している。これは、素粒子が別々の「もの」ではなく、分割不可能なシステムの一部であるというボーアの主張をさらに一歩進めただけでなく、ある意味では全体性こそが部分よりも優先する一次的な現実である、と示唆しているのである。

またこれは、プラズマ（および超電導などの特殊な状態）にある電子が、どうして相互結合性をもつ全体として振る舞うのかも説明できる。ボームが言うように「そのような電子がバラバラに散乱していないのは、量子ポテンシャルの作用を通じてシステム全体がまとまった動きをしているからであり、その動きは、秩序のない群衆というよりは、バレエにたとえることができる」。さらに続けて彼は述べる。「このような、量子的全体性ともいうべき特性をもつ活動は、機械の部品を組み立てたときに得られるものというよりも、生き物の中で機能している各部分がまとまってつくりだす一体性に近い(6)」。

量子ポテンシャルの特性でさらに驚くべきなのは、それが「所在」（location　事物がある場所に存在していること）というものの本質について意味するところである。私たちの毎日の生活のレベルでは、すべての物ははっきりとした特定の場所に存在しているが、ボームの量子理論の解釈によれば、量子下

図6

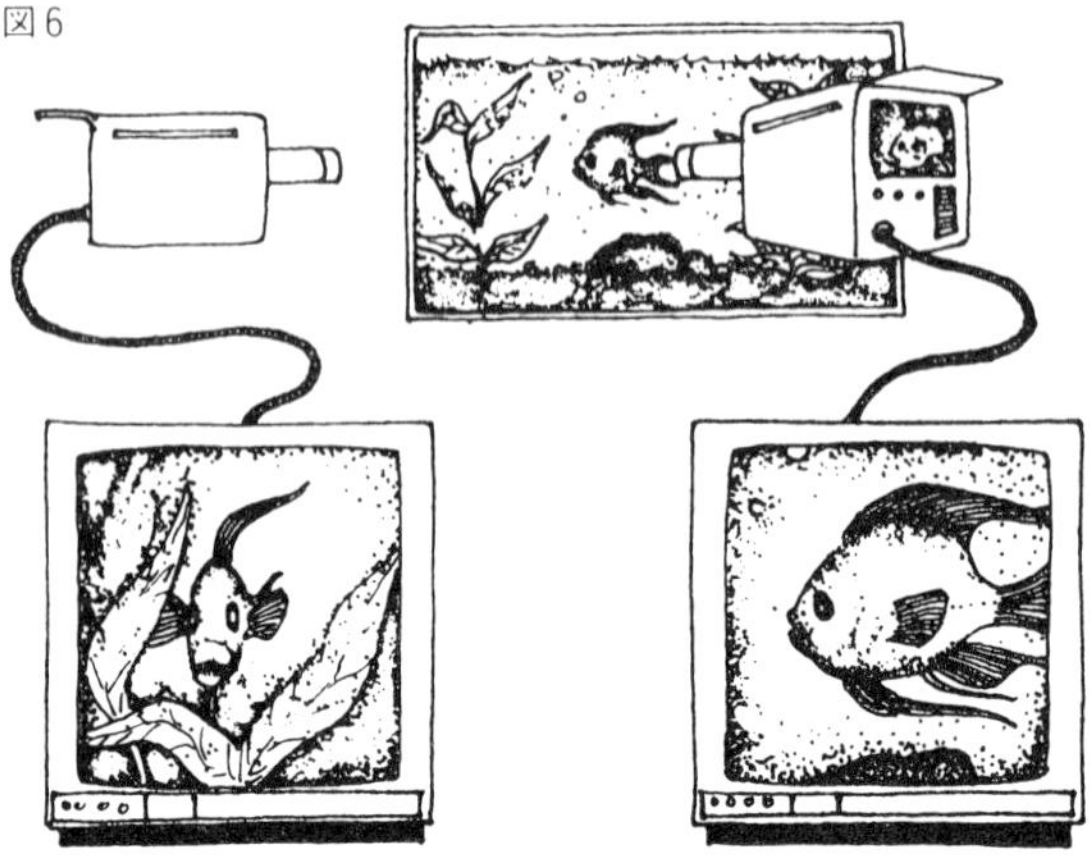

のレベル、つまり量子ポテンシャルが作用しているレベルでは、特定の場所というもの自体が存在しなくなるのである。空間のあらゆる点は、他の点と同じであり、あるものが他のものと別に存在すると考えるのは意味のないことになる、というのだ。物理学者はこの特性を「非局在性」(non-locality) とよぶ。

量子ポテンシャルの非局在的な特性を考えることで、ボームは光速より速いものの存在を禁ずる特殊相対性理論の法則に反することなく、ふたつの粒子の間のつながりを説明できるようになった。それがどういうことかを解説するのに、彼はつぎのようなたとえを用いている。水槽の中を泳ぐ魚を想像してみよう。また、自分はこれまで水槽も魚も見たことがなく、どちらに関する知識もすべて二台のテレビカメラが写す映像からくるというように想像してほしい。その一台は水槽の前にあり、もう一台は横に置かれている。この状態で両方のテレビモニターを見たとしたら、ふたつの映像は別の魚を映していると考えてしまうかもしれない。カメラの置かれている角度がちがうため、映像もそれぞれ少しちがうのだから、そう思っても無理はないはずである。だが、見つづけているうちに最後には二匹の魚の間に関係があることがわかってくる。一匹が向きを変えれば、もう一匹も少しちがってはいるがそれと対応した動きをする。一匹が前を向けばもう一匹は横を向く、などである。この状況全体を把握していなければ、この二匹は互いに瞬間的なコミュニケーションを交わしているというまちがった結論を出してしまう可能性があるが、実際はそうではない。何のコミュニケーションも行なわれてはいない。なぜなら、一段深いレベルの現実、つまり水槽から見た現実では、二匹の魚はひとつであり同じものであるからだ。陽電子が自然崩壊していく過程で発生するふたつの光子のような、素粒子間の現象もまさにこれなのだ、とボームは言うのである（図6）。

量子ポテンシャルはあらゆる空間に浸透しているため、すべての粒子は、非局在的なかたちでまさしく互いに結びついているのである。ボームがつくろうとしていた現実像は、考えれば考えるほど、素粒子が互いに別々の存在で空虚な空間の中を飛びまわっている図ではなく、すべての物が途切れない網の目の一端であり、中を動きまわる物質に負けず劣らずリアルで、さまざまな現象が起きている豊かな空間にしっかりと抱かれている、というものに近づいていった。

ボームの考えは、それでもまだほとんどの物理学者の見方を変えることはなかったが、何人かの関心を呼び覚ましたことは確かだった。そのひとりが、スイスはジュネーブの近郊にある原子力平和利用の研究機関CERNの理論物理学者スチュアート・ベルであった。ボームと同じように、ベルもまた量子理論に満足できなくなり、何かこれに代わるものがあってしかるべきだと感じていた。のちに彼はこう記している。「そして一九五二年にボームの論文を見た。彼の考えは、誰もが知っているものとは別の変動要素の存在を唱えることで量子力学を完成させようというものであった。私はこれにはたいへん感心した」[7]。

ベルはまた、ボームの理論が示唆する非局在性に気づき、その存在を実験的に検証する手だてはないものかと考えた。この問題は数年のあいだ彼の頭の片隅にあったが、研究のための休職期間が一九六四年に与えられ、はじめてこの問題に一〇〇パーセント集中することが可能になった。たちまち彼は、そうした実験をどのように行なえばよいかを明らかにする優雅な数学的な証明を考え出した。ただ問題は、その実験に必要な技術的精度が、まだその当時は実現されていなかったという点だった。たとえばEPRパラドックスにあったような粒子が、なんらかの通常の手段によって互いにコミュニケーションを行なっているわけではないことを確認しようとすると、光が二個の粒子間を移動する時間もないぐらいの、極限まで短い瞬間に実験が行なわれなければならなかった。これは実験に使われる装置が、必要な作業すべてを十億分の一秒の単位でやり遂げなければならないことを意味していたのである。

ホログラムの登場

一九五〇年代後半には、ボームはすでにマッカーシズムとの一戦も終わり、英国のブリストル大学の研究員となっていた。ここで彼は、ヤキール・アハロノフという名の若い研究生とともに、非局在的な相互結合性について新たに重要な例を発見した。ボームとアハロノフの発見はつぎのようなものであった。電子がある確率がまったくない場所に磁場が存在するとする。正しい条件さえ整えてやれば、この磁場の存在を他の場所にある電子が「感じとる」ことができる、というのである。この現象は今日ではアハロノフ＝ボーム効果として知られているが、二人がこの発見を最初に発表したときには、多くの物理学者はそんな効果が可能だとは信じようとしなかった。今日でもこれを疑う傾向はわずかながら残っており、数々の実験でこの効果が確認されているにもかかわらず、そんなものは存在しないと主張する論文がたまに発表されたりすることがある。

いつものようにボームは、押し黙る群衆の中にあって、王様が裸であると勇敢にもはっきり口にするという、変わらぬ役割を淡々と受けいれていた。何年かのちのインタビューで、彼はその勇気を支えている哲学をひとことでこう述べている。「長い目で見れば、錯覚にしがみついているほうが事実に直面するよりはるかに危険なことなのです(8)」。

そうは言うものの、全体性と非局在性についての自分の考えに対する反応がごく限られたものでしかなかったこと、それにこの先どう進んだらよいのか自分でもよく見えなかったこともあり、これがボームに他の方向に目を向けさせる結果を生んだ。一九六〇年代、ボームは「秩序」についてさらに深く考察することとなった。古典科学は、事物をおおむねふたつに分類する。各部分の成り立ちに秩序を有するものと、各部分が無秩序に、あるいはバラバラに組み合わせられているものである。雪の結晶、コンピュータ、そして生き物たちは秩序をもつ。床にこぼれた一握りのコーヒー豆がつくるパターン、爆発のあとに残る瓦礫の山や、ルーレットで出てくる一連の数などはみな無秩序なものだ。

この問題をさらに深く探求していくにつれて、ボームは秩序にも程度の差があることに気づいた。あるものには他よりも秩序があり、これは宇宙に存在する秩序の階層に終わりがないことを意味している可能性があった。この点からボームにひらめいたのは、私たちには無秩序と見えるものも実はまったく無秩序などではないのかもしれないということだった。ひょっとすると、そこにある秩序は「限りなく高度」であるため、私たちの目にはランダムとしか映らないのかもしれない（おもしろいことに、数学者はこのランダムという状態を証明することができず、ある種の数の順列はたしかに無秩序と分類されてはいるものの、これは知識をもったうえでの推測でしかない）。

こういう考えに没頭していたとき、ボームはBBCテレビの番組に出てきたある装置を見て、自分の

図7

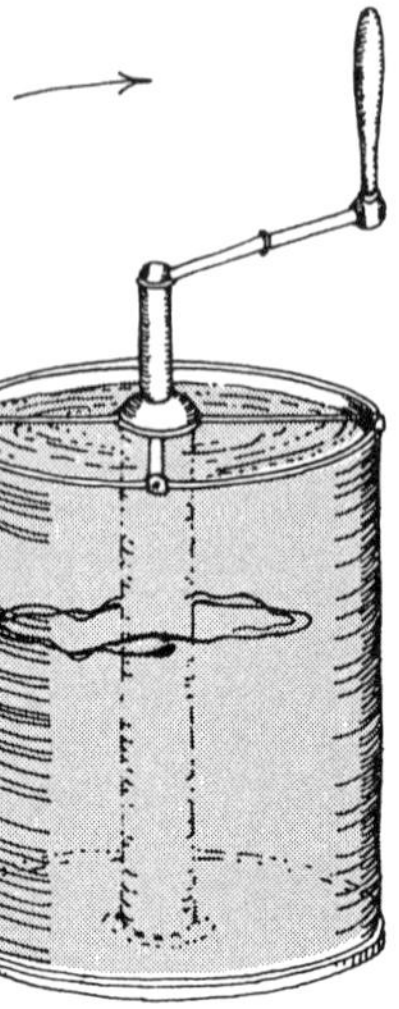

考えをさらに発展させることができた。この装置は、回転する大きな円筒が中に入るように特別につくられたビンだった。ビンと円筒の間の小さなすきまには、グリセリン（どろどろした透明の液体）が入っており、このグリセリンの中に一滴のインクがじっと動かず宙に浮かんでいた。ボームが興味をそそられたのは、円筒についたハンドルを回すと、このインクはシロップ状のグリセリンの中に広がっていき、やがて消えてしまうように見えることだった。だが、ハンドルを逆の方向に回してもとに戻してやるやいなや、うっすらとした痕跡がゆっくりとまとまっていき、ふたたび水滴状のインクが現われてくるのである（図7）。

ボームはこう書いている。「これは秩序の問題に大いに関連がある、とひらめいた。というのも、インクの一滴が再形成されたということは、インクが広がった状態にあったときにも『隠された』（つまり表面には現われない）秩序が存在していて、これがふたたび姿を現わしたと考えられるからである。にもかかわらず、私たちのふつうの言い方では、インクがグリセリンの中に広がっていたときには、インクは「無秩序」の状態にあるということになってしまう。この例が、ここになにか秩序に関する新しい概念があってしかるべきだ、ということを教えてくれたのだった」[9]。

この発見はボームを大いに興奮させた。なぜなら、それは、彼が考察してきた多くの問題に新しい見方を与えてくれたからである。そしてこのグリセリン容器に出会った直後、秩序を理解するための比喩として、さらにぴったりくるものに彼は遭遇した。それは過去何年もの間の考察の糸をまとめ、ひとつの生地に織りなすことを可能にしてくれただけでなく、説得力のある強力な説明をもたらしてくれたため、ほとんどこの目的のために特別にあつらえたのではと思えるほどだった。それが、ホログラムだったのである。

ホログラムについて考察を始めるやいなや、これも秩序について新しい理解の道を与えてくれることがボームには見てとれた。広がった状態のインクの一滴と同様に、一枚のホログラフィック・フィルムの表面に記録された干渉パターンも肉眼には無秩序と映る。どちらも隠された、あるいは、包み込まれている秩序を有しており、プラズマの秩序が、一見バラバラに見える電子の渦のひとつひとつの挙動に包み込まれているのとまったく同じなのだ。だが、ホログラムが与えてくれた洞察はこれにとどまらなかった。

考えれば考えるほど、宇宙はまちがいなくホログラフィックな原理によって機能しており、それ自体が一種の巨大な流れるホログラムであるという確信をボームは深めていった。そして、その理解が、彼のさまざまな洞察すべてを巨視的で包括的な全体理論へと結晶化させたのである。一九七〇年代初期、彼は宇宙のホログラフィックな見方に関する最初の論文を発表し、一九八〇年、自分の考えをさらに吟味し凝縮させたものを『全体性と内蔵秩序』（青土社、一九八六）と題した著書で世に問うた。この本は、彼の無数の考えをひとつにまとめただけではなく、それを、過激なばかりか息を呑むような内容の新しい現実観へと昇華させたのである。

包み隠された秩序、表に現われてくる現実

ボームの説の中でもいちばん驚かされるのは、私たちの日常生活といった身近な現実が、実は、ホロ

グラフィックな映像のような一種の虚像であるというものだ。その奥にはさらに深い存在の秩序が隠されており、それははかり知れないほど広大で、より根源的なレベルなのである。そして、ちょうどホログラフィック・フィルムがホログラムを生み出すのと同じように、すべての物質や、物質的世界と私たちの目に映る幻影を生み出しているのだ。ボームは、この深いレベルの現実を内在（implicate「包み隠された」の意）秩序、*そして私たちが存在しているレベルを外在（explicate「開示された」「表に現われてくる」の意）秩序とよぶ。

*訳注　前掲の書名にもあるように、この概念にはすでに「内蔵秩序」という訳語があるが、特定の物の中に内蔵されているというよりは、それを超えたさらに深いレベルにあまねく存在するという意味合いが強いことから、本書では「内在秩序」を用いる。

彼がこの用語を使うのは、宇宙に存在として現われているものは何であれ、すべてこのふたつの秩序の間で包み込みと開示が無限に繰り返された結果であると見ているからだ。たとえばボームの考えでは、電子というのはひとつの物体ではなく、空間全体のあらゆる場所に包み込まれている全体、ないし総体ともいうべきものである。計器が一個の電子の存在を検知するのは、インクの一滴がグリセリンの中から現われてくるのと同じように、電子の総体のあるひとつの側面がその特定の場所で表に現われてきたからにすぎない。電子が動いているように見えるのは、そのような包み込みと開示が連続して繰り返されているためなのである。

また別の言い方をするなら、電子などの素粒子がはたしてどの程度物質としての実体をもち、永久的な存在なのかを考えると、せいぜい噴水が噴き出すときに水がつくり出す形とあまり変わらない程度だと言える。内在秩序からは途切れなく素粒子が流れ込み、それが全体を維持しており、ひとつの素粒子が破壊されたように見えるときでも、それはどこかに消えてしまったわけではない。その本来の場所である深いレベルの秩序にふたたび包み込まれていっただけなのだ。ホログラフィック・フィルムとそこにできる映像も、内在秩序と外在秩序の一例だ。フィルムのほうは、ひとつの内在秩序と言える。なぜなら、干渉パターンの中に記録された画像は、全体のあらゆる部分に包み込まれている隠れた全体性にほかならないからである。フィルムから投影されるホログラムはというと、同じ画像でも表に現われ、知覚で認識できるものなので、外在秩序だと言える。

ふたつの秩序の間に、片時も途切れることのない、流れるような相互作用が起こっていると考えれば、素粒子――たとえば、ポジトロニウム原子の中の電子――がいかにしてひとつの形から他のものへと変身しうるのかも説明できる。このような変身は、あるひとつの粒子、たとえば電子が内在秩序に包み込まれていくときに、他のもの、つまり光子が表に現われて電子と交替している、というふうに見ることができる。また、ある素粒子がいかにして粒子としても波動としても現われうるかも説明してくれる。ボームによれば、どちらの側面も量子の総体の中に常に包み込まれているのだが、観察者がこの総体とどういうかたちで関わるかによって、どの側面が表に現われ、どれが隠されたままになるのかが決まるというのだ。そういう意味では、ある素粒子の形態が決まる際に観察者が演ずる役割というのは、カットの仕方によって宝石に見える面と見えない面が生じるのと同様、それほど不思議なものではない。また、「ホログラム」という用語はふつう静的な画像を指しており、この瞬間瞬間にも宇宙を創造しつづけている無数の包み込みと開示という現象のもつ、ダイナミックな本質をあまりうまく表わしているとは言いがたい。このためボームは、宇宙はホログラムではなく「ホロムーヴメント」と表現するほうがふさわしいと考えている。

ホログラフィックに構築された深層秩序の存在は、量子下のレベルでなぜ現実が非局在的なものになるのかも説明してくれる。これまで見てきたように、何かがホログラフィックに構築されている場合、その表面的な所在という概念はすべて崩壊する。ホログラフィック・フィルムのどの部分にも全体に関する情報がある、というのは、実は情報が非局在的に分散されているということを別な言い方で述べているにすぎない。したがって、もしこの宇宙がホログラフィックな原理にもとづいて構築されているとすれば、非局在的な性質をもっていて当然なのである。

あらゆるものは分割不可能な全体である

最も衝撃的なのは、全体性というものについてボームが完成させた考え方であろう。彼はこう考える。宇宙の森羅万象は、内在秩序という縫い目のないホログラフィックな生地からできているため、宇宙が「部分」の集まりで成り立っていると見るのは意味のないことであり、それは噴水がつくり出すさまざまな形を、もとの水とは別のものと考えてしまうのと同じである。電子はただの「素粒子」ではない。それはホロムーヴメントのあるひとつの側面につけられた名前にすぎないのである。そもそも現実を分割して各部分に名前をつけるということ自体が独断的なのであり、単なる合意の産物でしかない。なぜなら、素粒子も、この宇宙にあるその他のすべてのものも、雅やかなカーペットに織りこまれた模様の各部分と同じように、互いに別々の存在ではありえないからである。

これはたいへん深遠な考えである。一般相対性理論の中で、アインシュタインは時間と空間が別々の存在ではなく、なめらかなつながりをもつものであり、彼が時空連続体とよんだ大きな全体の一部であることを述べて世界を驚愕させた。ボームはこの考えをさらに大きく一歩進め、宇宙に存在するものすべてが、ひとつの連続体の一部であると説く。外面的なレベルでは別々に映っても、あらゆるものは他のものすべての切れ目ない延長であり、究極的には内在秩序や外在秩序でさえも互いにひとつに混じり合ってしまうのである。

ここでひと息ついて、このことをよく考えてみてほしい。自分の手をながめてみよう。そばにあるスタンドから流れる光、足もとにいる犬。あなたは単にこういうものと同じ物質でできているだけではない。文字どおり同じものなのである。それはひとつのもの、切れ目ないものなのだ。目に見えるあらゆる物体から、原子、絶え間なくゆれる海、そして宇宙にある星の瞬きの中にまで、その無数にある手、触角をのばしている厖大な何か、なのである。

しかしボームは、この考えが、宇宙は何の変化もない巨大なひとつの物質だという意味ではないことに注意するよう指摘している。分割できない全体の一部でありながら、それぞれ独自の性質をもつことも可能なのである。これをわかりやすく説明する例として、彼は川の中によくできる小さな流れや渦巻をあげる。一見それは、大きさや流れの速さ、回転の方向など個々の特性をもっていて、なにか別のもののように見える。しかし、注意深く観察してみると、どこで渦巻が終わりどこで川が始まるのかを定めるのは不可能なことがわかる。つまり、ボームは「もの」の間の違いには意味がないと言っているのではない。ホロムーヴメントのさまざまな側面を分割し、それを「もの」と定義するのが抽象概念にしかすぎないこと、そしてそのような側面が知覚の中に現われてきたときに、私たちの思考に理解しやすいよう際立たせるためのひとつの方策でしかないことをいつも念頭に置くように望んでいるだけなのだ。

この点をなんとか正そうと、ホロムーヴメントの異なった側面を「もの」というかわりに、ボームは「比較的独立した小全体」というよび方のほうを好んでいる。(10)

世界を断片に分け、すべてのものの間にあるダイナミックな相互結合性を無視するという、人類にほぼ共通する傾向にこそ、科学にかぎらず私たちの生活や社会が抱える問題の原因があるというのがボームの考えだ。たとえば私たちは、地球全体に影響をおよぼすことなくその貴重な一部分を取り出せると思っている。あるいは、身体全体のことを考えずに、ある一部分だけを治療することができると思っている。犯罪、貧困、麻薬中毒といったさまざまな社会問題も、社会全体の問題を考えることなしに対処できると思っている。その著作の中でボームは、世界を断片に分けるという現在のやり方は、うまくいかないどころか、私たちを絶滅に導いてしまう可能性さえあると強く主張しているのである。

意識は目に見えない精妙なかたちの物質

ボームのホログラフィックな宇宙観は、量子物理学者が物質の深みを探っていくと、なぜこれほど相互結合性を示す例がたくさん見つかるのかという疑問を解き明かすだけでなく、他にも多くの謎を解明してくれる。ひとつは、意識が素粒子の世界に対してもっているように思われる影響力である。これまでも見てきたように、ボームは素粒子が観察されるまでは存在しないという考えはしりぞけている。しかし、意識と物理学を結びつけることには原則的に反対していない。ただ、ほとんどの物理学者はこの問題にまちがったやり方で取り組んでいると感じているだけなのだ。つまり、またもや現実を断片に分け、意識というひとつのものと、もうひとつの別のものである素粒子との間に相互作用が生じている、といった見方でしか考えていないというわけである。

このようなものはすべてホロムーヴメントのさまざまな側面なのだから、意識と物質が相互作用をおよぼしあっていると言っても意味がないとボームは考える。ある意味で、観察者は観察の対象そのものでもある。また、観察者は計測機器であり、実験の結果であり、実験室であり、窓の外をそよぐ風でもあるのだ。実際ボームは、意識とは物質のより精妙な一形態であり、このふたつの間にある関係の基盤は、私たちの現実のレベルではなく、すべて深層の内在秩序にあると考えている。包み込みと開示の段階によって差こそあるものの、意識はすべての物質の中に存在する。プラズマが生物の特徴をいくつかもち合わせているのは、おそらくこのためなのである。ボームはこう語る。「活動的な形態をもつ能力というのが意識の最大の特徴であり、この意識状のものはすでに電子の中に存在しているのである[11]」。

これと同じように、宇宙を生きているものと生きていないものに分けることも意味がないとボームは考える。生命をもつものも、もたないものも、不可分なかたちで絡み合っており、生命もまた、宇宙の全体性のあらゆるところに包み込まれているのである。岩でさえもある意味では生きている、とボームは言う。なぜなら、生命と知性は、すべての物質のみならず、「エネルギー」「空間」「時間」「宇宙全体が織りなす現実」、そして私たちがホロムーヴメントから抽象的に取り出し、別々のものだと誤解しているその他一切の中にも存在しているからである。

意識と生命（そして、まさに万物）が宇宙のあらゆる部分に包み込まれている総体だとの考え方の裏には、やはり目くるめくような意味が隠されている。すなわち、ホログラムのどの部分にも全体の画像が記録されているのとまったく同様に、宇宙のあらゆる部分は全体を包み込んでいるのだ。これは、アクセスの方法さえわかれば、自分の左手の親指の爪にアンドロメダ星雲を見つけることとさえできる、ということを意味している。クレオパトラがシーザーに初めて会う場面も見ることができるだろう。なぜなら、原理的には、時間と空間のほんの小さな領域それぞれに、一切の過去と未来の可能性が全部包み込まれているはずだからである。私たちの体の細胞ひとつひとつが全宇宙を包み込んでいる。木の葉の一枚一枚も、雨のしずくの一滴も、ほこりの一粒も同じであり、まさしくこれは、あの有名なウィリアム・ブレイクの詩に新しい意味をもたらしてくれるのだ。

砂の一粒に世界を
そして野の花に天界を見る
手のひらに無窮をつかみ
そして一時間の中に永遠を感ず

一立方センチの空間に一兆個の原爆のエネルギーが

もし私たちの宇宙が、より深層の秩序の影にすぎないとしたら、現実を織りなす縦横の糸には他にいったい何が隠され、何が包み込まれているのであろうか。ボームの考えはこうである。現在の物理学の理解では、空間のあらゆる領域は、さまざまな波長の波動でできた「場」であふれ返っているという。それぞれの波動は、必ずある量のエネルギーをもつ。物理的にひとつの波動がもつことのできる最小のエネルギー量を計算してみたところ、わずか一立方センチの空間に、現在の宇宙に存在することがわかっているすべての物質のエネルギーの総量よりもさらに多くのエネルギーが存在していることがわかったのである！

物理学者の中にはこの計算を本気にするのを拒み、何か誤りがあるにちがいないと信じている人たちもいる。ボームはこの無限のエネルギーの海はまちがいなく存在すると考えており、内在秩序の隠された厖大な本質をわずかながらもかいま見せてくれるものだとの見方をしている。ほとんどの物理学者がこの巨大なエネルギーの海を無視してしまうのは、ちょうど魚が自分の泳いでいる水を意識しないのと同じで、海の中でしっかり固体として存在するもの、つまり物質におもに焦点を合わせるよう教えられてきたからだ、と彼は考える。

空間が、その中を動きまわる物質に負けず劣らずリアルで、さまざまな現象にあふれた豊かなものであるというボームの見方は、「隠されたエネルギーの海」という彼の考えにみごとに結晶する。物質は何もない空間とよばれているこの海から独立して存在しているわけではない。その空間の一部なのである。この自分の考えを説明するのに、ボームはつぎのような例をひく。絶対零度まで冷やされた結晶は、電子の流れを、あちこちに散らばせることなく通過させる。温度を上げていくと、結晶の内部にあるさまざまな欠陥が、いわばその「透明度を失わせる」ようになり、電子を散らしはじめる。電子の側から言えば、このような欠陥は、無の海に浮かぶ「物質」のように見えるが、実際はそうではない。無の空間と物質は互いに独立したかたちで存在しているわけではないのだ。どちらも同じ生地の一部であり、その結晶に隠された深遠なる秩序の一部分なのである。

ボームは私たちの存在のレベルでも同じことが言えると考えている。空間はからっぽなのではない。満ちあふれた状態、真空ではなく充満状態であり、これが私たちも含めた一切万物の存在の基盤なのである。宇宙はエネルギーの海と別にあるわけではなく、その表面に立つさざ波、想像を絶するほど厖大な大洋の中での比較的小さな「刺激パターン」でしかないのだ。「この刺激パターンは比較的自立した存在で、ほぼ安定した個々の現象として識別可能な投影を繰り返し生じさせており、この投影は立体的な外在秩序というかたちで現われる」とボームは語っている。[12] 言いかえれば、その見かけ上の物質性と巨大な規模とは裏腹に、宇宙はそれ自体が自立した存在なのではなく、言葉ではとても言い表わせないさらに厖大な何かの継子《まま》にすぎない、ということだ。そればかりか、宇宙はこの厖大な何かがつくり出すものの中で特に主要な位置を占めてはおらず、その一時的な影でしかないもので、その巨大な仕組みの中ではただ単にしゃっくりのようなものにすぎないということなのである。

内在秩序に包み込まれているのは、この限りないエネルギーの海ばかりではない。内在秩序はこの宇宙の万物を生んだ基盤であることから、少なくともいままでに存在した素粒子、そしてこれから存在するであろう素粒子すべてはもちろんのこと、類星体《クェーサー》からシェークスピアの脳まで、DNAの二重螺旋から銀河の大きさや動きを決定する力まで、物質、エネルギー、生命、そして意識のありとあらゆる可能なかたちをも内包しているのだ。しかも、これでもまだすべてではないかもしれない。ボームも、内在秩序があらゆるものの終わりであると考える理由は何もないと認めている。これをさらに超える、誰も夢想だにしなかったような秩序が無限につづく段階として広がっているのかもしれないのである。

ボームのホログラフィックな宇宙観を裏づける実験

ボームが正しいことを示唆する物理学分野での興味深い発見もいくつかある。隠されたエネルギーの海という概念は別としても、空間は、光やその他の電磁波であふれており、それがいつも互いに交錯し干渉し合っている。また、これまで見てきたように、すべての素粒子は波動でもある。つまりこれは、物質をはじめとして、私たちが現実の中で知覚するものはすべて干渉パターンで成り立っていることを意味しており、そこにはまちがいなくホログラフィックな意味合いが見え隠れするのである。

いまひとつの強力な証拠が最近の実験結果から出てきている。一九七〇年代には、ベルが以前に考案した二個の素粒子の実験を実行するための技術が可能になり、何人かの研究者がこれを試みた。結果は期待させるものこそあったが、決定的な結論は出なかった。そして一九八二年、パリ大学光学研究所の物理学者アラン・アスペック、ジャン・ダリバール、ジェラール・ロジェの三人がついにこれに成功する。三人はまず、カルシウム原子をレーザー光線で熱してペアの光子を何組かつくりだした。そして、パイプの中でそれぞれの光子を反対方向に六・五メートル飛ばし、パイプの両端においた特殊なフィルターを使って、二台の偏光角分析器のどちらかに向かうように仕向けたのである。各フィルターが、光子を片方の分析器か、もう一方のものに送るのかを切り換えるのに百億分の一秒かかる。これは、二個の光子の間にある十三メートルという距離を光が移動するのにかかる時間よりも三百億分の一秒だけ短い。こうすることによって、アスペックは現在知られているどんな物理的プロセスを使おうとも、光子どうしが互いに連絡をとるのを不可能にすることができたのである。アスペックのチームは、量子理論が予測していたように、やはりこの条件下でも、個々の光子の偏光角がペアの相手のそれと一致することを発見したのだった。これは、光速より速いコミュニケーションはありえないというアインシュタインの理論に反することが起きているか、あるいは二個の光子が非局在的に結びついていることを意味していた。ほとんどの物理学者は光速より速いプロセスを認めるのには反対であることから、アスペックの実験は、二個の光子の間のつながりが非局在的であることの実質的な証明と一般に考えられている。それればかりか、英国のニューカッスル・アポン・タイン大学の物理学者ポール・デイヴィスが述べているように、すべての粒子が互いに関わり合ったり離れたりのプロセスを繰り返していることを考えれば、「量子体系の非局在的な側面は、自然の一般的な特性である」ということになるのである。(13)

アスペックの発見はボームの宇宙モデルが正しいことを証明しているわけではないが、力強い支持材料を提供している。先に述べたように、ボームは、自分のものも含め、どんな理論であっても絶対的に正しいということはありえないと考えている。すべては真実の近似値にすぎず、無限かつ分割不可能な領域を図示するために用いられる有限の地図でしかないのである。もちろんこれは、ボームが自分の理論は実証不可能だと考えているという意味ではない。いつか、自分の考えを実証できるような技術が開発されることを彼は確信している（この点について批判があると、ボームは、「超ひも理論」のように、物理学にはあと数十年は実証不可能な理論がいくつかあることを指摘する）。

物理学界の反応

ほとんどの物理学者はボームの考えに懐疑的だ。たとえば、エール大学の物理学者リー・スモーリンは、ボームの理論がとにかく「物理的にあまり説得力があるとは思えない」との立場をとる[14]。とは言うものの、ボームの知性には誰もが尊敬の念を抱いている。ボストン大学の物理学者アブナー・シモニーの意見がこの見方を代表している。「残念ながら私には彼の理論が理解できないのです。これが比喩であることは確かだと思いますが、問題はその比喩をどれだけ文字どおりに受け取るかでしょう。でも、彼はこの問題についてたいへん深く考察してきましたし、お茶をにごさずにこうした問題を物理学の研究の最前線にもち込むことで、物理学全体に非常に大きな貢献をしてくれました。何ものをも恐れない勇気と想像力あふれる生き方をしてきた人物です[15]」。

このような懐疑的な見方とは逆に、ボームの考えに同調する物理学者もいる。その中には、ブラック・ホール理論の研究の中心者、オックスフォード大学のロジャー・ペンローズや、量子理論の世界的権威のひとり、パリ大学のベルナルド・デスパニヤ、それに一九七三年のノーベル物理学賞の受賞者であるケンブリッジのブライアン・ジョセフソンなどの大物も含まれている。科学の枠組みの中に神や精神といったものも含めるべきだという主張を支持しているジョセフソンは、ボームの言う内在秩序がいつの日かこれにつながるのではないかと考えている。(16)

プリブラムとボーム

プリブラムとボームの理論を合わせて考えてみると、そこには深遠な新しい世界観が見えてくる。私たちの脳は、つきつめてしまえば他の次元――時間と空間を超えた深いレベルに存在する秩序――から投影される波動を解釈し、客観的現実なるものを数学的に構築しているのである。すなわち、脳はホログラフィックな宇宙に包み込まれたひとつのホログラムなのだ。

ふたつの理論をこのように統合した結果、プリブラムは、客観的世界などというものは存在しないと考えるようになった。少なくとも私たちが慣れ親しみ、こうだと信じこんでいるようなかたちでは存在していないのだ。目の前に広がっているのは、実は茫漠とした波動の大海であり、現実が堅固なものに見えるのも、脳がこのホログラフィックなもやもやを、私たちの世界を構成している木や石といったおなじみの物質に変換することができるからにすぎないのである。いったい脳は（脳自体も物質の波動でできているのだが）どうやって波動のもやもやなどという実体のないものをとらえ、手で触れられるような固体に見せることができるのだろうか。「ベケシーが振動器を使って再現した数学的なプロセスこそ、脳が外部の世界の画像を構築する基本である」とプリブラムは述べている。(17)言いかえれば、磁器のなめらかさや、足の下に感じる海辺の砂の感触も、実は高度な「四肢錯覚現象」にすぎないということなのだ。

プリブラムによれば、これはなにも磁器や海辺の砂が存在していないということを意味するのではない。磁器のカップという現実には、ふたつの非常に異なった側面があるというだけのことだ。私たちの脳のレンズを通すと、それはカップとして現われる。しかし、もしこのレンズをなくしてしまえば、私たちはこれを干渉パターンとして体験することになるのである。どちらが現実で、どちらが虚像なのか？「私にとってはどちらも現実です」とプリブラムは言う。「あるいは、もし別の言い方のほうがいいなら、どちらも現実ではないのです[18]」。

この状態はなにも磁器のカップに限ったことではない。私たち自身の現実も、非常に異なるふたつの側面をもっている。自分のことを空間を移動する肉体と考えることもできるし、宇宙ホログラムの全体に包み込まれた干渉パターンのもやもやとして見ることもできるのである。ボームは後者の見方のほうが正しいと考えている。なぜなら、自分がホログラフィックな心／脳であり、それがホログラフィックな宇宙を見ていると考えるのは、これもまた抽象概念であり、究極的には分けることができないはずのものを分けようとする試みだからである[19]。

このことを把握するのがむずかしくとも心配する必要はない。ホログラム中のりんごといった、私たちの外にあるものに関しては、全体論《ホーリズム》の考えを理解するのは比較的やさしい。ややこしいのは、この場合、自分がホログラムを見ているのではなく、自分もそのホログラムの一部だということなのである。

これを理解するのがいかに困難かという点も、ボームとプリブラムが、私たちのものの見方をどれだけ根本的に見直すよう求めているかを表わしている。しかし、見直しはこれだけにとどまらない。脳がものを構築するというプリブラムの主張は、ボームの結論にくらべればまだまだやさしい。ボームは、時間と空間でさえ、それを構築しているのは私たちだ、と言うのである。[20] この考えがもつ意味についても、ボームとプリブラムの概念が他の分野の研究に与えてきた影響を調べていくなかで、これから探っていきたい。

第二部　心と身体

一人ひとりの人間を注意深く見てみれば、それぞれが独自のホログラムであることにすぐ気づくはずだ。個体として自己充足的であり、自己繁殖が可能で、自己認識ももつことができる。だが、惑星上の存在という環境から離して考えると、人間の形というものはマンダラや象徴的な詩に似ていないこともない。なぜなら、その形態、その流れの内部には、そもそもそれ自体がつくりあげられてきたさまざまな物理的、社会的、心理的環境や、その進化をとりまく条件などに関する包括的な情報が息づいているからである。

ケン・ダイトワルド

ケン・ウィルバー編『空像としての世界』より

第三章　ホログラフィック・モデルと心理学

精神医学や精神分析で用いられてきた従来のモデルは、すべて個人の性格やその人の過去だけに関するものだったが、意識についての近年の研究は、これに新しいレベル、領域、次元を加え、人間の精神は宇宙全体とも、すべての存在とも本質的に規模を同じくするものであることを示している。

スタニスラフ・グロフ『脳を超えて』

ホログラフィック・モデルが大きな影響を与えてきた分野に心理学がある。これは別に驚くには価しない。ボームも指摘したように、意識それ自体が、彼の言う「不可分で、流れるような動き」の完璧な例を提供してくれているからだ。私たちの意識の流れ、満ち引きは、正確に定義することこそむずかしいものの、思考やアイデアがあふれ出てくる源である深層の根本的な現実として見ることができる。そして、これらの思考やアイデアも、流れる川にできるさざ波や大小の渦巻に似ていないこともなく、流れの中の渦巻と同じように、何度も出てきたり、比較的安定して続くものもあれば、できたと思った瞬間に消えてしまうはかないものもある。

複数の個人の意識の間に起きることがある説明不可能なつながりにも、このホログラフィックな考えが解明の光を当ててくれる。こういうつながりの最もよく知られている例が、スイスの精神分析医カール・ユングの集合無意識という概念に表わされているものだ。治療を始めてまもなくの頃、ユングは、自分の診ていた患者の夢、芸術作品、空想や幻覚の中に、その個人の履歴の産物というだけでは説明しきれないシンボルやアイデアがしばしば含まれていることを確信するようになる。こういったシンボルは、個人的なものというよりも、世界の偉大な神話や宗教に出てくるイメージやテーマに近いものがあった。ユングは、神話、夢、幻覚、宗教的なヴィジョン体験などは、すべて同じ源、つまりすべての人々が共有する集合無意識から生じてくるものだ、という結論を下したのである。

ユングをこの結論に導いたひとつの体験は、一九〇六年、妄想分裂病を患うある若い男性の幻覚にまつわるものであった。ある日ユングが回診に出ると、この青年が窓のそばに立ち、太陽を見つめていた。彼はまた、自分の頭を横に振る奇妙なしぐさをしていた。何をしているのかたずねると、青年は太陽のペニスを見ているのだと答えた。自分の頭を横に振ると太陽のペニスが動き、これが風を起こすのだ、と言うのである。

その時点では、ユングはこの男の言うことを幻覚の産物と考えていた。だが、数年のちに二〇〇〇年前のペルシアの教典の翻訳に出くわし、これが彼の考えを変えることとなった。その教典には、人にヴィジョンをもたらすためにつくられた一連の儀式や祈願の言葉などが書かれてあった。そして、あるヴィジョンを描写したものの中に、太陽を見るとそこからぶらさがる管が見え、その管が横に動くと風が起きる、とあったのである。状況を考えれば、青年がこの儀式について書かれた教典を見た可能性は非常に低いことから、青年のヴィジョンは彼自身の無意識の心の産物ではなく、それよりさらに深いレベルにある人類全体の集合無意識から湧きあがってきたものだ、とユングは結論を下したのである。ユングはこのようなイメージを「アーキタイプ」（元型）とよび、その起源は太古の昔にまでさかのぼり、私たち一人ひとりの無意識の深みに、二〇〇万歳の人間の記憶が潜んでいるようなものであると考えたのだった。

ユングの集合無意識の概念は、心理学に強烈な衝撃を与え、いまや数えきれないほどの心理学者や精神分析医がこれを受けいれているが、現在の私たちの宇宙観はこの存在を説明するメカニズムをもっていない。だが、ホログラフィック・モデルが予見する、万物の相互結合性という考え方なら、ひとつの説明を提供してくれる。すべてが限りなく相互に結びついている宇宙では、あらゆる意識もまた相互に結合している。表面上の姿とは裏腹に、私たちは境目のない存在なのだ。あるいは、ボームの言葉を借りるなら、「深層では、人類の意識はひとつなのである[1]」。

もし誰もが人類全体の無意識レベルの知識を活用できるとするなら、なぜ私たちは全員「歩く百科事典」のようになれないのだろう。ニューヨークのトロイにあるレンスレア政治経済研究所の心理学者ロバート・M・アンダーソン・ジュニアによると、これは、内在秩序にある情報の中でも、人間がアクセスできるのは自分の記憶に直接関係のあるものだけだからだ、という。アンダーソンはこの選択のプロセスをパーソナル・レゾナンス（個体共鳴現象）とよび、振動する音叉がもう一本の音叉と共鳴する、すなわちその内部に振動をひき起こすのは、二本の音叉の形や大きさといった構造が似て*いるときだけ*であるという例にこれをたとえている。「個体共鳴現象のせいで、宇宙に内在するホログラフィックな構造の中にほぼ無限に存在するさまざまな〈映像〉のうち、一個人の意識がとらえることができるのは比較的限られたものになってしまう」とアンダーソンは語っている。「このため、何世紀も昔の賢人がこの結合意識をかいま見たときも、相対性理論をしたためることはなかった。なぜなら、アインシュタインと同じような条件下で物理学を勉強していたわけではないからである[2]」。

夢とホログラフィック・ユニヴァース

ボームの内在秩序の概念が心理学に応用できると考えているいまひとりの研究者にモンタギュー・ウルマンがいる。彼はニューヨークはブルックリンのマイモニデス医療センターにある夢研究所を設立した精神分析医であり、これもニューヨークにあるアルバート・アインシュタイン医科大学の名誉教授でもある。ウルマンがこのホログラフィックな概念に最初に関心を抱いたのは、やはりこの、すべての人々がホログラフィックな秩序の中ではつながっている、という考えのためだった。彼が関心をもつのも当然だった。一九六〇年代、七〇年代を通じてウルマンは、前書きでも触れたESP夢実験の多くを取りしきっていたのである。このマイモニデスで行なわれたESP夢実験は、まだ説明はつかないものの、少なくとも夢の中においては、私たちが互いに交信できることを確認した最有力の証拠として、今日でも際立っている。

その典型的な実験はつぎのようなものだ。超能力をもたない有償のボランティアが、研究所の一室で眠るように頼まれる。そして別の部屋にいる人間が、無作為に選ばれた絵に意識を集中し、眠っているほうの人がその絵のイメージを夢にみるように念じるのである。決定的な結果が出ないときもあった。しかし、眠っているほうの人間が明らかに絵の影響を受けた夢をみる場合もあった。たとえば、対象の絵がタマヨ作の「動物たち」（二匹の犬が骨の山を前に歯をむき出して唸り声をあげている絵）のとき、被験者の女性は晩餐会にいる夢をみたが、それは肉が足りず、みな自分の取り分をがつがつ食べながら、お互いを用心深く監視している夢だったのだ。

もうひとつの実験では、シャガールの「窓辺のパリ」が選ばれ、そこにはひとりの男が窓からパリの街並みを見ている図があざやかな色彩で描かれている。この絵には、その他にも変わったものがいくつか登場する。人間の顔をした猫、空を飛んでいる小さな人の姿や、花でおおわれた椅子などだ。数夜にわたり、被験者は何度もなにかフランス的なものの夢をみた。フランスの建物、フランスの警官の帽子、フランス風の服を着た男があるフランスの村の何層にも重なるイメージを見つめているところ、などである。花のまわりを飛ぶ蜂の一群、人々が仮装したり仮面をつけたりしている色あざやかなカーニバル風のお祭りなど、夢に現われたイメージの中には、絵の躍動的な色合いや、絵の中にある変わった特徴にはっきりと結びつくようなものもあった[3]。

ウルマンは、こういった実験結果を、ボームの言う隠された相互結合性の状態を示す証拠と考えているが、これとは別に、夢にはホログラフィックな全体性の深遠なる側面が見られるとも感じている。それは夢の中の自分が目覚めた状態のときよりもしばしばはるかに賢くなれるという能力である。たとえば、彼の精神分析の診療で、目覚めているときには意識が低くてどうしようもないような患者が来ることもある——意地が悪く、利己的で高慢、他人を操り利用することばかり考え、人間関係もすべて人間らしい暖かみに欠け、何ひとつまっとうできないような人物だ。しかし、どんなに精神的に盲目であっても、自分の短所を認めようとする気がなくても、夢は例外なくその欠点を正直に描写し、そこには自己の覚醒をやさしく促すかのような比喩が登場するのである。

それればかりか、こういう夢は、一度きりで終わるわけではない。ある診療のケースで、患者が自分に関する真実を認めず、それを受けいれようとしなかったとき、その真実が何度も何度も夢の中に現われてきたこともある。ちがう比喩に形を変え、過去のさまざまな関連した体験と結びついてはいたが、そうした夢は、いつもこの真実に直面する新たな機会を提供しようとするものであることがはっきり見てとれた。

夢からの助言を無視しようとも一〇〇歳まで生きる人もいることから、ウルマンは、この自己監視のプロセスは一個人の幸福以上の何かを求めているのではないかと考える。彼は、自然が人類という種の生存に関心を寄せていると考えるのだ。全体というものの重要性に関してもボームと意見を同じくするウルマンは、夢とは、世界を断片化しようとする私たちの尽きることない強迫的な欲求に自然が対抗する手段なのだと感じている。「個人としてなら、協調、意義、愛といったものすべてから自分を断絶しても生きていけるかもしれないが、国や民族のレベルではそんな悠長なことは言っていられない。人類は自らを民族的、宗教的、経済的など、さまざまな形で断片化してきた。いまそれを克服する道を学ばないなら、ひとつまちがえば破局がやってくるというわれわれの置かれている状況は、ずっと変わらないだろう」とウルマンは語っている。「それを可能にするただひとつの方法は、個人レベルで自分をいかに断片化しているのかを見極めることだ。夢は個人の体験を反映するが、それは人類を生存させ、種としての人類全体のきずなを維持するという必要性が隠されているからだと私は考える」(4)。

夢の中に湧き出てくる限りない知恵の流れの源はいったい何なのだろう? ウルマンもそれについてはわからないと認めてはいるものの、つぎのような考えを提示している。内在秩序が無限の情報源であることを考えれば、これこそが知識の宝庫である可能性がある。夢は、知覚と隠された秩序との間のかけ橋であり、「内在から外在への自然な変化」(5)を象徴しているのかもしれない、と。もしウルマンが正しいとすれば、夢に対する従来の精神分析的な見方をひっくりかえすことになる。なぜなら、夢は人格の原始的な深層から意識の中に浮上してくるものではなく、事実はその反対ということになるからだ。

精神病と内在秩序

ウルマンは、精神病のある面もホログラフィックな概念で説明できると考えている。さまざまな時代を通じて神秘家たちが語ってきた宇宙との一体感や全生命との連帯感といった体験は、内在秩序を描写したものにたいへんよく似ている、とボームとプリブラムの両者は指摘している。二人は、神秘家たちは、どういう方法にせよ通常の外在のレベルを超えたところまで現実を凝視し、おそらくそのさらに深層にあるホログラフィックな本質までかいま見ることができるのではないか、という考えを提示する。ウルマンは、精神病者も現実のホログラフィックなレベルのある側面を体験できると考えている。しかし、彼らはその体験を理性的に秩序立てることができないため、かいま見たその一瞬も神秘家たちの伝える体験の悲劇的なパロディにしかならないのである。

たとえば、精神分裂病者も、宇宙と一体になった大洋感覚をしばしば報告するが、それは魔術的、妄想的なかたちで体験される。自分自身と他人との境界線がなくなるのを感じると言い、それが自分の考えていることを他人に知られてしまうという思いにつながっていく。また、他人の考えを読むことができるとも信じている。人や物、概念などを個別のものとして見ずに、何かもっと大きな範疇の一員として見ることがよくあり、この傾向は、自分の周囲の現実がもつホログラフィックな性格を表現しようとする試みのようにも思われる。

ウルマンによれば、分裂病の人は切れ目ない全体性を感じとっており、それを自分の時空感覚で表わそうとしているという。ある研究によると、分裂病者には、ある関係とその逆の関係を同一のものとして見ることがよく起こる[6]。たとえば、「AはBの後に起きる」と言うのも、「BはAの後に起きる」と言うのも、彼らの思考の中では同じことである。時間の中のあらゆる点は同じものと見なされているので、どういう順序であろうと、ひとつの出来事の後にもうひとつが来るという概念は無意味なのだ。空間上の関係でも同じことが言える。人間の頭が肩より上にあるとしたら、肩もまた頭の上にある、といった具合だ。ホログラフィック・フィルムの画像と同様に、物事にはもはや正確な位置というものがなくなり、空間上の関係も意味を失ってしまうのである。

ウルマンは、躁うつ病患者の場合には、ホログラフィックな考え方のある側面がこれよりさらに明白に表われていると考える。分裂病者がホログラフィックな秩序の香りをほんの少し感じる程度なのに対して、躁状態の人間はこれとより深く関わり、壮大なスケールでその無限の可能性と一体化してしまう。「圧倒するように押し寄せてくる思考のスピードについていけないくらいなのだ」とウルマンは述べている。「このどんどん広がる視界に合わせていくために、躁状態の人は嘘をつき、偽り、まわりの人たちを操っていかなければならない。創造性がほとばしったり、現実世界で成功する場合もたまにはあるが、最終的に彼らを待ちうけているのは、たいていの場合、混乱や混沌状態である[7]」。その後、この超現実的なバカンスが終わると、躁状態からうつ状態になり、ふたたび毎日の生活につきものの危険や、何の秩序もなく起きていく出来事に直面していくのである。

誰もが夢の中で内在秩序の諸側面を体験しているというのが事実だとすれば、なぜそれが精神病の人間に与えるのと同じ効果を私たちにおよぼさないのであろうか。ウルマンによると、それは私たちが目覚める際に、夢のもつ独特で興味深い論理をすべて置いてきてしまうのがひとつの理由だという。精神病者はその病状のため、日常的現実の中で正常にふるまうための努力と同時に、夢の論理とも対峙せざるをえないのである。また、ウルマンの理論によると、ほとんどの人には本能的な保護装置とも言うべきものがそなわっていて、夢をみても、自分で対処できる以上の内在秩序とは接触しないようになっているという。

「覚醒夢」と並行宇宙

「覚醒夢」とは、夢をみている最中も目覚めた状態の意識を完全に保ち、自分が夢をみていることをはっきりと自覚している夢のことだが、近年、心理学者たちはますますこれに関心を抱くようになってきている。この覚醒意識という要素の他にも覚醒夢には独特の性質がある。普通の夢では本人は基本的に受け身の状態だが、覚醒夢はそれとは異なり、夢をみながらその内容をコントロールできる場合が多い。悪夢を快い体験に変えてしまう、まわりの環境を変える、特定の個人や状況を呼び起こす、あるいはこれらを同時に行なう、といったことができるのである。覚醒夢はまた、ふつうの夢よりもずっと鮮明で生命感にあふれている。覚醒夢では大理石の床が不気味なほどの質感と現実味をもち、花々はまぶしいほどに色あざやかで香り高く、なにもかもが躍動感にあふれ、なんとも言えない不思議なエネルギーに満ちているのだ。覚醒夢の調査に携わる研究者は、これをうまく利用すれば、個人の成長、自信、精神的・肉体的健康、創造的な問題解決法の発見などを促す新しい道につながる可能性があると考えている。[8]

一九八七年、ワシントンで開かれた夢研究学会の年次総会での講演で、物理学者フレッド・アラン・ウルフは、この変わった現象を説明するのにホログラフィック・モデルが役立つ可能性があると主張した。自分自身もときたま覚醒夢を体験するウルフは、ホログラフィック・フィルムが実際には二種類の画像をつくり出していることを指摘した。フィルムの背後の空間にあるように見える虚像（ヴァーチャル・イメージ）と、フィルムの前面で焦点が合う実像である。このふたつのちがいは、虚像を形成する光の波が、見かけ上の焦点ないし光源から発散しているように見えるということだ。これまでも見てきたようにこれは錯覚である。なぜなら、鏡の中の画像と同じで、ホログラムの虚像には空間上の奥行きがないからだ。しかし、ホログラムの実像は、ひとつの焦点へと向かう光の波によって形成されており、こちらは錯覚像ではない。実像には空間的な奥行きが実際にあるからだ。しかし残念なことに、通常のホログラフィの使用ではこの実像のほうはほとんど注目されない。というのも、何もない空間上の一点で焦点が合う画像は目に見えないものであり、ホコリの粒子が通過したり、誰かが煙でも吹きかけたりしないかぎり見ることができないからである。

ウルフは、すべての夢は内的ホログラムであり、通常の夢があまりあざやかでないのは、それが虚像だからだと考える。しかしまた、脳には実像をつくり出す能力もあり、私たちが覚醒夢をみているときの脳はこの能力を使っているのだと彼は言う。覚醒夢が異様なまでに生き生きとしているのは、波動が発散ではなく集束しているという事実からくる。「この波動の焦点が合う場所に『観客』がいたとしたら、その人は場面の真っ只中にいることになり、そこで焦点が合う場面がその人を『包み込んで』しまう。こうして、夢体験が現実感あふれるあざやかなものとなるのだ」とウルフは語る。(9)

プリブラムと同様にウルフも、私たちの心はベケシーの研究したプロセスと同じものを通して「外に存在する」現実という幻をつくりあげていると考える。そのプロセスこそが覚醒夢をみる人に主観的現実を創造するのを可能にさせ、客観的現実とよばれる側にあるものとなんら変わらぬ現実感をもち、直接手を触れることもできる大理石の床や花々などを出現させるのだという。それだけでなく、夢の中でこれだけ現実感のある体験ができるという事実は、外の世界と私たちの頭の中にある世界がそれほどちがわないことを示唆しているのではないか、とウルフは考える。「見ている側と見られている側を分け、こちらは見る者、あちらは見られる対象とはっきり言えるというのが、どうも覚醒夢をみているときに感じられることなのだが、それでもまだ〔覚醒夢を〕主観的なものと考えようとするのは無理があると思う[10]」

ウルフは覚醒夢（そしておそらくすべての夢）は、実は並行宇宙への訪問であるという仮説を立てている。この並行宇宙とは、さらに大きく包括的な宇宙ホログラムの内部に存在する小規模のホログラムである。彼は、覚醒夢をみる能力のことを「並行宇宙意識」とよんではどうかとさえ言っている。「私がそれを並行宇宙意識とよぶのは、並行宇宙というものがホログラムの中に自分たちの現実以外の映像として現われると思うからだ」とウルフは述べている[11]。この点を含め、夢の究極の本質に関する他の考え方も、のちに本書の中で探っていくつもりである。

地下鉄「無限線」に飛び乗って

私たちが集合無意識からイメージを取り出すことができる、あるいは夢という並行宇宙を訪れることができるといった考えも、ホログラフィック・モデルに影響を受けたいまひとりの著名な研究者が到達した結論に比べれば、その存在がかすんでしまうことだろう。その人とは、メリーランド精神医療研究センターの研究部長であり、ジョンズ・ホプキンズ医科大学の精神科助教授のスタニスラフ・グロフだ。三〇年以上にわたって変性意識状態を研究してきたグロフは、ホログラフィックな相互結合性を通じて私たちの精神に可能な探求の道筋は、厖大という以上のものがあるという結論を下した。それは事実上無限であるというのだ。

グロフが最初に変性意識状態に関心を抱くようになったのは、一九五〇年代に母国チェコスロヴァキアのプラハで、幻覚剤LSDの臨床使用の可能性を探る研究をしているときであった。この研究の目的は、はたしてLSDがなんらかのかたちで治療に応用できるかどうかを判断することだった。グロフがこの研究を始めた頃、LSD体験とは有害な化学物質に対する脳のストレス反応だと見なす科学者が大半だった。しかし、グロフが患者の体験記録を調べてみても、ストレス反応の多発を示す証拠は何も見当たらなかった。むしろ、患者の各セッションの体験の間には、明確な継続性が見られたのである。

「体験の内容は、無関係でバラバラなのではなく、深い無意識のレベルが表に現われ、つぎにそれよりさらに深いレベルが現われるという連続的な展開を示しているように思われた」とグロフは語っている。[12]

これは、LSD体験を繰り返し行なうことが、精神療法の理論と実践に大きな意義をもつ可能性があることを示しており、グロフと同僚たちがこの研究を続けるのにはずみをつけてくれたのだった。結果は衝撃的であった。すぐに明らかになったのは、一連のLSD体験が精神療法のプロセスを早め、数多くの症状の治療に要する時間を短縮できるということだった。長年にわたりその人を苦しめてきた衝撃的な記憶が掘り起こされて対処され、ときには分裂病のような重度の障害まで治癒されることもあった。[13]だが、これよりさらに驚異的だったのは、多くの患者が自分の病気に関係する問題を超えて、西洋心理学にとってまったく未踏の領域にまでどんどん足を踏み入れていってしまったことである。

よく見られた体験に、子宮にいたときの感じを再体験するというものがあった。はじめグロフは、これは単なる想像体験でしかないと思っていたのだが、材料が集まるにつれて、その描写に見られる胎生学の知識が、しばしばこの分野での患者の教育レベルをはるかに越えていることに気がついた。患者は、母親の心音の特徴や、腹膜腔での音響現象の性質、胎盤内部の血液循環についての詳細、それに細胞や生化学的レベルで起きているプロセスまでも正確に描写したのである。また、妊娠中に母親が体験した大切な思いや感情、あるいは肉体的外傷などの出来事も活写してみせたのだった。

グロフは、可能なかぎりこういった話を調査し、母親や関係者にたずねてこれを裏づけることができた例もいくつかあった。この研究を行なうにあたっての研修に参加し、自分自身で誕生以前の記憶を体験した精神科医、心理学者、生物学者たちも（この研究に参加した治療関係者も全員がＬＳＤによる精神療法セッションを数回行なうことを義務づけられていた）、その体験の明らかな正当性に同様の驚愕の色を表わしている[14]。

とりわけ研究者を動揺させたのは、患者の意識が通常の自我の境界を超えて広がり、他の生き物として、ときには他の物体としての存在感覚を探っているとおぼしき体験をしていることであった。たとえばグロフのもとにいたある女性患者は、突如として自分が有史以前の爬虫類になったと確信し、そういう体の中に入るとどんな感じがするかを微に入り細にわたって詳しく話してくれただけでなく、オスの体で自分がいちばん性的な興奮を感じるのは、頭の横にある色のついたウロコの部分だということまで教えてくれたのだった。この女性はそんなことに関する知識は皆無だったが、後日グロフが動物学者に確認すると、たしかにある爬虫類の種では頭部にある色のついた部分が性的興奮を引き起こすのに重要な役割を演じているとのことであった。

患者は自分の親族や祖先の意識にまで入り込むことができた。ある女性は、自分の母が三歳だった頃を体験し、当時この母親に起こった恐ろしい出来事を正確に説明してくれた。この女性はまた、母が当時住んでいた家や、身につけていた子供用のエプロンドレスについても細かく描写し、これらの詳細はのちに母親自身が正しいと確認したばかりか、自分は一度も口にしたことがないとも認めたのである。他の患者の中には、何十年前、あるいは何世紀も前に生きていた自分の先祖に起きた出来事を、これも同じような正確さで説明する者もいた。

この他に、民族の記憶、集団の記憶とつながる体験も見られた。このスラヴ系の人たちが、チンギス・ハーン率いるモンゴル騎馬部隊の遠征に参加する気分を体験し、カラハリ砂漠の先住民たちとトランス状態で踊り、オーストラリアのアボリジニーの通過儀礼を経験し、そしてアズテカの人身御供となって死を迎える体験をするのである。そしてここでも、患者の語る中に、その人の教育レベル、人種、あるいは過去の接触とはまったく無関係な歴史上の忘れ去られた事実がしばしば出てきたり、高度な知識が顔を出したりした。たとえば、教育も受けていないある患者は、古代エジプトで行なわれていた死体の防腐措置とミイラ作りの方法をこと細かに説明し、その話の中には、さまざまな護符や埋葬品の意味するものから、ミイラ作りに使う布地の種類、ミイラを包む包帯の形や大きさ、そしてエジプトの葬儀にまつわるその他もろもろの秘伝の数々までも登場したのである。この他にも、アジアの文化に波長を合わせ、日本人、中国人、チベット人の精神とはどういうものかをとうとうと語るばかりか、タオイズム（道教―老荘思想）や仏教のさまざまな教えを論ずる人までいた。

つまるところ、グロフのＬＳＤ研究の被験者が呼び起こせるものには何の限界もないようであった。進化の樹に示されているあらゆる動物、あるいは植物でも、それになるのはどんな感じなのかを知りうる力をそなえているようだった。彼らが体験できるのはそれだけではない。白血球／赤血球、原子、太陽の内部の核融合プロセス、ひとつの惑星全体の意識、それどころか宇宙全体の意識にまでおよんでいたのである。さらに、時間や空間を超越することさえ可能で、ときたま不思議なほど正確な予知情報を語ることもあった。さらに異様な流れとしては、この内面旅行の最中に、人間以外の知的存在、肉体をもたない無形の生物、「高次元の意識」からの霊的なアドバイスや、その他の超人間的存在との遭遇もあった。

被験者が別の宇宙や異次元と思われる世界を訪れることもときとして見られた。聞く者をとりわけ不安にさせるケースといえば、あるセッションでうつ病に悩む青年が、気がつくと自分が異次元とおぼしき場所にいたというものである。そこは気味の悪い冷光に満ち、誰の姿も見えないのに、肉体をもたない生き物であふれているのが感じられた。突然彼は自分のすぐそばに何かがいる気配を感じた。そして驚いたことにその存在はテレパシーで彼に交信しはじめたのである。それは、モラヴィアの都市クロメリッツに住むある夫婦と連絡をとり、息子のラディスラフは元気にしているので心配しないように伝えてほしいと頼むのだった。そしてその夫婦の名前、住所、電話番号までつけ加えた。

この話はグロフにもその青年にも何の意味もないものだったし、青年の病状やその治療にもまったく無関係だった。だが、グロフにはどうしてもこれを忘れることができなかった。「いろいろ考え、しばらくためらったあと、私はついに同僚が聞いたらまちがいなく失笑を買うようなことをやってみる決心をした」とグロフは語っている。「電話をとり、そのクロメリッツの番号にかけ、ラディスラフにお話ししたいのだが、と電話の相手に伝えたのである。驚いたことに電話に出た女性は、そこで泣きはじめてしまった。やや落ち着きを取り戻したあと、彼女は涙声でこう言ったのだ。『うちの息子はもうおりません。三週間前に亡くなったのです[15]』」。

一九六〇年代、グロフはメリーランド精神医療研究センターでのポストにつかないか打診され、アメリカに移住した。ここでもＬＳＤの精神療法への応用に関する研究が管理された条件のもとで行なわれていたため、グロフは自分の研究を続けることができた。LSDを繰り返し服用することが、さまざまな精神障害をもつ人間におよぼす影響を調べるのに加えて、同センターでは「普通の」人々の中から希望者を募り、彼らへの影響も調査した。その中には、医師、看護婦、画家、ミュージシャン、哲学者、科学者、僧職者、神学者などが含まれていた。ここでも同じような現象が何度も繰り返し起きるのをグロフは発見したのである。それはLSDが、人間の意識にとってあたかも「無限の地下鉄網」への入口となるかのようだった。無意識の領域の奥深くに存在する迷宮のように入り組んだトンネルや抜け道、宇宙の万物を互いに結んでいるネットワークへの接続を可能にしてくれているかのごとくだったのである。

三〇〇〇回をこえるLSDセッション(一回に最低五時間はかかった)を自ら指導し、同僚の研究者が行なった二〇〇〇回以上のセッションの記録を調べた結果、グロフはここには何か大変なことが起きているというゆるぎない確信をもった。「長年考えつづけ、迷いつづけたあげく、私が達した結論は、LSD研究から得たデータは、心理学、精神医学、医学、そしてひょっとすると科学全般まで含めた現在のパラダイムを大幅に見直す必要性が差し迫っていることを示しているというものだった」と彼は記している。「宇宙、現実の本質、そしてとりわけ人間自体に関する私たちの理解は、表面的で、誤っており、不完全なものであることに疑いの余地はない[16]」。

意識が人格という通常の限界を超越してしまうこのような体験、現象を表わすのに、グロフは「トランスパーソナル」(超個的)という言葉を造り出した。一九六〇年代後半には、心理学者で教育者でもあるエイブラハム・マズローなど、同じ考え方をもつ専門家たちと新しい心理学の分野を創設し、これを「トランスパーソナル心理学」と名づけた。

もし現在の私たちの世界観がこうした超個的現象を説明できないのなら、いったいどんな新しい概念がそのかわりとなりうるのだろうか。それはホログラフィック・モデルであるとグロフは考えている。グロフが指摘するように、あらゆる境界線は錯覚であるという感覚、部分と全体という区別の消滅、万物の相互結合性といった超個的体験の基本的特徴は、すべてホログラフィックな宇宙に見られる性質だ。それだけでなく、ホログラフィックな領域において時間と空間が包み込まれて存在しているという性質は、超個的体験がなぜ通常の意味での時空の制約を受けないのかも説明してくれると彼は感じている。

グロフの考えでは、ほとんど無限に近い量の情報の蓄積／取り出しができるというホログラムの能力を見れば、ヴィジョン、空想、その他の「心理的ゲシュタルト現象」すべてに、なぜ個人のパーソナリティに関するあれだけ厖大な量の情報が隠されているのかという事実も説明がつく。LSD体験の最中に浮かんできたたったひとつのイメージの中に、自分の人生に対する見方から、心に深い傷を残している子供時代の体験、自信、両親に対する感情、自分の結婚生活についての感想といった情報までもが隠されており、その場面全体が体現する比喩の中にこれがすべて内包されているのである。このような体験は、またちがった意味でもホログラフィックな性格をもつ。それは、その場面の細部それぞれに多量の情報がぎっしり詰まっているということだ。このために、自由連想などの分析テクニックを用いてその場面の詳細に注目することで、その人についてのデータがさらに洪水のようにあふれ出てくるのである。

元型《アーキタイプ》像についても、ホログラフィックな概念を使ってその複合的な性格のモデルをつくることができる。グロフ自身も述べているように、ホログラフィを使うと、露光をくり返すことによって、たとえば大家族の全員の写真を同じ一枚のフィルムにすっかり収めることもできる。これを現像すれば、ひとりではなく、家族全員の姿を反映しているような人物の画像ができあがる。「この純粋な合成写真は、ある種のトランスパーソナル体験の見事なモデルとなる。元型に見られる宇宙的存在としての男性、女性、母、父、恋人、トリックスター、道化、殉教者などのイメージがこれにあたる」とグロフは語っている。(17)

それぞれの写真が少しずつ異なった角度で撮影されると、合成写真ではなく、次々と流れるように現われるイメージの重なったホログラフィックな画像をつくり出すことができる。ヴィジョン体験のもうひとつの側面に、無数のイメージが素早い速度で登場し、ひとつが現われたと思うと、まるで手品のごとくつぎのイメージの中に融け込んでいくという現象があるが、グロフはこれもいまのホログラフィの例で説明できると考えている。ホログラフィを用いると、元型体験における数多くの異なった側面のモデルをつくれることから、グロフは元型の形成プロセスとホログラフィックなプロセスとの間には深いつながりがあるとみている。

それればかりか、変性意識状態の体験では、隠されたホログラフィックな秩序の存在を示す証拠が、必ずと言っていいくらい表面に現われてくるとさえグロフは感じているのだ。

「包み込まれた秩序」「開示された秩序」というボームの概念やリアリティのある重要な側面は、通常の状態では体験することも研究することも不可能であるという考えは、変性意識状態の理解に直接むすびついている。数々の非日常的な意識状態を体験した人々の中には、教育程度も高く、高度な専門知識をもったさまざまな分野の科学者もいるが、体験者全員がいつも語るのは、自分が現実の隠された領域に足を踏み入れたということであり、そこにはまぎれもない本物の現実が存在し、ある意味でそれは日常の現実にも内在するか、あるいはそれより高次のレベルで存在しているもののようにさえ思われるということなのである。(18)

ホロトロピック・セラピー

グロフの発見の中で最も注目すべきなのは、LSDを服用した人たちが語るものと同じ現象は、いかなる薬物に頼らなくても体験できる、ということであろう。この目的のため、グロフと妻のクリスティーナは、ホロトロピック(全体性に向かうという意)な意識状態、つまり非日常的な意識状態を誘発する簡単でしかも薬物をまったく使用しないテクニックを開発した。グロフ夫妻は、ホロトロピックな意識状態を、存在のあらゆる側面を結んでいるホログラフィックな迷宮をかいま見ることができる状態、と定義する。そこには、個人の生物学的、心理的、そして人種レベルの歴史、霊的な歩み、世界の過去・現在・未来、通常とは異なる現実のレベル、それにLSD体験の紹介の中で触れたすべての体験が含まれる。

グロフ夫妻はこのテクニックを「ホロトロピック・セラピー」と名づけ、コントロールされた速い呼吸法と、意識の変化を喚起するような音楽、それにマッサージとボディワークだけを用いて変性意識状態を誘発する。今日まで何千人もの人々がグロフ夫妻の行なうワークショップに参加し、それまでグロフが行なったLSDの研究となんら変わらぬほど劇的で、心理的にも深遠な体験をしたことを報告している。グロフは著書『自己発見の冒険［1］』(春秋社、一九八八)の中でこの現在の仕事の内容と、その方法について詳しく述べている。

思考の渦巻と多重人格

思考のプロセス自体のさまざまな側面を説明するのにホログラフィック・モデルを用いる研究者もいる。たとえば、精神療法を受けている個人がその最中に突如として自分自身の内面的な変化を体験するということがしばしば起きるが、ニューヨーク在住の精神科医エドガー・A・レヴィンソンは、この現象を理解するのにホログラムが貴重なモデルを提供してくれると考える。この考えの基盤となっているのは、こういった変化が、治療者がどんなテクニックや精神分析のアプローチを使うかに左右されることなく起きるという事実である。このため彼は、あらゆる精神分析のアプローチはただの儀式的なものにすぎず、変化は何かまったく別のものが原因で起きると感じている。

レヴィンソンは、その何かとは共鳴現象であると考える。治療がうまくいっているとき、治療者には必ずそれがわかる、と彼は指摘する。何かつかみどころのないパターンの一片一片がひとつにまとまりかけているという強い直感があるのだ。治療者は別に何か目新しいことを患者に言っているわけではなく、患者が無意識レベルでは自分でもすでにわかっていることと共鳴しているように思われるのである。「たとえてみれば、患者の体験を空間上でコード化した、巨大な立体情報が治療の過程で出来上がってくるようなもので、それはその人の人生、履歴、そして治療者との関わりまで、あらゆる側面を網羅している。そしてある時点で〈過負荷〉のようなものが生じ、すべてが収まるべきところに収まってしまうのだ[19]」。

レヴィンソンの考えでは、自分の体験についてのこの立体像は、患者の心層に奥深く埋もれているホログラムであり、治療者と患者の気持ちが共鳴することによってそれが表に現われてくるのである。ちょうど複数の画像をもつホログラムにある特定の周波数のレーザー光線を当てると、同じ周波数のレーザーで作られたホログラムだけがその中から現われてくるのと同様のプロセスだ。「その重要性こそ認識されながらも、これまでは精神療法の「技《わざ》」に任せられてきたさまざまな臨床的現象があるが、ホログラフィック・モデルはこれに新しい見方を与え、これらの現象間の相互関連性を新たに認識させる可能性をもった、いままでとは根本的に異なる新しいパラダイムを提示している」とレヴィンソンは語る。「このパラダイムは、変化のための理論的な枠組みと、精神療法のテクニックの意味を明確化できるという実践面での希望を与えてくれるものである」[20]。

同じくニューヨークの精神科医で、ウィリアム・アランソン・ホワイト精神医科大学大学院の精神分析科の副部長でもあるデイヴィッド・シェインバーグは、思考が渦巻のようなものだというボームの考えは文字どおり受け止めるべきであり、私たちの価値観や信念がなぜ固定化し変化に抵抗するようになるのかもこれで説明できると感じている。さまざまな研究によれば、渦巻というものは驚くほど安定している場合がよくあるという。木星の赤い斑点は、直径が四万キロを越える巨大な気体の渦巻だが、三〇〇年前に初めて発見されてから、ずっとそのままの形を保ちつづけてきている。シェインバーグは、安定に向かいたがるというこれと同じ傾向こそ、ある特定の思考の渦巻（つまり考え方や意見）が私たちの意識の中で固定化する原因となっていると考えるのである。

なかには半永久的に存在してしまう渦巻もあり、彼の考えでは、人間の成長という観点から見てこれはけっして望ましいことではない。特に強力な渦巻であれば、人の行動を支配し、新しい考えや情報を取り入れていく能力に障害を与えることさえある。そうなってしまうと、いつも同じ話を繰り返すようになったり、意識の創造的な流れの妨げとなるばかりか、自分の全体性を見ることができず、人類全体から孤立した存在として自分をとらえてしまう原因ともなる。シェインバーグは、この渦巻という概念で、たとえば核兵器競争なども説明できると考える。

「核兵器競争を、別々の自己という殻の中で孤立し、他の人間とのきずなを感じることのできない人間たちの欲望がつくり出す渦巻と考えてみてほしい。こういう人たちは一種独特の虚無感も感じており、それを埋めるものなら何でも手に入れようという欲に駆られる。それにまた、核兵器産業にはあまりにも莫大な額の金が絡んでおり、それに対する欲望もとどまるところを知らないため、自分たちの行動がどんな事態につながるかを気にとめることすらしなくなってしまうのである[21]」

ボームと同じく、意識は内在秩序から間断なく開示され現われてきているというのがシェインバーグの考えである。同じ渦巻が繰り返し形成されるのを許してしまうと、あらゆるものの根源であるこの無窮の存在と私たちとの間に壁ができてしまう。そうなってしまうと、その存在との終わりなき関わりの中からポジティヴで常に新しい学びの体験を得られる可能性があるにもかかわらず、これを妨げることになるというのである。私たちが失っているものをかいま見たければ、子供を見てみるといいと彼は言う。子供たちにはまだ渦巻を形成するほどの時間がたっておらず、世界とのあるがままでしなやかな関わりの中にこれが映し出されている。シェインバーグによれば、子供のあのまばゆいばかりの生命の輝きこそ、束縛を受けない状態の意識が、包み込みと開示を繰り返すというその本当の姿を体現しているのである。

自分自身のもつ固まりきった思考の渦巻を認識したければ、自分が人とどういう会話を交わすか観察してみることをシェインバーグはすすめる。固定化された信念をもつ人間が話をすると、自分の意見を信奉し弁護することで自らを正当化しようとする。新しい情報に接しても、その結果として価値観が変わることはめったになく、会話を通して本当の意味での交流を深めることにはほとんど関心を示さない。

意識の流動的な性質に心を開いている人は、このような思考の渦巻がもたらす人間関係の固定化を認識しようという気がある。ただ各人の意見を単調な祈禱の文句のようにいつまでも繰り返し合うのではなく、会話を通じての交流をさらに深く探っていく意志をもっているのだ。「まわりに対する私たちの反応、そしてその反応を言葉で表現すること、さらにそれに対する反応のフィードバック、そしてこういったさまざまな反応の間の関係を整理してそれを確認していく作業こそ、人間が内在秩序の流れの一部となるためのひとつの道なのである」とシェインバーグは語っている。[22]

内在秩序の特徴をいくつかもっているいまひとつの心理現象に多重人格障害（MPD：Multiple Personality Disorder）がある。ＭＰＤとは、ひとつの身体の中に、明確に異なる二個以上の人格が存在するという異様な症候群だ。この障害の犠牲者である多重人格者は、自分の病状にまったく気づいていないというケースがしばしばである。自分の身体が次々とちがった人格に支配されるということはわからず、本人は一種の記憶喪失、混乱状態、あるいはときたま完全に意識を失うという状態が起きていると思うのである。ほとんどの多重人格者は、平均して八から十三もの数の人格をもつが、超多重人格者と呼ばれる者は百以上の「副人格」をもつこともある。

多重人格者に関するきわめて示唆的な統計は、彼らの九七パーセントが子供時代に深刻な心理的外傷を経験しており、しばしばそれは苛酷な心理的、肉体的、あるいは性的虐待の形をとっているという事実である。このことから多くの研究者は、多重人格者になるというのは、人間の精神が、異常なばかりか魂を崩壊させるような苦痛に対処するための方策であるという結論を下している。複数の人格に分かれることで、ある意味では苦痛を「分割」することができ、ひとりの人間だけではとても耐えきれないようなことをいくつかの人格で分担して背負っていくのである。

この意味で、多重人格障害は、ボームのいう断片化の極端な例なのかもしれない。精神が自己を断片化すると、こわれたぎざぎざの破片の集合にはならず、それぞれが固有の特徴、動機、欲求といったものをもつ自己完結的な小さな統一体の集合となるという事実には興味深いものがある。これらの統一体は最初の人格とまったく同じコピーではないが、その心の動きと関連しており、このことだけでもなんらかのホログラフィックなプロセスが関わっている可能性を示唆している。

断片化は必ず破壊的な結果に終わるというボームの主張の正しさは、この症候群の場合でもはっきりしている。多重人格者になることは、そうでもしなければ耐えられなかったであろう子供時代を生きのびるのを可能にしてはくれるものの、不快な副作用も多くもたらしてしまう。気分の落ち込み、不安によるパニック状態、さまざまな恐怖症、心臓や呼吸器系の疾患、原因不明の嘔吐感や偏頭痛、自虐的傾向、その他多くの精神的・肉体的な障害が起きることもありうる。驚くべきことに、ほとんどの多重人格者はまるで時計仕掛けのごとく正確に、二八歳から三五歳の間の時期にこの病気であるとの診断を受ける。この「偶然」は、なんらかの内的な警報装置のようなシステムがその年齢で作動し、その人が適切な診断を受け、必要な助けを得るのが焦眉の急であるという警告を発している可能性を示唆している。この考えは、診断を受けないまま四〇代に入った多重人格者が、すぐに助けを求めなければ回復の見込みは失われてしまう、という気持ちが起きていたことを報告する例が頻繁にあるという事実からも裏づけられるようだ[23]。苦痛にさいなまれた精神が自己を断片化することで一時的に得るものはあるとはいえ、精神的・肉体的に幸福な状態も、そしておそらくは生存さえも、人間の全体性いかんにかかっているのである。

ＭＰＤのいまひとつの変わった特徴は、多重人格の各々がそれぞれ異なった脳波の波形をもっているということだ。これは驚きである。というのは、この現象を研究した国立精神衛生研究所の精神科医フランク・パトナムも指摘しているように、ふつう人間の脳波は、感情が激しく変化した状態でも変わることはないからだ。ひとつの人格と次の人格との間で変わるのは脳波ばかりではない。血流のパターン、筋肉の質感、心拍数、姿勢、そしてアレルギー性質さえも、多重人格者がひとつの自己から次へと移る過程で変わってしまうこともあるのだ。

もともと脳波は、一個の神経細胞《ニューロン》あるいはそれが集まった特定のグループに限定されるものではなく、脳が全体としてもつ特質であることから、ここにもなんらかのホログラフィックなプロセスが作用している可能性がある。複数の画像を記録したホログラムが、何十という数の画面を完全な形で蓄積し、投影することができるのと同様に、脳ホログラムも多数の人格を完全な形で蓄積したり呼び出したりすることができるのかもしれない。言いかえれば、私たちが「自己」とよんでいるものもまたホログラムで

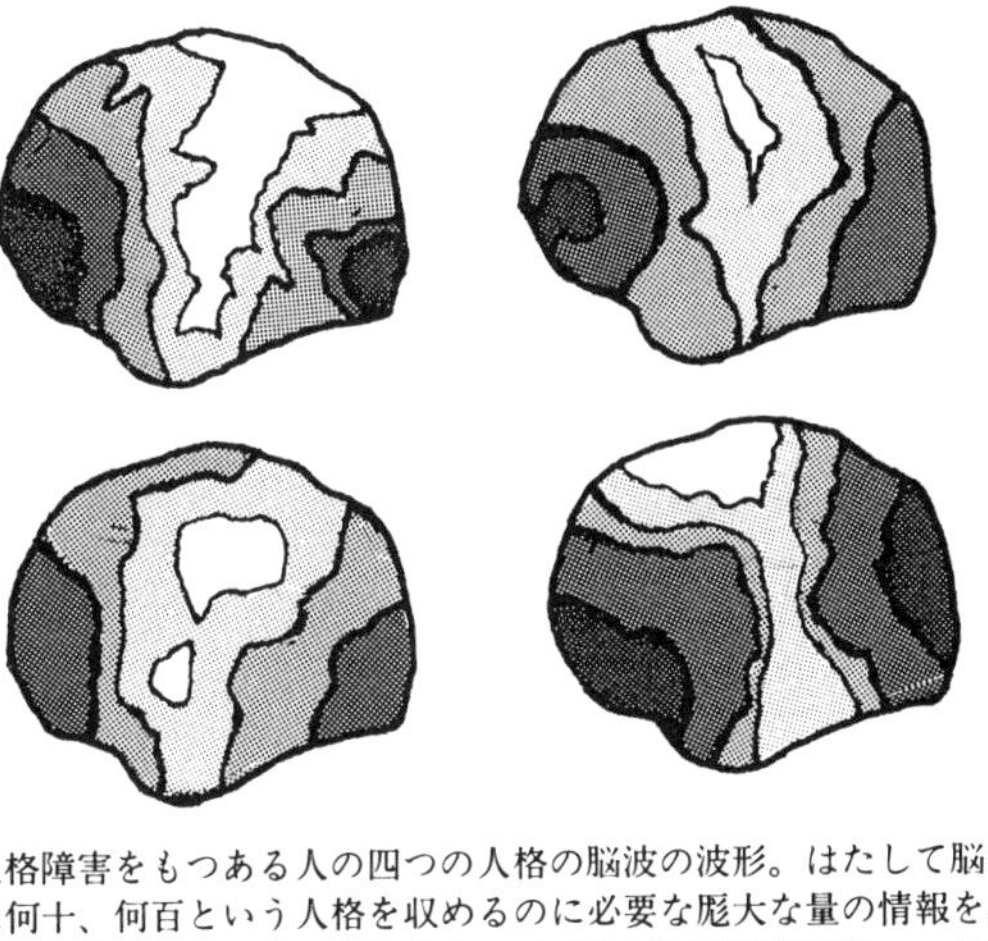

図8　多重人格障害をもつある人の四つの人格の脳波の波形。はたして脳は、ひとつの身体の中に何十、何百という人格を収めるのに必要な厖大な量の情報を、ホログラムの原理を使って蓄積しているのだろうか。（『アメリカ臨床催眠ジャーナル』誌掲載のベネット・G・ブラウンによる記事中のイラストに筆者が手を加えたもの）

あり、多重人格者の脳がひとつのホログラフィックな自己から次へと人格を切り換えると、このスライド映写機もどきの動作が、脳波の活動や身体の全体に起きる変化に反映される可能性があるということである（前頁図8）。多重人格者がひとつの人格から次へと変わる際に起こる生理的な変化も、心と健康との関係について重要な意味をもっているが、これについては次章で詳しく触れてみたい。

現実という織物の裂け目

ユングのいまひとつの偉業は、シンクロニシティの概念を定義したことである。前書きでも触れたように、シンクロニシティとは、あまりにも常識を超えており、その意味も深いため、単なる確率だけの問題では片づけられないような偶然の出来事を指す。誰もが一度や二度はシンクロニシティを体験しているものだ。新しい言葉を覚えたと思ったら、その数時間後のニュース放送でその言葉が使われたり、あまり聞いたことのないテーマについて考えていると、まわりの人々がその話をしているのに突然気づいたりするといった体験である。

数年前のことになるが、私はロデオのタレントであるバッファロー・ビルにまつわる一連のシンクロニシティを体験したことがある。朝、原稿を書きはじめる前に簡単な運動をするとき、テレビをつけていることがたまにある。一九八三年一月のある朝、テレビのクイズ番組を見ながら腕立て伏せをしていたとき、私は思わず「バッファロー・ビル！」と大声を出してしまった。最初はいったい何のことかと思っていたが、クイズ番組の司会者が「ウィリアム・フレデリック・コーディは他にどんな名前で知られていたでしょう？」という問題を出していたのだとすぐわかった。番組に意識を向けていたわけではないのに、なぜか無意識の心がこの問題に注目し、答えを出していたのである。そのときはこの出来事についてあまり深く考えず、そのまま一日が過ぎていった。数時間後、友人から電話があった。演劇についての雑学的な問題で友達と意見が食いちがっているので、どっちが正しいか教えてくれと言うのである。やってみようと言うと、その友人はこうたずねた。「ジョン・バリモアが死ぬ直前に言った言葉が『あんたはバッファロー・ビルの姿の息子だろう?』だったというのは正しいかな?」このバッファロー・ビルとの二度目の出会いも、おかしなものだとは思ったが、まだ偶然のせいにしていた。その後郵便が来て、その中に『スミソニアン』誌があったので封を開けた。特集記事のひとつが「最後の偉大な斥候の再登場」と題されていた。そしてその記事は……もちろんおわかりだろう、バッファロー・ビルに関するものだったのである(ところでその友人の質問の答えは結局わからず、あれがジョン・バリモアが死ぬ前に言った言葉かどうか今でもまったく見当がつかない)。

信じられないような話ではあるものの、この体験の意味らしい意味と言えば、こんなことが起きる確率はきわめて低いという点ぐらいだろう。しかし、確率が低いというだけでなく、どう見ても人間の心理の奥深い部分で起きている出来事に関係があるという理由で特筆すべき別の種類のシンクロニシティもある。この代表的な例はユングのスカラベ(フンコロガシ、甲虫目コガネムシ科)にまつわる話だろう。ユングが治療を行なっていたある女性は、すべてに対してあまりにも頑迷な合理主義的な見方をしていたために、せっかくの治療も役に立たないような状態であった。うまくいったとはとても言えないような治療を何度か経たのち、この女性はスカラベが登場する夢をみたことをユングに話したのだった。スカラベがエジプト文化では生まれ変わりの象徴であるのを知っていたユングは、この女性の無意識の心が、自分がまさにこれから心理的な生まれ変わりを体験しようとしていることを象徴的に伝えようとしているのかもしれないと考えた。この話を彼女にしようとしたまさにその瞬間、何かが窓をたたくのが聞こえた。ユングが顔を上げると、窓の外側に玉虫色のスカラベがとまっていたのである（この虫がユングの部屋の窓に現われたことはそれまでに一度もなかった）。窓を開けて虫を部屋の中に招き入れてやりながら、ユングはこの女性に夢の解釈を伝えたのだった。驚いた彼女は、これを契機に自分の行きすぎた合理主義的な見方を静めるようになり、その後は治療に対してもよく反応するようになったのである。

ユングは自分の精神療法の仕事を通じて、このような意義深い偶然に幾度となく遭遇し、それがほとんどいつも心理的な極限状態ともいえる時期や内的な変化とともに起きていることに気づいた。自分の信念の根本的変化、突如訪れる新しい洞察、そして死や誕生、転職さえもそのきっかけとなりうるのであった。また、患者の意識の上に新しい気づきや洞察がまさに現われんとしているときに、その頻度が最も高いことにもユングは気がついた。彼の考えが広く知れわたるようになるにつれて、他の治療家たちも自らのシンクロニシティ体験を語りはじめるようになった。

たとえば、ユングの古くからの知人でもあるチューリッヒ在住の精神科医カール・アルフレッド・マイヤーは、長い年月を越えて起きたシンクロニシティの例を述べている。深刻なうつ病に苦しむあるアメリカ人の女性が、マイヤーの治療を受けるため、はるばる中国の武昌からやって来た。外科医であるこの女性は、二〇年にわたって武昌にあるカトリック系の病院の院長を務めていた。中国文化にも造詣が深く、中国哲学の専門家でもあった。治療の中で彼女は、病院の病棟の一部が破壊される夢のことをマイヤーに話した。彼女のアイデンティティが病院とあまりに深く絡み合っていたことから、マイヤーはこの夢が彼女に対し、自分が自己意識を失いかけていること、アメリカ人としてのアイデンティティを失いかけていることを告げようとしており、それがうつ病の原因だと考えた。マイヤーは彼女にアメリカに戻ることをすすめたが、実際帰国してみると予想どおり彼女のうつ病はすぐに消えてしまった。出発前、マイヤーは彼女に夢に出てきた倒壊する病院の詳しい絵を描いてもらっておいた。

それからかなりの年月がたち、日本が中国を攻撃して、武昌の病院も爆撃された。そしてマイヤーのもとには、一部破壊されたこの病院の写真が二ページの見開きで掲載されている『ライフ』誌がこの女性から送られてきたが、その写真は九年前の彼女の絵とまったく変わらぬものだった。象徴的で、すぐれて個人的な意味合いをもっていたこの夢のメッセージが、なぜか彼女の精神の境界線を越え、物質界へとあふれ出したのである。(24)

このようなシンクロニシティがあまりに衝撃的なものであるため、ユングはこれが単なる偶然の出来事ではなく、それを体験する個人の心理プロセスと関連しているにちがいないとの確信をもった。精神の奥深くで起きる何かが(少なくとも古典的な意味において)物質界での出来事の原因となるなどとはユングにはとても考えられなかったので、何か新しい原理、従来の科学ではまだ知られていない、物事を結びつける非因果的な原理が働いているという見方を提唱したのだった。

ユングが最初にこの考えを表明したとき、ほとんどの物理学者は真剣に受け止めようとしなかった(が、当時の著名な物理学者ウルフガング・パウリひとりだけはこれを重要と考え、ユングとともにこのテーマについて『自然現象と心の構造』(海鳴社、一九七六)と題された共著を出した)。しかし、非局在的な結合性の存在がすでに証明された現在では、ユングのこの考えをあらためて見直そうとする物理学者も一部に出てきている。* 物理学者ポール・デイヴィスはこう述べている。「いかなる因果関係もまったくありえない出来事の間にあるつながり——正確に言えば相関性——が確立できるという意味で、非局在的性質をもつこれらの量子力学的現象はまさにひとつのシンクロニシティであると言える」。(25)

＊前にも触れたように、非局在性は原因と結果との関係で起きるのではないため、非因果的である。

シンクロニシティを真剣にとらえるもうひとりの物理学者がF・デイヴィッド・ピートである。ピートは、ユング的なシンクロニシティは現実であるだけでなく、内在秩序の存在を証明するいまひとつの証拠を示していると考えるのだ。いままで見てきたように、ボームによれば意識と物質とが一見別々の存在と映るのは錯覚であり、包み込みが開かれ、連続的な時間と物質から成る外在秩序の世界の中にその両者が現われてきた後にはじめて起きる、いわば造り物の現実なのである。あらゆるものが湧き出す源である内在秩序のレベルにおいて心と物質との間の境界がないとしたら、この深層での結びつきの痕跡が日常的現実のあちこちに見えると考えてもけっしておかしくはない。このことからピートは、シンクロニシティは現実という織物にできた「裂け目」であり、あらゆるものの本質の根底にあるひとつの巨大な秩序をかいま見せてくれる瞬間的な亀裂だと考えるのだ。

言いかえれば、シンクロニシティは、物質界と私たちの内的な心理レベルの現実との境界がないことを示しているというのがピートの考えなのである。したがって、毎日の生活でシンクロニシティ的な体験が比較的まれであるという事実は、意識のフィールド全体から私たちがどれほど自分を孤立させ断片化させてしまっているかを示すだけでなく、自分の心や、現実の中に隠された深遠なる秩序がもつ目もくらむような無限の可能性に、いかに目を閉ざしてしまっているのかをも示しているのである。ピートによれば、シンクロニシティ体験をしているときに私たちが本当に体験しているのは、「人間の精神がその真の姿で活動している一瞬であり、それが社会、自然の全体にまで広がり、ますます神秘性が深まっていく秩序の中を旅しながら、精神と物質の根源を通り越し、創造性の真っ只中へと進んでいく姿なのである(26)」。

これは驚くべき考えだ。この世界に関する私たちの常識からくる偏見は、ほとんどが主観的現実と客観的現実はまったく別の存在であるという大前提にその基盤があると言ってもいい。だからこそ、シンクロニシティは不可解であり説明がつかない現象となるのである。しかし、もし仮に物質界と人間の内的な心理プロセスとの間に究極的には何の境界もないとするなら、宇宙についての常識的な理解を変えるだけではとてもすまないことになる。というのもこれには大変な意味が隠されているからだ。

ひとつには、これまでも客観的現実は夢のようなものだと言われてきてはいたものの、この考えが思ったよりはるかに真実に近いということである。たとえば、自分の上司の夫妻と夕食のテーブルを囲んでいる夢をみていると想像してほしい。過去の経験からおわかりのように、夢に登場する小道具、すなわちテーブル、椅子、皿、塩コショウの容器など、すべては別々の物と見える。また、その夢の中でシンクロニシティ体験をしているところも想像してほしい。ひょっとすると、とてもまずい料理を出されるかもしれない。ウェイターにいったい何なのかとたずねると、料理の名は「あなたの上司」だと言う。料理のまずさが、上司に対する自分の本当の気持ちをはからずも露呈してしまっていることに気づき、気恥ずかしさを覚え、なぜ自分の「内的」自己のある面が、夢の中のこの場面の「外的」現実へとこぼれ出してしまったのか不思議に思ってしまう……。もちろん目を覚ました瞬間、このシンクロニシティは別に不思議でも何でもないことに気づくだろう。なぜなら、夢の中の「内的」自己と「外的」現実との間には、特に境界があるわけではないからだ。同様に、夢の中のさまざまな物が表面上は別々の存在と見えたのも錯覚にすぎないこともわかるだろう。すべては、深いレベルの根源的秩序、つまり自分の無意識の心という、切れ目のないひとつの全体によって創り出されていたのである。

精神界と物質界が別々のものでないとすれば、これと同じ性質が客観的現実にも当てはまることになる。ピートによれば、これは物質的宇宙が幻であるという意味にはならない。なぜなら内在秩序、外在秩序はどちらも現実を創造するのに独自の役割を演じているからである。また、個性が失われてしまうわけでもない。それはバラの画像が、ホログラフィック・フィルムに記録された途端に失われてしまうわけではないのと同じことだ。そうではなく、先の例のように、私たちは川の流れの中にできる渦巻のようなものであり、独自の個でありながら全体の一部でもあるのだ。あるいはピートが言うように、「自己は存在しつづけるが、意識全体の秩序に関わる、微妙な動きの中にある一面としてなのである」(27)。

というわけで、この探究の旅は最初の場所に戻り、ひとつの円となった。この地球上の生命体の歴史から世界の宗教や神話、そして血球から恒星までのあらゆるものの働きに至るまで、客観的現実のすべてが意識の中に内包されているという発見から、物質的宇宙もまた、その縦糸横糸の中に意識の最も奥深いプロセスを内包できるという発見までの旅であった。これこそが、ホログラフィック・ユニヴァースに存在する万物間の深い結びつきの本質なのだ。次章では、この結びつき、そしてホログラフィックな考えの他の側面が、健康に関する現在の私たちの理解にどんな影響を与えるのかを探ってみよう。

第四章　素晴らしきかなわが身体――ボディ・ホログラフィック

私が誰だか、何を言いたいのか、あなたにはほとんどわからないだろう。
だが、いずれにしても私はあなたの健康に良いことだけはまちがいない……
ウォルト・ホイットマン『ぼく自身の詩』

ここではフランクと仮によんでおこう。その六四才の男性は、たいていは致命的となるような咽喉ガンと診断され、生存の確率は五パーセントにも満たないだろうと宣告された。体重は五八キロから四四キロにまで落ちた。極度に衰弱し、唾液を飲み込むのさえやっとというありさまで、呼吸するにも困難が伴なっていた。このような状態を見て、医師たちは放射線療法を施すべきかどうかさえためらうくらいだった。というのも、この治療を行なっても生存の確率は高まらず、副作用の苦しみが加わるだけという可能性がはっきりしていたからである。だが、とにかく放射線療法をやろうと医師たちは決定した。

そして、フランクにとってはたいへん幸運なことに、ガン治療を専門とする放射線科医であり、テキサス州ダラスのガン・カウンセリング研究センターの医部長O・カール・サイモントン博士がこの治療に参加するよう求められた。サイモントンはフランクに対し、自分自身で病状の進行に影響を与えることもできると示唆した。そして、同僚の研究者と共同で開発したリラクセーションとイメージ法のテクニックを教えたのである。その時点からフランクは、一日三回の放射線療法を受けながら、放射線が自分の細胞に浴びせかけられる何百万というごく小さな弾丸である図を想像した。また、自分のガン細胞が健康な細胞よりも弱体化し、混乱していき、治療によって受けた損傷を回復できない状態になるというイメージを頭に描いた。そしてこんどは、免疫系の兵士である白血球が登場すると、死んだガン細胞や瀕死のガン細胞に向かって群れをなして押し寄せ、連中を体外に流し出してしまうべく肝臓や腎臓に運び込んでいくところを頭の中に描いたのである。

この治療結果は劇的なものとなり、通常このようなケースで患者が放射線だけで治療を受けた場合に得られる結果よりはるかに良いものとなった。放射線治療がまるで魔術のような好結果をもたらしたのである。フランクには、皮膚や粘膜の損傷といった、通常この治療法に伴なって起きる悪い副作用がまったくと言っていいくらいなかった。体重はもとに戻り体調は回復し、たった二カ月の間にガンの徴候はすべてあとかたもなく消え去ってしまったのである。フランクのこの驚くべき回復は、毎日の視覚化(ヴィジュアリゼーション)訓練によるものが大きいとサイモントンは考えている。

さらにくわしく調べるための研究で、サイモントン他の研究者は、医学的に治療不可能とされたガンをもつ一五九人の患者に対し、このイメージ療法のテクニックを教えた。このような患者の余命はふつう一年間と言われている。四年後、この患者たちの六三人がまだ生存していた。そのうちの一四人には病気の徴候がまったく見られず、一二人ではガンが退縮しており、一七人は病状が安定したままの状態だった。グループ全体の平均生存期間は二四・二カ月で、全国平均の倍以上であった[1]。

その後もサイモントンは同様の研究を何度か行なったが、いずれも好結果を出している。このような有望な結果にもかかわらず、彼の研究はまだ論議の対象となっている。たとえば、サイモントンの研究に参加する人間は「平均的な」患者とは言えないとの批判がある。多くは彼のテクニックを学びたいという明確な目的をもってサイモントンのところにやって来る人たちであり、これだけでも彼らが並はずれたファイトの持ち主であることは確かだ。それでも、サイモントンの研究結果には彼を支援していくに足る充分な説得力があると考える研究者も多く、サイモントン自身も、さまざまな病と闘う患者たちにイメージ療法のテクニックを教える目的のため、カリフォルニア州パシフィック・パリセイズに〈サイモントン・がんセンター〉を設立し、研究、治療施設として成功を収めている。また、イメージを治療目的に使うという考えには人々の心をつかむものがあるらしく、最近のある調査では、ガンの代替治療法の中で四番目にこれがよく使われているとの結果が出ている[2]。

心の中に描かれたイメージが、いったいどうして不治のガンなどという恐るべきものに影響を及ぼすことができるのであろうか。やはりここでも、脳についてのホログラフィックな理論によってこの現象を説明することができる。心理学者で、テキサス州ダラスにあるテキサス大学医療科学センターのリハビリテーション科学研究部長であり、サイモントン療法の開発者のひとりである心理学者のジーン・アクターバーグは、ホログラフィックな画像をつくるという脳の力が鍵を握っていると考える。前にも指摘したように、すべての体験は究極的には脳内で起きる大脳生理学的なプロセスにすぎない。ホログラフィック・モデルによると、たとえば私たちが、感情などは内的現実として体験し、鳥のさえずりや犬の吠える声などは外的現実として体験するというのは、私たちが「現実」として体験する内部ホログラムを脳がつくり出す際に、それぞれの体験の場所を特定するからだ。しかし、これもまた見てきたように、脳は実際に「外にある」ものと、脳自身が「外にあると思い込んでいる」ものとを必ずしも区別できるわけではなく、手足を一部切断した人が失ったその部分の感覚を感じることがあるというのもこのためなのである。言いかえると、ホログラフィックに機能する脳では、あるものについて記憶されたイメージは、人間の感覚に対し、そのもの自体とまったく変わらぬほどの影響を与えることが可能なのである。

また、これは身体の機能に対しても同じように強力な影響をおよぼすことができる。このことは、愛する人を腕の中に抱きしめることを思い描き、胸の鼓動が高まるのを一度でも感じたことのある人ならば、あるいは、極端に恐ろしい体験の記憶を呼び起こしたときに手がじっと汗ばんでくるのを一度でも感じたことのある人ならわかるだろう。想像した出来事と実際の出来事を身体が必ずしも区別できるわけではないという事実は、最初は不思議に思えるかもしれないが、ホログラフィック・モデル——現実だろうと想像上のものだろうと、あらゆる体験はホログラフィックに構成された波形という共通の言語に変換されているとするモデル——のことを考えれば、状況はそれほど謎めいたものでもなくなってくる。あるいは、アクターバーグの言い方を借りればこういうことだ。「イメージというものをホログラフィックにとらえるならば、肉体的機能に対するその絶大な影響力も当然のこととなる。イメージ、行動、そしてそれに伴なう生理現象は、同じ現象の一部であり、ひとつのまとまった側面なのである[3]」。

ボームは、内在秩序という概念を用いて同じような考えを表明している（内在秩序とは、深層の非局在的な存在のレベルで、そこから私たちの宇宙のあらゆるものが発生してきている源である）。「あらゆる行動は、内在秩序におけるひとつの意図から始まります。想像することは、すでに形態の創造なんです。つまり、そこには意図と、その意図を実行するために必要な一切の動きの胚芽がすでに含まれているのです。そして、想像は身体などに影響をおよぼしていきますが、創造のプロセスがいま言ったようなかたちで内在秩序の目に見えない精妙なレベルから起こり、いくつものレベルを通過して、最終的に外在秩序にその姿を現わしてくるのです」[4]。言いかえれば、内在秩序では、脳自体においてもそうであるように、想像と現実は究極的には区別できないものなのであり、心の中にあるイメージが究極的には物質的存在として現われるのも別に驚くには当たらないはずである。

イメージの使用によって生じる生理学的影響は、強力なだけでなく、著しく特定された現象を起こすこともできることをアクターバーグは発見している。たとえば、「白血球」という言葉は、実際にはいくつかの異なった血液細胞のことを指している。アクターバーグは、はたして人は自分の体内にある特定の血球の数だけを増やすことができるかどうかを確かめてみようと思い、ある実験を行なった。彼女は、まず大学生の一グループに白血球の中でも多数を占めているニュートロフィルとよばれる血球のイメージを頭に描くことを教えた。二番目のグループには、もう少し特殊な血球である「T型細胞」のイメージを描くよう訓練をした。実験を終えた段階で調べてみると、ニュートロフィルのイメージ法を学んだグループでは、体内のニュートロフィルの数がかなり増加していたが、T型細胞の数には変化がなかった。T型細胞をイメージするよう学んだグループでは同細胞の数が相当増えたのに対し、体内のニュートロフィルの数は同じままだったのである[5]。

アクターバーグは、考え方や信念もまた人の健康にきわめて重大な役割を演ずると言う。死期が近いとの理由で退院して家に帰されたのに、そんなことはないと自分で「信じていた」ため、完璧に回復して医者を仰天させた患者の話は、医学界となんらかの接触をもったことのある人なら誰でもひとつは聞いたことがあるだろう。読むほどに魅きつけられる著書『自己治癒力――イメージのサイエンス』(日本教文社、一九九一)の中で、アクターバーグは自ら体験したケースについて語っている。このケースの女性の場合は、病院に運び込まれたときはすでに昏睡状態で全身が麻痺しており、広範囲にわたる脳腫瘍と診断された。安全な範囲で腫瘍をできる限り切除する外科手術を受けたが、死期も近いと判断されたことから、放射線療法や化学療法も受けることなく退院した。

しかしこの女性は、その後すぐに亡くなるどころか、日ごとに回復していったのだ。彼女のバイオフィードバック・セラピストとして、アクターバーグは病状の変化を観察することができたが、一年四カ月後にはガンの痕跡すらまったく見られなくなっていた。いったいなぜだろうか。この女性は世間的な意味で賢い人ではあったが、教育レベルはそれほど高いというわけではなく、「腫瘍」という言葉の意味も本当にはわかっていなかったし、またそれがもつ死刑宣告とも言える意味合いも知らなかった。だからこそ彼女は自分が死ぬなどとは信じず、それまでの人生で他の病気を克服するために奮い起こしてきたのとまったく同じ自信と決意をもってガンにも打ち克ったのだ、とアクターバーグは言う。最後にアクターバーグがこの女性と会ったときには、麻痺の痕跡すらまったく消え去り、足の補助具や杖も使っておらず、踊りに出かけることまでしたとの話だった。(6)

自分の見解を支持する材料として、アクターバーグは、知能障害や情緒障害などをもつ人たち、つまりガンは死刑宣告に等しいとの社会通念が理解できない人たちについても、通常よりガンの発病率がかなり低いことを指摘する。テキサス州での四年間にわたる統計でも、死亡原因の中でガンの占める割合の州平均が十五から十八パーセントだったのに対し、この二つのグループではわずか四パーセントであった。興味深いことに、一九二五年から一九七八年の間に、これら二つのグループでは白血病がただの一例たりとも記録されていないのである。他の研究でも、アメリカ全国をはじめ、英国、ギリシア、ルーマニアなどの他の国々に関しても同様の結果が報告されている(7)。

これをはじめとする研究結果をふまえ、アクターバーグは、たとえふつうの風邪だろうと何であろうと、とにかく病気がある人は、信念や、幸福と調和のイメージ、特定の免疫機能が作動するイメージなどのかたちで、健康を表わす「神経ホログラム」をできるだけ多く集めるべきだと考える。また、健康に悪影響をもたらすような信念やイメージは打ち払って浄化し、私たちの身体ホログラムがただの画像以上のものであることを悟らなければならないとも言っている。その中には、知性による理解や解釈から、意識、無意識両方のレベルの偏見、恐れ、希望、心配等々のあらゆる種類の情報が含まれているのである。

悪いイメージは追い払うべきだというアクターバーグのアドバイスにはよく耳を傾ける必要がある。というのも、イメージ法は病を治すだけでなく、つくり出すこともできるという証拠があるからだ。バーニー・シーゲルはその著書『奇跡的治癒とは何か』(日本教文社、一九八八)の中で、患者が自分自身のことや人生を語る際に用いる心のイメージが、患者の現在の状態をつくり出すのに一役買っている例によく出会うと述べている。その中には、乳房切除の手術を受ける患者が「胸につかえているものをはき出してしまいたい」と言う例や、背骨に多発性骨髄腫をもつ患者が、自分はいつも「(背)骨がない」と思われてきたと語る例、あるいは喉頭癌腫を患った男性が、少年時代に、父親から「うるさい、だまれ!」と言われて喉を締めつけられたことがよくあった例などがあげられている。

イメージと病気との間の関係があまりに歴然としていて、その人がなぜそれに気づかないのか理解に苦しむような例もときにはある。たとえば、ある精神治療医が一、二メートルもの長さの壊死した腸を切除する緊急手術を受けた後で、シーゲルにこう言うのだ。「あなたが手術担当の外科医でよかったですよ。実はここしばらく自分でも精神分析を受けてきてたんですが、そこで指摘されるのは自分のクソみたいな欠点ばかりで、どうにも手に負えなかったし、人生のいろいろな問題も消化できずにいたところなんです」(8)。このような出来事のせいで、シーゲルはほとんどすべての病気が少なくともある程度は心から始まるとの確信をもったが、だからといってその病気が心身相関的なものでしかないとか、現実のものではないということではないとも考えている。彼はこの病気の本質を表わすのに、ボームの造語で、「身体」を表わすギリシア語の「ソーマ」を使ったsoma-significant（身体重点的）という言葉のほうを好んでいる。シーゲルは、すべての病気が心から始まるということを別に問題だとは考えていない。むしろ、これを大変明るい希望のしるしと見ている。なぜなら、もし人間に病気をつくり出す能力があるとすれば、それとまったく同じように、健康で幸福な状態をつくり出す力もまたそなわっているからである。

イメージと病気との関連性はきわめて強いものであることから、イメージ法は患者の生存の見込みを予測するのにも使うことさえ可能である。いまひとつの画期的な実験で、サイモントン、彼の妻で心理学者のステファニー・マシューズ＝サイモントン、アクターバーグ、そしてもうひとりの心理学者G・フランク・ローリスは、ガンがかなり進行している一二六人の患者に対して一連の血液テストを行なった。そして次に、やはり同じように広範囲にわたる心理テストを行なったのだが、その中に、患者に対し、自分自身、自分のガン、自分の受けている治療、そして自分の免疫系などのイメージを絵に描いてもらうというものもあった。血液テストのほうは患者の状態について多少の情報を提供してはくれたが、別に特筆すべき発見をもたらしてくれたわけではなかった。しかし、心理テストの結果、それも特に患者の描いた絵は、患者の健康状態に関する情報の百科事典の様相を呈していた。それはまさしく驚異的で、アクターバーグはその後、単に患者の絵を分析することによって、誰が数カ月以内に死亡するか、誰が病を克服して快復に向かうかを九五パーセントの正確さをもって予測するのに成功したのである。[9]

頭の中のバスケットボール・ゲーム

前章であげた研究者たちによって集められた証拠材料も確かに信じられないようなものだが、ホログラフィック・マインドが肉体に対してもつコントロールという点に関しては、それもまだ氷山の一角にすぎない。それにこのようなコントロールの実際の応用分野は、なにも健康の問題だけに限られているわけではない。世界中で行なわれてきた研究で、イメージ法は、体力や運動競技でのパフォーマンスにも絶大な影響を与えることが証明されているのだ。

最近行なわれた実験で、エルサレムにあるヘブライ大学の心理学者シュロモ・ブレズニッツは、イスラエル兵士をいくつかのグループに分け、全員に四〇キロの行軍をさせたのだが、その際それぞれのグループに異なった情報を与えた。あるグループにはまず三〇キロを歩かせ、それから兵士たちに残りはあと一〇キロだと伝えた。他のグループに対しては、六〇キロを歩くと伝え、現実には四〇キロしか歩かせなかった。あるグループには歩いてきた距離を示す標識を見せ、他のグループにはどれほど歩いてきたのかまったくわからない状態にしておいた。実験が完了した段階でブレズニッツが得た結果は、兵士たちの血液中にあるストレスホルモンのレベルは、彼らの頭の中にあった距離の見積りを反映しており、実際に歩いた距離とは関係ない、というものであった。[10] つまり彼らの身体は、現実ではなく、頭の中に現実として描いていたイメージに反応していたのである。

アメリカ航空宇宙局（NASA）の研究員をしていたこともあり、現在はカリフォルニア州バークリーにあるパフォーマンス科学研究所の所長を務めるチャールス・A・ガーフィールド博士によると、旧ソヴィエト連邦は、イメージ法と肉体の運動能力との関連性についてかなり詳しく研究していたという。ある研究では、世界でも第一級の選手たちの一団を集め、それを四つのグループに分けた。最初のグループは、練習時間の一〇〇パーセントを実際の練習に使う。二番目は七五パーセントを練習に、残り二五パーセントを、それぞれの種目での正確な身体の動きや、達成したい成績を頭の中で視覚化《ヴィジュアライズ》することに費やした。三番目は五〇パーセントを練習に、五〇パーセントを視覚化訓練に使い、四番目は二五パーセントを練習に、残り七五パーセントを視覚化訓練に費やした。信じがたいことに、一九八〇年にニューヨーク州のレイク・プラシッドで開かれた冬季オリンピック大会では、四番目のグループの成績が最も大きな改善を示し、その後、三番目、二番目、一番目の順で他のグループが続いたのである(11)。

世界各国の選手やスポーツ研究者との長時間にわたるインタビューを行なってきたガーフィールドの言うには、旧ソ連ではすでに多くの選手強化プログラムに高度なイメージ法のテクニックを採り入れており、筋肉を動かす神経信号が発せられるプロセスでは、頭の中にあるイメージがその最初の段階として働くと考えられているらしい。ガーフィールドはまた、イメージ法がうまくいくのは、動きが脳内でホログラフィックに記録されているからだと考えている。その著書『ピーク・パフォーマンス——一流選手たちのメンタル・トレーニング・テクニック』で彼はこう述べている。「これらのイメージはホログラフィックなものであり、おもに潜在意識レベルで機能する。ホログラフィックにイメージをつくるメカニズムを使えば、空間上に立体的な像をつくることで、ややこしい機械の組み立てや、ダンスの振り付け、あるいは演劇の視覚的なイメージを順を追って描いていくなどの問題をすみやかに解決することが可能になる」[12]。

オーストラリアの心理学者アラン・リチャードソンも、バスケットボールの選手で同様の結果を得ている。彼は選手を三つのグループに分け、フリースローの能力をテストしてみた。つぎに、最初のグループには一日二〇分間フリースローを練習するよう指示した。二番目のグループには練習しないように指示し、三番目には一日二〇分間、自分が完璧なスローをしているイメージを想い描くよう指示したのである。当然予測できることだろうが、何もしなかったグループではまったく改善が見られなかった。しかし、三番目のグループは、イメージ法だけで二三パーセントという驚異的な改善を見せ、これは練習をしたグループとほとんど変わらないくらいの数字だったのである[13]。

健康と病気に境目なし

医師のラリー・ドッシーは、身体に変化をもたらすためにホログラフィック・マインドが使える手段はイメージ法だけではないと考えている。いまひとつは、万物の切れ目ない一体性をただ認識することである。ドッシーも述べているように、私たちは病気を自分の外にあるものと見なす傾向がある。病気は外部からやってきて私たちをとらえ、健康に害を与える。だが、もし時間と空間、そして宇宙にあるその他すべてのものが真に分割不可能であるなら、健康と病気を区別することもできないはずだ。

この認識を私たちの日常生活で実際にどう活用したらよいのだろうか。ドッシーが言うには、病気を何か自分とは別のものとして見るのをやめ、かわりにもっと大きな全体の一部として、また自分の行動や食事、睡眠、運動のパターン、それに世界全般と自分のさまざまな関わりなどから成るひとつの状況としてとらえるようになると、私たちはしばしば快方に向かう。そのひとつの証しとして、慢性的な頭痛に悩む人たちに、頭痛の頻度とその程度を日記につけるよう依頼するかたちで行なわれた研究に彼は注目する。この記録はもともと頭痛に対する治療措置の準備として意図されたものだったのだが、被験者のほとんどは、日記をつけはじめた段階ですでに頭痛が消え去ってしまったことに気づいたのである[14]！

ドッシーがあげる別の実験では、てんかん症をもつ子供たちとその家族が何組か互いに交流するところをビデオに収録した。ときたま感情的なやりとりがあり、そのあとで子供はしばしば実際にひきつけを起こしている。そのビデオを見せられた子供たちが、この感情的な出来事と自分のひきつけとの関係を目の当たりにしたとき、彼らはほとんどひきつけを起こさなくなったのである[15]。これはなぜなのか。日記をつけたりビデオを見たりすることで、被験者は自分の状態を人生全般の大きなパターンとの関連の中で見ることができたからである。こうした目覚めが起きると、もはや病気を「どこか他からやってきた疾病として見ることはできず、切れ目なき全体性としか言いようのない、生きるプロセスの一部として見るようになる」とドッシーは述べている。「すべては関連しており一体であるという原則に焦点を合わせ、断片化や孤立から離れていくとき、健康はおのずと伴ってくるものなのだ[16]」。

「患者」という言葉は、「分子」という言葉と同じくらい誤解を招きやすいとドッシーは言う。各々分離し、根本的に孤立した生物単位というよりも、私たちは本質的にダイナミックなプロセスやパターンなのであり、それは電子をさらに小さな部分に分けて分析することなどできないのと同じである。それどころか、私たちはつながっているのだ。病気、健康両方の状態をつくり出す力に、社会通念に、友人、家族あるいはかかりつけの医師の価値観に、そして宇宙を理解するために用いるイメージ、考え方、あるいはその際に使う言葉にさえ私たちは結びつけられているのである。

ホログラフィックな本質をもつ宇宙で私たちは自分の身体と結びついており、これまでにもこの結びつきがどういうかたちで姿を現わすかの例を私たちはいくつか見てきた。しかしそうした例は他にもあるし、おそらく無限にあることだろう。プリブラムも述べているように、「もし私たちの身体のすべての部分が全体の反映であるなら、身体の中で起きることを制御するあらゆる種類のメカニズムが存在するにちがいない。だが、現在の時点ではまだ何もはっきりしたことはわかっていない」[17]。この点について私たちがいかに無知であるかを考えると、問うべきもっと重要な問題は、心がボディ・ホログラフィックをいかにコントロールしているかではなく、はたしてどの範囲までコントロールできるのか、またそこに何か限界はあるのか、あるとすればそれはどんな限界なのか、ということなのかもしれない。それではつぎにこの問題に焦点を合わせてみよう。

存在しないものの治癒力

心が身体に対してもつコントロールをかいま見せてくれる興味深い医学現象にプラシーボ効果がある。プラシーボとは、身体に対しては何の効果もないが、患者をなだめる目的か、あるいは二重盲検法による実験における対照基準として与えられる医療処置のことだ。これはひとつのグループには本物の処置を与え、もうひとつにはにせの処置が与えられるもので、こうした実験では、本物の処置の効果をより正確に評価するために、研究者もテストされる人間も自分がどちらのグループに入っているのかがわからないようになっている。薬剤の試験ではよく砂糖の錠剤がプラシーボとして使われる。塩溶液（塩分を含む蒸留水）も使われるが、プラシーボは必ずしも薬とは限らない。クリスタルや銅のブレスレットなど、正統医学から離れた療法から得られる医療効果もプラシーボ効果によるものだと考える人も多い。

外科手術でさえプラシーボとして使われてきている。狭心症とは、心臓への血液流量が減るのが原因で胸部と左腕の痛みが頻発する病気だが、一九五〇年代、その治療として手術が一般的に行なわれていた。が、ある独創的な医師たちがひとつの実験を行なってみることにした。胸部動脈を結束するという通常の手術を施すかわりに、この医師たちは患者の胸部を切開し、何もせずにそのまま元どおり縫合してしまったのである。ところがこのインチキ手術を受けた患者も、通常の完全な手術をうけた患者とまったく変わらないくらいの症状の改善を報告したのだ。つまるところ、通常の手術はただのプラシーボ効果を産み出していたにすぎないことがわかったのである[18]。それはともかくとして、インチキ手術の成功は、私たちの誰もが自分のどこか奥深くに狭心症をコントロールする力をもっていることを示している。そしてそれだけではない。過去半世紀の間に、プラシーボ効果については世界中で何百という詳細な研究が行なわれてきており、プラシーボを与えられたすべての人たちのおよそ三五パーセントがかなりの効果を体験するということが現在わかっているが、この数字は状況によって著しく変化することがあるのもまた事実なのだ。狭心症に加えて、プラシーボ処置に反応することが立証されている病状には、偏頭痛、アレルギー、熱、ふつうの風邪、にきび、喘息、イボ、さまざまな痛みに吐き気や船酔い、胃潰瘍、うつ状態や不安症などの精神病関連の症候群、リウマチ性／退行性関節炎や糖尿病、放射線障害、パーキンソン病、多発性硬化症、そしてガンまでもが含まれているのである。

もちろんこの中には、それほど深刻でないものから生命を脅かすものまであるが、最も軽い病状に対するプラシーボ効果でさえ、ほとんど奇跡に近い生理学的変化が起きている可能性がある。たとえば、次元の低いところでイボのことを考えてみよう。イボはウイルスが原因で起きる皮膚の上の小さな腫瘍状の突起物である。イボはまたプラシーボによっていとも簡単に治すことが可能であり、この事実は、さまざまな文化の中に、イボをとるための民間伝承の儀式（儀式自体もひとつのプラシーボと言える）が無数に存在していることによっても実証されている。ニューヨークのスローン・ケテリング記念がんセンターの名誉所長であるルイス・トーマスは、むらさき色の無害な染料をぬるだけで、いつも患者のイボを治している医師のことを語ってくれた。トーマスは、この小さな奇跡をただ無意識の心が作用していると言うだけで説明してしまっては、プラシーボ効果に申し訳ないのではないかと感じている。「もし私の無意識に、あのウイルスの裏をかくのに必要なメカニズム、ある特定の皮膚組織を拒絶する目的で多種多様な細胞を正しい順序で働かせていくのに必要なメカニズムの操作方法がわかるとしたら、まあ、私の無意識は私よりずっと進んでいるとしか言いようがないね、これは」と彼は言うのだった。[19]

プラシーボの効果も状況によって著しく異なる。プラシーボとアスピリンの効果を比較するために行なわれた九回の二重盲検法によるテストでは、本物の鎮痛剤と比べ、プラシーボは五四パーセント効果的だったことが立証された。[20] この結果からは、モルヒネのようなもっと強力な痛み止めと比べると、プラシーボの効果はさらに落ちると予想されるかもしれないが、それは当たっていない。六回の二重盲検法によるテストで、プラシーボはモルヒネと比べ、鎮痛効果で五六パーセント効果的であることがわかったのである！[21]

これはなぜか。プラシーボの効果を左右するひとつの要素はその投与の方法である。注射は一般に錠剤よりも強力と思われており、このため注射によるプラシーボの投与がその効果を増すこともある。同様に、カプセルは錠剤より強力と考えられることが多く、錠剤の大きさ、形、色でさえその効果にある役割を演ずることがある。錠剤の色がもつ暗示の力を判断するために行なわれたある研究では、人は黄色とオレンジ色の錠剤を興奮剤または抑制剤という、感情をコントロールする薬と考えることがわかっ

た。濃い赤の錠剤は鎮静剤で、淡いむらさき色は幻覚剤、白いものは痛み止めと見られるのである。(22)

もうひとつの要素は、プラシーボを投与するときに医師が表わす態度である。カリフォルニア州のカイザー病院のプラシーボ専門家であるデイヴィッド・ソーベル医師は、気管支を開放しておくのに著しい困難があった喘息患者を治療していたある医師のことを語っている。この医師は、製薬会社からある強力な新薬のサンプルを取り寄せ、この男性に与えた。数分間もたたないうちに症状は大きく改善し、呼吸も楽になった。しかし、つぎに彼が発作を起こしたとき、医師はプラシーボを投与したらどうなるか見てみることにしたのである。すると患者は、この処方薬はおかしい、呼吸困難が完全にはなくなってくれないと文句を言うのだった。これで医師は確信をもった――最初に投与したサンプル薬はまさしく強力な喘息治療の新薬だ、と。だがそれも束の間、ほどなくして製薬会社から手紙が届き、実は新薬のかわりにまちがってプラシーボを送ってしまっていたと知らせてきたのである！　明らかに、医師が最初のプラシーボに対しては抱いていたが、二番目にはなかった無意識の期待感がこのちがいの原因となったのだ。(23)

ホログラフィック・モデルとの関連で言うなら、プラシーボ喘息薬に対するこの男性の驚くべき反応も、心／身が、究極的には想像上の現実と実際の現実との区別ができないという点によって説明ができる。彼は強力な喘息治療の新薬を与えられていると信じていたのであり、この信念が、まるで本物の薬を与えられたのと変わらないほど劇的な生理学的効果を彼の肺にもたらしたのである。私たちの健康に深い影響を与える神経ホログラムは多様であり、さまざまな側面をもつというアクターバーグの忠告の正しさは、二つのプラシーボを投与する際のわずかな医師の態度のちがい（そしておそらくボディ・ランゲージ）のような微妙なものでさえ、一方が効き他方が効かなくなる原因となるのに充分だったという事実でもあらためて確認される。この例から見ても、潜在意識のレベルで受け取った情報でも、信念や頭の中のイメージに対して大きな影響をもつ場合があり、私たちの健康にインパクトを与える可能性をもっていることは明らかだ。薬を投与する際の医師の態度のおかげで効いた（あるいは効かなかった）薬は、いったいどれだけあるのだろうか。

熱いストーブの上の雪の玉のように溶けてなくなる腫瘍

これまであげてきたような要素がプラシーボ効果において演ずる役割を理解することは重要である。なぜなら、それはボディ・ホログラフィックをコントロールする私たちの能力が、自分の信念にどれほど深く影響されるのかを示しているからだ。私たちの心には、イボを消し去り、気管支を通し、モルヒネの鎮痛効果を再現する力がそなわっているというのに、それをもっていることを自覚していないため、私たちはだまされでもしなければ、その力を使えないのである。自分のもつ力に無自覚であるためにしばしば起こる悲劇さえなければ、これはほとんど笑ってしまうような問題なのかもしれない。

この点を如実に示す例としては、心理学者ブルーノ・クロッファーがあげる、いまではよく知られているある患者のケースほど適切なものはないだろう。クロッファーは、かなり進行したリンパ球のガンに冒されていたライトという名の患者を治療していた。通常の治療手段はすべて使い果たし、ライトに残された時間はわずかしかないように思われた。首、脇、胸、腹部、腿のつけ根のすべてにオレンジ大の腫瘍ができており、脾臓、肝臓の肥大がひどく、胸部から毎日二リットル近くの乳状の液体を吸い出さねばならないほどだった。

だがライトは死にたくなかった。彼はクレビオゼンというかなり効くらしい新薬のことを聞きつけて、ぜひ自分に試してほしいと医師に懇願したのである。当時この薬は寿命が最低三カ月は残されている人たちだけに試験的に投与されていたものだったので、医師は最初これを拒んだ。だがライトがけっして譲ろうとせずに懇願しつづけたため、医師はついにこれを聞き入れた。彼は金曜日にこの薬をライトに注射したが、心の奥底ではライトが週末を越せるとは思っていなかった。そして医師は家路についたのだった。

驚いたことに、明くる月曜日、ライトはベッドから出て、歩き回っていた。クロッファーの報告によれば、ライトの腫瘍は「熱いストーブの上の雪の玉のごとく溶け去って」、大きさも以前の半分になっていたのである。これは、最も強いX線を使った治療で達成できるよりもはるかに速い退縮のスピードである。ライトが最初にクレビオゼンの投与を受けてから一〇日後、彼は退院し、医師団が見るかぎりガンはなくなっていた。入院したときには呼吸するのに酸素マスクが必要なほどだったが、退院時にはすっかり元気になり、自家用飛行機を自分で操縦して四〇〇〇メートルの高度まで上昇してもなんともないくらいになっていたのである。

ライトは二カ月ほど健康状態を保ったが、その頃から、クレビオゼンは実はリンパ球のガンに対しては効果がないのだと主張する記事が現われはじめた。あくまで論理的で科学的な考え方の持ち主だったライトはひどく落ち込み、ガンが再発して再び入院することになった。今回は担当医師はある試みをしてみることにした。彼はライトに対し、クレビオゼンには実際に当初思われていたとおりの薬効があるのだが、最初に納入されたものは、流通の過程で品質が劣化していたのだと告げたのである。しかし、有効成分を多く含む改良した新製品があるので、これを投与できる、と医師は説明した。もちろん新クレビオゼンなどは存在せず、ライトにはただの水を注射しようと医師は考えていた。それらしい雰囲気を出すため、ライトにプラシーボを注射する前に、わざわざややこしい手順をあれこれ行なうことまでやった。
またしても結果は劇的なものとなった。腫瘍のかたまりは溶け去り、胸部の液体も消えて、ライトはすぐにもとの元気を取り戻した。その後さらに二カ月間、ライトは症状なしで過ごしたが、今度はアメリカ医学協会が、アメリカ全土で行なわれた研究の結果、クレビオゼンはガンの治療には効果がないことが判明したと発表したのである。今度という今度はライトの信念も完璧に打ち砕かれた。ガンがまた新たに広がり、彼は二日後に死を迎えたのである。[24]
ライトの話は悲しいものではあるが、そこには強力なメッセージが隠されている——信じまいとする自分を飛び越えて内なる治癒力を喚起するという機会に恵まれれば、私たちには一夜にして腫瘍を溶かし去ってしまうことさえできるのだ。
クレビオゼンの場合に関わっていたのはひとりだけだったが、もっと多くの人たちが関係する似たようなケースも数多くある。シス・プラチンとよばれる化学療法の作用薬剤の場合を考えてみるといい。シス・プラチンが最初に発売されたとき、これもやはり驚異の新薬として称賛され、この薬を飲んだ人の七五パーセントに効果が見られた。だが当初の興奮の波が収まり、その使用も日常化するにつれて、効く人の割合も二五ないし三〇パーセント前後まで落ちてしまったのである。明らかに、シス・プラチンから得られていた効能のほとんどはプラシーボ効果によるものだったのだ。[25]

薬は本当に効くのか

このような出来事は重要な問題を提起している。もしクレビオゼンやシス・プラチンのような薬が、その効能を信じている間は効き、信じるのをやめると効かなくなるとしたら、一般に薬というものの本質についてこれはいったい何を物語っているのだろうか。たとえば、ハーバード大学医学部のハーバート・ベンソンが指摘することだが、蛭に血を吸わせることからトカゲの血を飲むことまで、今世紀以前に処方されてきた処置の大多数は役に立たないものであったが、プラシーボ効果のおかげで、なんらかの効果をもたらすことも少なくともときにはあったのである。[26]

ベンソンは、同じくハーバードのソーンダイク研究所のデイヴィッド・P・マコーリー・ジュニアとともに、狭心症に対して現在まで行なわれてきたさまざまな治療処置に関する研究を調べてみたのだが、そこで発見したことは、いろいろな治療法が現われては消えていったものの、現在すでに有効性がないとされているものも含め、成功率は常に高いままで推移してきているということだった。[27]このふたつの点から、過去にプラシーボ効果が医学で重要な役割を演じていたことは明白だが、今日でもまだその役割は続いているのだろうか。答えはどうもイエスのようである。アメリカ連邦政府の技術評価局の概算によると、現在行なわれている医療薬の七五パーセントは、その有効性をチェックするための充分な科学的調査を受けていない状態であり、この数字を見るかぎり、医師はいまでもプラシーボを与えていながらそれに気づいていないという可能性を示唆しているのだ（ベンソンも同意見で、多くの一般市販薬は、少なくとも基本的にプラシーボとして機能していると考えている[28]）。

一九六二年に行なわれた研究で、ハリエット・リントン、ロバート・ラングス両博士は、被験者にこれからLSDの影響を調べる実験に参加してもらうと言っておいて、かわりにプラシーボを与えた。それなのにプラシーボを飲んでから三〇分後、被験者たちはコントロールを失ったり、存在の意味についての洞察らしきものを思いついたりという、本物の薬の典型的症状を体験しはじめたのである。この

「プラシーボ・トリップ」は数時間続いたのだった。[29]

数年後の一九六六年、ハーバードの心理学者リチャード・アルパートは、LSD体験の意味を教えてくれるような聖者を求めて東洋へと旅立った。薬を試してみようという何人かと会い、彼はさまざまな興味深い反応を得た。ある賢者は、なかなかいいが、瞑想にはかなわぬと言う。もうひとり、チベットのラマ僧は、頭が痛くなっただけだと文句を言うのだった。

しかしアルパートが最も興味深いと思ったのは、ヒマラヤ山麓の丘陵地帯に住む年老いた小柄な聖者の反応だった。年の頃が六〇を越えていたため、最初アルパートはせいぜい五〇から七五マイクログラム程度の穏やかな服用量を飲ませようと考えた。だが、彼はアルパートがもっていた比較的効き目の強い三〇五マイクログラムの錠剤の方に興味を示したのである。あまり気が進まないながらもアルパートはそれを一錠手渡したが、彼はまだ満足していなかった。目を輝かせながらもう一錠を要求し、その後さらに一錠と、ついには合計九一五マイクログラムのLSDを舌の上に乗せ、それを全部飲み込んでしまったのである（この摂取量はどう考えてもけたはずれである。グロフが研究で使用した平均服用量が二〇〇マイクログラム程度だったのと比較してもそれがよくわかることと思う）。

肝をつぶしたアルパートは、この人がいつ腕を振りまわして怪獣のごとく雄叫びをあげはじめるかじっと見守っていたが、彼は何もなかったかのように振る舞っているのだった。一日中ずっとそれは変わらず、ときたま目をきらきらさせながらアルパートの方に視線を投げかけてきてはいたものの、その態度はいつものように静寂を保ち、何ものにも煩わされた様子は見られなかった。明らかにLSDは彼にはほとんど、あるいはまったく何の影響も与えなかったのである。アルパートはこの体験に大きく動かされ、LSDをやめると、名前をラム・ダスと変え、神秘主義者になったのであった。[30]

このように、プラシーボをとることが本物の薬と同じ効果を産むこともあれば、本物の薬を飲んでも何の効果もないこともある。このような逆転現象はアンフェタミンを使った実験でも確認されている。ある研究では、まずふたつの部屋にそれぞれ一〇人の被験者を置いた。最初の部屋では、九人に対して興奮剤であるアンフェタミンを与え、一〇人目には睡眠薬であるバルビツール剤を与える。二番目の部屋ではこれを逆にする。どちらの場合でも、例外として選ばれたひとりも残りの者たちとまったく同じ挙動を見せたのである。最初の部屋でただひとりバルビツール剤を飲んだ者は、眠りに落ちるかわりに陽気になってしゃきしゃきと動きまわり、二番目の部屋でひとりだけアンフェタミンを飲んだ者は眠り込んでしまったのだった。[31] また、興奮剤であるリタリン中毒にかかっていた人で、中毒の対象がのちにプラシーボに移行した例も記録に残っている。つまり、この人の医師が処方薬を黙って砂糖の錠剤に変えてくれたおかげで、通常リタリンをやめるときに起きる不快な禁断症状を彼はまったく体験せずに済んだということだ。が、残念なことにこの男性は、なんとそのまま今度はプラシーボ中毒の症状を見せるようになってしまったのである！[32]

このような出来事はなにも実験の中だけに限られているわけではない。プラシーボは私たちの日常生活でも役割を演じている。カフェインをとると夜に目が覚めてしまうことがあるだろうか？　研究によればカフェインに敏感な人にカフェイン注射をしたとしても、もし自分でそれが鎮静剤だと信じていれば、その人の目を覚ましておくことはできないという結果が出ている。[33] 風邪や喉の痛みが抗生物質のおかげで治った経験はどうだろうか？　もしあるなら、あなたはプラシーボ効果を体験していたことになる。すべての風邪はウイルスによって引き起こされるもので、ある種の喉の痛みも同様だ。だが、抗生物質は細菌性の感染症に対してのみ有効で、ウイルス性感染には効果がない。薬を飲んだ後に不快な副作用を体験したことはあるだろうか？　メフェネジンという鎮静剤に関する研究では、被験者の一〇から二〇パーセントが、吐き気、かゆみを伴なう発疹、動悸などの不快な副作用を体験したが、これは本物の薬を与えられようがプラシーボだろうが同じことであった。*[34] 同様に、新種の化学療法に関する最近の研究で、対照群、つまりプラシーボを投与された方のグループに属していた人の三〇パーセントで髪が抜け落ちてしまったのである。[35] だからもし化学療法を行なっている人が知り合いにいるなら、自分で良い結果を期待して楽観的になるよう言ってあげるといい。心というのはことほどさように強力なものなのである。

＊もちろん私は、すべての薬の副作用がプラシーボ効果の結果であるなどと示唆する気は毛頭ない。もし薬を飲んでなにか不快な副作用を感じたら、必ず医師に相談してほしい。

プラシーボは、こうした力をかいま見せてくれるとともに、心身の関係の理解にホログラフィックな見方をもっと取り入れていく必要性を裏づける材料にもなっている。健康問題、栄養問題のコラムニスト、ジェーン・ブローディはニューヨーク・タイムズの記事でこう述べている。「プラシーボの効果は人体に関する『ホリスティック』な見方をはっきりと裏づけており、この見方は医学研究でも最近ますます注目を浴びてきている。この見方では、心と身体は絶えず相互作用を続けており、切っても切れないかたちで互いに絡みあっているため、別々の存在として扱うことはできないとしている[36]」。

プラシーボ効果は、私たちが気づいているよりもずっと広範な形で影響をおよぼしているのかもしれない。これは、最近起きているどう考えても不可解な医学的現象にもその一端を見ることができる。ここ一年前後で多少なりともテレビを見たことがある人なら、アスピリンが心臓発作の危険性を下げる働きをするというコマーシャルの洪水をまちがいなく目にしたことがあるだろう。これを裏づける確定的な証拠は確かにかなりある。さもなければ、コマーシャルの医学的な宣伝文句の正確さには特にうるさいテレビの検閲担当者がそんなコピーの放映を許すはずはない。それはそれで良しとしよう。ただ、ひとつだけ問題なのは、英国ではどうもアスピリンにはこれと同じ効果はないらしいということである。六年間にわたり、五一三九人の英国の医師を対象に行なわれた調査では、アスピリンが心臓発作の危険を押さえるといった証拠は一切出てこなかった。[37] 調査のしかたに欠陥があるのだろうか。それとも、何か壮大なプラシーボ効果のせいなのか。事実はどうであろうと、アスピリンの予防薬としての効果を信じるのをやめてはいけない。どちらにしても、信じることで命が助かるかもしれないのだから。

多重人格者の変貌が意味するもの

身体に対する心の影響力をまざまざと見せてくれるいまひとつの症状に多重人格障害（ＭＰＤ）がある。多重人格者のひとつひとつの副人格は、異なった脳波の波形をもつのに加え、心理的に見ても互いに強い独立性をもっている。個々の人格が独自の名前、年齢、記憶や能力をもつ。字のクセや、自称する性別、文化や人種的背景から、芸術的才能、語学能力やＩＱまで独自のものをもつこともよくある。

さらに注目すべきなのは、多重人格者の人格が変わる際に身体に生じる生物的変化である。あるひとつの人格がもつ医学的症状が、別の人格が現われるにしたがって不思議なことに忽然と消え去ってしまう現象が頻繁に起きるのだ。シカゴにある国際多重人格研究協会のベネット・ブローン博士は、ある患者の副人格がひとつを除きすべてオレンジジュースにアレルギー反応を起こす体質だったケースのことを報告している。アレルギー体質の人格がコントロールしているときにオレンジジュースを飲むと、この男性はひどい発疹を起こすのだが、アレルギーをもたない人格に変わると、発疹は直ちに収まりはじめ、好きなだけオレンジジュースが飲めるのである。(38)

多重人格者の治療が専門であるエール大学の精神科医、フランシーヌ・ハウランド博士は、これよりさらに衝撃的な出来事について述べている。それはある患者がスズメバチに刺されたときの反応に関するものだ。この話に出てくる患者がその日の予約診療時間にハウランドのところに現われたとき、スズメバチに刺されたために彼の目のまわりは腫れあがり、目をあけることもまったくできないような状態だった。医療処置が必要だと考えたハウランドはすぐさま眼科医に連絡した。しかし、まずいことに、少なくとも一時間後でなければその眼科医は時間をとれないことがわかり、この男性も激痛を訴えていたため、ハウランドは何か別の手を打ってみることにした。偶然にも彼の複数人格のひとつが「麻酔人格」、つまり痛みをまったく感じない人格であった。ハウランドはこの麻酔人格が表面に出てくるようにさせ、それで痛みを消すことができた。だが、そのときこの患者に起きたのはそれだけではなかった。治療のため眼科医のところに着く頃には、腫れはおさまり、目も正常の状態に戻っていたのである。治療の必要なしとみた眼科医は、彼をそのまま家に帰したのだった。だがしばらくして、麻酔人格が身体のコントロールをやめてしまい、彼のもとの人格が戻ると、それとともにスズメバチの一刺しの痛みや腫れもすべて戻ってきてしまったのである。次の日、彼は眼科医のところに戻り、やっと治療を受けたのだった。ハウランドもこの患者も、眼科医に彼が多重人格者であることを告げなかったため、治療を終えたあと、この眼科医は早速ハウランドのところに電話をしてきた。「時間の感覚が狂ってしまったのかと思ったみたい」、そう言ってハウランドは笑った。「私から治療依頼の電話があったのは確かに前の日で、それが自分の想像じゃなかったことを確かめたかったのね[39]」。

多重人格者がスイッチを入れたり切ったりするかのごとく制御できるのは、なにもアレルギーに限ったことではない。無意識の心が薬剤の効果に対してもつコントロールの力をわずかでも疑う向きがあるとしても、多重人格者の薬学的魔術がそれを一掃してしまうだろう。人格が変わることで、酔っていた多重人格者が瞬時にしてしらふに戻ってしまうことも可能なのだ。異なる人格ではさまざまな薬に対する反応もちがってくる。ある人格では鎮静剤ジアゼパーム五ミリグラムで鎮静効果を生むというのに、別の人格では一〇〇ミリグラムでもほとんど、あるいはまったく効果がなかったという例をブローンが記している。多重人格者の人格の中に子供がひとり、または数人混じっていることもしばしばで、大人の人格がある薬を与えられ、その後に子供の人格がその人をコントロールするようになると、大人用の服用量では子供には多すぎて、服用過多の症状を引き起こしてしまう場合もありうる。麻酔がかかりにくい多重人格者もいて、「麻酔不能」人格が表面に現われてきたおかげで、手術台で目を覚ましてしまったという例さえある。

その他、人格によって変わることがあるものとしては、傷や火傷の跡、嚢胞、そして利き腕の区別などがある。視力も変わるため、複数の人格に合った眼鏡をいくつももって歩かなければならない多重人格者もいるくらいだ。ある人格では色盲、他では正常かと思えば、目の色まで変わってしまうこともある。それぞれの人格が自分のサイクルをもつために、月に二、三回生理が訪れる女性のケースもある。言語障害矯正の専門医クリスティ・ラドロウは、多重人格者のそれぞれの人格では声紋までちがうことを発見したが、これはかなり根本的な人体機能の変更が要求されるもので、一流の俳優でさえ声紋を偽れるほどに声を変えることはできないくらいなのだ[40]。また、ある多重人格者の女性は、糖尿病のために入院することになったのだが、糖尿病を患っていない人格がコントロールしているときにはその症状がすべて消えてしまい、医師をあわてさせた。[41] 人格の変化とともにてんかん症状が出たり消えたりするケースのほか、心理学者のロバート・A・フィリップス・ジュニアは、腫瘍までが現われたり消えてしまったりする実例を報告している（ただし腫瘍の種類については述べていない[42]）。

また、多重人格者は普通の人間よりも早く治癒する傾向が見られる。たとえば、第三度の火傷が、普通は考えられないような早さで治った例がいくつか記録に残されている。最も不気味なのは、少なくともひとりの研究者――シビル・ドーセットに対するパイオニア的な治療で知られ、その経緯を『シビル』という本に著したセラピスト、コーネリア・ウィルバー博士――が確信していることなのだが、多重人格者は他の人々に比べて老いるスピードが遅いというのだ。

そんなことがいったいどうして可能なのか？ 最近開かれた多重人格症候群に関するシンポジウムで、カサンドラという名の多重人格者がある答えを提示している。カサンドラは、自分の早い治癒力は、いつも行なっている視覚化訓練と、彼女が「並行処理」とよぶもののおかげだとしている。彼女の説明によれば、ある人格が自分の体をコントロールしていないときであっても、その人格は意識をもっているというのだ。このおかげで彼女は、数多くのさまざまなレベルで同時に「考える」ことが可能で、たとえば複数の論文を同時にまとめたり、あるいは他の人格が夕食の仕度をしたり家の掃除をしたりしている間に「ひと眠りする」ことさえできる、というのである。

したがって、普通の人々がイメージ療法をやれるのがせいぜい一日二、三回なのに対し、カサンドラはそれを昼も夜も休まずやっているということになる。彼女には、解剖学と生理学の完璧な知識を備えたセリースという名の副人格までいて、その役目と言えば、四六時中瞑想し、身体の健康のイメージを描きつづけることだけなのだ。カサンドラによれば、このフルタイムで自分の健康に意識を向けていられるということが、普通の人々より有利な点なのである。同じ見解を表わしている多重人格者は他にもいる。(43)

私たちはみな、すべてはどうしようもないことなのだという見方に深く執着している。視力が悪くなればもうそれは一生悪いままで当然と信じ切って疑わず、もし糖尿病を患えば、その病気が気分や考えの変化で消え去ってしまう可能性があるなどとは一瞬たりとも考えはしない。しかし、多重人格現象はこの信念に真っ向から挑戦しており、身体の生物学的状態に心理状態がどれほど深く影響できるかの証拠を提示しているのだ。多重人格障害をもつ人の精神が、もしある種の多重画像ホログラムだとすれば、その人の身体もこれまた同じであるようだ。トランプのカードをパラパラとめくるほどの早さで、ひとつの生物学的状態から次へと切り替わることができるのである。

このような力を発揮するためにまちがいなく存在しているはずの制御システムは、想像を絶するものであり、イボを意志の力で消すなどという能力はこれに比べればとるに足らないものになってしまう。スズメバチに刺されたときのアレルギー反応は複雑で多岐にわたる側面をもつものであり、組織立った抗体の活動から、ヒスタミンの生成、血管の膨張、破裂、そして免疫物質の大量放出等々が関わっている。多重人格者の心はいったいどんな知られざるからくりを通して、これらのプロセスを瞬時にして凍結させられるほどの効果をもたらすことができるのであろうか。あるいは何を用いて血液中のアルコールやその他の薬剤の効果を中断させたり、糖尿病の症状を出したり消したりすることを可能にしているのであろうか。現在のところ、私たちにはその解明ができておらず、ひとつの単純な事実で満足しなくてはならない。それは、多重人格者が治療を受け、どうにかしてもとの全体的人格を取り戻した場合でも、その人は思いどおりに人格を切り換える力をそのまま維持するということだ[44]。これは、誰もが精神のどこかにこうした制御を行なう能力をもち合わせていることを示唆している。それに、私たちにできるのはそればかりではないのである。

妊娠、臓器移植、遺伝子レベルへの接触

これまで見てきたように、日常生活における単純な信念でさえも身体に強力な影響を与えることができる。もちろん、私たちのほとんどは、自分の信念を完璧にコントロールできるだけの精神力をもち合わせていない（だからこそ、医師は内なる治癒力を引き出すのにプラシーボを使って私たちをだまさなければならないのだ）。この力を取り戻すためには、まず私たちに影響を与えるさまざまな信念について理解しなくてはならない。なぜなら、これらの例もまた、心身の関係がどれほど柔軟性に富んだものであるかの一面を見せてくれるからである。

▼文化的な信念

まず、信念のひとつのタイプとして、社会によって押しつけられるものがある。トロブリアンド諸島の住人たちは結婚する前も自由にセックスを楽しんでいるが、婚前妊娠は相当眉をひそめられる事態である。彼らはどのような避妊具も使わないし、妊娠中絶もないわけではないがごくまれにしか行なわれない。それでも婚前妊娠はほとんど見られないのだ。これは、文化的な信念のために独身女性が妊娠することを無意識に避けていることを示唆している[45]。私たち自身の文化でも同じようなことが起きている可能性がある。ほとんどの人は、何年も子供ができない夫婦が知り合いにいることだろう。そしてつい

に養子を迎えると、そのすぐ後に妊娠する。これもまた、やっと子供をもった安心感から、それまで意識しすぎていたためにあった緊張が解け、夫婦のどちらか、あるいは双方にあった、受胎能力をさえぎっていた何かが克服できたことを示唆している。

同じ文化の人々が共有する恐怖というものも私たちに大きな影響をおよぼす。十九世紀、結核は何万人という人を死に追いやったが、一八八〇年代には死亡率が激減しはじめた。なぜだろうか？

それ以前は、結核は原因不明の病であり、この謎が恐怖感をいっそう高める役割を果たしていた。しかし一八八二年、ロベルト・コッホ博士が、結核はある細菌が引き起こすものだとの画期的な発見をした。これが一般大衆の知るところとなると、効果的な治療薬が発見されるまでにはあと半世紀待たねばならなかったにもかかわらず、死亡率は人口一万人あたり六〇〇人から二〇〇人へと減少したのである。(46)

恐怖心は、臓器移植の成功率でも重要な要素となっていたようだ。一九五〇年代、腎臓移植はその実現が待たれるひとつの可能性にすぎなかった。しかし、シカゴのある医師が移植を行ない、これが成功したように思われた。手術の結果が公表され、このすぐ後には世界中で成功例が続出した。ところが今度は、最初の移植の経過が思わしくなってしまい、これが結局は失敗に終わってしまったのである。それればかりか、移植した腎臓が最初から拒絶反応にあっていたことがわかった。だがもう関係なかった。移植を受けた人たちが自分は生存できると一度信じてしまったせいであろう。実際彼らは生き延び、予想をすべて裏切って成功率はぐんぐん伸びていったのである。(47)

▼価値観や態度を通して体現される信念

信念が私たちの生活の中に現われるもうひとつの道は、価値観や態度を通じてのものである。出産を控えた母親が自分の胎内の子供や妊娠全般に対してもつ態度が、実際の出産の際に起こる問題や、誕生後に新生児がもつ医学的問題と直接の相関関係があることを研究は明らかにしている。[48] 特にここ一〇年間、私たちの価値観がさまざまな医学的症状に対して与える影響を立証する多数の研究が雪崩のごとく発表されている。憎しみや攻撃的性格の程度を計るテストで高い得点を取ってしまう人は、低い点数の人よりも心臓病で死ぬ確率が七倍も高い。[49] 既婚女性は、別居または離婚している女性よりも免疫系が強く、幸せな結婚をしている女性の免疫系はそれよりもさらに強い。[50] エイズに感染した人の中でも、ファイト精神を見せる人のほうが受け身の態度をとる人よりも長く生きる。[51] ガンにかかった人でもファイト精神をもったほうが長生きできる。[52] 楽観主義者より悲観主義者のほうがよく風邪にかかる。[53] ストレスは免疫系の反応を弱めるし、[54] つれあいを失ったばかりの人は普通の病気や伝染病にかかる率が増える等々、[55] その例は続く。

▼意志の力を通して表現される信念

これまで探ってきた例は、言ってみれば受動的な信念と見なすことができる。自分の文化や通常の意識状態の思考が押しつけるままに受けいれてしまう信念だ。しかし、鉄のように固い意志というかたちの、意識的信念を用いてボディ・ホログラフィックを形成し、コントロールしていくこともこれまた可能である。一九七〇年代、オランダ生まれの著作家、講演者であるジャック・シュワルツは、体内の生物学的プロセスを自分の意志でコントロールできる力を披露し、アメリカ中の研究機関の人間を仰天させた。

メニンガー財団やカリフォルニア大学のラングリー・ポーター神経精神医学研究所、その他の機関で行なわれた調査で、シュワルツは船の帆を縫うのに使う十五センチはあるような針を腕に貫通させたが、苦痛に顔を歪めもしなければ、出血もなく、ベータ波（苦痛を感じているときにふつう生じる脳波）さえ出ていなかったことが、医師たちの度肝を抜いたのである。針を抜いても出血せず、穴は完璧にふさがってしまった。それだけでなく、シュワルツは脳波のリズムを自由に変えられたし、火のついたタバコを皮膚に押しつけても火傷せず、赤熱した石炭を手で運ぶことまでやってのけたのであった。彼の話では、こういった能力は、ナチスの殺人収容所に入れられ、ひどい暴力を受けていたとき、その苦痛に耐え忍んでいくために身につけたものだという。シュワルツは、誰もがこういった意志の力で身体をコントロールする能力を学び、自分の健康に責任をもつことができると考えている(56)。

おもしろいことに、一九四七年にもまた別のオランダ人が同様の能力を披露している。この男の名前はミリン・ダーヨといい、チューリッヒにあるコルソ劇場で行なわれたパフォーマンスには観客が茫然となった。誰にもはっきりと見えるところで、ダーヨは助手にフェンシング用の剣で自分の体のあちこちを刺し貫かせ、明らかに内臓を貫通しているにもかかわらず、何の傷も苦痛も見せなかったのである。シュワルツと同様、剣を抜いたときにも出血はなく、わずかに残った赤い線が、剣が入って出ていった場所を示しているだけであった。

ダーヨのパフォーマンスは観衆にあまりのショックを与えたため、ついにある日、観客のひとりが心臓発作を起こし、彼は公衆の面前でのパフォーマンスを法律で禁じられてしまった。しかし、スイスの医師ハンス・ナイジェリ＝オスヨルドがダーヨの能力のことを聞きつけ、詳しい科学的調査に身を委ねる気はないか打診してきた。ダーヨは承諾し、一九四七年五月三十一日、チューリッヒ州立病院に赴いた。ナイジェリ＝オスヨルド医師に加えて外科部長のウェルナー・ブルンネル博士、他にも多数の医師、学生、ジャーナリストが同席する場で、ダーヨは胸を出し、気を集中させると、そこに集まった全員が見守る目の前で、助手に剣で体を貫通させたのである。

いつものように血は一滴たりとも落ちず、ダーヨは完璧に平静を保ったままだった。だが微笑んでいたのは彼だけで、残りの観衆は石と化し、身じろぎすらしなかった。どう考えようとも、ダーヨの臓器がひどく損傷を受けたことはまちがいないはずであり、彼が普通の健康な状態でいるように見えるのは医師たちにとってはとても受けいれられないことだった。信じがたい気持ちで一杯になりながら、医師たちはダーヨにレントゲン撮影をしてもいいかたずねた。彼は承諾し、特に無理をしているようすもなく後について階段を上がると、腹部に剣を刺したままの状態でレントゲン撮影室に向かった。レントゲン写真の結果は疑うべくもないものであった。ダーヨは本当に突き刺されていたのだ。剣を貫通させてから優に二〇分は経過した頃、ようやく剣は抜きとられ、そこには二個所のうっすらとした傷跡が残っているだけだった。その後、ダーヨはバーゼルでも調査され、そこでは医師たち自身に彼の身体を剣で突き刺すこともさせたのだった。ナイジェリ＝オスヨルド医師はのちにドイツの物理学者アルフレッド・ステルターにこのケースの全貌を話し、ステルターがその著書『サイ・ヒーリング』の中でこれを報告している[57]。

このような超常的コントロールの偉業の例はなにもオランダ人に限られているわけではない。一九六〇年代に、ナショナル・ジオグラフィック協会の会長ギルバート・グロヴナーとその妻ドナ、それにジオグラフィックのカメラマンの一行は、奇跡を行なう人間としてその地方で知られていたモホティという名の人物に会い、言われている奇跡を実際に目にすべくセイロン（スリランカ）のある村を訪れた。少年時代に、モホティはセイロンの神カタラガマに祈りを捧げ、もし自分の父親にかけられていた殺人の疑いを晴らしてくれれば、カタラガマの栄誉をたたえる苦行を彼自身が毎年行なうとこの神に伝えたということのようであった。モホティの父親の嫌疑は晴らされ、モホティは自分の言葉を忠実に守って毎年この苦行を行なっていたのである。

その苦行とは、火の中や赤熱した石炭の上を歩く、自分の頬を串刺しにする、肩から手まで腕をやはり串刺しにする、そして大きな鉤を背中に深く刺して引っ掛け、これにロープをかけて荷物の運搬に使う巨大なそりを中庭で引き回すことなどであった。グロヴナー夫妻がのちに報告しているように、この鉤はモホティの背中の皮膚をかなり引っ張っていたが、ここでも出血はまったく見られなかったのである。モホティの苦行が終了して鉤が外されたとき、傷の痕跡はまったくなかった。ジオグラフィックのチームはこの気を失いたくなるような行為の一部始終を撮影し、一九六六年四月号の『ナショナル・ジオグラフィック』誌に、この出来事の全容を伝える記事と写真を掲載した。[58]

一九六七年、『サイエンティフィック・アメリカン』誌は、インドで毎年行なわれるこれと同様の儀式のレポートを掲載した。この場合は、そのコミュニティが年ごとにちがう人を選び、さまざまな祭典がかなり長時間行なわれた後に、牛半頭分の肉を引っ掛けられるくらいの大きさの鉤が二本、このいけにえの人間の背中深く刺し込まれる。鉤にかけられたロープが荷馬車（牛車）の止め木につながれ、このいけにえの人物を肥沃の神々への聖なる捧げ物として吊るし、畑のまわりを大きな円を描きながら引き回すのである。鉤が外されたとき、いけにえの人間はまったく傷を負っておらず、血も出ていなければ、皮膚自体にも刺し傷の痕跡さえ文字どおり何も見当たらないのであった。[59]

▼無意識レベルの信念

これまで見てきたように、私たちがダーヨ的／モホティ的な自己鍛練ができるほどの幸運に恵まれていないとしたら、内なる治癒力を呼び覚ますもうひとつの方法は、自分の意識の中に存在する不信や懐疑の念などのぶ厚い層をなんとかして飛び越してしまうことだ。プラシーボでだまされるというのもこれを達成するひとつのやり方である。いまひとつが催眠術だ。外科医が体内に手を入れて内臓の状態を変えることができるのと同様に、高度なテクニックをもった催眠術師は私たちの精神の中まで手を伸ばし、最も重要な信念である無意識レベルの信念を変える手伝いをすることができる。

催眠術の影響下にある人間が、通常は無意識に行なわれると考えられているプロセスに影響できるという事実にはまったく疑問の余地はなく、そのことは数多くの研究が立証してきている。たとえば、深い催眠状態にある人は、多重人格者と同様に、アレルギー反応や血液の流れのパターン、それに近視までコントロールできる。そればかりか、心拍数、痛み、体温のコントロールから、ある種のあざをなくすことさえ、意志の力でできる。また、催眠術を用いることによって、腹部に剣を突き刺しても無傷でいられるのに匹敵するほど驚異的な偉業を達成することも可能である。

その偉業とは、体を恐ろしいほど醜い姿にしてしまう遺伝病であるブロック病（苔癬状類乾癬）に関わるものだ。ブロック病に冒されると、爬虫類のうろこにも似た突起だらけの厚い表皮が皮膚の上に重なるようにしてできてしまう。この表皮は硬化してしまうため、ほんの少しの動きでもそこにひびが入り出血する原因となる。サーカスの余興などで、ワニ皮人間などと呼ばれて登場していた人たちの多くが実はブロック病患者であり、化膿が原因で起きる感染症の危険にさらされているため、彼らは比較的短命でもあった。

ブロック病は一九五一年までは不治の病だった。その年、この病気がかなり進行したある十六歳の少年が、最後の手段として、ロンドンはクイーン・ヴィクトリア病院の催眠療法のセラピスト、A・A・メイスンのところに紹介されてきた。メイスンはこの少年が催眠術にかかりやすいタイプの人間であり、簡単に深いトランス状態に入ることを発見した。少年がトランス状態にあるとき、メイスンは彼のブロック病が治癒に向かっており、すぐに完治してしまうだろうと告げた。五日後、少年の左腕をおおっていたうろこ状の表皮は剝がれ落ち、その下にはやわらかい健康な皮膚が顔を出していたのである。一〇日もたつ頃には腕は完璧に正常な姿になっていた。メイスンと少年は身体の他の部分にも同じように治療を続け、少年のうろこ状の表皮はすべて消えてしまったのである。メイスンとの連絡が途切れるまでの少なくとも五年間、少年は何の異状もなく過ごしている[60]。

これは大変なことである。というのも、ブロック病は遺伝子が関係した病気であり、これを治すには血液の流れを変えたり免疫系のいろいろな細胞を動かすといった、自律神経系のプロセスをコントロールするだけではすまないからだ。それは私たちのマスタープラン、つまりDNAのプログラミングそのものにまで手を伸ばすことを意味しているのである。この例を見ると、自分の信念の中の的確な層に触れることができれば、私たちの心は遺伝子の成り立ちさえも変えてしまうことができるようである。

▼信仰に体現される信念

あらゆる信念の中で最も強力なのは、おそらく精神的な信仰を通して表現されるものかもしれない。一九六二年、ヴィットリオ・ミチェーリという男性がイタリアのヴェローナにある軍隊病院に収容されてきたが、彼の左臀部には大きなガン性の腫瘍があった(図9)。入院後の病状もあまりにひどく、結局はなんの治療もせずに退院することになり、一〇カ月がたつ頃には彼の臀部は完全に崩壊し、やわらかい細胞組織のかたまりと化してしまったものの中に脚の上部の骨がかろうじて浮かんでいるような状態であった。彼は文字どおり崩壊しかかっていたのである。最後の手段として、彼はルルドの泉に赴き、泉で入浴した(その頃にはギプスもはめており、身体の動きも相当制限されていた)。水に入るとすぐに彼は全身に暖かいものが駆けめぐるような感じがした。入浴後は食欲も戻り、彼は新たなエネルギーを感じたのである。あと数回の入浴をしてから彼は家路についた。その後一カ月が経過する中で、彼は自分がどんどん健康になっていくのを感じたため、あらためてレントゲン写真を撮ってくれるよう医師たちに頼みこんだ。その結果、腫瘍は小さくなっていることがわかったのである。著しく興味をひかれた医師たちは、この快復の経過を逐一記録することにしたのだが、これは正解であった。というのも、ミチェーリの腫瘍が消えてしまった後に、こんどは骨が再生しはじめたのだ。これは一般的に医学界では不可能と考えられている現象である。二カ月がたつ頃には彼は立ち上がってふたたび歩きはじめ、その後数年間で彼の骨は自然にもとの完全な姿に戻ったのだった(図10)。

ミチェーリのケースのファイルは、ヴァチカンのローマ法王庁に送られ、こうした出来事の調査を専門とする医学委員会の手に委ねられたのだが、資料を調べたのち、この委員会はミチェーリは確かに奇跡を体験したとの判断を下したのである。委員会の公式報告書が述べているように、「腸骨、腸腔の再生という驚くべきことが起こった。一九六四年、六五年、六八年、六九年に撮影されたレントゲン写真は、前例のない完璧な骨の再生が起きたことを疑う余地もなく絶対的に実証している。これは世界の医学史でも例を見ないことである[*61]」。

図9　1962年に撮影されたこのレントゲン写真では、ヴィットリオ・ミチェーリの座骨が悪性肉腫のためにどれほどひどく崩壊していたかがわかる。骨がほとんど残っていないため、上脚部は柔らかな組織のかたまり（灰色の霧状の部分）の中にただ浮かんでいるだけである。

図10　ルルドの泉で何度か入浴したミチェーリは奇跡的治癒を経験した。数カ月のうちに座骨が完全に再生したのだ。これは現在の医学では不可能とされている偉業である。この1965年のレントゲン写真は、奇跡的に再生した股関節部分を示している（ミシェル＝マリー・サーモン著『ヴィットリオ・ミチェーリの驚異的治癒』）。

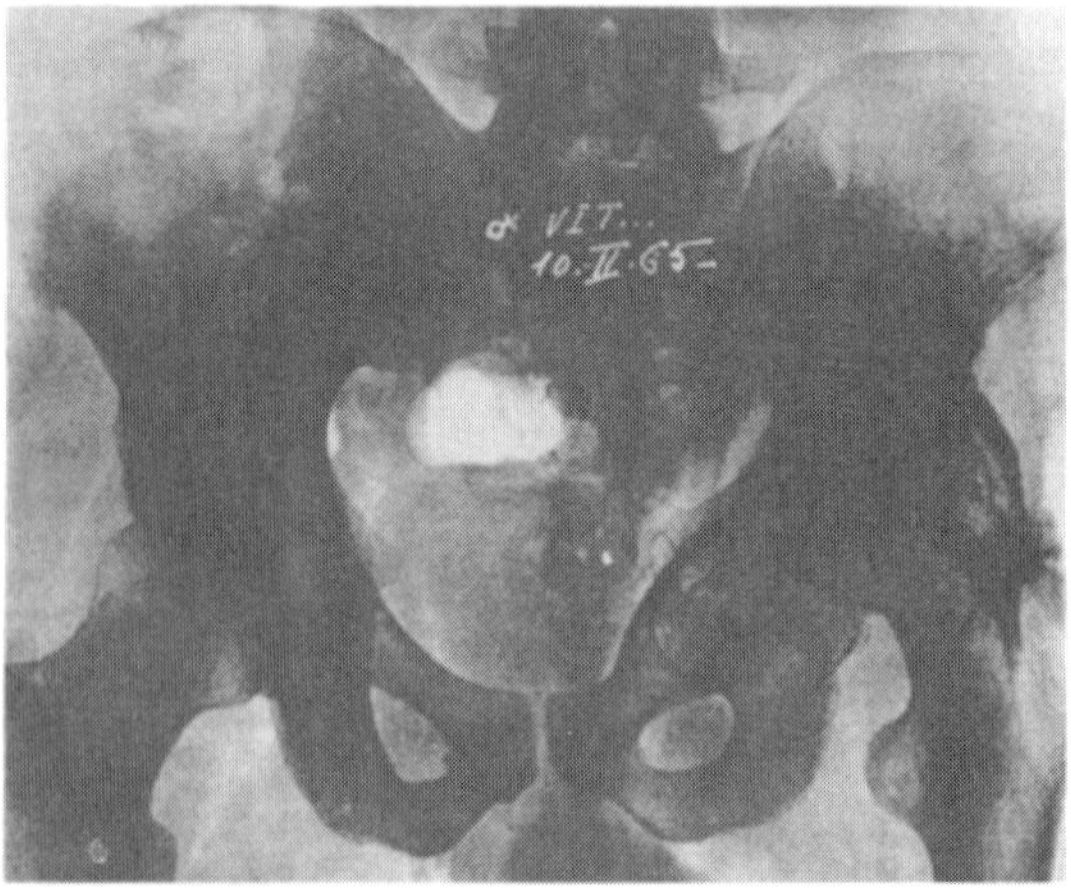

＊実に驚くべきシンクロニシティの例だが、まさにこの文章を書いている真最中に手紙が届き、やはりガンが原因で座骨が崩壊していたハワイ州のカウアイ島に住む友人が、これも「説明不可能な」骨の完全再生を体験したことを知らせてきた。彼女が回復のために用いた療法は、化学療法、長時間にわたる瞑想、そしてイメージ療法である。彼女の治癒の話はハワイの新聞でも紹介された。

ミチェーリの治癒は、現在知られている物理法則に反しているという意味で奇跡なのであろうか。この問題についての最終判定はまだ出たとは言えないが、なんらかの法則が犯されたという明白な形跡はないように思える。それよりも、ミチェーリの治癒は、単に私たちがまだ理解していない自然のプロセスによるものなのかもしれない。これまでも見てきたような治癒能力の幅の広さを考えれば、まだ私たちが理解していない心と身体の間の相互作用の道が多数あることだけは確かだ。

もしミチェーリの治癒が未だ発見されていない自然のプロセスに帰するものだとしたら、このように考えるほうがいいかもしれない――なぜ骨の再生はそれほどまれなことなのか？　ミチェーリの場合にその引き金となったのはいったい何だったのか？　骨の再生がまれなのは、それが通常の意識活動では到達することのないような、精神のきわめて深いレベルに触れることを必要としているからかもしれない。ブロック病の退縮に催眠術が必要なのもこの理由からなのだろう。ミチェーリの治癒の引き金となったものについて言えば、心と身体の関係のしなやかさを示すこれだけたくさんの例で信念が果たしている役割を考えると、第一の容疑者はこれだろう。ミチェーリの場合、ルルドの泉の治癒力を信ずることによって、意識的にか、あるいは運良くかはわからないが、ともかく自分の治癒を引き起こすことができたと考えられるだろうか。

奇跡的な出来事とよばれるものの中の少なくとも一部では、その原動力となっているのは神の介入ではなく、信念であることを強く示唆する証拠もある。モホティの常識を超えた自己制御の力がカタラガマに祈ることによって得られたことを思い起こしてほしい。カタラガマの存在を認めようという気があれば別だが、モホティの力は、自分が神の御加護を受けているという、深い永遠の信念によって説明したほうがわかりやすいように思われる。キリスト教の中でも奇跡を起こす人や聖者は多くいるが、ここでも同じことが言えるようだ。

キリスト教の奇跡の中でも、心の力で引き起こされているように思われるのが聖痕（スティグマータ）である。十字架に磔《はりつけ》になったキリストの傷を自分の身体に自然に発現させた最初の人物がアッシジの聖フランチェスコであることについては、大方の教会関係の学者の意見が一致するところだが、彼の死後、実に何百人という聖痕発現者《スティグマティスト》が出現している。これら修道僧たちの中で、まったく同じ聖痕を見せている者はいないものの、ひとつだけ全員に共通している点がある。それは、最初の聖フランチェスコから始まって、その全員がキリストが十字架に釘で打たれた場所を表わす手と足の部分に傷が生じているということだ。しかし、もし聖痕が神が与え賜うたものであるなら、このような現象が起こるはずはない。なぜなら、カリフォルニア州オリンダにあるジョン・F・ケネディ大学大学院で教鞭をとる超心理学者D・スコット・ロゴが指摘するように、ローマ帝国時代の慣習では、手首に釘を打つことになっており、キリストの時代の遺骨もこれを実証しているからだ。釘を手に打ったのでは、十字架にぶらさがった人間の体重を支えることはできないのである。[62]

聖フランチェスコ、およびその後の聖痕発現者たちは、なぜ釘の穴が手にあったと信じていたのであろうか。それは八世紀以降、キリスト像の作者たちの描いた傷がそうなっていたからである。聖痕の位置、そして大きさや形さえもが芸術作品によって影響を受けることが特に明白だったのが、一九〇三年にこの世を去ったイタリアの聖痕発現者ジェンマ・ガルガーニのケースだ。ジェンマの聖痕の傷は、彼女の気に入っていた十字架像そのままだったのである。

　聖痕が自己誘発的なものであると考えるいまひとりの研究者に、英国人の神父であり奇跡に関する著作も何冊か著しているハーバート・サーストンがいる。一九五二年、彼の死後に出版された力作『神秘主義における物理現象』の中で、サーストンは聖痕が自己暗示の産物だと考える理由を列挙している。傷の大きさ、形、位置は、それぞれの聖痕発現者によって異なっているが、この不一致はその傷が共通の発生源、つまり実際のキリストの傷に基づいたものではないことを示している。彼らのヴィジョン体験を比較しても、やはり一貫性はほとんど見られない。つまり、聖痕は歴史上のキリストの磔の再現ではなく、聖痕発現者自身の心の産物であることを示しているのだ。そして、おそらくこれが最も重要な点なのだが、聖痕発現者の中には驚くほど高い比率でヒステリー症状をもつ人間がいるという事実があり、それは、聖痕が、激しやすく異常なまでに感情的な精神の副作用的現象であり、必ずしも覚醒した精神がもたらすものではないことをさらに示すものとサーストンは解釈している[63]。このような証拠を前にしては、カトリック教会でさえ、比較的リベラルな指導者層の一部では、聖痕が「神秘主義的な黙想」の産物、つまり、一心不乱の瞑想状態の中で創造されたものであると考えられているのも少しも不思議なことではない。

　もし聖痕が自己暗示の産物であるとするなら、心がボディ・ホログラフィックに対してもつコントロールの範囲は、これまで見てきたよりさらに広いと考えなければならない。モホティの傷と同様、聖痕の傷は気味悪いほどの速さで治癒することもある。身体のこの無限とも思える変幻自在の柔軟性は、聖痕発現者の中に、傷の真ん中に釘のような突起を生じさせることさえできる者がいる事実でもさらに実証されている。ここでも聖フランチェスコがこの現象を見せた最初の人物であった。聖フランチェスコの聖痕発現の証人であり、その伝記の著者でもあるトマーゾ・ダ・チェラーノはつぎのように語っている。「聖フランチェスコの手と足は真ん中に釘が刺さっているように見えた。傷跡は手のひらの側が丸く、甲の側では細長い形をしており、皮膚の一部がまわりよりも突き出ていて、まるで釘の先が折れ曲げられて押し戻されたような形になっている」(64)。

聖フランチェスコと同時代の人物である聖ボナヴェントゥーラもやはりこの聖者の聖痕を目撃しているが、その釘の形はとてもくっきりと表われており、わきから指を入れて傷の中に触れることさえできたと言う。聖フランチェスコの釘は、黒く硬化した皮膚組織からできているように見えたが、それには釘のような性質がもうひとつあった。トマーゾ・ダ・チェラーノによると、一方の側で釘を押すと即座に反対側が突き出し、ちょうど手の真ん中に本物の釘が刺さっていて、それを前後に動かしたのとまったく同じようだったというのだ!

一九六二年に他界したバイエルンの有名な聖痕発現者テレーゼ・ノイマンにも、聖フランチェスコと同じような釘状の突起があった。聖フランチェスコのものと同様、彼女の突起も硬化した皮膚で形成されているように見えた。そして数人の医師がこれを徹底的に調べた結果、彼女の手と足を完全に貫通した組織であることがわかった。いつも開いた状態にあった聖フランチェスコの傷と異なり、ノイマンの傷は断続的に開くだけで、出血が止まった後は、やわらかい粘膜のような組織がすみやかに傷をおおうのだった。

他の聖痕発現者もこれに劣らず深遠な身体的変化を見せている。一九六八年にこの世を去った有名なイタリアの聖痕発現者ピオ神父には、手のひらを完全に貫通する聖痕があった。また、彼の脇腹にあった傷はあまりに深かったため、内臓を傷つけるのを恐れた医師が傷の深さを計るのをこわがったほどだった。十八世紀のイタリアの聖痕発現者である尊者ジョヴァンナ・マリア・ソリマーニは、手に鍵を入れられるほどの深さの傷があった。すべての聖痕発現者と同様に、彼女の傷もけっして腐敗したり化膿したりせず、腫れあがることさえなかった。いまひとりの十八世紀の聖痕発現者、イタリアのウンブリアにあるチッタ・ディ・カステロの女子修道院長だった聖ヴェロニカ・ジュリアーニは、脇腹に大きな傷があり、この傷は彼女の思いどおりに開いたり閉じたりすることができたのである。

脳の外に投影される像

ホログラフィック・モデルは、旧ソ連の研究者の関心を呼び、アレクサンドル・P・デュボロフ博士とヴェニアミン・N・プーシキン博士という二人の研究者がこれについて詳しく書いている。二人の考えでは、脳が周波数を処理する能力それ自体だけでは、人間の心の中の思考やイメージがホログラフィックな性質をもつという証明にはならない。しかし、何がそのような証明を成立させるかについて彼らは提案している。すなわち、もし脳がそれ自体の外部に像を投影した例が見つかれば、心がホログラフィックな性質をもつことが確実に立証されるとデュボロフとプーシキンは考えるのである。彼ら自身の言葉を引用しよう。「脳の外への心理—物理的物体の投射の記録があれば、それが脳ホログラムの存在の直接的な証拠となるであろう[65]」。

実は、すでに聖ヴェロニカ・ジュリアーニがそのような証拠を見せてくれているようだ。この世を去る前の最後の数年間、彼女はキリスト受難のイメージ——いばらの冠、三本の釘、十字架、剣——が、自分の心臓に刻み込まれたとの確信をもつに至った。彼女はその絵を描き、それが刻み込まれている場所までも示していた。そして彼女の死後に行なわれた解剖で、これらのシンボルが心臓の上に、それもまさしく彼女の言っていたとおりの位置に発見されたのである。解剖を行なった二人の医師は、これが真実であるとの宣誓調書に署名している。(66)

他の聖痕発現者も似たような体験をしている。アヴィラの聖テレサは、天使が剣で自分の心臓を刺すというヴィジョンを見たが、死後、彼女の心臓に深い裂け目があるのが発見された。この剣による奇跡の傷がまだはっきり見える彼女の心臓は、スペインのアルバ・デ・トルメスで聖遺物として現在も展示されている。(67) マリ＝ジュリー・ジャエニーという名の十九世紀のフランスの聖痕発現者は、心の中に花のイメージが繰り返し現われていたのだが、ついにその花の絵が胸の上に現われた。この絵は二〇年の間そこにあったという。(68) こういった力は何も聖痕発現者に限られているわけではない。一九一三年、フランスのアベヴィルの近郊にあるビュス・ビュ・スエルの村では、犬や馬などの像を自分の腕や足、肩などに自由に現わすことのできる十二歳の少女が話題となり、新聞の見出しをにぎわした。また、文字を現わすことも可能で、彼女に人が質問をすると、またたく間にその答えが皮膚の上に現われるのだった。(69)

このような現象は、確かに脳の外への心理—物理的物体の投射の例だと言えるのではないだろうか。それればかりか、ある意味では聖痕そのもの、特に皮膚の一部が釘状の突起となった例は、脳がそれ自体の外にイメージを投影し、そのイメージをボディ・ホログラフィックというやわらかな粘土の上に型どった例と言えるだろう。ジャージー・シティ州立大学の哲学者であり、奇跡の問題について多くの著作もあるマイケル・グロッソ博士もこれと同じ結論に達している。イタリアに赴き、ピオ神父の聖痕を直接調査したグロッソはこう述べている。「ピオ神父を分析する試みの中で出てきた考えは、神父は物質界の現実を象徴的に変化させることができる力をもっていたということだ。言いかえれば、彼の意識が作用していたレベルでは、ある象徴的な概念にしたがって物理的現実を変えることができたのである。この例で言えば、彼が十字架のキリストの傷に共感し一心同体となることで、身体がこの精神的シンボルをその中に浸透させるようになり、徐々に身体自体がこれらのシンボルの形をとるようになっていったということではないだろうか[70]」。

どうも脳はイメージを使って身体を思いどおりにすることができるようだ。もっとイメージを創っていくよう身体に指示することもできる。イメージがイメージをつくる。無限に互いを映し出していく二枚の鏡。それがホログラフィック・ユニヴァースでの心と身体の関係なのである。

既知の法則、未知の法則

この章のはじめに、ここでは心が身体をコントロールするのに用いるさまざまなメカニズム自体を調べるよりも、基本的にどんな範囲のコントロールがあるかを探ることに重点を置くと述べた。そうは言っても、私はけっしてそのようなメカニズムの重要性を否定したり減じようなどという気持ちはない。このメカニズムは心身の関係を理解するのにきわめて重要であり、この分野では毎日のように新しい発見がなされているようである。

たとえば、最近開かれた精神神経免疫学——心（精神）、神経系（神経）、免疫系（免疫学）がどんな形で相互作用しているかを研究する新しい科学分野——の会議で、国立精神衛生研究所の大脳生化学部長であるキャンディス・パートは、免疫細胞にもニューロペプチドの感受器官があると発表した。ニューロペプチドとは、脳が意思を伝達するのに使う分子である。言ってみれば脳の電報だ。ニューロペプチドは脳だけにあると考えられていたときもあった。しかし、免疫系の細胞における感受器官（電報の受信器）の存在は、免疫系は脳と別の存在ではなく、その延長であることを暗に示している。またニューロペプチドは体内の他のさまざまな部分でも発見されており、これらの新発見から、脳がいったいどこで終わり体がいったいどこから始まるかはもはや定かではないとパートも認めるようになっている。(71)

このような詳細にいままで触れてこなかったのは、心がどこまで身体を型どり、どこまでコントロールできるかを探るほうがここでの考察に関連性があると感じたからだが、それだけではなく、心身の相互作用を司る生物学的プロセスは、この本で扱うテーマとしてはあまりに広すぎるからでもある。奇跡について触れた部分の冒頭で、現在の物理学ではミチェーリの骨の再生を説明できないというわけではないと述べた。だが聖痕についてはそこまで言うことはできない。また、歴史を通じて数々の信頼するに足る人物によって報告され、最近では生物学者、物理学者やその他の分野の研究者たちの手で報告されているさまざまな超常現象についても、物理学による解釈はむずかしいようである。

この章で私たちが見てきたのは、心ができる驚異的なことの中で、完全には理解されていないながらも、既知の物理法則を何も犯してはいないようなものだった。次章では、心が引き起こすことのできる現象で、現在の科学では説明がつかないものをいくつか取り上げていく。のちに明らかにするように、ホログラフィックな概念は、こういった分野にも解明の光を当ててくれる可能性がある。こういう領域にあえて入っていくと、ときとして最初は怪しげな基盤しかないように思われる場所に足を踏み入れたり、モホティのすみやかに治癒した傷や、聖ヴェロニカ・ジュリアーニの心臓の上に出現した図像よりもさらに信じがたく、思わず目まいを覚えるような現象も探っていくことになる。しかし、こうした現象にはひるんでしまうものの、ここでも科学は解明への道筋をつけ始めていることがわかると思う。

ミクロ経穴システムと耳の中の小さな人間

この章を結ぶ前に、最後にもうひとつだけ、身体がホログラフィックな性質をもつことを裏づける証拠をあげておこう。中国で長い歴史をもつ鍼灸術は、身体の中のすべての臓器や骨が、体表にある特定の点とつながっているという考えにもとづいている。このような点を、鍼またはその他の方法で刺激することによって、その点とつながっている身体の部分に影響している疾病やアンバランスを軽減させたり、治したりすることができると考えられているのだ。身体の表面には、経絡とよばれる想像上の線にそって系統立てられた一〇〇〇カ所以上のツボ（経穴）がある。まだ論議の対象ではあるものの、鍼灸は医学界でも広く受けいれられはじめており、たとえば競争馬の慢性の背骨の痛みを治療することにまで使われて成功を収めている。

一九六七年、フランスの医師であり鍼灸師でもあるポール・ノジエは、『耳針療法論』（*Treatise of Auriculotherapy*）と題された本を出版し、その中で、身体全体にわたる主要な経穴系統の他に、左右の耳にも小さな経穴システムがあるのを発見したと発表した。ノジエはこれをミクロ経穴システムと名づけ、この中にあるツボを結んでみると、ちょうど耳の中に胎児のように逆さまになったミニチュア人間の解剖図が出来上がることを指摘した（図11）。ノジエは知らなかったようだが、中国ではこの「耳の中の小さな人間」のことはそれより四〇〇〇年近くも前にすでに発見されていた。しかし、中国版の耳の経絡図が公表されたのは、ノジエがすでにこのアイデアを自分のものとして発表した後のことだったのである。

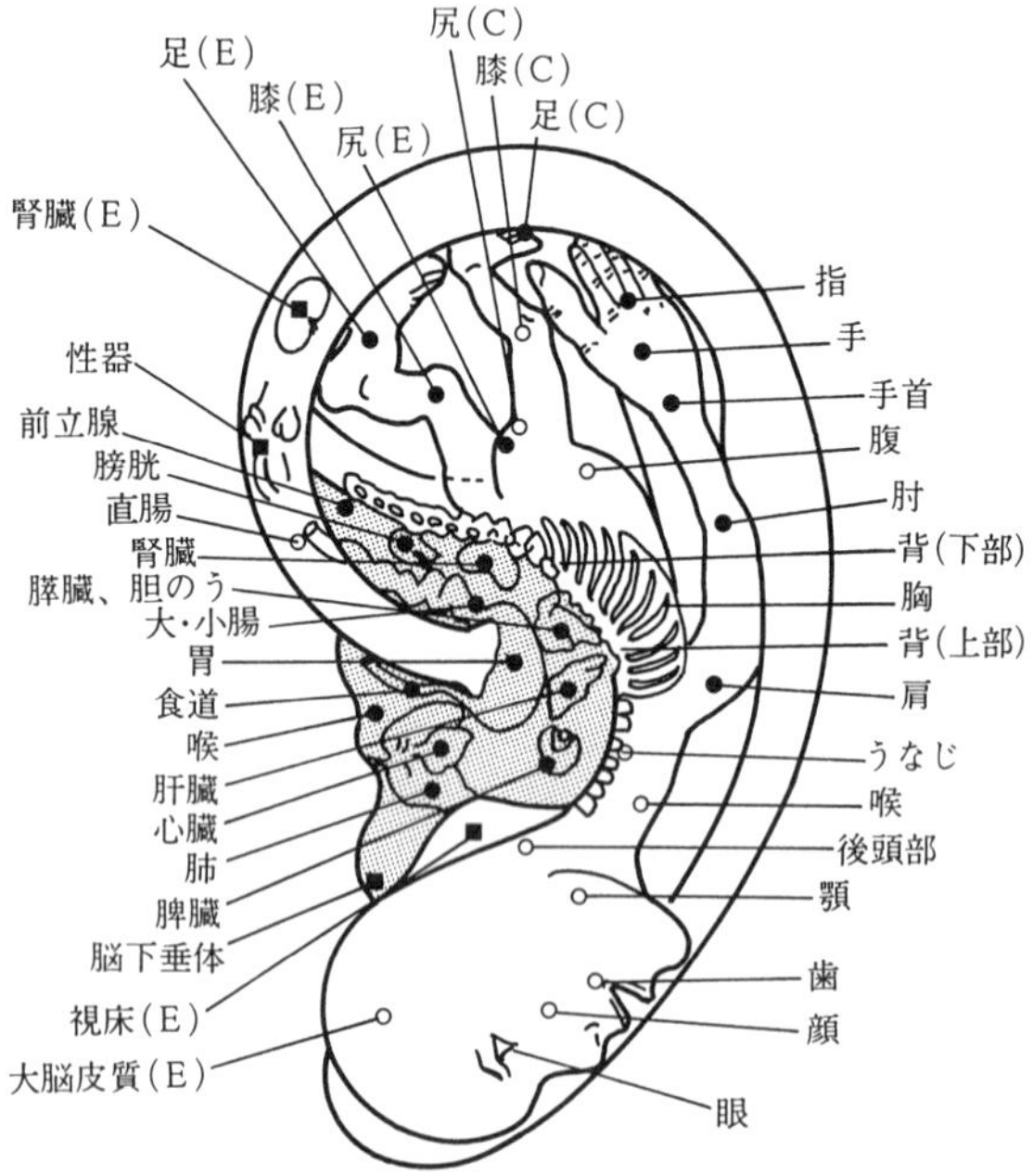

C＝中国式
E＝ヨーロッパ式

図11　耳の中の小さな人間。耳にある経穴を結ぶとミニ人間の形になる。UCLA医学部の精神生物学者テリー・オルソン博士は、これは身体がひとつのホログラムであり、各部分が全体の像を内包しているからだと考える(©UCLA医学部テリー・オルソン博士)。

耳の中の小さな人間は、なにも鍼灸の歴史にまつわる楽しい裏話というだけではない。UCLA医学部のペイン・クリニックの精神生物学者テリー・オルソン博士は、身体の健康状態を正確に診断するのにこの耳のミクロ経穴システムが使えることを発見した。たとえば、一般に耳の特定のツボにおける電気活動の増加は、そのツボに対応する身体の部分の病状（既往症あるいは進行中のもの）を示していることをオルソンは発見したのである。ある調査では、四〇人の患者が検査を受け、各人が身体のどの部分に慢性的な痛みを感じているかが調べられた。この調査の後、それぞれの患者には布のカバーがかけられ目で見てわかるような症状を覆い隠すようにした。そして検査の結果をまったく知らない鍼灸師が、耳だけを診察したのである。結果の集計で、耳の診断は、検査で確定されていた医学的診断と七五・二パーセント合致していることがわかったのである。[72]

耳の診察は骨や内臓の問題の存在を明らかにしてくれることもある。オルソンは一度、知人とボート遊びをしていたときに、彼の片方の耳の一カ所が異様にカサカサしているのに気がついた。自分の研究からその場所が心臓のツボであるのを知っていたオルソンは、一度心臓を診てもらったらどうかとすすめた。翌日この知人が医師のところに行ってみると、やはり心臓に問題があることがわかり、直ちに開胸手術が必要となったのである。[73]

またオルソンは、耳にあるツボへの電気的刺激を使って、慢性の痛み、肥満、難聴、そしてほとんどすべての種類の中毒症状を治療している。十四人の麻薬中毒者を対象としたある研究で、オルソンと同僚の研究者たちは耳への鍼治療を使い、その中の十二人について、平均して五日間のうちに、それもわずかな禁断症状だけで麻薬の必要な状態を解消した。[74]この耳への鍼治療は、短期間で麻薬中毒症状を治療するのに実にめざましい成功を収めたため、ロスアンジェルスとニューヨークにある麻薬中毒診療所では現在この療法を使って街の中毒者たちの治療を行なっている。

なぜ耳にあるツボは小さな人間の形に並んでいるのだろうか。オルソンは、それは人間の心と身体がホログラフィックな性質をもっているからだと考える。ホログラムのどの部分にも全体の像が含まれているのとまったく同じように、身体のどの部分にもまた全身のイメージが含まれているのかもしれない。「耳のホログラフは、当然ながら脳のホログラフにつながっており、こんどはそれが全身につながっている」と彼は述べている。「私たちが耳を使って身体の他の部分に効果をもたらすのは、脳のホログラフを通じてのことなのである」。(75)

オルソンは、身体の他の部分にもおそらくミクロ経穴システムがあると考えている。フロリダ州ノース・マイアミ・ビーチにある鍼灸教育センターの所長、ラルフ・アラン・デイル博士も同意見だ。過去二〇年間にわたり、中国、日本、ドイツからの臨床、研究データを追い求めた結果、彼は全身に十八カ所にもわたる異なったミクロ経穴ホログラムが存在する証拠を集めた。それは、手、足、腕、首、舌、そして歯茎にまで存在するという。オルソンと同様に、デイルもまたこれらのミクロシステムは「全身の人体組織のホログラフィックな再現」であると感じており、まだこれから同じようなシステムが発見されるだろうと考えている。ちょうどボームの言う、すべての電子はなんらかの形で宇宙全体を内包しているとの主張を彷彿とさせる考えを用い、デイルはすべての指、そしてすべての細胞さえもがそれ自体のミクロ経穴システムを内包している可能性があるとの仮説を立てるのである。(76)

『イースト・ウエスト』誌の客員編集者であるリチャード・レヴィトンは、このミクロ経穴システムがもつホログラフィックな意味合いについて書いているが、彼は代替医療で使われる方法、たとえば足への刺激を通じて全身のあらゆる点へ効果を出そうとする反射法（reflexology）、身体の状態を判断するのに目の瞳孔を調べる虹彩診断法（iridology）などもまた、身体のホログラフィックな性質を示している可能性があると考える。どちらの分野もその有効性が実証されてはいないことはレヴィトンも認めるものの（特に虹彩診断法の研究では著しく相反する結果が出ている）、もしその正当性が立証されることがあれば、ホログラフィックな考え方がその理解に役立ってくれると感じているのである。

レヴィトンは、手相にも有効性があるかもしれないと考えている。ここで彼が言うのは、運勢鑑定と銘打ち、店の前に座って人を呼び込むタイプの手相見ではなく、四五〇〇年の歴史をもつインドの手相学のことである。彼のこの意見は、この分野でアーグラー大学の博士号をもつモントリオール在住の手相診断の専門家と出会い、かなり衝撃的な体験をしたことにもとづいている。「ホログラフィック・パラダイムは、未だ評価の定まっていない手相術の奥義や、その主張の有効性の立証を可能にする枠組みを提供してくれる」とレヴィトンは述べている[77]。

レヴィトンの出会ったインドの専門家が実践する手相術を二重盲検法なしに評価するのはむずかしいところだが、私たちの手のひらにある線や渦巻き模様には、身体に関する情報が少なくともある程度隠されているという点は科学も受けいれはじめている。ニューヨーク大学の神経学者ハーマン・ワインレブは、アルナー・ループと呼ばれる指紋の型が、通常の人よりもアル

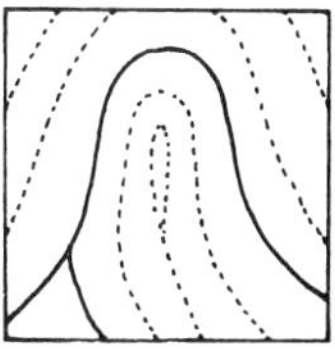

図12　神経学者によれば、アルツハイマー病の患者は平均以上の確率でアルナー・ループとよばれる特徴的な指紋のパターンをもつという。この他にも、少なくとも10種類のよく知られた遺伝子障害が、手に表われるさまざまなパターンと関連性をもつことがわかっている。このような発見は、身体のあらゆる部分に全体に関する情報があるとする、ホログラフィック・モデルの主張を裏づけてくれるかもしれない。（『メディスン』誌掲載のオリジナル・イラストに筆者が手を加えたもの）

ツハイマー病の患者に頻繁に見られることを発見した（図12）。五〇人のアルツハイマー病患者と、同じく五〇人の健常者とを比較した調査で、アルツハイマーのグループの七二パーセントが少なくとも八本の指にこのパターンをもっていたのに対し、対照基準グループでは二六パーセントだけであった。十本全部の指にアルナー・ループをもっていた者の中では、十四人がアルツハイマー病を患っていたが、基準グループにはこのパターンをもつ人間は四人しかいなかった[78]。

現在では、ダウン症を含む一〇種に及ぶ遺伝子障害に、手に現われるさまざまなパターンとの関連性があることが知られている。これを利用して、旧西ドイツの医師たちは両親の手の指紋などのパターンを分析し、出産を控えた母親が、子宮に針を挿入し、羊水を吸い出して遺伝子を調べる羊水吸引検査（まだ危険を伴なう可能性があるとされる）を受けるべきかどうかを判断するのに役立てている。

同じくドイツのハンブルグの皮膚紋研究所では、光電管スキャナーを使って患者の手の「デジタル写真」を撮影するコンピュータ・システムさえ開発している。そしてそれをメモリーの中にある一万例にもおよぶ他の手のパターンと照合し、さまざまな先天性障害との関連性があることが判明している五〇種類の特色あるパターンがあるかをチェックして、直ちにその患者の危険率を計算するのである[79]。これらの例を考えると、手相術は取るに足らないなどと早まった判断を下してはいけないのかもしれない。私たちの手のひらにある線や渦巻き模様は、自分で思っている以上に自己の全体について語ってくれている可能性があるのだ。

ホログラフィック脳の力を活用する

この章全体を通じて、そこにふたつの明白なメッセージがあるのは一目瞭然である。ホログラフィック・モデルによれば、結局のところ心／身は、脳が現実を体験するために用いる神経ホログラムと、脳が現実を想像する際に喚起するそれとの区別をつけることができない。どちらも人体に劇的な影響をおよぼすが、その力はきわめて強く、免疫系の働きを調節することから、強力な薬剤の効果を再現する／打ち消す、あるいはその両方を同時に行なうこと、そして驚くべき速さで傷を治癒し、腫瘍を溶かし、遺伝子のプログラムを書き換えるばかりか、とても信じがたいかたちでこの生きた肉体を変形させてしまうことまでやってのけるのである。つまり最初のメッセージとはこういうことだ――私たちひとりひとりの中に、少なくともあるレベルでは、自分の健康状態に影響を与え、目もくらむとしか言いようがないかたちでこの肉体の形状をコントロールする能力がそなわっているのである。私たちは誰もが奇跡を行なう力を秘めた人間、眠れる聖者なのであり、これまで目にしてきた証拠を見ても、こういう才能を探り、活用していくことに現在のレベルよりもかなり多くの努力を傾けていくことこそが、個人として、また人類というひとつの種としての責務であることははっきりしている。

ふたつめのメッセージは、こうした神経ホログラムの形成に関わる要素は数多く、そしてどれも非常に微妙なものであるということだ。そこには、考えをめぐらす対象となるイメージから、私たちの内面にある希望や恐れ、無意識レベルの偏見、医師の態度、個人あるいは文化的な信念、そして精神的なもの、テクノロジー的なもの双方に対する信仰などが含まれる。これらは単に事実であるというだけではなく、私たちが先にあげたような才能を解き放ち、それを思いどおりに操っていこうとするときに、何を自覚し、何を修得していかなければならないかを示してくれる重要なヒントであり道しるべでもある。もちろん、他にもさまざまな要素や、このような能力を形づけ、その限界を定める影響力が存在していることは疑いの余地がない。というのも、以下のことだけはもう誰の目にも明らかなはずだからだ。このホログラフィック・ユニヴァース――わずかな態度のちがいが生死を分ける宇宙、ものごとのすべてがきわめて曰く言いがたいかたちで結ばれているために、夢によって甲虫スカラベが不思議な現われ方をしたり、病気の原因となっている要素が手の上に独特の線や渦巻き模様を描くことさえありうるこの宇宙――では、ひとつひとつの結果にはおびただしい数の原因があると考えてもけっしておかしくはない。個々のつながりは何十というさらなるつながりの始まりなのだ。なぜなら、ウォルト・ホイットマンの言葉にもあるように「厖大なる類似性がすべてを固く結びつけている」からである。

第五章　奇跡がいっぱい

奇跡は自然に反して起きるのではなく、私たちが自然に関して知っていることに反して起きるものだ。
聖アウグスティヌス

毎年五月と九月、ナポリの大寺院ドゥオーモ・サン・ジェンナーロの前には、おびただしい数の群集がある奇跡を目撃するために集まってくる。その奇跡とは、ある一本の小さな瓶の中に収められた茶色の粉末状の物質にまつわるもので、これは紀元三〇五年にローマ皇帝ディオクレティアヌスの手によって斬首の刑にあったサン・ジェンナーロ、別名聖ヤヌアリウスの血液であると言われている。伝説によれば、この聖者が殉教したあと、従者の女性が聖遺物として彼の血を少々残しておいたという。その後実際に何が起こり、これがどうなったのかを知る人はいないのだが、ともかくこの血が十三世紀の終わりには寺院の銀の聖遺物箱に収まって再び出現したのである。

そしてこの奇跡とは、毎年二回、群集が瓶に向かって叫びをあげると、茶色の粉末状の物質が泡立った真紅の液体に変わるというものだ。この液体が本物の血液であることにはほとんど疑いがない。一九〇二年、ナポリ大学の科学者の一団がこの液体に光線を通し、分光器を使った分析を行なったが、そのときこれが血液であることが実証されたのである。残念ながら、血液を入れた聖遺物箱はきわめて古く、壊れやすいため、教会はこれを割って他の検査を行なうことを許可しないので、この現象についてまだ完全な調査が行なわれたことはない。

　しかし、この変質には平凡な出来事以上の何かがあるとの証拠がさらに存在している。これまでの歴史の中で（この奇跡が人々の面前で行なわれたとの最初の記録は一三八九年にさかのぼる）この血液が液化しようとしないときがあった。まれなことではあるものの、ナポリ市民はこれをきわめて不吉な前兆と考える。過去にこの奇跡がなかった年に起こった事件としては、ヴェスヴィオ山の噴火や、ナポレオンのナポリ侵略などがある。さらに最近では、一九七六年と一九七八年、それぞれイタリア史上最悪の地震と、選挙でナポリに共産党の市政が誕生する予兆としてこれが起きている。

　サン・ジェンナーロの血が液化するのは奇跡なのだろうか。少なくとも現在知られている科学の法則では説明不可能に思われるという意味においてはそのようである。ではこの液化はサン・ジェンナーロ自身によって引き起こされているのだろうか。私の感じでは、この奇跡を目にしている人々の強烈な熱情と信念が原因となっている可能性のほうが高いと思う。私がこう言うのは、世界中の偉大な宗教と関係がある聖者や超人的能力で知られた人たちが行なってきた奇跡は、超能力者《サイキック》の手でそのほとんどすべてが再現されているからだ。これは、聖痕と同様、奇跡は人間の心の奥深くに存在する力、私たち一人ひとりの中に隠された力によって生み出されることを示唆している。『神秘主義における物理現象』を著した神父ハーバート・サーストン自身もこの類似性に気づいており、どんな奇跡現象であっても、真に超自然的な原因（心霊的な、あるいは超常的原因ではなく、という意味で）によるものと考えるのを好まなかった。この見方を支持するいまひとつの証拠は、ピオ神父やテレーゼ・ノイマンを含めた多くの聖痕発現者たちは、超能力があることでもよく知られていたという点である。

奇跡というものに関してある役割を演じていると思われる超能力が、念力現象（サイコキネシス――略して念力）である。サン・ジェンナーロの奇跡には物質の物理的性質の変化が関わっていることから、念力が関係している疑いが濃い。スコット・ロゴは、聖痕現象の中でも、より劇的なものに関しては念力がこれを引き起こしていると見る。皮膚下にある毛細血管を破裂させ、表面に出血を起こす程度ならば身体の通常の生物学的能力の範囲だろうが、大きな傷をきわめて短時間のうちに発生させる力としては念力しか考えられないと彼は感じている。[1] これが正しいかどうかはまだこれから判断されるところだが、聖痕に伴なう現象の中に、少なくとも念力がひとつの要素となっているものが存在していることだけははっきりしている。テレーゼ・ノイマンの足から血が流れるとき、それは必ず彼女の足の指の先のほうに向かって、つまり、十字架上のキリストの傷から流れていたであろう血とまったく同じ方向に流れており、彼女の足がどんな位置であろうとも関係なかった。これは、彼女がベッドで上半身を起こして横たわっていたときには、血が現に重力に反して上に向かって流れていたということを意味している。これを目撃した人の数は多く、その中には戦後ドイツに駐屯していたアメリカ兵士で、ノイマンの奇跡の力を一目見ようと彼女を訪れた人間も多く含まれている。この重力に挑むような血の流れは、他の聖痕発現者のケースでも報告されている。[2]

このような例は私たちを果てしなく刺激する。なぜなら、現在の私たちの世界観は、念力を理解する枠組みを与えてくれてはいないからだ。ボームは、宇宙をひとつのホロムーヴメントとして見ることがこの枠組みを与えてくれると考える。何を言わんとしているのかを説明するのに、ボームはこんな状況を考えてほしいと言う。ある夜更け、通りを歩いていると、どこからともなく突然人影が現われる。最初に頭をよぎるのは、もしかしてこの人は暴漢で、自分には危険が迫っているという思いかもしれない。つぎにこの思考に含まれる情報が、走る、傷を負う、喧嘩をするなどの一連の想像上の行為を呼び起こす。だが、あなたの心の中にあるこれら想像上の行為は、純粋に「精神的な」ものではない。というのも、それは神経系への刺激、心臓の鼓動の高まり、アドレナリンその他のホルモンの放出などの関連した生物学的プロセスと不可分の関係にあるからだ。反対に、もし最初の思いがこれはただの影だということであれば、これとはちがう精神的、生物学的反応が続いて起きることになる。それればかりか、この点をもう少し深く考えてみると、私たちはすべての体験に対し、精神的、生物学的どちらの面でも反応していることに気がつく。

ボームによれば、このことから学ぶべき重要な点は、「意味」に反応を見せるのは何も意識だけではないということだ。身体もまた反応するのであり、これは、意味というものの本質が精神的であるのと同時に、肉体的／物理的なものでもありうることを明らかにしている。これはちょっと不思議な感がする。というのも、私たちがふつう考える「意味」とは、主観的現実、すなわち頭の中にある思考に対してのみはっきりとした影響を与えられるものであり、事物からなる物質界に反応を生じさせるものではないからだ。意味は、「このようにして現実がもつこのふたつの面の間のつながり、あるいは『橋わたし役』として働くことが可能である」とボームは説く。「このつながりは不可分のものである。つまり、『精神』の側にあると私たちが感じている思考なるものに内包された情報は、また同時に神経生理学的、化学的、肉体的な活動であり、これが明らかに、この思考が『物質』の側にあるときの意味と言えるものなのである」[3]。

ボームは、意味が客観的な実効性をもつ例は、他の物理的プロセスでも見出すことができると感じている。そのひとつがコンピュータ・チップの働きだ。コンピュータ・チップは情報を内包しており、その情報のもつ「意味」は、コンピュータの中をどう電流が流れるかを決定づけているという点で実効的であると言える。いまひとつは素粒子の挙動だ。物理学の通常の見解では、量子の波動は分子に対して機械的に作用し、それは海に浮かぶピンポン玉の動きを波がコントロールしているのと同じだと考える。だがボームは、これではプラズマの内部で電子が見せるダンスのようなまとまった動きを説明できないと感じており、もし海上のピンポン玉がこれと同様の見事に振り付けられた動きをしたとしても、それを水の動きだけで説明するのは無理なのと同じことだと考える。彼は量子の波動と分子との関係は、自動操縦モードにある船がレーダーの電波で誘導されている状態になぞらえたほうが適切だと考える。レーダーの電波が船を押してはいないのと同じように、量子の波動は分子を押しているわけではない。というよりも、量子の波動は、電子が置かれている環境についての情報を提供し、そして今度は電子がその情報を使ってその環境の中での自分の動きを決めていくのである。

言いかえると、ボームの考えでは、電子は心のようなものであるばかりでなく、かなり高度に複雑化した存在であり、構造さえもたない単純な点にすぎないといった標準的見解からはかけ離れたものなのだ。電子による情報の活用、それどころかすべての素粒子による情報の活用は、意味に反応できるという能力が意識だけの特徴なのではなく、すべての物質にそなわっていることを示している。まさにこの根源的な共通性こそが、念力を解明してくれる可能性をもつ、とボームは言う。そしてこう論ずるのである。「この考え方にもとづき、念力現象が生じるプロセスはつぎのように説明できる。ひとりまたは複数の人間の精神的プロセスの焦点が、念力の対象となる物質システムを誘導する『意味』にぴったりと合ったとき、そこに念力現象が起こりうるのではないか(4)」。

ここで注目すべきは、そのような念力現象が、因果関係、つまり物理学で知られているなんらかの力が働いてもたらされる原因―結果という関係によるものではないということだ。そうではなくて、念力はいわば一種の非局在的「意味の共鳴現象」の結果として起きるものであり、また第二章であげた、二個の光子が同一の偏光角を示すのを可能にする非局在的な相互結合性と、まったく同じではないにせよ、似たような非局在的相互作用の結果として起きる現象なのである(細かい専門知識に属する理由から、ボームは単なる量子の非局在性だけでは念力もテレパシーも説明がつかないと考えており、それよりさらに深いかたちの非局在性、いわば「超」非局在性だけがそのような説明を提示してくれるだろう、としている)。

機械の中に潜む小悪魔《グレムリン》たち

念力に関してボームと同様の考えをもち、それをさらに一歩進めた研究者が、プリンストン大学の航空宇宙科学教授で、同校の工学・応用科学学部の名誉学部長も務めるロバート・G・ジャーンである。ジャーンと念力との関わりはほんの偶然から始まった。NASAと国防省のどちらのコンサルタントも務めた経験があるジャーンの関心分野はもともと深宇宙推進力学であり、同分野の最高の教科書とされる『電気推進の物理学』の著者でもある彼は、超常現象など信じてはいなかった。が、ある学生から、自由研究のプロジェクトとして念力の実験をするので、その指導教授になってくれないかと打診されたのである。ジャーンはこれに渋々応じたのだが、この結果があまりに衝撃的だったのに触発され、一九七九年にはプリンストン工学変異現象研究所（PEAR：Princeton Engineering Anomalies Research lab）を設立することになる。以来、ＰＥＡＲの研究者たちは、念力の存在を立証する決定的な証拠を提示してきたばかりでなく、このテーマに関してはアメリカで最大量のデータを集積してきているのだ。

ある一連の実験でジャーンとその共同研究者である臨床心理学者ブレンダ・ダンは、ランダム・イベント発生器（ＲＥＧ）と呼ばれる装置を用いた。放射性物質の自然崩壊のような予測不可能な自然のプロセスを使い、ＲＥＧは連続した二進法の数字を無作為に出すことができる。たとえば、１、２、１、２、２、１、１、２、１、１、１、２、１といった一連の数字だ。つまり、ＲＥＧはいわば自動コイン投げ機のようなもので、それもきわめて短時間に厖大な回数のコイン投げができる装置ということになる。誰でも知っているように、完全に重量のバランスのとれたコインを一〇〇〇回投げたとすると、確率としては表と裏が同じ割合で出てくるはずだ。その一〇〇〇回の内の実際の割合はどちらかに多少の片寄りは出るだろうが、投げる回数が増えれば増えるほど、それは五〇パーセントに近づいていく。

ジャーンとダンが行なった実験は、ボランティアをＲＥＧの前に座らせ、表あるいは裏がふつうよりも多い割合で出るよう意識を集中してもらうというものだった。これを文字どおり何十万回と繰り返した結果、ボランティアたちがただ意識を集中させるだけで、ＲＥＧが出す結果に対して小さいながらも統計的に有効な影響を与えられることを二人は発見した。また、さらにふたつのことがわかった。まず、念力効果を産み出す能力は、才能のある少数の人間に限られているわけではなく、テストしたボランティアの多数にそなわっていた。これは、私たちのほとんどがある程度の念力能力をもち合わせていることを示唆している。また、各ボランティアはそれぞれ異なる、特徴的な結果を安定して出すこともわかり、これがあまりにもその人に特有のものであったため、ジャーンとダンはそれを各人の「サイン」とよんだくらいだった[5]。

別の実験でジャーンとダンが用いたのは、九〇〇〇個の直径二センチの玉が、三三〇本のプラスチックの杭の間を抜けて、下にある一九個の仕切りの中に分かれて集まるよう作られたピンボール・マシンのような装置である。この装置は高さが三メートル、幅二メートルほどの浅い枠組みに収められていて、玉が落ちて仕切りの中に入っていくのがボランティアの目に見えるよう前面にガラスがつけてある。通常は、両端よりも中心にある仕切りに多く玉が集まり、全体の分布は釣り鐘のような形の曲線を描く。

REGと同様に、ジャーンとダンはボランティアにこの装置の前に座ってもらい、外側にある仕切りに入る玉の数を増やすようにさせたのである。ここでも、実験を数多く繰り返した結果、参加者は玉の落ちる場所に関して、小さいとは言えはっきりとした違いを生じさせることができた。REG実験でボランティアが示したのは、放射性物質の自然崩壊という微細なプロセスにおける念力の効果にすぎなかったが、このピンボール実験では、被験者が念力を使って日常の世界にある物体にも影響をおよぼすことができることが明らかになったのである。そればかりか、REG実験に参加した人間の「サイン」は、このピンボール実験でも現われ、これは、ある特定の個人のもつ念力能力が、実験がちがっても変わらないこと、そして他の才能と同様、この能力に個人差があることを示唆している。ジャーンとダンはつぎのように論じている。「この実験結果の小さな一部分を見ると、確率的な偶然によって起きるものに近すぎるため、現代の科学を支配している基本理念の見直しを迫るには至らないものの、ひとつのまとまった全体としてとらえれば、相当の規模での逸脱が起きていることは議論の余地がない[6]」。

ジャーンとダンは、なぜある特定の人たちには機械をダメにしたり故障させたりするというジンクスがあるのかを、自分たちの実験結果が説明してくれるかもしれないと考える。このような人間の好例が物理学者ウルフガング・パウリで、この面での彼の才能が伝説的とも言えるほどだったため、これを冗談まじりに「パウリ効果」などとよぶ物理学者もいるくらいだ。パウリが実験室にいるだけで、ガラスの装置が割れたり、敏感な計測器が半分に折れたりしたと言われている。特に有名な例では、ある物理学者がパウリに手紙を書き、最近起こった複雑な装置の謎の崩壊について、少なくとも今回パウリはそこにいなかったのだから、彼のせいにはできないと言ったのはいいが、実はこの事件の起こったまさにその瞬間、パウリが実験室の近くを列車に乗って通過していたことが後でわかったのだという。ジャーンとダンはまた、航空機パイロット、乗務員、そして軍関係者の間ではよく知られている「グレムリン効果」とよばれる現象、つまり、注意深くテストされたはずの装置が、不思議なくらい最悪のタイミングで説明不可能な故障を起こすという傾向も、無意識レベルでの念力の働きの一例である可能性があると考えている。

もしも私たちの心が外に手を伸ばし、大量の玉の流れや機械の作動状態を変えることができるなら、いったいどんな不思議な練金術がその力の源泉となっているのだろうか。ジャーンとダンの見解では、現在知られているあらゆる物理的プロセスが、すべて波動／粒子の二面性をもっていることを考えれば、意識もまた同様だと考えてもおかしくはないはずだとしている。意識が粒子状態であるときには私たちの頭の中にあるように思えるが、その波動状態の側面では、他のすべての波動現象と同様に、離れたところに影響をおよぼす力をもつことが可能になる。二人は、この影響力のひとつが念力であると考えているのである。

だがジャーンとダンの考えはそれにとどまらない。二人は、現実そのものも、この意識がもつ波動の側面と、物質の波動のパターンとの間のインターフェースの結果と見ている。しかし、彼らもボームと同様に、意識や物質を孤立したものとして表現するのは有益ではないし、また念力でさえ、なんらかの力が伝わることで起きると考えるべきではないとしている。「メッセージはもう少し微妙なものなのかもしれない」とジャーンは語っている。「そのような考え方はとにかく現実的ではなく、環境、意識などについて抽象的に語っても何の利益ももたらしてはくれないだろう。私たちは、なんらかの方法で意識、環境を解釈し、その解釈を体験することしかできないのである」[7]。

もし念力がなんらかの力の伝達というふうに考えられないのであれば、精神と物質との相互作用をうまく言い表わすのに他にどんな言葉があるだろうか。ここでもジャーンとダンは、ボームに近い考え方を使い、念力とは、実際には意識と物質界との間の情報の交換が関わっているものであり、それも精神的なものと物質的なものとの間の流れという意味での交換ではなく、両者の間の共鳴現象なのではないかと言っている。共鳴の重要性は念力実験に参加したボランティアたちも感じとっていて、それを表わすコメントも残している。つまり、実験で良い結果が出る重要な要因として最も頻繁に出てきたのは、機械との「共鳴」感を得ることだというのだ。あるボランティアはその感じを次のように述べている。「そのプロセスに入りこんでいくと、だんだん自分自身を意識しなくなってくるのです。機械を直接コントロールしているという感じではなく、機械と共鳴して、自分は隅のほうでわずかな影響力を与えている程度という感じです。ちょうどカヌーに乗っているときに似ています。自分の行きたいところに進んでいる間は流れに身を任せ、そうでなければ、流れを変えてもう一度自分と共鳴させるようにするわけです」[8]。

ジャーンとダンの考えは、さらにいくつかの重要な点でボームの説と似通っている。ボームのように、この二人も、現実を記述するのに使われる電子、波長、意識、時間、周波数といったような概念は「情報を整理する分類」としてしか役立たず、それ自体独立して存在するわけではないと考えている。また、もちろん自分たちのものも含め、あらゆる理論は比喩でしかないとも考えている。そして、ホログラフィック・モデルに賛同してはいないものの（彼らの理論は事実ボームの考え方とはいくつかの重要な点で隔たりがある）、ある部分ではふたつの理論が重なり合っていることも認識している。「波動力学を根本的な基盤としているという範囲においては、私たちが構築しているものとホログラフィック概念にはある程度の共通性がある」とジャーンは言う。「ホログラフィック・モデルも、意識には波動力学的に機能する能力があることを認識しており、この能力を通じて、時間、空間上のすべてのものとの間になんらかのかたちの接触が可能になるとしているのである[9]」。

ダンもこの意見に賛成している。「意識は、あの波動力学的な、原初的な、限りなく賢い豊饒とも言うべき存在と交わり、なんらかの方法でそれを意識自体が使える情報へと変換してしまう。ホログラフィック・モデルはある意味でこの仕組みを解明するものとして見ることができる。また別の意味においては、もし個人の意識が独自の波動パターンをもっていると仮定するなら、もちろん比喩的にではあるものの、これを宇宙のホログラムの中の特定のパターンと交錯する特定の周波数のレーザー光線と見ることも可能だと思う[10]」。

当然予想されることかもしれないが、ジャーンとダンの研究は、正統派科学界からは相当な抵抗にあっている。とはいえ、一部では受けいれられはじめていることも事実だ。PEARの研究資金の内のかなりの額が、マクダネル・ダグラス社のジェームス・S・マクダネル三世が設立したマクダネル財団から出されているし、ニューヨーク・タイムズも最近、ジャーンとダンの研究についての記事を掲載した。ジャーンとダン自身は、自分たちがこれほどの時間と労力をさいて探っている境界領域の現象が、ほとんどの科学者にはその存在すら認められていないものだという事実にもまったく動じる気配はない。ジャーンはこう述べている「このテーマは、私がいままで行なってきたどの研究よりもずっとその重要性が高いと感じている[11]」。

サイコキネシス拡大版

これまで見てきたような実験室で生み出される念力効果は、比較的小さな物体に限られていたが、念力を使い、物質界でこれよりもさらに大きな変化をもたらすことができる人間がいることを示す証拠もある。生物学者で、ベストセラーとなった『スーパー・ネイチュア』（蒼樹書房、一九七四）の著者でもあり、科学者として世界中の超常的な出来事を研究しているライアル・ワトソンは、フィリピンを訪れているときにそのような人物に会っている。その男性は一時話題となったサイキック・ヒーラー（心霊治療者）とよばれる人間のひとりで、彼の場合は患者に触れるかわりに、その人の身体から二五センチくらいのところに手をかざし、その人の身体のある部分を指さすと、その瞬間その箇所に切れ目が生ずるのであった。ワトソンはこの男性の念力による外科手術の技能を何度か目の当たりにしたばかりではなく、一度は彼が普段より手を大きく動かしたため、ワトソン自身も手の甲に傷を負ってしまった。その傷跡は今日でもまだ残っているという[12]。

念力で骨を治すことさえできるとの証拠もある。そのようなケースが、イギリスのサンダーランド地区総合病院の医師、レックス・ガーナーによって報告されている。一九八三年に『ブリティッシュ・メディカル・ジャーナル』誌に掲載されたガーナーの記事が興味深いのは、熱心な奇跡研究家である彼が、現代の奇跡的治癒の一例を、七世紀のイギリスの歴史家であり神学者である尊者ベーダが記録した、これとほとんど同一の治癒例と対比させているという点である。

　現代のほうの治癒例は、ドイツのダルムシュタットに住むルーテル教会の尼僧たちにまつわるものだ。彼女たちがチャペルの建設をしていたとき、シスターのひとりが流し込んだばかりのコンクリートの床を突き抜けて落下し、下にあった木の梁で身体を打つという事故があった。このシスターはすぐさま病院に運び込まれたが、レントゲン写真は彼女が骨盤を複雑骨折していることを示していた。だが尼僧たちは通常の医療技術には頼らず、かわりに夜を徹しての祈りを続けたのである。この先何週間かは身体を固定しておく必要があるとの医師たちの主張にもかかわらず、尼僧たちは二日後にこのシスターを連れて帰り、祈りを続けるとともに手かざしの療法を行なった。驚いたことに、尼僧たちが手をかざした直後に彼女はベッドから立ち上がり、骨折の激痛からも解放されて、明らかに治癒された様子を見せたのである。完全に回復するのにも二週間しかかからず、それから病院に戻ると、回復した姿を見せて医師たちを仰天させたのであった[13]。

　ガーナーは、この例についても同記事で論じている他の治癒例についても説明は加えていないが、念力が関わっている可能性が高いように思われる。骨折の自然治癒は長い期間を要するプロセスであること、そして前述したミチェーリの骨盤の奇跡的再生でさえ数カ月かかっていることを考えると、おそらく手かざし療法をした尼僧たちの無意識レベルの念力能力がこの偉業を達成したのではないだろうか。

　ガーナーは、七世紀にイギリスのヘクサムでの教会建設中に起きた同様の治癒例についても述べているが、それは当時のヘクサムの主教だった聖ウィルフリッドにまつわる出来事だった。この教会の建設中、ボテルムという名の石工がかなりの高さから落下し、両腕両足を骨折した。ウィルフリッドは横たわって死を迎えようとしていた彼に祈りを捧げ、他の作業者たちにもこの祈りに加わるよう頼んだ。彼らも一緒に祈ると、ボテルムには「生の息吹がよみがえり」、すみやかに回復していったのである。聖ウィルフリッドが他の作業者たちに祈りに加わるよう頼むまでは明らかに何の治癒効果も起きていなかったことから、聖ウィルフリッドが触媒として働き、ここでもそこにいた全員の無意識レベルの念力能力がまとまった結果これが起きたとは考えられないだろうか。

ホノルルのビショップ博物館の館長、ウィリアム・タフツ・ブリガム博士は、植物学者としてよく知られ、私生活では超常現象の調査研究に多くの時間をさいているが、彼の手元には、「カフナ」とよばれるハワイ人のシャーマンが骨折を瞬間的に治した出来事の記録がある。この出来事はブリガムの友人J・A・K・コームスが目撃したものだ。コームスの義理の祖母は、ハワイ諸島でも最も力のある女性カフナとして知られていたが、コームスが一度この女性の家で開かれたパーティに出席したとき、彼は彼女の力を直接目にする機会に恵まれた。

パーティの最中、招待客のひとりが砂浜で足を滑らせてころび、足の骨を折ってしまった。骨が皮膚を裏側から圧迫しているのが見えるくらいひどい骨折だった。骨折の深刻さを見たコームスは、ただちに彼を病院に連れていくようにすすめたのだが、この年老いたカフナはまったく耳を貸そうともしなかった。この男性の傍らにひざまずくと、彼の足をまっすぐに伸ばし、折れた骨が内側から皮膚を圧迫している部分を押した。数分間の祈りと瞑想のあと、彼女は立ち上がり、治癒は終わったと宣言した。男性は不思議に思いながらも立ち上がると、一歩、そしてまた一歩と足を踏み出した。彼は完全に治っており、足のどこをさがしても骨折の形跡すら見つからなかったのである。[14]

十八世紀フランスで起きた集団サイコキネシス現象

このような出来事とは別に、数ある念力現象の現われの中で最も驚愕に値する現象であり、歴史上で記録されたあらゆる出来事のなかでも最大の奇跡的事件として特筆すべき現象が、十八世紀前半のパリで起きている。この出来事は、カトリックの中でもオランダの影響を受けた清教徒的な一宗派のジャンセニストとよばれる人たちにまつわるもので、同派で敬愛されていた高徳な助祭、フランソワ・ド・パリの死が引き金となって起きたものだった。今日生きている人でジャンセニストの奇跡のことなど耳にしたことがある人はほとんどいないだろうが、十八世紀を通じてこれはヨーロッパで一番の話題となっていた事件だったのである。

ジャンセニストの奇跡を充分に理解するためには、フランソワ・ド・パリの死に先立つ歴史上の流れについて多少知っておくことが必要だろう。ジャンセニスムは十七世紀初期に創立された宗派だが、創立当初からローマ・カトリック教会やフランス王朝とは対立していた。その信条の多くは教会の標準的教義とは著しくかけ離れたものだったが、大衆的な運動であり、またたく間にフランスの民衆の間にその信者の数を増やしていった。最大の悲劇は、この宗派がローマ法王、そして敬虔なカトリック教徒であった国王ルイ十五世の両方から、カトリック教の仮面をかぶったプロテスタント（新教）にすぎないと見られていたことである。この結果、教会、国王ともに、常にこの運動の力をなんとか弱体化させようとしていた。このような動きの障害にもなり、この運動自体がこれほどの人気を集めることになった理由のひとつだったのが、宗派の指導者たちが奇跡的治癒を行なう能力に特に長けていたという点だった。それでも教会と王朝はこの政策に固執し、フランス全土で激しい論戦が交わされることとなった。

一七二七年五月一日、フランソワ・ド・パリが亡くなり、パリのサン・メダールの教区墓地に埋葬されたのは、この権力闘争が最高潮に達していたまさにその時期のことであった。

この高僧の聖者としての評判が高かったことから、彼が埋葬された墓地のまわりには信奉者たちが集まりはじめ、もうすでにこのときからさまざまな奇跡的治癒が行なわれていたことが記録されている。ここで治された病状には、ガン性の腫瘍、麻痺、聴覚障害、関節炎、リウマチ、潰瘍性のできものや、慢性の熱、長期にわたる出血、そして視覚障害までもが含まれていた。しかし、事態はこれにとどまらなかった。聖者の死を嘆く弔問者たちは、自分でもコントロールできない異様な痙攣やひきつけを起こしはじめ、まさに驚異的としか言いようがない形で手足の屈曲を行なうことまで始めたのである。この痙攣はすぐにまわりの人間にも伝染し、まるで山火事のごとく広がって、あたかも超現実的な魔法にでもかかったかのように体中をくねらせ、もだえながら歩き回る男女、子供たちで通りは埋めつくされた。この「痙攣行者」(Convulsionaires) とよばれるようになった人たちが驚くべき能力を見せはじめたのは、このような発作的トランス状態とも言える意識下にあるときだった。そのひとつが、傷ひとつ負うことなしに想像を絶するような肉体的拷問の数々に耐えるというものだ。ここでは、激しい殴打、重い物体や鋭い物体による打撲、そして信者たちの首を絞めることまで行なわれたが、これを受けた人間すべてには負傷の形跡さえなく、あざやかすり傷ひとつどこにも見当たらなかったのである。

この奇跡現象がきわめてユニークなのは、文字どおり何千という人たちがこれを目撃している点だ。この高僧パリの墓地のまわりで行なわれた熱狂的集会は、短期間で終わってしまったというものではなかった。墓地とそのまわりの通りは、昼夜を問わず、何年間にもわたって連日人でごった返し、二〇年たった後でさえまだ奇跡が行なわれていたという（一七三三年に記された公の記録の中に、痙攣の最中に女性の参加者がみだらに肌を露出しないようにするなど、この「痙攣行者」たちの世話をするためだけに三〇〇〇人を越すボランティアが必要だったとの記述があるが、これを見てもこの現象の規模の大きさがわかろうというものだ）。この結果、痙攣行者たちの超常能力は国際的にも有名な大事件となり、さまざまな社会階層の人たちや、教育機関、宗教団体、政府関係機関など、考えうるあらゆる諸機関の派遣した何千という人々が、一目これを見ようと押し寄せてきたのである。公式、非公式なものを含め、この奇跡を目撃した人の手になるおびただしい数の記録が当時の資料の中に残されている。

それに、ローマ・カトリック教会の調査官をはじめとして、この現象を目にしようとやってきた人間の多くは、自らの権益を守るためにジャンセニストの奇跡の信憑性を看破する必要があったにもかかわらず、結局はその正当性を認めて帰らざるをえなくなっている（ローマ・カトリック教会は、のちにこの不面目な状況を立て直そうと、奇跡の存在は認めるが、それは悪魔の所業であり、したがってジャンセニスムも堕落した宗派であるとの立場をあらためてとることにした）。

パリ市議会の議員でもあるルイ・バシール・カレ・ド・モンジェロンという名の調査官は、自分が見た奇跡の数々をまとめたが、それは四巻にもわたる大著となり、一七三七年に『奇跡の真実』という題で出版された。この著作で彼は、痙攣行者たちが拷問に対して見せた不死身ぶりについて数多くの例をあげている。ある事例では、ジャンヌ・モーレという二〇歳になる痙攣行者が石壁に寄りかかると、群集から募った「とても屈強そうな男性」が、重さ一四キロはあろうかというハンマーで彼女の腹部を一〇〇回にわたり叩きつづけた（痙攣行者はこういう拷問をしてくれるよう自分から願い出ていた。彼らによると、痙攣の激痛が和らぐからとのことだった）。この後で、ハンマーの衝撃を試すため、モンジェロン自身もこのハンマーで彼女が寄りかかっていた石壁を叩いてみた。彼はこう書いている。「二五回目に叩いたとき、それまでの衝撃でも振動していた石壁は、突如としてぐらつき、壁の一部が反対側に突き抜けて一五センチはあろうかと思われる穴が開いてしまった[15]」。

モンジェロンがあげるいまひとつの例では、ある女性の痙攣行者が仰向けになって体を反らすと、腰の部分を「杭のとがった先端」で支えるようにした。そして彼女は、二〇キロ以上の重さの石をロープにくくりつけ、「非常に高い位置」まで吊り上げてから、それをそのまま自分の腹部に落としてほしいと言ったのである。石が吊り上げられ、何度も彼女の体の上に落とされたが、この女性はなんら影響を受けた様子もなかった。その無理な体勢をなんということなく保ち、痛みや傷を受けることもなく、この試練が終わると背中の皮膚に何の跡すら残すことなく立ち去っていったのである。モンジェロンによれば、この試練の最中、彼女は「もっと強く打って、もっと強く！」と叫びつづけていたとのことだ[16]。

実のところ、痙攣行者たちを傷つけることができるものなど何もないようであった。金属製の棒、鎖、あるいは材木などで叩こうが彼らは傷つかなかった。最も屈強な男でさえ彼らを絞殺することは不可能だった。十字架に磔になりながら何の傷跡も残さない者もいた[17]。最も想像を絶するのは、ナイフや剣、それに何と手斧でさえも彼らの体を刺したり、切ったりすることすらできなかったという事実だ！　モンジェロンの報告によると、先端を研いだ鉄製のドリルがある痙攣行者の腹部に当てられ、ハンマーで「あたかも背骨を貫通し内臓を破裂させんばかりの」力で叩かれた例もあるという。しかしドリルは背骨も貫通せず内臓も破裂させることもなく、その痙攣行者は「完璧なる歓喜の表情」をたたえながらこう叫ぶのだった――「ああ、これは体にいい。勇気を持て、兄弟よ。できれば倍の力で打ってくれ[18]！」

ジャンセニストたちが痙攣の最中に見せた才能はその不死身ぶりだけではなかった。透視能力をもつ者もいて、「隠されたものを感じとる」こともできた。別の者は、目を閉じたままできつく包帯を巻いた状態なのにものを読むことができたり、空中浮遊の例までが報告されているのである。空中浮遊を行なったひとりであるモンペリエの僧ベシュランは、痙攣の最中、「あまりにも強い力で空中に浮き上がったため」、まわりで見ていた人間がいくら彼を押さえつけようとしても地面から浮き上がってしまうのを押さえきれないほどだったという。[19]

今日の私たちは、このジャンセニストの奇跡のことをまったく忘れ去ってしまっているが、けっして彼らは当時の知識階級に無視されていたわけではなかった。数学者、哲学者のパスカルは、自分の姪の目にできたひどい潰瘍が、ジャンセニストの手で行なわれた奇跡の結果、わずか数時間のうちに治癒したという経験がある。結局は失敗に終わったものの、国王ルイ十五世が痙攣行者の騒ぎをやめさせるべく、サン・メダール墓地を閉鎖しようとしたとき、ヴォルテールはこう皮肉った。「国王の命により、神はこの地で奇跡を起こしたもうことを禁じられた」。そしてスコットランドの哲学者デイヴィッド・ヒュームは、その著作『哲学エッセイ集』の中でこう述べている。「ひとりの人間に帰する奇跡としては、フランスの高僧、パリの墓地で最近行なわれたとされているものほど数多きものはいまだかつてないだろう。かの奇跡の多くは、この啓蒙された時代に、世界でも最も名高き場において、疑うべくもなき資格と見識を備えた人々の目前でただちにその正当性が実証されたのである」。

痙攣行者たちによって行なわれた奇跡はいったいどう解釈すればよいのだろうか。ボームは、念力その他の超常現象についての可能性を考えるのはやぶさかではないが、ジャンセニストたちの超現実的な能力といったような特定の出来事に関して推論することはしたくないという立場だ。だが、もしこれだけたくさんの目撃者の話を事実として受けいれるとすれば、同じカトリック教徒の中でも神はローマ教会よりジャンセニスムを好んだとでも考えないかぎり、解釈としてはやはり念力説が妥当であろう。痙攣の最中に透視能力などの超能力が現われたのを見ると、なんらかのサイキックな働きが関与していた可能性も強い。それに、熱烈な信仰とヒステリー症状が、心の奥深く潜むさまざまな力が表面に現われてくる引き金となることについては、すでにその例をいくつか見てきたとおりであり、ここではそのどちらもが充分すぎるくらいにあった。それればかりか、この念力効果は一個人の力で生み出されたというよりも、そこに居合わせた全員の熱情と信念がまとまることによって引き起こされたものである可能性があり、この現象の現われ方に異様なまでの迫力があったこともこれで説明ができるのかもしれない。この考えは別に新しいものではなく、一九二〇年代、ハーバードの偉大な心理学者ウィリアム・マクドゥーガルも、宗教における奇跡は多くの信者たちの心霊能力が結集した結果である可能性があると唱えている。

念力は痙攣行者たちの不死身とも思える力の多くを説明してくれる。ジャンヌ・モーレの場合には、叩きつけられるハンマーの力を阻むのに彼女が無意識に念力を使っていたと論ずることができる。もしも痙攣行者たちが無意識に念力を用いて、鎖や材木、ナイフなどの動きをコントロールし、それが体に当たるまさにその瞬間にこれを止めていたとしたなら、これらの物体が傷痕やあざをまったく残さなかったのも説明がつく。同様に、ジャンセニストの首を絞めていた者たちの手は、おそらく念力によってその位置で押しとどめられ、自分では彼らの肉体を絞めつけていたと思っていたかもしれないが、実は何もない空間で手の指を曲げていたにすぎなかったのかもしれないのだ。

宇宙映写機のプログラムを変えてしまう

とはいうものの、痙攣行者の不死身ぶりのあらゆる面が念力によって説明できるわけではない。慣性（移動している物体はそのまま移動を続けていこうとする性質）の問題を考慮する必要がある。二〇キロもある石、あるいは材木などがものすごい勢いで落下してくるとき、そこにはかなりのエネルギーがあり、その動きが突如として止められれば、そのエネルギーはどこかに逃げなければならない。たとえば、鎧を身につけた人間が十五キロ近くはあるようなハンマーで叩かれたら、鎧の金属が衝撃を緩和してくれるかもしれないが、それでも中の人間は相当の震動を感じる。ジャンヌ・モーレの場合、そのエネルギーはなんらかのかたちで彼女を通り抜け、後ろにあった壁に伝わったようである。と言うのは、モンジェロンも記録しているように、壁が「それまでの衝撃でも震動していた」からだ。だが、体を反らせ、二〇キロの石を自分の腹部に落とさせた女性のケースでは、問題はそこまではっきりはしていない。なぜ彼女は、ゲートボールのゲートのごとく地中にめりこんでしまわなかったのだろうか。材木で打たれたとき、なぜ痙攣行者たちは地面にひっくり返ってしまうことがなかったのだろうか。そして、逃がされたエネルギーはいったいどこへ行ってしまったのか。

ここでもふたたび、現実をホログラフィックにとらえる見方が答えを提供してくれる可能性がある。これまでも見てきたように、ボームの考えでは、意識と物質は同じ根本的な何か、内在秩序にその源をもつ何かの異なった側面にすぎない。このことから、意識は単に念力で物理的世界を少し変えるなどという以上のことができる可能性があると考える研究者もいる。たとえばグロフはこう論ずる。内在/外在秩序というのが現実の正確な姿だとすれば、「ある変性意識状態が、内在秩序を直接体験する、あるいはそこに直接介入するための橋渡し役を演ずることは充分考えられる。つまり、その発生源のマトリックスに手を加えることによって、現象界での現象を変容させてしまうことも可能であるということだ」[20]。別の言い方をしてみれば、念力で物体をあちこち動かすことに加え、意識は現実の奥深くまで手を入れて、もともとそれらの物体を創造/投影している宇宙映画プロジェクターのプログラムを変えてしまうことさえできるかもしれないと言うのだ。したがって、たとえば慣性の法則のような一般に認められている自然法則を完全に飛び越えてしまうことが可能なばかりか、意識は、念力現象などが意味するものとは比べものにならないくらいに劇的なかたちでこの物質界そのものを変容させ、成型してしまうことができるということなのである。

この理論が正しいのか他の理論が正しいのかは別としても、歴史を通じてさまざまな人間が見せてきたいまひとつの超常的能力を見れば、なんらかの説明が必要なことは明らかだ。その力とは、火に対する耐性である。ハーバート・サーストンはその著書『神秘主義における物理現象』で、この力をもっていた聖者の例を多数あげているが、最も有名なのはパオラの聖フランチェスコであろう。聖フランチェスコは赤熱した石炭を手にしても無傷でいたばかりでなく、一五一九年に行なわれた列聖のための公聴会の席上では、八人の証人が、燃焼炉の内壁の崩れていた部分を修理するため、彼が燃えさかる炉の中に入っていったにもかかわらず、傷ひとつ負わなかったのを目撃したと証言している。

この話は、旧約聖書にあるシャデラク、メシャク、アベデ・ネゴの三人の逸話を思い起こさせる。エルサレムを制圧したのち、ネブカドネザル王はすべての民に自分の金像を礼拝することを命じた。シャデラク、メシャク、アベデ・ネゴはこれを拒否したため、ネブカドネザルは三人を焼却炉の中に投げ込むよう命じたのだが、この炉はあまりに「ひどく熱かった」ので、三人を投げ込んだ者たちでさえ火傷を負ったほどだった。しかし、厚い信仰心のおかげで三人は無傷でこれを生き延び、髪も焦がさず、衣服の損傷もなく、身体から火の匂いさえさせずに炉から出てきたという。ルイ十五世がジャンセニストに対して行なったような信仰への挑戦によって奇跡が呼び起こされたのは、どうも一度だけではないようである。

ハワイのカフナは燃えさかる炉の中を歩くことこそしないが、熱い溶岩の上を無傷で歩いて渡ることができるとの記録がある。ブリガムは、自分が会った三人のカフナがこの離れ技をやって見せると約束したので、彼らの後について長時間歩き、噴火しているキラウエア火山の近くにある溶岩流のところまで行ったときの体験を述べている。三人は、自分の体重を支えられる程度に冷え固まってはいるもののまだ赤熱した部分があちこちに残っている幅五メートルほどの溶岩流を選んだ。ブリガムが見守るなか、カフナたちは履物を脱ぐと、このやっと固まりかけている程度の溶岩の上を歩こうとする自分たちを守るために必要な長い祈りを唱和しはじめた。

実は、これに先立ってカフナたちは、もし一緒にやってみたいなら、火に対する免疫性を授けることもできるとブリガムに申し出ており、勇敢にも彼はこれに同意していた。だが実際に赤熱した溶岩に直面してみると、彼はためらい、やはりこれは無理だと思いはじめた。「結論から言ってしまえば、要するに私は身体をこわばらせて座り込み、ブーツを脱ぐのを拒んだということだ」とブリガムはこの出来事の記録のなかで述べている。神を呼び起こす儀式が終わると、最年長のカフナが溶岩のところに急ぎ、五メートルを無傷で横切った。感嘆しながらもまだ絶対に行かないと固く決心したままのブリガムは、つぎのカフナを見るために立ち上がったのだが、あろうことか後ろから突きとばされ、顔から突っこまないように、とにかく赤熱した溶岩の上を走ることを余儀なくされてしまったのである。

ブリガムが必死で走ったのは言うまでもない。反対側の少し高くなった場所にたどり着いたとき、片方のブーツが熱で溶けてしまい、靴下が燃えているのに気がついた。しかし、奇跡的にも彼の足はまったく無傷であった。カフナたちも無傷だったが、ショック状態に陥ったブリガムを見て大笑いをしていた。「私も笑っていた」とブリガムは書いている。「自分が安全だとわかったあのときほどほっとしたことはそれまでなかった。この体験についてはほかに言えることはほとんどない。顔と身体に火照るような熱い感覚があったが、足にはほとんど感覚がなかった[21]」。

痙攣行者の人間もときとして火に対する耐性を見せている。この、人間サラマンダー（「サラマンダー」とは、中世、火の中に棲むとされる神話上のトカゲのことを指していた）の中でも最も名を知られていたのは、マリー・ソネとガブリエル・モレであった。あるときには、モンジェロンを含め、多数の人間が見ている前で、ソネは燃えさかる火をまたぐような形で二脚の椅子の間に体を伸ばして横たわり、三〇分そのままの体勢を保った。彼女自身も、彼女の衣服もまったく損傷を受けた様子さえ見せなかった。別のときには、彼女は真赤に焼けている石炭の中に足をつけたまま座ることまでやってのけている。ブリガムと同様、彼女の靴と靴下は燃えてしまったが、彼女の足は無傷であった[22]。

ガブリエル・モレの離れ技はさらに唖然とするようなものだ。彼女は、剣によっても刺されず、シャベルによる殴打にもまったく平気なばかりか、燃えさかる焼却炉の火の中にしばらく頭を突っ込んだままにしておいてもまったく傷を負うことがなかったのである。これを見た人の証言によると、彼女の服はほとんど手を触れることもできないくらい熱くなっていたが、髪、まつげ、眉毛は焼け焦げることさえなかったという[23]。パーティにでも行けば彼女はきっと大の人気者になったにちがいない。

フランスでの痙攣行者的な運動は、実はジャンセニストが初めてというわけではない。一六〇〇年代の後半、国王ルイ十四世が、ものおじしようともしないユグノー派を粛清しようとしたとき、セヴェンヌ渓谷にあって抵抗を続けたカミザールとよばれる一団がこれと似たような能力を見せている。ローマに送られた公式報告書の中で、弾圧する側のひとりであった修道院次長のアベ・デュ・シェイラは、どんな苛酷な仕打ちをしようともカミザールたちに危害を加えることができないと不満を述べている。銃殺せよと命ずれば、マスケット銃の弾丸が衣服と皮膚との間でぺしゃんこになって見つかる。赤熱した石炭に手を押しつけようと傷を負うこともなく、頭のてっぺんからつま先まで綿の布にくるみ、油に浸して火を放っても火傷さえしないというのだ。[24]

　これでもまだ足りないとでもいうかのごとく、カミザールのリーダー、クラリスは、薪を山のように積み上げるよう命じ、その上によじのぼると、そこで情熱的な演説を行なった。そして六〇〇人が見守る目の前で、彼はこれに火を放つよう命じ、炎が自分の頭を越えるほどの高さまで達しようとするなか、熱弁をふるいつづけたのである。薪の山の火が完全に燃えつきた後も、クラリスは無傷で同じ場所に立ったままで、彼の髪や衣服にも燃えた痕跡さえまったく見られなかったのだった。当時カミザール一派を鎮圧するため派遣されたフランス軍部隊の部隊長、ジャン・カヴァリエ大佐はのちに国外追放となってイギリスに渡り、一七〇七年、この事件について『砂漠からの叫び』と題した本を書いている。[25]アベ・デュ・シェイラのほうはと言えば、結局はカミザール側からの反撃の際に殺されるという運命となった。彼らとは違い、不死身の力はもち合わせていなかったようである。[26]

　火に対する耐性については、信頼に足る報告が文字どおり何百と存在している。ルルドのベルナデットも、陶酔状態にあるときには火の熱さを感じなかったと記録されている。実際に見た人の話では、彼女がトランス状態にあったときに、力を抜いた手が燃えているろうそくに触れんばかりのところまで近づいたため、炎が指のまわりをなめるように這いまわっていたという。そこに居合わせていたのがルルド市役所所属の医師、ドズウ博士だった。とっさの思いつきで機転をきかせたドズウは時間を計り、彼女がトランス状態を脱し、手をどけるまで優に一〇分は経っていたことを確認したのだった。のちに彼はこう書いている。「私はそれをこの目ではっきりと見た。だが、もし誰かがそんな話を信じろと言ったとしたなら、私はまちがいなくそれを一笑に附していただろう[27]」。

一八七一年九月七日付のニューヨーク・ヘラルド紙は、メリーランド州のイーストンに住む年配の黒人の鍛冶屋、ネイサン・コーカーが、赤熱した石炭を火傷もせずに手にもつことができるという記事を掲載した。数人の医師を含む調査委員会の目の前で、彼は鉄製のシャベルを赤くなるまで熱し、足の裏に押しつけると、冷めるまでそのままにしておくのだった。また、赤熱したシャベルの端をなめる、あるいは溶けた鉛を口の中に流し込み、歯と歯茎の上をまわしてからそのまま凝固させるといったことまでやってのけたのである。こういったことをした後は必ず医師が彼を調べたが、負傷した形跡はまったく見られなかった[28]。一九二七年、ニューヨークの医師K・R・ウィッセンも、狩猟の旅の最中、テネシー州の山中でこれと同様の力をもつ十二歳の少年に出会っている。ウィッセンの見ている前で、この少年は暖炉で赤くなるまで熱したアイロンを火傷もせずに手で取り出すのだった。少年の話によると、叔父の鍛冶屋で誤って赤熱した蹄鉄を手にとってしまったときにこの力を発見したということだ[29]。グロヴナー夫妻が目撃したモホティがその上を歩いた赤熱した石炭は、六メートルの長さに広げてあり、『ナショナル・ジオグラフィック』誌のチームの温度計では華氏一三二八度（摂氏七二〇度）を記録していた。一九五九年五月号の『アトランティック・マンスリー』誌では、イリノイ大学のレナード・フェインバーグ博士が、セイロンで行なわれていたいまひとつの火渡りの儀式を見た際のことを報告しており、そこでは現地の人間が赤熱した鉄製の鍋を頭の上に乗せていたのに、彼らは火傷を負うこともなかったという。『サイキアトリック・クォータリー』誌の記事で、精神科医バートールド・シュワルツは、アパラチア地方のキリスト教ペンテコステ派の人々が、アセチレン・バーナーの火に手をかざしても火傷をしなかったと述べている[30]等々、この例は延々と続くのである。

物理的法則は「習性」か現実か

これまで見てきたような念力の例で、逃げたエネルギーはどこにいったのかを想像するのが困難なのに劣らず、赤熱した鉄製の鍋がセイロン人の髪と頭皮にぴったりとくっついているときのエネルギーがどこに行ってしまうのかも理解しがたい。しかし、もし意識が内在秩序に直接介在できるのであれば、これはもう少し扱いやすい問題となる。ここでも、現実の枠組みの範囲内で働くまだ未発見のエネルギーあるいは物理的法則（たとえば、断熱効果をもつなんらかの力の場など）によるものというよりも、もっと根本的なレベルでの働きの結果であり、もともとこの物理的宇宙、物理的法則を創造したプロセスが直接関わっているのだろう。

ちがう見方をすれば、意識がひとつの現実からまったく異なる現実へと跳び移る能力があるということは、たとえば「火は人間の皮膚を焼く」といった通常は犯すことのできない法則も、宇宙コンピュータが抱えるたくさんのプログラムのひとつにしかすぎないという可能性があり、それもあまりに頻繁に繰り返し起動させたため、言ってみれば自然がもつ「習性」のひとつとなってしまったプログラム、ということになるのである。前にも述べたように、ホログラフィックな見方によれば、物質というのもこれまたある種の習性であり、実のところ、それは内在秩序からいつも新しく生まれ変わっているものである。もともと噴水に形を与えた源である水の流れが、その新しい形を絶え間なく創造しているのと同じことだ。デイヴィッド・ピートは、繰り返しが多いというこのプロセスの性質を、冗談まじりに一種の「宇宙神経症」と呼んでいる。「神経症にかかると、あるメモリーが蓄積されて、それが同じところでひっかかってしまったかのように、自分の生活の中で同じパターンを繰り返したり同じ行動をとったりする傾向が出てくる」と彼は語る。「私は椅子やテーブルといったようなものもこれと同じなのでは、と思うことが多い。それはちょうど物質の神経症、とでも言えるもので、要するに繰り返しの産物なのである。しかし、現実の中にはそれよりもずっと深い神秘的な何か、途切れることない包み込みと開示が存在しているのだ。この意味で、椅子やテーブルは、絶え間ない流れの中にできた『習性』でしかなく、たとえ私たちの目には習性だけしか見えなくとも、流れのほうこそが真の現実なのである」[31]。

なるほど、宇宙、それに宇宙を律する物理法則もこの流動の産物であるとすれば、これらの法則もまた習性としてとらえる必要がある。もちろん、これらの法則はホロムーヴメントの中でも相当深く刻み込まれた習性であることは明らかだが、火に対する耐性といった超常的才能を見ると、見かけ上の恒久性に反し、現実を規定しているこれらの法則の少なくとも一部については、その効力を一時中断させることも充分可能であることをそれは示している。これはつまり、物理法則は石に刻み込まれたかのごとく絶対的なものではなく、先にあげたシェインバーグの言う渦巻のようなものであり、巨大な慣性の力によってその継続的存在を支えられ、私たち自身のもつ習性や、深い確信を伴なう信念が思考の中で固定されるのとまったく同じように、これもホロムーヴメントの中で固定されてしまった渦巻であることを意味しているのだ。

内在秩序の中でこのような変化を起こすためには変性意識状態が必要なのかもしれない、というグロフの考えは、火に対する耐性が高揚した信仰心や宗教的熱狂と頻繁に関連づけられているという事実でも裏づけられる。前章からだんだんと明らかになってきたパターンがここでも繰り返され、さらに明白になってきている。つまり、私たちの信念が深ければ深いほど、そしてそれが強烈な感情を伴なうものであればあるほど、自分の身体、ひいては現実そのものに対して私たち自身が起こすことができる変化も大きなものになるのである。

特殊な状況下では意識がこれだけ目をみはるほどの変化を起こすことができるのであれば、私たちの日常の現実を創造するのに意識がいったいどんな役割を演じているのかをここで問うべきなのかもしれない。これについての意見は人によって極端に隔たりがある。個人的な会話の中では、ボームも宇宙はすべて「思考」であり、現実は私たちが考えるものの中にしか存在していないと思っていることを認めるものの[32]、先に述べたように、彼は奇跡的な出来事について推論することは避けたいとの考えだ。プリブラムも、ボームと同様に特定の出来事について意見を述べることはためらうが、いくつもの異なる現実が存在している可能性があり、その内のどの現実が表面化してくるかに関しては、意識がある一定の裁量をもっていると考えている。「何でもあり、だとは思いません」と彼は語る。「でも私たちの理解できない世界がたくさんあることだけは確かです[33]」。

奇跡現象に関して長年にわたり自分自身で体験を重ねてきたワトソンは、さらに一歩踏み出した意見をもつ。「現実がほとんどと言っていいほど想像によって生み出されるものであることは、私には疑いの余地がない。もちろん私は素粒子物理学者でもないし、その分野における最先端の知識を把握しているわけでもないが、私たちはたしかに自分のまわりの世界を根本的なレベルで変える力をもっていると思う」（ワトソンは一時はホログラフィック理論を強く支持していたが、いまでは現存のいかなる理論も、精神のもつ超常的な能力を完全に説明することはできないと確信するようになっている[34]）。

カリフォルニア大学アーヴァイン校の精神医学および哲学教授であるゴードン・グローバスは、これとは多少異なるものの、似たような見方をしている。精神が内在秩序の中にある原材料から具象的現実を創り上げているという説に関しては、ホログラフィック理論は正しいとグローバスも考えている。しかし彼はまた、人類学者カルロス・カスタネダがヤキ・インディアンのシャーマンであるドン・ファンと体験した、いまではよく知られている彼岸の世界での体験の数々にも深く影響を受けている。プリブラムとはまったく対照的に、彼はカスタネダがドン・ファンの教えのもとに体験した無限とも言える「別の現実」の数々、また私たちがふだん夢の中で体験する、これと変わらぬほど尨大な現実は、内在秩序に潜在的な現実が数限りなく内包されていることを示していると考える。それればかりか、脳が日常の現実を構築するのに用いるホログラフィックなメカニズムは、私たちの夢や、カスタネダ的な変性意識状態の最中に体験する現実を構築するときと同一のものであることから、グローバスはこの三つのタイプの現実は根本的には同じだとも考えているのである。(35)

意識が素粒子を創造しているのか否か、それが問題だ

この意見の違いは、ホログラフィック理論がまだまだ完成途上であることをあらためて示しており、ちょうど太平洋で生まれたばかりの島が、火山活動のために海岸線がまだはっきりと定まっていない状態に似ていなくもない。この合意の欠如を批判の根拠にする向きもあるが、思い起こすべきなのは、科学が生み出した諸理論の中で、まちがいなく最も説得力があり、広く受けいれられてもいるダーウィンの進化論でさえ、まだまだ流動的な状態にあり、進化論者たちはその適用範囲、解釈、その過程を律するメカニズム、そしてそのおよぼす影響について未だに論議を続けているという点である。

また、この意見の相違は、奇跡というものがいかに複雑な謎であるかという点も浮き彫りにしている。ジャーンとダンも、日常の現実の創造に意識が果たす役割について、これまでのものとはまたさらに異なる意見を提示しており、それはボームのものとは基本的前提から異なっているものの、奇跡が生じる

プロセスについての洞察を提供してくれる可能性があるのでここでも取り上げておく価値があるだろう。

ボームと異なり、ジャーンとダンは、素粒子は意識が介在するまではそれ自体のリアリティをもたないと考えている。「宇宙は受け身の状態で存在し、その構造をわれわれが調べているといった図式は、高エネルギー物理学の分野では完全に過去のものとなっていると思う」とジャーンは述べている。「われわれはいまや、意識と環境との相互作用が真に根源的なレベルで行なわれており、いかなる意味においても現実はわれわれが創造しているのだと言えるような領域に入りこんでいる[36]」。

これまで述べてきたように、これはほとんどの物理学者が抱いている見解でもある。しかし、ジャーンとダンの立場は、重要な点でこの主流的な考え方とは異なっている。ほとんどの物理学者は、念力を説明するのに意識と素粒子との相互作用という概念を使うことなど、頭から拒絶するだろうし、奇跡などはもちろん問題外であろう。それどころか、彼らの大多数は、この相互作用がもつ意味を無視しているだけでなく、そんなものは存在しないかのごとく振る舞っているのである。「ほとんどの物理学者は、一種の分裂症的な見方をつくり上げていく」。シラキュース大学の量子理論物理学者フリッツ・ロアリックはこう語っている。「一方で彼らは通常の量子理論の解釈を受けいれる。しかしもう一方では観察されていないときでさえ量子世界は実在すると主張するのである[37]」。

この異様とも言うべき、「真実とわかっちゃいるけどそれは考えたくない」式の態度は、量子物理学のもたらした最も驚異的な発見について、多くの物理学者がその哲学的な意味を探る妨げにもなっている。コーネル大学の物理学者N・デイヴィッド・マーミンが指摘するように、物理学者は三つに分類することができる。ごく少数はこの哲学的な意味を考察して悩んでいる。二番目のグループは、なぜ自分が悩んでいないのかについてややこしい理屈をつけるが、その弁明は、彼らが「基本的なポイントが何もわかっていない」ことを露呈してしまう傾向にある。そして三番目のグループは、ややこしい弁明もしなければ、なぜ自分が悩んでいないのかについても語ろうとしない。「その立場はあまりに頑なで話にならない」とマーミンは言う[38]。

ジャーンとダンはそれほど憶病ではない。二人は、物理学者は素粒子を発見しているのではなく、実は創造している可能性があると考えている。その証拠として、二人は最近発見されたアノマロンとよばれる素粒子のことをあげているが、この素粒子は、研究が行なわれる場所によって異なった特性を見せているのである。運転する人によって色や特徴が変わる車をもっていることを想像してほしい。これはきわめて興味深い点であり、アノマロンの現実の姿は、誰がこれを発見／創造するかによって変わってしまうことを示唆している[39]。

同じような証拠がいまひとつの素粒子のケースにも隠されている可能性もある。一九三〇年代、パウリは、放射線に関わるある未解決の問題を解くため、体積をもたない新しい素粒子、ニュートリノの存在を提唱した。長年にわたりニュートリノはただの概念にすぎなかったが、一九五七年に物理学者たちはその存在の証拠を発見した。しかしもっと最近になると、もしニュートリノが多少の体積をもっていたなら、パウリが直面していたよりもさらにややこしい問題をいくつか解明できることがわかったのである。すると、驚くなかれ、一九八〇年に、ニュートリノは小さいながらも計測可能な体積をもつことを示す証拠が出はじめたのである！　それだけではない。体積をもったニュートリノを発見したのは、結局のところ旧ソヴィエト連邦の研究機関に限られ、アメリカの研究機関ではこれが発見できなかったのだ。一九八〇年代を通じておおむねこの状況は変わらず、いまでは他の研究機関でもソ連と同じ結果を出すことはできたものの、この問題はまだ未解決のままである[40]。

ニュートリノがさまざまな特性を示したのは、少なくとも部分的には、それをさがし求めていた物理学者の期待や、彼らの文化的先入観のせいだ、ということがありえるだろうか。もしそうだとしたら、これは興味深い問題を提起することになる。もし物理学者が、素粒子を発見するのでなく創造しているのだすれば、たとえば電子のような素粒子は、なぜ誰が観察しようとも変わらない安定した性状をもっているように見えるのか？　言いかえれば、電子の知識が何もない物理学専攻の学生が、なぜベテランの物理学者と同じ特性を発見できるのだろうか？

その答えとしてひとつ考えられるのは、世界に関する私たちの知覚は、必ずしもすべて五感を通して受けとる情報のみに頼っているとは限らないということである。あまりにも常識からかけ離れたように聞こえるかもしれないが、この考え方は充分な根拠をもってその正当性を論ずることも可能である。さらに詳しく説明する前に、私自身が一九七〇年代半ばにこの目で見たある出来事を紹介したい。ある日私の父が、数人の友達を家に招き、余興にプロの催眠術師を雇ったのだが、その席に私も招かれていた。みんながどれだけ催眠術にかかりやすいかを判断したのち、催眠術師はトムという名の父の友人を被験者に選んだ。トムがこの催眠術師に会うのはこの日がはじめてだった。

トムはやはりきわめて催眠術にかかりやすいたちで、一瞬のうちに催眠術師は彼を深いトランス状態へといざなった。そして舞台の上で観客を前にしてよく行なわれるようなさまざまな悪戯を披露したのである。まずはトムに部屋の中にキリンがいると信じこませ、驚きで息を詰まらせたり、ジャガイモをリンゴだと思わせて本気でそれを食べさせたりもした。だが、なんといってもその夜のハイライトは、トランス状態から覚めたら、彼のティーンエイジャーの娘ローラの姿がまったく見えなくなっていると催眠術師がトムに告げたときだった。そして、ローラをトムが座っている椅子の目の前に立たせ、トムの目を覚まし、彼女が見えるかどうかたずねたのである。

トムは部屋をぐるりと見回したが、彼の視線はクスクスと笑っている自分の娘を素通りしてしまっているかのように見えた。「いいえ」と彼は答えた。催眠術師はあらためて本当に見えないのかと念を押したが、ローラの笑い声がますます高くなっていたにもかかわらず、彼は見えないと答えたのである。そしてつぎに催眠術師は、自分の姿がトムに見えなくなるようにローラの後ろにまわり、ポケットからある物を取り出した。彼はこれを部屋の誰にも見えないように注意深く隠して、ローラの背中の上のほうに押しつけた。そしてトムにこれが何だか当てるように言ったのである。トムは体を乗りだし、あたかもローラの体を見通すかのようにじっと見つめると、それは時計だと言った。催眠術師はうなずくと、今度は時計に刻み込んである文字が読めるかどうかたずねた。トムはなんとか文字を読み取ろうとしているかのように目を細めると、時計の持ち主の名前（部屋の中にいた人は誰もその名を知らなかった）とそこに彫られているメッセージを読み上げたのである。ここで催眠術師はその物を皆に見せたが、たしかにそれは時計であり、それを部屋にいた全員に回し、刻んである銘文をトムが正しく読んだことを確かめさせたのだった。

後で私はトムに聞いてみたのだが、自分の娘は絶対に見えていなかったと言っていた。目に映っていたのは、催眠術師が手のひらに時計を握って立っている姿だけだったのである。催眠術師が何も言わなければ、私たちの合意の産物である通常の現実を自分が知覚していなかったことなど知る由もなかっただろう。

トムが時計を知覚していたのは、明らかに五感を通して受けとった情報によってではない。はたしてその情報はどこから得ていたのであろうか。ひとつ考えられる説明は、誰か他の人の心、この場合は催眠術師の心からテレパシーで読みとっていたというものだ。催眠術をかけられた人間が、他の人の感覚に「入り込む」ことができることは他の研究者も報告している。イギリスの物理学者ウィリアム・バレット卿は、ある若い女性を使った一連の実験でこの現象が存在する証拠をつかんでいる。催眠術をかけた後で、バレットは彼女に対し、自分が味わうものは全部彼女にも味がわかると告げた。「彼女のうしろに立つと、私はまず塩をとって口に入れてみた。その瞬間、彼女は口から吐き出すようにして言った。『なんで塩なんか入れるのよ?』つぎに砂糖を試してみた。『ああ、これならいいわ』。どんな味がするかたずねると『甘い』と答えるのだった。続いて辛子、胡椒、生姜などを試した。私が何を口に入れても彼女はそれを当てることができたし、明らかにその風味を味わうこともできるようであった(41)」。

その著作『遠隔からの影響力の実験』で、旧ソヴィエトの生理学者レオニード・ワシリエフは、一九五〇年代にドイツで行なわれた研究でも似たような結果が得られたことをあげている。その研究では、催眠術にかかった被験者は、催眠術者が味わうものを味わえるだけでなく、後者の目の前で光が発せられると目ばたきはするし、アンモニアの臭気を嗅げばくしゃみをし、耳に押しつけた時計の音を聞きわけ、針を刺すとその痛みまで感じることができた。それもすべて、この女性の被験者が通常の感覚を通しての情報からヒントを得ることがないよう、しっかりと措置が施されてのことだったのである(42)。

他の人間の感覚に入り込むことができるという能力は、催眠状態だけに限られているわけではない。いまではよく知られるようになった一連の実験で、カリフォルニア州はスタンフォード研究所の物理学者ハロルド・プトフとラッセル・ターグの二人は、テストの対象となった人間のほとんど全員が、いわゆる「遠隔視」能力、つまり遠方にいる被験者が見ているものが自分でも見える力をそなえていることを発見した。二人は、次から次にテストする人間が、ただリラックスして頭の中に浮かんでくるイメージを説明するだけでこの遠隔視ができることがわかったのである。[43] プトフとターグの研究と同じ結果は、世界中の数十にわたる研究機関でも得られているが、これはおそらく遠隔視が広く私たち全員に潜在している能力であることを示している。

プトフとターグの研究結果はプリンストン変異現象研究所でも実証されている。ある研究では、ジャーン自身が受け手となり、自分は訪れた経験のないパリにいる同僚が見ているものを知覚しようと試みた。にぎやかな通りが見えたほか、鎧をつけた騎士のイメージがジャーンの心に浮かんできた。のちにわかったことだが、送り手はある政府機関の建物の前に立っていて、その建物は歴史上の軍人の彫像で飾りつけられており、その内のひとつが鎧をつけた騎士だったのである。[44]

どうも私たちは、また別なかたちで互いに結びついているようだが、これはホログラフィック・ユニヴァースではそれほど不思議なことではない。そればかりか、こうした結びつきは、私たちが意識の上では気づいていないときでも表われているのである。いくつかの研究によって、ひとつの部屋にいる人間に電気ショックを与えると、別の部屋にいる人間につながれたポリグラフ(うそ発見器)の針が振れることが実証されている。[45] 被験者の目の前で光を点滅させると、別の部屋に隔離された人間に接続されたEEG(脳波計)に変化が記録され、[46] そして別の部屋にいる「送り手」が、知らない人の名前のリストの中に知人の名前を見つけると、被験者の指の血液の流量(自律神経系の働きを示す高感度機器、プレチスモグラフによる計測)までもが変化するのである。[47]

私たちの間に深い結合性が存在し、トムの例が示すような、この結合性を通して受けとった情報から確固たる現実と断言できるものを構築する能力が私たちにあるとすると、もし二人以上の人間が催眠術を受け、空想の中で同じ現実を構築しようとしたらどうなるであろうか。この興味をそそられる問題は、カリフォルニア大学デイヴィス校の心理学教授チャールズ・タートの手で行なわれた実験によってその答えが出されている。タートは、催眠術者として高い技能をもち、深いトランス状態にもすぐ入れるという、アンとビルという名の二人の大学院生を見つけた。彼はまず、アンに頼んでビルに催眠術をかけてもらい、こんどは反対にビルにアンを催眠術にかけさせた。タートがこうしたのは、もともと催眠術者と被験者との間に存在する強力な親近感が、この変則的な手順を踏むことでさらに強化されると考えたからであった。

彼の考えは正しかった。二人がこの相互催眠状態で目を開けると、最初はまわりがすべて灰色に見えた。しかし、この灰色の状態は、すぐにあざやかな色彩と輝く光に変わり、しばらくすると、二人はこの世のものとは思えないほど美しい浜辺に立っていたのである。砂はダイヤのようにきらきらと輝き、海は巨大な泡であふれかえってまるでシャンペンのように光り、海岸線には、内側から光を放つクリスタル状の半透明の岩がそこここに点在していた。タートはアンとビルが見ていたものを見ることができたわけではなかったが、二人の話している様子を聞きながら、二人が同じ幻覚現実を体験していることがすぐにわかった。

もちろん、アンとビルにもそのことはただちに明らかになり、二人はこの新世界を探検しに出かけ、海で泳いだり、クリスタル状の岩を調べてみたりした。タートにとっては残念なことに、二人は言葉を交わすのをやめてしまった。というか、少なくともタートの観点から見れば話すのをやめてしまった、と言うべきだろう。この沈黙についてきかれると、一緒に体験しているこの夢世界では、自分たちは話を交わしているのだ、と二人は答えた。これは、二人の間で交わされるなんらかの超常的なコミュニケーションが関わっている現象だとタートは感じた。

毎回毎回、アンとビルはさまざまな現実の構築を続け、その全部が全部通常の目覚めた状態で体験する現実とまったく変わらぬくらいリアルで、五感を通じて体験でき、空間的な存在をもつものであった。それどころかタートは、私たちのほとんどがこの程度で我慢しなければならないような、影が薄く輝きのない日常の現実に比べ、アンとビルが訪れたさまざまな世界のほうがはるかにリアルであるとの結論を下すに至った。彼はこう述べている。「(催眠状態の下で)彼らはしばらくの間、自分たちが共有した体験を話し合っていたが、詳細にわたって語ったにもかかわらず、録音テープには何も音声が入っていなかった。二人はこのことから、自分たちはこの世ならぬ世界に実際に入り込んでいたにちがいないと感じたのである[48]」。

アンとビルの「海辺の世界」は、ホログラフィックな現実の完璧な例と言える。相互結合の中から紡ぎ出される三次元構造の現実——それは意識の流れによって維持され、そして究極的にはそれを創出した思考プロセスと変わらぬくらい変幻自在なのだ。この変幻自在性をはっきり示す特徴もあった。この現実は確かに立体構造ではあったが、その空間は日常の現実のものより柔軟で、アンとビルも説明する言葉に窮する類のしなやかさをときとして見せることがあった。さらに奇妙なことに、二人で共有する外界を造り出す分には、アンとビルはすばらしい技量を発揮したものの、自分自身の身体を造り出すのを忘れてしまうということが頻繁に起き、ふわふわ浮かぶ顔や頭として存在していることのほうが多かったという。ビルが手をつなごうと言ったときのことを、アンはこう語っている。「なんと言えばいいのかしら、手を想い描いて出さなくてならなかったの[49]」。

この相互催眠の実験はどんなかたちで終了したのであろう。悲しいことに、これらのすばらしいヴィジョンがある意味ではリアルであり、ひょっとすると日常の現実よりももっとリアルであるかもしれないとの考えは、アンとビルの両方を恐怖に陥れ、二人とも自分たちのしていることにだんだん不安を覚えるようになっていった。結局二人はこの探究をやめ、ビルに至っては催眠術からも完全に手を切ってしまったのである。

アンとビルのこの共通の現実体験を可能にした、五感を超越するレベルの相互結合性は、二人の間で起きた一種のフィールド効果、いわば「リアリティ・フィールド」とよべるものと見ることもできる。父の家に来た催眠術師が、もしそこにいた全員を催眠状態にしたとしたら、いったいどんなことが起きていたであろうか。いまあげたような証拠材料を前にしては、そこにいた人たちの関係が充分に親密だったなら、ローラはまちがいなく誰の目にも見えなくなっていたと考えるのが当然の帰結である。全員で集合的にあの時計のリアリティ・フィールドを構築し、その銘文を読みとり、自分たちが知覚しているものが完璧な現実であると確信していたことであろう。

もし意識が素粒子の創造に一役買っているとするなら、私たちが素粒子の世界を観察する際に見えるものも、ある種のリアリティ・フィールドだということはありえるだろうか。ジャーンがパリにいる友人の感覚を通して鎧の騎士を知覚できるとするなら、世界中の物理学者もこれまた無意識のレベルで互いに結びついていて、タートの被験者が用いたのと同じような相互催眠の一種を用い、電子を観察するといつも現われてくるあの同一の特徴を創り上げていると見るのは、はたしてそれほど現実離れした考えだろうか。この可能性の正しさを立証してくれるかもしれないのが、催眠術がもついまひとつの変わった特徴である。他の変性意識状態と異なり、催眠状態は通常と異なる脳波のパターンと関連しているわけではない。生理学的に見ると、催眠時の意識状態に最も近いのは日常的意識なのだ。はたしてこれは、通常の目覚めた意識状態自体も一種の催眠状態であり、私たちは常にさまざまなリアリティ・フィールドに入り込んでいることを意味しているのだろうか。

ノーベル賞受賞者であるジョセフソンは、そのようなことが実際に起きている可能性があると示唆している。グローバスと同様、彼はカスタネダの作品を真剣にとらえており、それを量子物理学に関連づける試みをしてきた。彼が提唱する考えは、客観的現実が人類全体の集合的記憶から生み出されるものであるのに対して、カスタネダの体験のような通常の次元とは異なる出来事は、個人の意思が投影され具現化したというものである。[50]

リアリティ・フィールドの構築に参画しているのは、人間の意識だけではないかもしれない。遠隔視の実験では、そこに観察している人間がいなくても、離れた場所の描写ができることが立証されている。[51]同様に、何が入っているか見えない多数の箱の中から無作為にさらにいくつかを選び、中の物がまったくわからないようにした箱の中身を被験者が言い当てることもできる。[52]これは、私たちに可能なのは、ただ単に他の人の感覚に入り込むだけではないということを意味している。私たちには、現実そのものに入り込んで情報を得ることができるのである。最初はかなり異様に響くかもしれないが、ホログラフィック・ユニヴァースでは意識がすべてに浸透しており、「意味」が精神的、物理的両方の世界で積極的に作用する存在であることを思い起こせば、この見方もそれほどおかしなものではないはずだ。

ボームは、いたるところに存在するという、この「意味」の性格が、テレパシーと遠隔視の両方を説明できる可能性があると考えている。彼は、どちらも実はちがった形のサイコキネシスではないかというのだ。念力が精神から物体への「意味の共鳴」であるのと同様に、テレパシーはひとつの精神からもうひとつの精神に対して表わされた意味の共鳴として見ることができる、とボームは言う。これと同じように、遠隔視は、物体から精神に対して表現された意味の共鳴になる。「『複数の意味』の間で調和がとれる、あるいは共鳴現象が起きる状態が発生すると、この作用は相方向に働くようになり、結果として、離れた場所にあるシステムのもつ『複数の意味』が、別のところにいる観察者の内部に一種の逆念力現象を起こし、それが実質的にはそのシステムのイメージを観察者に伝えることになるのである」[53]。

ジャーンとダンも同じような見解をもっている。ある意識がそのまわりの環境と相互作用をしたときにはじめて現実が確立されるというのが彼らの考えではあるが、意識をどう定義するかに関してはきわめて視野の広い考えをもっている。二人の見方によれば、情報を生み出し、受けとり、活用することができれば、それはすべて意識とよばれる資格がある。したがって、動物、ウイルス、DNA、機械（人工知能をもつもの、もたないものも含む）、それに無機的物質とよばれるものもすべて、この現実の創造に参画するための前提条件を満たしている可能性があることになる[54]。

もしそのような主張が正しく、私たちが他の人間の心からだけではなく、現実という生きたホログラムそのものからも情報を得ることができるのだとすれば、サイコメトリー（霊視鑑定）、つまり、ある物に触れるだけでその過去の履歴を言い当ててしまう能力も説明がつくことになる。そのような物体は無機的なのではなく、独自の意識でみなぎっているということだ。それは宇宙と切り離されて存在する「物体」ではなく、あらゆるものの間にある相互結合性の一部なのである。過去にそれと接触したすべての人々と、これまでその存在と関わりをもったすべての動物や物の中にあった意識と、内在秩序を通じてそれ自体の過去と、そしていま、それを手にしているサイコメトリストの心とも結びつけられているのである。

無から有を生ずる

はたして物理学者たちは素粒子の創造になんらかの役割を演じているのであろうか。現在のところこの謎は未解決のままだが、どうもそうらしいことを暗示しているのは、私たちの中に、互いに結びつき合い、通常目覚めているときと変わらぬほどの実感がある現実を生み出していく能力がそなわっている、という点だけにとどまらない。奇跡現象の証拠の数々は、私たちがこの領域でもつ才能にかろうじて探りを入れはじめた程度でしかないことを示している。ガーナーが報告するつぎの奇跡的治癒のケースを考えてほしい。一九八二年、パキスタン在住のルース・コギンというイギリス人の医師のところに、カムロという名の三五才のパキスタン人女性がやってきた。カムロは妊娠八カ月で、妊娠中の相当の期間、出血と断続的な腹痛に悩まされていた。コギンはただちに入院することをすすめたが、カムロはこれを拒んだ。だが二日後には出血があまりにひどくなったため、救急患者として入院することとなった。

コギンの診察で、カムロの出血が「きわめて多量」だったことが明らかになり、彼女の足と腹部にはむくみの症状が見られた。つぎの日、カムロに「ふたたび多量の出血」があり、コギンは帝王切開手術をすることを余儀なくされる。コギンが子宮にメスを入れると、ただちにまたしても多量の色濃い血があふれ出し、この出血がどうしても止まらなかったことから、カムロの血液にはもはや凝固する力がほとんどないことが明白となった。コギンが健康な女児を取り上げるまでには、「凝固しない血液が深い血だまりとなって」彼女のベッドを浸し、手術の開口部からもまだ出血が続いた。コギンは約九五〇CCの血液をなんとか入手し、深刻な貧血状態にあるカムロに輸血したものの、それだけでは失われた大量の血液を補えるものではなかった。万策尽きたコギンは、祈りに頼ることにした。彼女はこう記している。「イエス様は偉大な治癒者であり、手術に先立ってそのイエス様に祈りを捧げたのだと彼女に説明した後、私たちはともに祈りを捧げた。そして、心配することはないと彼女に伝え、以前にもイエス様に祈ってこれと同じ病気が治ったのを目にしたことがあるし、必ずや彼女も治してくれることはまちがいないと話した[55]」。

そして二人は待った。

その後数時間の間、彼女の出血は続いたが、全体の症状は悪化せず、それどころか逆に安定してきたのである。その夜、コギンはカムロとともに再び祈りを捧げた。「勢いのある出血」は収まらずに続いていたが、血液が失われているにもかかわらず、その影響はないようだった。手術後四八時間たって、彼女の血液はやっと凝固しはじめ、足早に回復が始まった。一〇日後、彼女は赤ちゃんとともに退院して帰宅することができた。

コギンにはカムロの出血量が実際にどれほどだったかわかっていたわけではないが、手術中とその後起きた多量の出血で、この若い母親が自分の全血液量を越える血を失ったことはまちがいない、としている。このケースの資料を調べたガーナーもこれに同意した。だが、この結論が抱える問題は、そのような厖大な量の出血を補えるほどのスピードで血液を造り出すことは人間には不可能であるという点だ。もしこれが可能なら、出血多量で亡くなる人の数ももっと少なくてすむはずである。すると、カムロの新しい血液は無の状態から物質化してきた、という動揺をさそうような結論しか残らない。

人間の平均的全血液量を補充するのに要する五〇〇〇〜六〇〇〇CCの血液を物質化させることに比べれば、極小の粒子のひとつやふたつを創造する能力など、まったく影の薄いものになってしまう。また、私たちが無から創造できるのは血液にとどまらない。一九七四年の六月、インドネシアの東端にある小さな島チモール・チムールで、ワトソンがこれに劣らず不可思議な物質化の例に遭遇している。彼の当初の目的は、いつでも雨を降らせることができるとされるマタン・ドック（一種の奇跡を行なう人）に会うためだったが、近くの村のある家で異様に元気なブアン（悪霊のひとつ）が怒り狂って大暴れしているとの話が伝わってきたため、そちらのほうに興味をひかれてしまうことになった。

その家に住む家族は、夫婦と小さな男の子が二人、そして夫の腹違いの妹で、アリンという名の未婚の女性だった。夫婦と二人の少年は、膚の色も濃く、カールした髪をもつ典型的なインドネシア人の顔立ちだったが、アリンはその容姿がかなり異なっており、肌の色もずっと白く、どちらかというと中国系に近いような顔立ちをしていて、これが彼女がそれまで結婚できずにいた理由のように見受けられた。家族からも無関心に扱われており、彼女がこの心霊的現象の源であることはワトソンの目にも明らかだった。

その日の夕刻、この家族の草葺き屋根の家で食事をともにしながら、ワトソンは驚くべき現象をいくつか目撃することになる。最初は、何の前触れもなく、八才になる男の子が突如として悲鳴を上げ、手にしていたカップを床に落とした。そして手の甲からわけもなく血を流しはじめたのである。少年の隣にすわっていたワトソンが手を調べてみると、そこには半円形の生々しい傷があり、それは人間が嚙みついた跡のようになっていたが、少年の口よりは直径が大きかった。いつも家族からはずれて独りでいたアリンは、この時も少年の向かい側にあった台所で火に向かって忙しそうにしていた。

ワトソンが傷を診ていると、こんどはランプの炎が青くなり、突然大きく燃えあがったかと思うと、その突如として明るくなった光の中で、食べ物の上に塩の雨が降り注ぎはじめ、食べ物の表面が真っ白くなってとても食べられない状態になるまで降りつづいた。「それは突然どさっと降ってきたわけではなく、ゆっくりとした動きだったので、私も顔を上げ、ちょうど目のあたり、テーブルの上の約一メートルくらいの空間からそれが始まっているように見えたのを確かめることができた」とワトソンは語っている。

ワトソンはすぐさま立ち上がったが、ショーはまだ終わりというわけではなかった。突然、テーブルのところから何かを叩くような音が聞こえはじめ、そしてテーブルもガタガタと動きはじめた。家族も全員立ち上がったが、目の前でテーブルが「まるで野生の動物が入った箱のふたのように」しばらく跳びはねると、最後は横倒しになってしまった。ワトソンの最初の反応は家族とともに外に走って逃げることだったが、気をとりなおすと家の中に戻り、いたずらめいたこの出来事を説明してくれるかもしれない証拠を部屋の中で捜してみた。しかし何も見つからなかった[56]。

このインドネシアの小さな小屋での出来事は、典型的なポルターガイスト現象、つまり、幽霊や霊魂の出現ではなく、不可思議な音や念力現象に代表される種類の心霊現象の例である。ポルターガイストが、場所よりは人(この場合にはアリン)のまわりで起きることが多いことから、超心理学者の多くは、ある人間のもつ無意識レベルの念力能力が周囲にこの現象を生じさせていると考えている。物質化現象もまた、ポルターガイスト研究の歴史においてずいぶん昔から記録されてきており、おもしろい話も多い。このテーマの古典ともいえる著作『ポルターガイスト現象は説明できるか』の中で、ケンブリッジのトリニティ・カレッジ研究員で、数学の講師でもあるA・R・G・オーウェンは、紀元五三〇年から現代に至るまでのポルターガイストのケースで、何もないところから物が現われる物質化現象の例を数多くあげている[57]。だが物質化の事例の数では、塩ではなく小石が最も多い。

前書きの中で私は、この本で述べていく超常現象の多くは私自身にも直接体験があり、それもいくつか披露していきたいと書いた。そろそろ私も告白すべきときだろう。ワトソンがインドネシアの小さな小屋で突如として起きた念力の数々を目撃したときの気持ちは、私にもよくわかるのだ。というのも、私が子供の頃、家族が新しく引っ越した家（両親が自分たちで建てた新築の家）が、ポルターガイストの舞台となったからである。この家で起きていたポルターガイストは、私が大学に行くために家を離れたときも私についてまわり、その現象がどう見ても明らかに私の気分に結びついていたことから（私が怒っていたり落ち込んでいたりするときにはその現われ方も悪意に満ちており、明るい気分になると、気まぐれで茶目っ気のある現象が起きる）、私自身も、ポルターガイストというものは、まわりでその現象が最も頻繁に起きている人間の無意識レベルの念力能力の現われであるという考えをいつも受けいれてきた。

私の感情とのこの結びつきは頻繁に目にすることができた。気分がいいときには、朝目覚めると靴下が全部、部屋にある観葉植物の葉の上にぶらさがっていたりする。暗い気持ちに襲われているときは、小さな物が部屋の中を飛んだり、ときとして物を壊したりするようなかたちでポルターガイストが現われる。私自身も、そして家族も友人も、かなり広範囲にわたる念力現象を目にしてきている。母によれば、私がまだよちよち歩きの幼児だった頃から、食卓の真ん中にあった鍋やフライパンがわけもなく飛んできて床に落ちる現象がすでに始まっていたらしい。これらの体験については、拙著『量子を超えて』の中で一部紹介したものもある。

私は軽い気持ちでこの告白をするわけではない。ほとんどの人々の体験と比べて、こういった出来事がいかに常識とかけ離れているかもわかっているし、一部では懐疑的な見方をされるであろうことも充分理解している。にもかかわらず、この話をしなければと私が感じるのは、このような現象を理解しようとすることはきわめて重要であり、「臭いものにはフタ」式に目をそむけているだけではいけないと考えるからなのだ。

ここまで語ることができても、私自身の経験したポルターガイストがときには物質化現象を伴っていたと認めるにはやはりまだ勇気がいる。この物質化現象は私が六歳のときに始まったのだが、夜中に砂利の雨を屋根に降らせるというものだった。その後、磨かれた小さな石、そしてよく砂浜に打ち上げられているような角が丸く落ちたガラスの破片の雨が、家の中にいる私に浴びせかけられるようになった。ごくたまにではあったが、硬貨、ネックレス、その他もろもろの小物が物質化してくることもあった。残念なことに、たいていの場合、私が目にするのは物質化現象そのものではなく、その結果だけである。たとえば、ある日ニューヨークのアパートで昼寝をしていると、胸の上にスパゲティが（ソースは無しで）ばさっと落ちてきたことがあった。そのとき部屋にいたのは私ひとりで、他には誰もいないし、窓もドアも開いておらず、誰かがスパゲティの麺をゆでる、あるいは私にスパゲティを投げつけるために部屋に入ってきたという形跡もなかったことから、理由は不明だが、空気中から現われて私の胸に落ちてきた冷たいスパゲティについては、どこかで物質化したものと考えざるをえない。

しかし、物が物質化して現われてくるのを実際に見たことも何度かあった。たとえば、一九七六年のことだが、私が書斎で仕事をしているとき、ふっと見上げると、天井の一〇センチほど下の空間に茶色の物体が突如として現われるのが見えた。ぽっと出現するとただちにそれは鋭い角度で方向を変え、私の足もとに落ちた。拾ってみると、それはもとはビールの瓶に使われていたような茶色のガラスの破片の漂流物だった。何秒間も続くような塩の雨ほど壮大なものでこそなかったが、この出来事は、そのようなことが起こりうることだけは教えてくれた。

現代で最も有名な物質化の例は、おそらくサティヤ・サイ・ババによるものであろう。サイ・ババはインド南部のアーンドラ・プラデーシュ州のはずれに住む六四歳の聖者である。多数の目撃者の話によると、サイ・ババが生み出せるものは、塩や数個の石ころどころの話ではない。ペンダントや指輪や宝石を空中からつまみとるように生み出してしまい、これを土産として人にあげるという。また、インドの珍しい食べ物や甘い菓子も数限りなく物質化させ、手からは大量のヴィブーティ（聖灰）を生み出してしまうのだ。これは文字どおり何千人という人たちが目にしており、その中には科学者や魔術師もいるが、奇術の類を行なった形跡はまったくないという。その証人のひとりが、アイスランド大学の心理学者、エレンデュール・ハラルドソンだ。

ハラルドソンはサイ・ババの研究を一〇年以上にわたって続け、その研究結果を近著『現代の奇蹟——サイ・ババにまつわる超能力現象に関する調査報告』の中で発表している。ハラルドソンは、サイ・ババの生み出す物が、人の目を欺く手品の類ではないという決定的な証明はできないと認めているものの、何か超常的なことが起きていることを強く示唆する大量の証拠を提示している。

まず、サイ・ババが人に頼まれた特定の物を生み出すことができるという事実がある。ある日ハラルドソンが、精神、倫理の問題についてサイ・ババと会話を交わしていたときのことだったが、サイ・ババは、毎日の生活と精神生活は「双子のルドラクシャのように一緒に成長して」いかなければならないと語った。ハラルドソンが双子のルドラクシャとは何かとたずねると、サイ・ババも通訳もこの言葉の英語訳を知らなかった。サイ・ババは話を続けようとしたが、ハラルドソンはなおもこの意味を聞こうとした。「すると突然、ちょっといらついたように、サイ・ババは目を閉じて手を一、二秒動かした。そして、手を開きながら私のほうに向いてこう言った。『さあ、これです』。手のひらにはどんぐりのような物があった。これが双子のオレンジやリンゴのように一緒に成長した二つのルドラクシャだったのである」とハラルドソンは述べている。

ハラルドソンがこの双子の種を記念品として持っていたい意向を示すと、サイ・ババは承諾したが、まずそれをもう一度見たいと言った。「彼はルドラクシャを両手の間に包み込むと、それに息を吹きかけ、私のほうにそれをもってくると手を開いた。双子のルドラクシャはいつのまにか、間を短い金色の鎖で結ばれたふたつの金のカバーに包まれていた。上の部分には、小さなルビーが埋め込まれた金色の十字架があり、首にかけるための鎖が通せるよう、ごく小さな穴が開いていた」[58]。ハラルドソンは、この双子のルドラクシャが植物学的に見てもきわめてまれにしか起きない変異であることをのちに知った。彼が話を聞いた数人のインドの植物学者は、全員自分では見たことがないと語り、マドラスのある店で、変形してはいるものの、やっとその標本を見つけたとき、店主は三〇〇ドル相当に近い価格を要求したのであった。ロンドンの貴金属店では、装飾部分の金は少なくとも二二金の純度をもつことを確認してくれた。

このような贈り物はなにもめずらしいことではない。サイ・ババは、毎日彼のもとを訪れ、彼を聖者として奉る人々に対し、高価な指輪や宝石、金でできた物などを頻繁に与えている。また、厖大な量の食物も物質化させ、そのごちそうが彼の手から落ちてくるときはとても熱く、もらった人たちが持てないこともあるくらいだ。甘いシロップや香り高い精油を手から——そして足からも——湧き出させることもでき、それが終わったときも彼の皮膚にはそういうベタつく物質の形跡すら残っていないのである。サイ・ババはまた、かなり変わった物も生み出すことができる。たとえば、ヒンドゥーの神クリシュナの小さな完璧な像が彫り込まれた米粒、季節外れの果物（電気も冷蔵設備もないこの地での入手は不可能に近い）、外見はリンゴだが、皮をむくと中身は半分がリンゴで、あとの半分が何か他の果物であるようなものなどである。

これに劣らず驚異的なのは彼が生み出す聖灰だ。彼のもとを訪れた群集の中を歩いてまわるたび、これが驚くほどの量で彼の手からあふれ出てくる。サイ・ババはそれをあらゆるところに散らす。人々が差し出す入れ物へ、手のひらへ、頭の上へ、そして彼が歩いたあとにはそれが蛇行する線のように残されていく。アシュラムをひとまわりする間に、ドラム缶数本分もの量を生み出すこともある。ハラルドソンも、アメリカ心霊研究協会の研究部長カーリス・オーシス博士を伴なった訪問中に、この灰が物質化するプロセスを目撃している。ハラルドソンはそのときのことをこう報告している。「サイ・ババは手を下に向けて、円を描くように数回早いスピードでその手を回した。そうしている間、灰色の物質が彼の手のひらの真下の空間から現われてきたのである。私より少し近い位置に座っていたオーシス博士によると、まずこの物質はかたまり（手に触れた瞬間これがくずれる）として現われており、もし私たちにわからないような手品を使ってこれを出していたとしたら、もっと早い段階でくずれてしまっていたかもしれないと述べていた[59]」。

ハラルドソンはまた、サイ・ババの行為は集団催眠の結果ではないとも記している。なぜなら、サイ・ババは野外で行なわれるこのデモンストレーションを自由に撮影することを許しており、彼が行なうことはすべてフィルムの上にも再現されるからだ。同様に、生み出される物が稀少であり、特定の物を出せるという事実、食べ物の熱さ、それに生み出される物の厖大な量だけを見ても、なんらかのトリックである可能性は考えにくいように思われる。またハラルドソンは、サイ・ババがインチキをしているという信憑性ある証拠を示した者はまだ誰もいないことも指摘する。加えて、サイ・ババは十四歳のときからすでに半世紀にわたって物を生み出しつづけており、この事実だけをとってみても、物質化された物の量の厖大さを示すものであり、彼の名声の証しであると言える。はたしてサイ・ババは無から物を生み出しているのであろうか？　その判断はまだ下されていないが、ハラルドソンの立場は明確だ。彼は、サイ・ババの行為が「すべての人間のどこかに眠っている可能性がある大いなる力[60]」のことを私たちに思い起こさせてくれると考えているのだ。

物を物質化できる人間の話は、インドでは他にもある。インドの高名な聖者としては初めて西洋に住むことになったパラマハンサ・ヨガナンダ（一八九三—一九五二）はその著書『あるヨギの自叙伝』（森北出版、一九八三）で、やはり季節外れの果物や、金の板などを生み出せるヒンドゥー教行者の何人かに出会ったときのことを述べている。興味深いことに、ヨガナンダは、そのような力《シッディ》は必ずしもそれをもつ人が霊的、精神的に進んでいる証拠とはかぎらないと注意を促している。「世界とは具体化された夢以外のなにものでもない」とヨガナンダは語る。「強靭な精神が強く信じることは、ただちに実現する[61]」。このような人たちは、虚空のどの一立方センチをとってもあふれているとボームが言う宇宙エネルギーを、ほんの少しといえども手に入れる方法を発見したのであろうか。

サイ・ババの行為に関してハラルドソンが提示した確証よりも、さらに確実な検証が行なわれた驚くべき一連の物質化現象が、テレーゼ・ノイマンの手によって為されている。聖痕に加え、ノイマンは「不食生」（inedia）、つまり食物なしで生きるという超常能力を示したのだ。彼女の不食生は、一九二三年、彼女がある若い僧侶の喉の病を自分の身体に「移した」ときに始まり、その後の数年間、彼女は水分を摂取するだけで生きたのだった。そして一九二七年、彼女は食べ物と水のどちらも摂取するのをやめてしまう。

ローゲンブルグの地区司祭がノイマンの断食のことを耳にしたとき、これを調査するため彼女の家に調査団を派遣した。そして一九二七年七月一四日から二九日までの間、サイドルという名の医師の監督のもと、フランシスコ派の尼僧看護婦四人が、彼女の一挙一動を監視したのである。尼僧たちは昼夜を問わず彼女を見守り、体を洗ったり口をすすいだりするための水は注意深くその量と重さが計測された。そして尼僧たちは、ノイマンについて尋常でないことをいくつか発見した。彼女はトイレにいかなかった（六週間の期間中、彼女の便通は一度しかなく、ライスマンスという医師がこの排泄物を調べたところ、少量の粘膜物質と胆汁しか検出されず、食物の形跡はなかった）。平均的人間であれば吐く息を通して一日約四〇〇グラム、毛穴からもほぼ同量の水分を体外に排出しているものだが、彼女は脱水症状をまったく示さなかった。また、体重も一定のままで、毎週彼女の聖痕の傷が開くと（血液流出のために）四キロ以上体重が減りはしたものの、一日二日のうちにそれも通常に戻ってしまうのであった。

この調査が完了する頃には、サイドル医師も尼僧たちも、十四日間の全期間を通じ、ノイマンが一滴の水も飲まず、何も食べてもいないとの完璧な確信をもった。この検証は決定的であろう。というのも人間の身体は食物がなくても二週間を生きることはできるが、水なしではその半分も生き続けることは不可能だからである。それればかりか、この程度のことはノイマンにとってわけないことだったのだ——彼女はそれから先の三五年間、何も飲まず、何も食べることもなかったのである。どうも彼女は、自分の聖痕の発現をずっと繰り返すために必要な血液を物質化させていただけではなく、生存し健康を保つのに必要な水と栄養素をも定期的に物質化させていたようである。不食生はノイマン独自の現象というわけでもない。『神秘主義における物理現象』の中で、サーストンは、何年ものあいだ水も食物もなしに過ごした聖痕発現者の例をいくつかあげている。

物質化現象は、私たちが思っている以上によくあることなのかもしれない。奇跡に関する文献は、歴史的、宗教的ないわれがある彫像、絵画、聖像や、岩までもが血を流す、といった信憑性ある話であふれかえっている。涙を流す聖母やその他の聖像の話も何十とある。一九五三年には、「泣く聖母」現象ともよべるものがイタリア全土を席巻した[62]。そしてインドでは、サイ・ババの信奉者たちが、彼の写真が奇跡的に聖灰を生み出しているのをハラルドソンに見せている。

現実全体を根こそぎ変えてしまう

ある意味で、物質化現象は、現実に関して私たちがもっている常識的な見方を最も激しくゆさぶるものだと言える。というのも、念力のような現象までなら現在の私たちの世界観の中になんとか取り込めないことはないものの、何もない空間から物体を創造するとなると、世界観の基盤そのものをゆるがすことになるからだ。ところが、精神ができることはそれだけにとどまらないのである。これまで見てきたものは、奇跡といっても現実の「一部分」に関わっているにすぎない。たとえば、念力を使って物をあちこち移動させる（物理的法則）、火に対する耐性をもつ、物質化させる（血液、塩、石、宝石、灰、栄養素、涙）などである。しかし、もし現実が切れ目ない全体性であるとするなら、なぜ奇跡は現実の一部分にしか関わっていないように見えるのだろうか？

奇跡が精神のもつ潜在能力を示す例であるなら、この問に対する答は、当然つぎのようなものになる。すなわち、私たちは世界を部分に分けて見るように深いレベルでプログラムされているから、ということだ。これはつまり、もしそのようなプログラムがそれほど強くなく、世界をちがった見方で見ることが可能ならば、奇跡もまたちがったものになるということを意味している。そうなると、現実の一部分が変容するような奇跡の例よりも、現実全体が変容する例をもっと多く目にすることになるはずなのだ。

実はそういった例もいくつか存在してはいるが、それはまれであると同時に、現実に対する私たちの常識的な見方に、物質化現象よりもさらに深刻に挑戦してくるものなのである。

ワトソンがそのような例を提示している。インドネシア滞在中に、彼はこの種の力をもつもうひとりの若い女性に出会っている。その女性の名前はティアといったが、前述のアリンとは異なり、彼女の力は無意識レベルのサイキックな才能の表われではないようであった。それは意識的にコントロールされており、ほとんどの人の内部に眠っている「力」に、ティアが生まれつきのつながりをもっていたことから発しているものだった。ティアは、ひとことで言うなら、完成途上のシャーマンだったのだ。ワトソンは彼女のこの特異な能力を何回か目のあたりにした。奇跡的治癒を行なうのを目撃もしたし、一度は、その地方のイスラム教の指導者との覇権争いの過程で、彼女が自分の精神の力を使ってモスクの尖塔を発火させるところさえ目にしている。

しかし、ティアの最も凄まじい力を見せつけられたのは、ケナリの林の木陰で、彼女がひとりの少女に話しかけているところに偶然出くわしたときのことだった。遠くから見ていても、ティアのしぐさから、彼女がなにか大事なことをこの子供に伝えようとしていることがワトソンにもわかった。ふたりの会話は聞こえなかったが、ティアがいらついている様子だったことから、これがうまく伝わっていないことが見てとれた。やっと何か思いついたらしく、彼女は不気味な踊りを始めた。

ワトソンは、彼女が木に向かって手をさしのべるのを我を忘れてじっと見つめていた。ほとんど動きらしい動きをしていないように見えたが、その微妙なしぐさにはなにか催眠的なものがあった。それから彼女は、ワトソンに強烈な衝撃を与え、狼狽させることをしたのである。彼女は、その林を一瞬のうちに全部消滅させてしまったのだ。ワトソンが述べているように、「ある瞬間ティアはケナリの林の木陰で踊っていたのに、つぎの瞬間、彼女は目を刺すような明るい陽射しの中にひとり立っていたのである」[63]。

数秒ののち、彼女はふたたび林を出現させた。少女が跳びあがって木々に手を触れながら走りまわっていた様子から、ワトソンはこの子も同じ体験をしていたことはまちがいないと思った。だが、ティアの魔術はまだ終わったわけではなかった。こんどは、この林を数回にわたり消したり出現させたりしてしまったのである。ティアは少女とふたりでくすくす笑いながら、手に手をとって小躍りしてこの神秘を楽しんでいた。ワトソンはただその場を静かに去っていったが、頭の中はぐるぐると回っていた。

一九七五年、ミシガン州立大学の四年生だったとき、私もこれと同様の、現実観を根底からゆるがすような深遠な体験をしたことがある。そのとき私は、ある教授とレストランで夕食をともにしながら、カルロス・カスタネダのさまざまな体験の哲学的な意味について語り合っていた。特に話題になっていたのは、『呪術師に成る』（二見書房、一九七四）の中でカスタネダが述べているある出来事だった。ドン・ファンとカスタネダは、ある精霊を探し求め、夜の砂漠を行くのだが、そこでふたりは仔牛のような外見でありながら、狼の耳と鳥のくちばしをもった生き物に遭遇する。その生き物は体を丸め、断末魔の苦しみにあえいでいるかのような叫びをあげていた。

最初はカスタネダも恐怖に駆られるが、自分の目にしているものはとても現実ではありえないと自分自身に言い聞かせると、彼の視覚は変化し、この死にゆく精霊が、実は地上に落ちた木の枝が風に震えている姿であることを悟る。カスタネダは勝ち誇ったようにこの生き物の真の姿を指摘するのだが、いつものようにこの年老いたヤキ・インディアンのシャーマンはこれを頭ごなしにこきおろすのだった。カスタネダに対し彼はこう言った。この木の枝は、力に満ちていたときには実際に死にゆく精霊だったが、カスタネダがその存在に疑いをもった瞬間、それは木の枝に変容してしまったのだ、と。しかし、ドン・ファンはこのどちらも現実であることには変わりがないとも強調する。

教授との話の中で、私は二律背反的な現実がどちらも現実として存在できるというドンファンの主張にはどこか惹かれるものがあり、この考えによって多くの超常現象が説明できるような気がしてならないと言った。この話をしたすぐ後に私たちはレストランを出たのだが、晴れわたった夏の夜だったので、ちょっと散歩でもしようということになった。話を続けながら、私は前を歩いている数人のグループに気がついた。耳にしたことのない外国語で話していて、騒がしく声を上げていたので、かなり酔っているように見えた。また、そのなかの女性のひとりが緑色の傘をもっていたが、雲ひとつない夜空だったし、雨が降るとの予報も聞いていなかったので、なにか変な感じがした。

私たちはぶつからないように歩くペースを落としたのだが、そうしているうちに、突然この女性は手にした傘をぶんぶんと乱暴に振りまわしはじめた。傘は空中に巨大な円を描き、ぐるぐるまわるその先端は何度か私たちの鼻先をかすめそうになった。私たちは歩く速度をさらに落としたものの、このパフォーマンスは私たちの注意をひくためのものであることが明らかになってきた。そして、私たちの視線を自分の行為にしっかりと釘づけにしたことがわかると、彼女は両手でこの傘をもち、頭の上にかざすと、私たちの足もとに投げつけてきたのである。

いったいなぜそんなことをするのか不思議に思いながら、私たちはふたりともあっけにとられてその傘を見つめていたが、つぎの瞬間、目をみはるようなことが起きはじめた。この傘が、まるで消えかかっている提灯の炎のように「明滅する」としか言い表わしようのない状態になったのだ。そして、セロハンをくしゃくしゃにしたときに出るような、パリパリという音をたてながら、目を奪われるような色とりどりのまばゆい光を発すると、先端が曲がりだし、色が変化して、灰色がかった茶色のふしくれ立った棒きれにその姿を変身させてしまったのである。私はただ呆然として、しばらくは口も聞けなかった。教授のほうが先に口を開き、明らかにショックを受けた静かな声で、たしかこれは傘だと思ったのに、と言った。何か尋常でないものを見ましたかと聞くと、彼女はうなずいた。ふたりでそれぞれ何が起きたかを書きとめてみたが、内容はぴたりと一致していた。違いらしい違いと言えば、教授のほうは、傘が棒きれに変容したとき、「ジュージュー」という音がしたと書いていたことだが、これもセロハンをくしゃくしゃに丸めるときの音とそうひどく異なっているとは言えなかった。

奇跡と超常現象が意味するもの

この出来事は数多くの問題を提起しており、私にその答えがあるわけでもない。私たちの足もとに傘を投げた人たちがいったい何者なのか、彼らが立ち去って行く最中に起きていた不思議な変容のことを知っていたのかさえもわからないが、何か意図があるようなあの女性の異様なパフォーマンスは、彼らにまったく他意がなかったとは言いがたいことを示唆している。教授も私も、傘の不思議な変身に完璧に目を奪われてしまい、やっと落ち着きを取り戻して何かたずねようとしたときには、すでに彼女らの姿はどこかに消え去っていた。いったいなぜこのような出来事が起こったのかはわからないが、ただひとつ言えるのは、カスタネダの同様の体験を私たちが話し合っていたことと関係があるのは明らかだという点だけだろう。

私自身、自分がなぜこれほど多くの超常現象の体験に恵まれてきたのかわからないが、生まれつきサイキックな力が強かったことに関連しているようだということだけは確かだ。十代の頃に、私はやがて起きる出来事に関する詳細にわたるあざやかな夢をみるようになった。知る由もない人についていろいろと知っていたりすることもよくあった。十七歳のときには、生き物のまわりにあるエネルギー・フィールド、すなわち「オーラ」を見る力が自然に身につくようになり、今でも人々のまわりに見える霞のような光の輪の形と色合いによって、その人の健康状態を言い当てられることがよくある。それはそれとして、少なくとも私に言えるのは、私たちがそれぞれ異なった才能と資質に恵まれているということだ。どうも私は現実を変容させる引き金となり、超常現象を引き起こすのに必要な力を発生させる触媒となるような資質をもって生まれてきたようなのだ。宇宙についてさまざまなことを教えてくれたこの力に感謝しているが、なぜ自分にそれがあるのかはわからない。

少なくともわかっているのは、私が「傘事件」とよぶようになったこの出来事が、世界を根こそぎ変容させることにほかならなかったという点だ。この章では、現実の変容の度合いが大きくなるのを追っていくようなかたちでさまざまな奇跡を見てきた。念力は、何もない空間から物を取り出してしまう力よりは理解しやすく、物を出現させる物質化現象は、木立を全部消滅させてしまったり、物の姿かたちを一変させてしまうといった超常現象よりは、ほとんどの人にとってずっと受けいれやすいものであろう。こうした事例は、現実というものが真の意味でひとつのホログラムであり、構築されたものであるということを、ますます強く示唆しているのである。

問題はこういうことになるだろう。このホログラムは、はたしてボームが提唱するように、長時間にわたって比較的安定したもので、意識はそこにわずかに手を加えるだけなのか？　それとも、それは安定しているように見えるだけで、さまざまな奇跡現象の証拠が示しているように、特定の状況下では、ほとんど限りなくその形を変えることが可能なのだろうか？　ホログラフィックな考え方に共鳴する研究者の中には、後者の見方をとる者もある。たとえばグロフは、物質化現象や他の信じがたいような超常現象を事実として受けいれるばかりでなく、現実はまさに雲のようなもので構築されており、意識の精妙な力によってその形が変わると考えているのだ。「世界は私たちがそう知覚しているほど堅固なものではない」と彼は語っている。[64]

スタンフォード大学の物質科学部の学部長で、ホログラフィック理論を支持するひとりでもある物理学者のウィリアム・ティラーもこの考えに賛成だ。ティラーの考えでは、現実はちょうどテレビ番組の『スター・トレック——新しき世代へ』に登場する「ホロデック」のようなものである。ホロデックとは、中に入ると、緑豊かな森だろうと騒々しく人の行き交う都会だろうと、まさにどんな現実でもお望みどおり、ホログラフィックなシミュレーションとして呼び起こすことができる装置のことだ。思いどおりにそのシミュレーションに手を加えることも可能で、たとえばランプを出現させたり、不要なテーブルを消してしまったりすることもできる。ティラーは、宇宙もまた、すべての生き物が「ひとつの全体としてまとまる」ことにより創造された一種のホロデックであると考える。「さまざまな体験をする手段として私たちは宇宙を創出し、それを司る法則も創造した」と彼は論ずる。「そして、私たちが宇宙の理解の最前線に到達するときには、さまざまな法則を実際に変えてしまうことで、言わば物理学を創造しながら進んでいくことになるのである」。[65]

もしティラーの言うとおり宇宙が巨大なホロデックだとすれば、金の指輪を物質化させたり、ケナリの林を消したり出現させたりする能力ももはやそれほど異常なものではなくなる。傘事件でさえも、私たちが日常の現実とよぶひとつのホログラフィックなシミュレーションの中での一時的な逸脱と見ることができる。教授も私も自分にそのような力があるとは気づいていなかったが、カスタネダについて熱っぽく語るうちに、その感情的なエネルギーが私たちの無意識に働きかけ、まわりの現実というホログラムを、その瞬間にふたりが信じていたものをもっとよく反映させるような形に変容させてしまったのかもしれないのだ。ウルマンは、精神は私たちがふだんの状態では気づいていない事柄をいつも何か教えようとしていると主張しているが、そう考えるなら、私たちの無意識は、世界の真の本質をかいま見せるためにそのような奇跡を時折り生じさせ、私たちの創造したこの世界が、究極的には夢と同じように無限の創造性を秘めたものであることを目の当たりにさせるようプログラムされているとさえ考えられる。

現実はすべての生き物が統合されることによって創造されるという考えは、宇宙がさまざまな現実のフィールド（リアリティ・フィールド）から成り立っていると言うのと変わらない。もしこれが真実ならば、なぜ素粒子の中に、電子のように比較的固体性の強いものがある一方で、アノマロンのようにもっと柔軟性に富んでいるように見えるものがあるのかも説明がつく。私たちが現在は電子として知覚しているリアリティ・フィールドは、かなり前に宇宙ホログラムの一部となったものであり、ひょっとするとそれは人間がこの万物の統合体の一部となるずっと以前のことだったのかもしれない。だからこそ、電子はホログラムに深く刻み込まれており、他のもっと新しいリアリティ・フィールドに比べて、もはや人間の意識の影響をそれほど受けないということなのではないだろうか。同様に、アノマロンが研究所によって異なる性状を示すのは、まさにそれが比較的新しいリアリティ・フィールドだからであり、まだ初期的な形成段階で、言わば自分のアイデンティティを求めてまごついている状態にあるのかもしれない。ある意味でこのような新しいリアリティ・フィールドは、タートの研究で被験者たちが知覚した、内在秩序の中から出てきたばかりでまだ固まりきっていない、灰色の状態のシャンペン・ビーチと似ていると言える。

またこれは、アスピリンがなぜアメリカ人の間では心臓発作の予防になるのに、イギリス人にはその効果がないのかを説明してくれる可能性もある。この効果も比較的最近出てきたリアリティ・フィールドで、まだ形成途上にあるのかもしれない。血液を物質化させる能力でさえ比較的新しいリアリティ・フィールドであるという証拠もある。ロゴは、血液物質化の奇跡の記録が十四世紀のサン・ジェンナーロの奇跡から始まっている点を指摘している。血液物質化の奇跡がサン・ジェンナーロより以前に起きた例は知られていないという事実は、この能力がその時点で現われ、存在しはじめたことを示しているように思われる。いったんこのように確立されれば、他の人間もその可能性というリアリティ・フィールドに手を伸ばし、容易に活用することができるようになる。サン・ジェンナーロより後の時代には数多くの血液物質化の奇跡が起きているのに、それ以前にはまったくないという点もこれで説明することが可能だ。

もし本当に宇宙がホロデックであるとすれば、物理法則から星雲を構成する物質まで、一見安定して永続的と見えるものは、それぞれがひとつのリアリティ・フィールドであると見なければならなくなり、いわば、相互に共有された巨大な夢の舞台に登場する小道具とあまり変わらない、狐火のようなものにすぎないということになる。すべて永続性なるものは錯覚としてとらえられなければならず、意識だけが、この息づく宇宙の意識だけが永続的な存在となるのだ。

もちろん、もうひとつの可能性も考えられる。すなわち、傘事件のような変則的な出来事だけがリアリティ・フィールドなのであり、私たちが教えられ信じてきたように、世界全体はしっかりと安定していて、意識の影響など受けないという説だ。この仮説の問題点は、けっして証明することができないということである。なんでもいい、たとえば居間に紫色の象がのっしのっしと入ってきたとしよう。はたしてこれが現実がどうかを決定するための唯一のリトマス試験は、他の人にもそれが見えるかどうか確かめることである。だが、先にあげた変身する傘や消滅するケナリの林の例でわかるように、複数の人間がある特定の現実を創り上げることができるという可能性をいったん認めてしまうと、あらゆるものが意識によって創り出されているわけではないと証明する手段はもはや何も残されていないということになってしまう。結局、現実をどう見るかは人それぞれということになるのだ。

そしてこの考え方は人によって異なっている。ジャーンの場合、意識の相互作用によって創造された現実だけが存在すると考えるのを好む。「はたして、この世界に『この世界』なるものがあるのかどうかは抽象概念上の問題である。その抽象概念を実証する手立てがないのであれば、そのモデルをつくろうとしても得られるものはない」と彼は言う[66]。グローバスは、現実が意識によって構築されたものであるとの見方を積極的に受けいれてはいるものの、泡のごとき私たちの知覚とは別の世界があると考えたいようだ。「私は耳ざわりのいい理論にひかれる」と彼は語る。「耳ざわりのいい理論というのはなんらかの実在を前提としているものだ[67]」。しかし、彼はこれも自分の先入観念にすぎず、そのような仮定を証明する実験的手段もないことを認めている。

私自身に関して言うなら、自分の体験からドン・ファンのつぎの言葉が正しいと思う。「われわれはみな知覚者だ。われわれは意識なのだ。物体ではない。固体でもない。境界もないのだ。物と固体の世界は、この地球での一時を過ごしやすくする手段にすぎない。われわれ、というよりも、われわれの理性が、描写は描写でしかないことを忘れ、自分の全体性を悪循環の中に閉じ込めてしまうのだ。一生のうちに、そこから出られる人間もほとんどいない[68]」。

言い方を変えれば、すべての意識が統合されることによって創造される現実のほかには、あるいはそれを超えたところには、いかなる現実も存在しないということだ。そしてホログラフィック・ユニヴァースは、人間の心の力によって、ほとんど無限と言っていいほどありとあらゆる形に変容しうるのである。

そうだとすれば、物理法則や星雲の構成物質だけがリアリティ・フィールドということにはならない。この生において私たちの意識の棲み家である身体でさえも、実体のあるなしという意味ではアノマロンやシャンペン・ビーチと変わらないものと見なさなければならない。あるいは、ヴァージニア・インターモント・カレッジの心理学者で、やはりホログラフィック理論を支持しているキース・フロイドの言を借りるならこういうことになる。「誰もが当たり前の事実として知っていることとは裏腹に、脳が意識を生み出しているのではなく、意識のほうが表面上は脳と見えるものを創造しているのかもしれない。脳、物質、空間、時間、そのほか私たちが物理的宇宙と解釈したがるもののすべてについても同じことが言える[69]」。

これはとりわけ心穏やかではいられない考えである。というのも、身体が固体であり客観的実在であるという確信はあまりに強いため、自分自身も狐火のようなものだなどという考えは抱いてみることさえ困難だからだ。だが、やはりそうなのだという強力な証拠がある。よく聖者にまつわる現象としてあげられるのが、「二所同在」、つまり二カ所に同時にいられる能力である。ハラルドソンによれば、サイ・ババはこれが得意だという。数多くの人が、サイ・ババが指を鳴らすと同時にあとかたもなく消え失せ、次の瞬間一〇〇メートル以上も離れた場所に再び姿を現わすのを実際に目にしたことを報告している。このような事例は、私たちの身体は物体なのではなく、ホログラフィックな投影でありビデオスクリーン上で映像が消えたり現われたりするのと同様に、いとも簡単に一カ所でパッと消えては別の場所でパッと出現することができることを強く示唆している。

身体の本質がホログラフィックなものであり、非物質的であることをさらに強調する事例が、アイスランド人の霊媒、インドリディ・インドリダソンに起きた現象だ。一九〇五年、アイスランドを代表する数人の科学者が超常現象の調査をすることになり、インドリダソンが被験者のひとりとして選ばれた。その時点では、インドリダソンは心霊体験などまったくない、素朴な田舎の人間にすぎなかったが、実はすばらしい才能に恵まれた霊媒であることがわかったのである。彼は即座にトランス状態に入ることができ、劇的な念力の能力を見せた。しかし最も異様だったのは、深いトランス状態にあるときに、身体のいろいろな部分が完全に消滅してしまうことであった。驚きで茫然とする科学者の目の前で、腕や手がうっすらと消えていってしまい、彼が目を覚ます前に再び出現し、物質化するのである。(70)

このような出来事は、ひとりひとりの中に眠っているやも知れぬ途方もない力を、またも私たちを魅了するかのようにちらりとかいま見せてくれる。これまで見てきたとおり、宇宙に関する現在の科学の理解では、この章で探ってきたようなさまざまな現象をつまびらかにすることがまったくできず、したがってそういうものはすべて無視するしかないという状態である。だが、もしグロフやティラーのような研究者の言うとおり、意識は内在秩序――私たちが宇宙とよんでいるホログラムを生み出すホログラフィックな原版――に関与することが可能であり、望みどおりの現実や物理法則を創造できるなら、このような現象はすべて可能なばかりか、実質的にはどんなことでも可能ということになる。

これが真実なら、この世界の見かけ上の固体性は、私たちの知覚がとらえられるもののほんの一部分でしかないことになる。私たちのほとんどは、現在の宇宙の描写にしっかりと捕われてしまっているが、なかには世界の固体性を超えてものを見る力のある人たちもいる。次の章ではこういう人たちを何人かとりあげ、彼らにはいったい何が見えているのかを探っていきたい。

第六章　ホログラフィックにものを見る

私たち人間は、自分が「固体」で成り立っていると考えている。しかし、実は肉体はあるプロセスを経た結果生まれるひとつの産物——私たちの肉体のみならず、あらゆる物質を型どるさまざまな情報フィールドが生み出す産物、とでも言うべきものなのだ。これらのフィールドはホログラムであり、刻一刻その姿を変えていて、私たちの通常の感覚ではとらえることができない。透視能力をもつ人が、人間の身体を取り巻く卵の形をした色とりどりのオーラとして知覚するのは、まさにこれのことである。

イツァク・ベントフ『ベントフ氏の超意識の物理学入門』

数年前に友人と歩いていたときのこと、ある交通標識が私の目に止まった。ただの駐車禁止の標識で、街にあふれている他のものとなんら変わりがないようなのに、なぜかこの標識は私の目をとらえて離さない。自分がそれをじっと見つめていることさえ忘れかけていたとき、その友人が叫んだ。「あの標識のスペル、まちがってる！」この言葉で私はハッと我に返ったが、その瞬間に、私の視界の中で〈Parking〉という単語の中にある〝i〟の文字が〝e〟へとその姿を変えていったのである。

正しいスペルの標識を見慣れていたため、私の無意識は実際に目の前にあるものをカットしてしまい、そこにあるはずのものを見させていたのだ。あとでわかったことだが、友人のほうも最初はそれが正しいスペルに見えていたらしく、まちがいに気づいて彼女が声をあげてしまったのもこのためだった。私たちはそのまま歩いていったのだが、この一件は私にはどうもひっかかった。眼—脳が忠実なカメラなのではなく、まわりの世界についての情報を私たちによこす前に多少細工をしていることをはじめて悟ったからである。

脳生理学者たちはかなり前からこの事実に気づいていた。視覚に関する初期の研究で、プリブラムは、猿が視神経を通じて受けとる視覚情報が、視覚中枢へと直接伝えられるのではなく、脳の中の他の部分を通っていることを発見していた[1]。数多くの研究によると、人間の視覚についても同じことがあてはまる。脳に入ってくる視覚情報は、視覚中枢に送られる前に、脳の側頭葉によって編集され、手を加えられているのである。私たちが「見る」もののなかで、眼から入ってくる情報にもとづいているのは、実際にはその五〇パーセントにも満たないことを示す研究もいくつかある。あとの五〇パーセント強は、世界はこうであるはずだとの思い（そして、リアリティ・フィールドなどの他の情報）がつなぎ合わされたものだという。眼は視覚器官ではあるかもしれないが、実際に見ているのは脳なのである。

親しい友人が口ヒゲをそってしまっても気がつかなかったり、休暇から戻ってくると、自分の家が不思議とどこかちがって見えるのもこのためだ。いずれの場合も、私たちはそこにあって当然と思っているものに対して反応することに慣れきっているため、必ずしも実際に目の前にあるものを見ているわけ

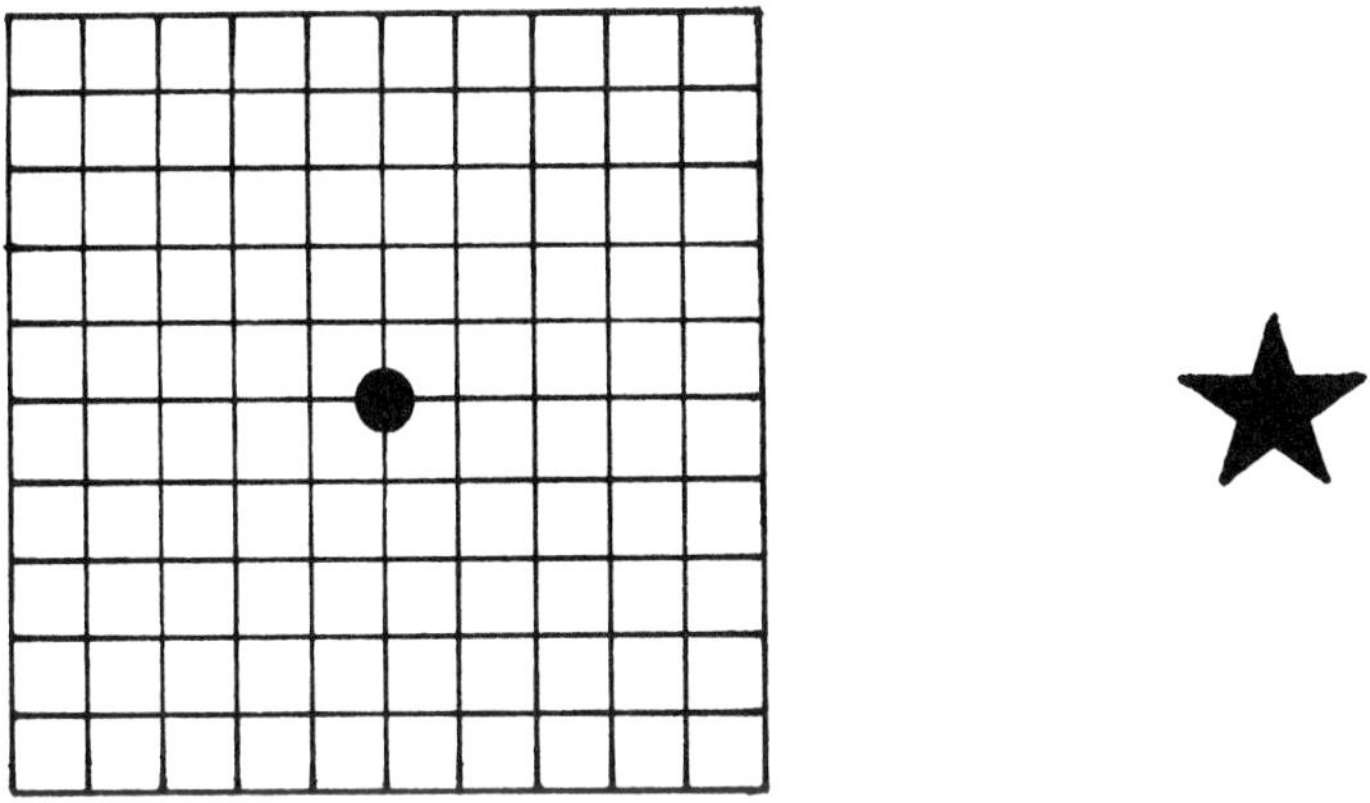

図13　私たちが現実として知覚するものを脳がいかに構築するかを見てみよう。このイラストを目の高さにもち、左目を閉じ、右目で網目の中心にある黒い点を見つめる。本を視線にそって前後に動かし、星が視覚から消えるところにもってくる（大体25センチから40センチ）。星が消えるのは、それがちょうど盲点のところに位置しているからだ。こんどは右目を閉じ、左目で星を見つめる。本を前後に動かして網目の中心の黒い点が消える位置にもってくる。すると、黒い点は消えるのに網目の線はそのまま残っていることに気づくだろう。これはあなたの脳が、そこにあるべきだと考える情報を補っているからである。

ではないのである。

私たちが何を見るかに関して意識が演じる役割をさらに劇的に示している証拠が、眼の盲点とよばれるものだ。網膜の中心部、視神経が眼と結ばれている部分には盲点があり、ここには視覚細胞がない。図13を使って実験していただければこの点がすぐにわかる。脳がギャップを埋めているのだ。

私たちがまわりの世界を見るとき、自分の視覚に大きな穴があるなどとはまったく意識していない。真っ白な紙を見ていようが、きらびやかなペルシア絨毯を見ていようがこれは同じである。まるで腕のいい仕立て屋が生地にあいた穴を繕うように、脳は上手にギャップを埋めていく。さらに驚きなのは、私たちの眼に映る現実という織物があまり巧みに繕われてしまうため、私たちはこれが行なわれていることすら気づいていないという点である。

これは、心穏やかではいられない問題へとつながっていく。もし私たちがまわりにあるものの五〇パーセント以下しか見ていないとすると、いったいそこには私たちの目に映っていない何が存在しているのだろうか。スペルのちがう標識や盲点がいったいどれだけ私たちの認識をすり抜けてしまっているのであろうか。テクノロジーの進歩がこれに対する答えをいくつか提示してくれている。たとえば、クモの巣は私たちの目には白っぽいさえない色にしか映らないが、紫外線をとらえることができる昆虫の眼で見ると、あざやかな色を放っており、これが虫を巣に誘う働きをすることがわかっている。また、螢光灯はずっと光を放ちつづけているのではなく、私たちの目がとらえるにはちょっと早すぎる速さで点滅していることもテクノロジーは教えてくれている。だが、このストロボのような点滅も、ミツバチの眼にははっきりと見えており、このことから考えると、蜂は草原の上をすさまじいスピードで飛びながらも、視界を過ぎていく花は全部くっきりと見えているにちがいないのだ。

しかし、はたして現実の中には、このほかにも私たちには見えない重要な側面、テクノロジーをもってしてもとらえることのできない側面が存在しているのだろうか。ホログラフィック・モデルによれば、その答えはイエスである。プリブラムの考えによると、現実というものが実際には波動領域（frequency domain）であり、人間の脳が、この波動の数々を表面上は客観的世界と見えるものに変換する一種のレンズであることを思い起こして欲しい。プリブラムは当初、音や光といった、通常の感覚的世界の周波数を研究することから始めたのだが、現在では波動領域という用語を、内在秩序を形成している干渉パターンのことを表わすのに使っている。

プリブラムは、私たちをとりまく波動領域には、目に見えないさまざまなもの、脳が通常の視覚的現実から常にカットするようになったものがたくさん存在していると考えている。彼の考えでは、神秘家が超越体験をするとき、実際には彼らは波動領域の一端をかいま見ているのだという。「通常の世界、つまり『イメージ／物体』領域と『波動』領域との間を行ったり来たりできるような数学式を提示することができれば、神秘体験の意味もはっきりとわかるようになるだろう」と彼は論じている。(2)

人間の気場

現実がもつ波動の側面を見る能力が関わっていると思われる神秘的現象のひとつに、オーラとよばれる人間の「気《エネルギー》の場《フィールド》」がある。人間の通常の知覚をわずかに超えた、身体のまわりにある微妙な気場、後光のような光の輪が存在しているという考えは、古代の伝統の数多くに見出すことができる。インドでは、五〇〇〇年以上昔にさかのぼる聖典の中で、これを「プラーナ」とよんでいる。中国では、紀元前三〇〇〇年の時代からこれを「気」とよび、鍼灸でいう経絡を流れるエネルギーだと考えられてきた。紀元前六世紀に起こったユダヤ教の神秘哲学、カバラーでは、この生命原理を「ネフィーシュ」とよび、すべての人間のまわりには、光り輝く卵の形をした大きな泡があると教えている。その著書、『未来科学』の中で、作家ジョン・ホワイトと超心理学者スタンリー・クリップナーは、それぞれ異なった名前でこのオーラについて語っている文化の例を九七もあげている。

多くの文化では、霊的に著しい進化を遂げた人のオーラはきわめて明るく、ふつうの人間でも見ることができると信じられている。キリスト教や、中国、日本、チベット、エジプトなど数多くの文化で、聖者には後光が差していたり、頭のまわりに円の形が描かれているのもこのためだ。サーストンも奇跡についての自著のなかで、カトリックの聖者たちにまつわる光輪現象の事例にまるまる一章をさいているし、テレーゼ・ノイマン、サイ・ババの両者とも、体のまわりに目に見えるオーラの光を放ったことがあると報告されている。一九二七年に没したスーフィの偉大な聖者ハズラット・イナヤット・カーンは、まわりの人間が実際にものを読めるほどの強烈な光を発することもあったと言われている(3)。

しかし、ふつうこうした気場は、特殊な能力を発達させた人だけに見える。生まれながらにこの力をもっている人もいる。私のように人生のある時点でこれが自然に身につくこともあれば、なんらかの修行や実践（精神的、霊的な性格のものであることが多い）を重ねた結果この力が出てくることもある。はじめて自分の腕のまわりに光の霞がくっきりと見えたとき、私はそれが煙かと思い、思わず腕を引っ込めて服の袖に火がついてないか確かめてしまった。もちろんそんなことはなく、その光は私の全身を包んでおり、自分ばかりか、だれにもこの後光があることにすぐ気づいたのだった。

一説によると、この気場はいくつかのはっきりとした層をもっているという。私自身にはこの層が見えないので、それが正しいのかどうか判断はできない。これらの層は、実際は三次元構造のエネルギー体で肉体と同じ形をしているが、身体から外側に向かって広がり、だんだんと大きくなっているために「層」のように見えるにすぎない、といわれている。

多くの超能力者によると、主要な層、すなわちこの微細体は七つあり、外側にいくにしたがって、ひとつ内側の層よりもその密度は薄くなり、だんだん見えにくくなるという。これらのエネルギー体はさまざまな伝統によって異なった名前がつけられているが、一般的には、最初の四層はそれぞれエーテル体、アストラル体（あるいは感情体）、知性体《メンタル》、そして因果体《コーザル》（あるいは直観体）とよばれている。その大きさが肉体に最も近いエーテル体は、一種のエネルギーの青写真で、肉体の成長を導き、形づくっていく働きに関わっていると一般的に考えられている。その名が示すとおり、続く三層はそれぞれ感情、知性、そして直観のプロセスに関連する。あとの「体」を何とよぶかについては、ほとんど意見が一致していないが、魂や高次元の霊的な機能に関わるものであることはおおむね皆が認めている。

インドのヨガ文献、また多くの超能力者によると、私たちの身体にも特別なエネルギーの中心がいくつかあるという。これらの精妙なエネルギーの中心点は、内分泌腺や主要な神経とつながっているが、同時に気場の中にまで伸びている。正面から見ると回転する渦巻に似ていることから、ヨガ文献では、これを「チャクラ」（「車輪」を表わすサンスクリット）とよんだが、これは今日でも使われている用語である。

脳の最上点を起点とし、霊的な覚醒と関係があるとされるクラウン（王冠）・チャクラは、しばしば頭の上の気場の中に渦巻く小さな台風のように見える、と多くの透視能力者が語っている。私にはっきり見えるのもこのチャクラだけだ（他のチャクラを見るには私の能力はあまりにも未熟すぎるようである）。これが一〇センチ前後から三〇センチを越える高さになることもある。人が大きなよろこびを感じている状態では、このエネルギーの渦巻は明るく大きくなり、その人が踊ると、ろうそくの炎のように上下に動いたり左右に揺れたりする。ルカが「ペンテコステの炎」（十二使徒のもとに聖霊が降臨した際に彼らの頭上に現われた炎）と言ったものは、このことなのだろうかと私はよく考えたものだ。

人間の気場はいつも青白いわけではなく、さまざまな色を見せることがある。この分野に才能がある超能力者によると、これらの色や、曇りぐあい、光の強さ、オーラの中での位置などは、その人の精神や感情の状態、活動状況や健康など、さまざまな要素に関係しているという。私もたまには色が見えるし、ときにはその意味を解釈できることもあるが、ここでも私の能力はお世辞にもあまり優れているとは言えない。

実際にこの面で優れた能力をもっているのが、セラピストであり、カウンセラーでもあるバーバラ・

ブレナンだ。ブレナンは、最初はＮＡＳＡのゴダール宇宙飛行センターで大気物理学者として働いていたが、その後カウンセラーとなるために職を辞した。自分が超能力者ではないかとうすうす気づいたのは子供の頃で、木々の気場を手で感じられるので、木にぶつかることなく森の中を目隠ししたまま歩けることを発見したのだ。カウンセラーになって数年たった頃、こんどは人々の頭のまわりにさまざまな色をした光の輪が見えはじめた。最初のショックと疑いを克服した後はその能力を磨くことに専念し、だんだんと自分が治癒者《ヒーラー》として並はずれた才能をもっていることを発見するに至ったのである。

ブレナンには、チャクラ、光の層など、人間の気場のさまざまな細かいつくりがきわめてはっきりと見えるばかりでなく、自分が見たものにもとづいて、驚くほど正確な医療診断を下すこともできる。ある女性の気場を見て、ブレナンは彼女の子宮に何か異常があると言った。この女性は、自分の医師も同じ問題を発見していて、すでに一度これが流産の原因となったことをブレナンに話したのだった。そればかりか、数人の医師から子宮摘出手術を受けるようすすめられていて、ブレナンに相談に来たのもそのためだった。ブレナンは、ひと月ほど休養すればこの問題はなくなると伝えた。ブレナンのアドバイスは正しく、一カ月後、彼女の子宮が正常に戻ったことをこの女性の医師が確認した。一年後、彼女は健康な男の子を産んだという[4]。

また別のケースでブレナンは、ある男性が十二歳のときに尾骨を骨折したため、セックスに支障をきたしていることを見てとることができた。ずれたままの尾骨が脊柱を強く圧迫し、これが性機能不全の原因となっていたのである[5]。

気場を見ることによってブレナンが感じとることができないものはほとんどないようだ。彼女は、初期のガンはオーラの中で灰色がかった青に映り、進行するにつれて黒くなっていくという。最終的には、この黒の中に白い斑点が現われ、それが輝いて、まるで火山の噴火のように見えはじめたら、それはガンが転移したことを示している。アルコール、マリファナ、コカインなどの薬物も、オーラの輝くばかりの健康な色合いに悪い影響をもたらし、ブレナンが「エーテル粘液」とよぶ物質をつくる原因となる。ある例では、相談に来た人に、彼が通常どちらの鼻孔でコカインを吸引しているかを言い当て、その人を仰天させたこともある。彼の顔の片側が、いつもねばねばしたエーテル粘液で灰色にかすんでいたからだという。

処方薬も例外ではなく、しばしば肝臓のところの気場に暗い影を生じさせる。化学療法で使われるような強力な薬は場の全体を「詰まらせる」ばかりか、脊髄の損傷を診断するために注入される無害なはずの造影剤でさえ、注入されてから十年たったあとでも、オーラの上にその痕跡が見えると彼女は言う。ブレナンによれば、その人の心理状態も気場に映し出されるという。精神錯乱の傾向がある人は頭でっかちのオーラをもつ。マゾ的な人格の気場はざらざらしていて濃く、青よりも灰色のほうが強い。人生に対してかたくなな態度をとる人のオーラもやはりざらついて灰色がかっているが、気がほとんどオーラの外郭部分に集中している、などの例がある。

ブレナンが言うには、オーラの裂け目や詰まり、アンバランスなどは現実に病気の原因となることがあり、これらの機能不全を起こしている部分を、彼女の手や彼女自身の気場を使って調整し、その人の治癒のプロセスをかなり促進することができる。彼女のこの才能が注目されないはずはない。スイス出身の精神科医で、死生学の研究者であるエリザベス・キュブラー＝ロスは、「おそらく西半球で最高のスピリチュアル・リーダーのひとりであろう(6)」と述べている。バーニー・シーゲルも同様の賛辞を惜しまない。「バーバラ・ブレナンの活動には目を開かせるものがある。病気が演じている役割、そして治癒がどういう過程を経て起こるのかについての彼女の考え方は、私の体験とも明らかに一致している」[7]。

物理学者として、ブレナンは人間の気場を科学的に説明することに大きな関心をもっており、通常の知覚の範囲外に波動領域が存在しているというプリブラムの考えが、この現象を理解するには今のところ最良の科学モデルだと考えている。「ホログラフィック・ユニヴァースの観点から見れば、こういった現象〔オーラや、その「エネルギー」を調整するときに必要となる治癒力〕は、時空を超越した波動領域から生じてくる。それは伝送される必要さえない。その力は、同時に、しかもあらゆるところに存在できる可能性を秘めている」と彼女は述べている[8]。

ブレナンには遠く離れた人のオーラを読みとることもできるが、それは人間の気場があらゆるところに存在しており、人間の知覚によって波動領域から取り出されるまでは非局在的なものであることを示唆している。これまで彼女が行なったオーラのリーディングの中で最も距離が離れていたのは、ニューヨークとイタリア間の電話での会話によるものだった。この例や、彼女の驚くべき能力の他の側面については、最近出版された興味深い著書『光の手』(*Hands of Light*)の中で彼女自身が語っている。

人間の精神の気場

オーラを詳細に見ることのできる卓越した能力にめぐまれたもうひとりの超能力者に、ロスアンジェルスで活動を展開する「人間気場コンサルタント」のキャロル・ドライヤーがいる。ドライヤーによると、彼女は物心つくころからずっとオーラを見ることができたため、他の人にはそれが見えないのだとわかるまでにずいぶん時間がかかったという。そのため子供のころにはよく面倒なことが起こった。友達について、子供にはとても知りえないような詳細を両親に話してしまうのである。

ドライヤーは超能力者として活動しており、過去十五年の間に五〇〇〇人を越える人を見ている。マスコミでもその名はよく知られているが、それは彼女の顧客リストに、ティナ・ターナー、マドンナ、ロザンナ・アークエット、ジュディ・コリンズ、ヴァレリー・ハーパー、リンダ・グレイなど、数多くの有名人が名をつらねているからだ。だが、この顧客リストにあるスターたちの威光でさえも、彼女の才能の本当のすごさを表わしているとはとても言えない。たとえば、彼女の顧客リストには、このほかに物理学者、著名なジャーナリスト、考古学者、弁護士、政治家などもいるばかりか、彼女は自分の力を使って警察に協力したり、心理学者や精神科医、医師などへのアドバイスも行なっているのだ。

ブレナンと同様、ドライヤーも遠距離からのリーディングができるが、できればその人と同じ部屋にいるのが望ましいと考えている。また彼女は、目を開いた状態でも、閉じたままでも同じように人の気場を見ることができる。実のところ彼女は、気場だけに集中できるよう、リーディングの最中はたいてい目を閉じている。これはなにも自分の心眼の中でしかオーラが見えないということではない。「まるで映画か舞台を見ているように、いつも自分の目の前に見える」とドライヤーは語る。「私がすわっている部屋と同じくらいの現実感があるの。でも実はやっぱりもっとリアルでもっとあざやかな色をしている(9)」。

しかし、彼女には他の透視能力者が語るようなはっきりと分かれた層は見えず、肉体の輪郭さえ見えないこともよくある。「その人の肉体が見えることはあまりない。肉体が見えるということは、オーラや気場ではなくて、その内側にあるエーテル体を見ていることになるから。エーテル体が見えるのは、ふつうそこに漏れや裂け目があって、オーラがひとつの全体になれずにいる場合ね。そうすると、私にはオーラが全部見えないわけ。あちこちにある部分部分しか見えなくて、ちょうど破れた毛布や裂けたカーテンを見ているような感じね。エーテル体の「場」に穴があいているのは、たいてい深い心の傷や、外傷、病気などのせいで、ひどい衝撃を受けた体験の結果であることが多いの」。

しかし、エーテル体が見えることはもちろんだが、彼女にはオーラの層がケーキのように積み重なって見えるのではなく、それを視覚的な感覚の強弱や感触といったものとして体験するのだという。彼女はそれを、海に浮かびながら温度のちがう水が身体をなでていく感じにたとえる。「層のような固定した概念に入り込むよりも、私は気場をエネルギーの動き、波として見る傾向があるのね」と彼女は語っている。「なんていうか、ちょうど自分の視覚が気場の中のさまざまなレベルや次元をトンネルのように通過していく感じだけれど、実際にそれがきれいに並んだ層として見えることはない」。

もちろんこれは、ドライヤーが知覚する気場がブレナンのものほど詳しくないということではない。彼女は目もくらむような数のパターンや構造を知覚する――光の中に投影される色あざやかな万華鏡のような雲、複雑なイメージ、さまざまな形を見せる光の輝き、ごく薄くて繊細な霧。しかし、気場は万人平等につくられているわけではない。ドライヤーによると、深みのない人間はやはり薄っぺらで凡庸なオーラをもつという。逆に、その人が複雑であればあるほど、気場も複雑でおもしろいものになる。「人の気場は指紋と同じくらい個性的なもの。私はこれまで似たようなものは見たことがない」と彼女は語る。

ブレナンと同様、ドライヤーも人のオーラを見ることによって病気の診断ができるし、自分で視覚を調整し、チャクラを見ることもできる。だがドライヤーのもつ特に優れた技能は、心の深みまでを見通し、その人のもつ弱さ、強さ、いま必要としているもの、そして感情的、心理的、霊的な意味での健康状態について、不気味なほどに的を得た指摘を行なうことである。この分野での彼女の才能は、きわめて深遠なものであるため、彼女との一回のセッションは六カ月間の精神療法に匹敵すると言った人も何人かいるくらいだ。多くの人が彼女のおかげで人生が完全に変わってしまったと語り、彼女のファイルは最上級の賛辞に飾られた感謝の手紙であふれかえっている。

ドライヤーの能力については私自身も証言できる。最初のリーディングのとき、私たちはお互いほとんど赤の他人だったが、彼女は私の最も親しい友人でさえ知らないようなことを次から次へと説明していった。それもあいまいな一般論だけでなく、私の才能、弱点や、パーソナリティの働きに関する特定の、詳細にわたる評価だったのである。二時間のセッションが終わる頃には、私はドライヤーが私の肉体としての存在を見ていたのではなく、精神そのもののエネルギー面の組成を見ていたことを確信していた。また私は、彼女の顧客の中の二〇人を越える人たちのセッションについて、その人と直接話すか、あるいはその録音を聞く機会に恵まれたが、私と同じように、全員ほとんど例外なく、彼女が洞察力にあふれ、正確きわまりない評価をすると考えていることがわかった。

人間の気場が見える医師たち

気場の存在は正統医学界から認められてはいないが、医療の最前線にいる医師たちから完全に無視されてきたわけでもない。気場を真剣にとらえている医師のひとりが、神経医であり精神科医でもあるシャフィカ・カラグラだ。カラグラは、レバノンのベイルートにあるアメリカン大学から内科、外科医としての学位を受け、エジンバラ王立精神神経障害病院では、著名な精神科医であるデイヴィッド・K・ヘンダーソン卿のもとで研修を受けた。また彼女は、ラシュリーとプリブラムがその探究を始めるきっかけともなった、記憶に関するあの画期的な研究を行なったカナダの神経外科医ワイルダー・ペンフィールドの共同研究者として彼と三年半をともにしている。

カラグラは最初は懐疑的だったが、オーラが見える人間に何人か出会い、彼らがオーラを見た結果にもとづいて正しい医学的診断を下す能力をもっていることを確かめてからは、一転してこれを信じるようになった。カラグラは、気場を見るこの力を、高次元知覚（HSP: Higher Sense Perception）とよび、一九六〇年代に、医師の中でこの能力をそなえた者がいるかどうか調べてみることにしたのだった。友人や同僚の医師たちに、さまざまなかたちで感触を探ってみたが、最初の反応は鈍かった。そういう能力があると言われていた医師たちでさえなかなか会おうとしてくれない。そのなかのひとりの医師に何度か断られたのち、最後の手段として、彼女は診療の予約をとり、患者として彼に会うことにした。

診察室に入ると、彼女はその医師に診断のための身体の診察をさせず、かわりに彼の高次元知覚を使ってみたらどうかと挑みかけたのだった。追い詰められたことがわかると、その医師は折れた。「わかりました。そのまま動かないで下さい」と彼は言った。「何も言わなくて結構です」。そして彼女の全身に視線を走らせると、彼女の健康状態について簡単に述べた。この説明の中には、彼女が誰にももらしてはいないが、自分ではすでに診断を下していたある症状、いずれは手術を要するであろうその症状も入っていたのである。彼は「細部に至るまですべて正しかった」とカラグラは述べている。[10]

カラグラの接触する医師のネットワークが広がっていくにつれて、彼女は次から次へと同じような才能に恵まれた医師に会うことになるのだが、この出会いの数々については、彼女の著書『創造性への革命』（*Breakthrough to Creativity*）に詳しく書かれている。こうした医師のほとんどは、同じような才能をもつ人が他にいるとは知らず、この面では自分が孤立無縁で、ちょっと変わった人間なのだと感じていた。それでも、彼らは自分が目にしていたものを、身体のまわりにあると同時に身体の中にも入り込んでいる「エネルギー・フィールド」あるいは「動く波動の網」と例外なく言い表わしているのである。チャクラが見える者もいたが、この言葉を知らなかったため、それを「脊椎に沿ったいくつかの場所にあるエネルギーの渦巻で、内分泌系とつながっているか、あるいはそれに影響をおよぼしているもの」と説明している。そして、自分の医師としての評判に対する悪影響を恐れて、彼らはほとんど例外なくこの能力を秘密にしていたのだった。

プライバシーを尊重して、カラグラは自著では彼らのファースト・ネームしか示していないが、その中には著名な外科医やコーネル大学医学部の教授が数名、大病院の医科部長や、メイヨー・クリニックの医師たちなどが含まれているという。「高次元知覚の能力をもつ者が、医師の間にこれほど多くいることにはいつも驚かされた」と彼女は記している。「ほとんどはこの天賦の才について多少の不安を覚えていたが、診断に役立つことがわかると、これを実際に使っていた。彼らは全国各地に点在していて、お互いのことは知らずにいたが、全員同じような種類の体験を報告している」。レポートの最後を彼女はこう結んでいる。「これだけ多数の信頼できる人間が、それぞれ独立して同じ種類の現象を報告していることを考えると、科学もこれを認知すべきときが来ている」(11)。

医療関係者のすべてが自分の力を公にするのに反対しているというわけではない。そのような人物のひとりがニューヨーク大学看護学部の教授、ドローレス・クリーガー博士だ。クリーガーは、著名なハンガリーのヒーラー、オスカー・エステバニーの能力についての研究に参加して以来、人間の気場に関心を抱くようになった。エステバニーが、単に病人の気場を調整するだけでその患者全員のヘモグロビンのレベルを上げることができるのを発見してからは、クリーガーはこのプロセスに関わっている謎めいたエネルギーについてもっと学ぶことにしたのだった。彼女は「プラーナ」や、チャクラ、オーラなどの研究にどっぷりとつかり、最終的には、いまひとりの著名な透視能力者であるドーラ・クーンツに師事することとなった。クーンツの指導のもと、彼女は気場の詰まりを感じとる技能を学び、さらに自分の手を使った場の調整でこれを癒す術を学んだのだった。

クーンツの技能が医療面で多大な可能性を秘めていることを悟ったクリーガーは、自分の学んだものを他の人たちにも教えることにした。「オーラ」や「チャクラ」といった言葉が、医療関係者の間では悪いニュアンスをもつことをよく知っていたため、彼女は自分の治癒法を「癒しのタッチ」(therapeutic touch) とよぶことにした。この癒しのタッチに関する最初の講義は、ニューヨーク大学看護学部の大学院レベルの科目で、「看護学の最新分野――治癒効果をもたらす『場』の使用による相互作用の可能性の実現」と題されていた。この講座も、このテクニックもめざましい成功を収めたため、クリーガーはそれ以来、文字どおり何千人という看護婦にこの癒しのタッチを教えてきており、現在ではそれが世界中の病院で使われている。

この癒しのタッチの効果は、いくつかの研究でも実証されている。たとえば、サウス・カロライナ大学コロンビア校の準教授で、看護学部の研究所長でもあるジャネット・クイン博士は、癒しのタッチがはたして心臓病患者の不安感のレベルを下げることができるかどうか調べてみることにした。この目的のため、彼女は二重盲検法による調査を計画した。まずこの技能の訓練を受けた看護婦のグループが、最初のグループの心臓病患者の全身に手をかざしていく。つぎにまったく訓練を受けていない二番目の看護婦のグループが、別のグループの心臓患者の全身に手をかざしていくが、実際にこの技能は使わない。クインの得た結果は、適切な処置を受けた患者の不安感のレベルは治療法を始めてからわずか五分の間に一七パーセントも落ちたが、「にせの」処置を受けたほうの患者では何の変化も見られなかった、というものであった。クインの研究は、一九八五年三月二六日付ニューヨーク・タイムズ紙の科学セクションの一面を飾る記事となった。

人間の気場に関して幅広い講演活動を行なっているいまひとりの医療専門家が、南カリフォルニア大学の心臓および肺の専門医であるW・ブルー・ジョイだ。ジョンズ・ホプキンス大学とメイヨー・クリニック両方の卒業生であるジョイは、一九七二年に自分の診察室で、ある患者を診ているときにこの才能を発見した。オーラを見たのではなく、最初は自分の手でその存在を感じることができただけだった。「私は二〇代の健康な男性を診察していた」と彼は語る。「私の手が、患者の丹田、つまり下腹部の上を通ったとき、何か暖かい雲のような感じのものがあるのがわかった。それは、体の表面から一～一・二メートルほど直角に放射していて、一〇センチくらいの直径の円筒のような形をしていた[12]」。

ジョイはその後、彼の患者全員に、手で触ることのできる放射物があり、それも腹部だけではなく、身体の他のさまざまな場所からも出ていることを発見した。人体のエネルギー・システムに関する古代のヒンドゥー教の文献を読むまでは、自分がチャクラを発見、というよりは再発見していたことは知らなかった。ブレナンと同じように、ジョイも気場を理解するのにホログラフィック・モデルが最も適切な説明を提示していると考えている。彼はまた、オーラを見る力は私たちの誰もが秘めていると感じている。「拡張された意識状態に到達するには、単に私たちの中枢神経系統の波長を、知覚が研ぎすまされた状態に合わせるだけでいいと私は考えている。この状態は私たちの内面に常に存在していながら、外部からの知的な条件づけによってさえぎられてきたものだ」とジョイは言う[13]。

この点を証明するため、ジョイは気場を感じとる方法を他の人たちに教えることにほとんどの時間をさいている。ジョイのもとでこれを学んだひとりが、『アンドロメダ病原体』（早川書房、一九七六）や『スフィア』（同、一九八九）などのベストセラーの著者であり、『コーマ』『大列車強盗』などの映画の監督でもあるマイケル・クライトンだ。これもベストセラーとなった近著の自伝『インナー・トラヴェルズ』（同、一九九一）の中で、ハーバード大学医学部の学位をもつクライトンは、自分がジョイや他の才能ある師たちに学び、いかにして気場を感じとり、最終的にはそれが見えるようになったかの経緯を語っている。この体験はクライトンを驚愕させ、変えてしまった。「これは妄想などではない。この身体エネルギーがある種の本物の現象であることは絶対にまちがいない」と彼は述べている。[14]

カオスのホログラフィック・パターン

カラグラの調査が行なわれた以後に起こった変化は、自分のこのような能力を公にしてもいいという医師が増えてきたことだけではない。ここ二〇年間にわたり、UCLAの理学療法士であり筋運動学の教授であるヴァレリー・ハントは、人間の気場の存在を実験で立証する方法を開発してきた。医学の分野では、人間が電磁的な生物であることはすでに長いあいだ知られていた。医師は日常的に心電計を用いて心電図（EKG）をとり、心臓の電気活動を記録しているし、脳の電気活動を示す脳電図（EEG）をつくるのに脳波電位記録計を用いてもいる。ハントは、筋肉内の電気活動を計測する装置である筋電位記録計が、人間の気場のもつ電気をとらえられることも発見したのである。

ハントの研究は、当初人間の筋肉の動きに関するものだったが、自分の気場を踊りに役立てているという、あるダンサーに出会って以来、彼は気場に関心をもつようになった。この出会いからハントは、彼女が踊っているときにその筋肉の電気活動を筋電図（EMG）にとってみることを思いつき、またさらに、治療を受けている者の電気活動に治療者《ヒーラー》がどういう影響をおよぼすのかを調べることを思いつくに至った。やがて研究対象は人間の気場が見える人たちを含むまでに広げられ、その結果、彼女は最も重要な発見をすることになったのである。

通常、脳の電気活動の周波数の範囲は毎秒〇〜一〇〇サイクルで、そのほとんどが〇〜三〇サイクルの間で起きる。筋肉ではこのレベルが二二五サイクル、心臓では二五〇サイクルくらいまで上がるが、このあたりから生物的機能に関連する電気活動は低下しはじめる。こうした事実以外にハントが発見したのは、筋電位計の電極が別のエネルギーの「場」を感知できるということだった。身体から放射しているこの場は、これまで認識されてきた体内電気よりもはるかに微細で振幅も小さいものの、周波数は平均して一〇〇〜一六〇〇サイクル、ときにはそれよりも高くなることもあった。そればかりか、この場は脳、心臓、あるいは筋肉から発しているのではなく、身体の上でチャクラに関連している部位で最も強かったのである。「この結果にはとにかく興奮してしまい、その夜は眠れませんでした」とハントは語っている。「私がいままでずっと正しいと考えてきた科学モデルでは、これらの結果はどうしても説明がつかなかったのです[15]」。

ハントはまた、オーラが見える人間が人の気場に特定の色を見るときは、筋電位計がいつも特定の周波数パターンを感知することを発見し、その色との関連をつけることができるようにもなった。電気の波動を変換し、その波形をモノクロの画面に映し出す装置、オシロスコープを使って彼女はこのパターンを見ることができた。たとえば、オーラが見える人間が、ある人の気場に青を見たとすると、ハントはオシロスコープに映るパターンを見てそれが実際に青であることを確認できる、といった具合である。ある実験では、オーラが見える人間を八人同時にテストして、見えているものがオシロスコープ上のパターンと合うか、また互いに意見が合うか調べてみることさえやってみた。「全部が全部、結果は同じでした」とハントは言っている(16)。

人間の気場の存在を確認してからは、その理解にホログラムの概念がひとつのモデルを提示しているとハント自身も確信するようになった。波動という側面に加え、気場、そして実に身体のすべての電気系統には、いまひとつのホログラフィックな性質があると彼女は指摘する。ホログラムの中にある情報と同じように、これらの系統は身体全体に分散されている。たとえば、脳波計で計測する電気活動は確かに脳で最も強くなるが、脳波は電極を足の指につけても読むことが可能なのだ。同様に、心電図は手の小指から読み取ることもできる。心臓のほうが電流も強く、振幅も大きいが、その周波数と波形は身体のどこでもまったく同じなのである。ハントはこれにはかなり重要な意味があると考える。彼女がオーラの「ホログラフィック・フィールド・リアリティ」とよぶものの各部分のすべてに、気場全体の各側面が含まれていることは確かだが、異なった部分がすべて完璧に同一のものであるということではない。いまあげたように、各部分で振幅が異なるため、気場が同じ状態で静止したホログラムになってしまうわけではなく、かわりに常に流動的な状態を保つことができる、とハントは語る。

ハントの発見の中で最も驚くべきもののひとつは、才能や能力が、その人の気場に現われるある特定の周波数と関係があるらしいということだ。彼女は、その人の意識の対象がおもに物質界であれば、その気場の周波数は低い領域にとどまる傾向が見られ、身体の生物的周波数である毎秒二五〇サイクルからあまり離れることはないことを発見した。そして、超能力や治癒能力をもつ人たちは、気場に約四〇〇〜八〇〇サイクルの波動をもつ。トランス状態に入り、明らかに自分以外の存在からの情報をチャネリングすることができる人たちは、この「サイキック」周波数を一気に飛び越え、八〇〇〜九〇〇サイクルの間のせまい周波数帯で活動する。「こういう人たちにはサイキックな周波数帯がまったく見られません」とハントは述べている。「彼ら独自の高いフィールドにいます。せまい範囲を正確にカバーし、文字どおりほとんど無我の境地にあると言えます[17]」。

九〇〇サイクルを越える周波数をもつ人間は、ハントが神秘的人格とよぶ人たちである。超能力者やトランス状態の霊媒が情報の伝え手であるだけなのに対し、神秘家たちはその情報を使って何をすべきかを知る智慧をそなえている、とハントは言う。あらゆるものが宇宙レベルで結びついていることを悟っており、人間の体験のすべてのレベルとつながっているのだ。日常の現実に根を下ろしてはいるが、超能力、トランス状態に入る能力のどちらももち合わせていることが多い。しかしまた、彼らの波動の周波数は、こういった力と関連があるとされる領域をはるかに越えるところまで達している。改造した筋電位計（通常のものは二万サイクルまでしか検知できない）を用いて、ハントは気場に最高二〇万サイクルという周波数をもつ人間に出会っている。これは興味深い。というのも、神秘主義の伝統では、霊的レベルの高い人間は普通の人々よりも「高い波動」をもつとよく言われてきているからだ。ハントの結論が正しいとすれば、この説の信憑性をさらに高めることになる。

ハントのもうひとつの発見は、新しい科学分野であるカオスに関するものだ。その名が示しているとおり、カオスとは混沌現象、つまり、あまりにでたらめであるため、どんな法則にも従っているように見えないプロセスの研究である。たとえば、消えたろうそくから立ちのぼる煙は、薄く細い流れとなって上に向かっていく。最終的には、流れの構造が崩れ、乱れてしまう。この乱れた煙の流れは、その挙動を科学ではもはや予測できなくなるために、カオスであると言われる。カオス現象の他の例としては、滝壺に落ちる水、てんかんの発作中にその人の脳の内部を駆けめぐる、めちゃくちゃとしか思えない脳波の波形、あるいは、温度や気圧の異なる前線が衝突したときの天候などがあげられる。

科学はここ一〇年間に、多くのカオス現象が実は見かけほど無秩序ではなく、しばしば隠されたパターンや規則性をもっていることを発見してきた(無秩序などというものは存在せず、無限に高度な秩序があるだけだとのボームの説を思い起こしてほしい)。科学者たちはまた、カオス現象に隠された規則性の一部を見つけ出す数学的な方法をいくつか発見してもいる。そのひとつが、特殊な数学分析を用いて、カオス現象のデータをコンピュータ画面上の図形に変換するというものだ。もしデータに隠されたパターンが何もなければ、現われてくる図形は直線になる。だがもしそのカオス現象に隠されたパターンがあると、コンピュータ画面上に現われる図形は、ちょうど板の上に打たれた多数の釘に子供が色のついた毛糸をぐるぐる巻きつけたときにできる螺旋状のデザインのようになる。この図形は、「カオス・パターン」あるいは「ストレンジ・アトラクタ」とよばれる(ちょうど毛糸が、巻きついている釘の一群に繰り返し「引きつけられる(attract)」ように、図形を構成する線がコンピュータ画面上のある領域に何度も何度も引きつけられるところから来ている)。

オシロスコープで気場のデータを観察したハントは、それが常に変化しつづけていることに気づいた。かたまりとなってやって来たかと思うと、こんどは減衰して出たり出なかったりの状態となり、あたかも気場自体が絶え間ない変動状態にあるかのごとくだった。一見この変化はでたらめのように見えたが、ハントはそこに何か秩序があることを直観した。はたして自分が正しいかどうかは、カオス分析が教えてくれると気づいた彼女は、数学者を捜し求めた。そして最初はまず、四秒間の心電図のデータをコンピュータに入力し、どうなるかを見た。現われてきたのは直線だった。こんどは脳電図と筋電図のデータを試した。脳電図では直線が現われ、筋電図はほんの少しだけ盛り上がった線となったが、まだカオスのパターンにはならなかった。気場の低いほうの周波数のものを入れてみてもやはり直線しか得られなかった。だが、場の中でもきわめて高いほうの周波数を分析してみると、やっとこれがうまくいった。「いままで見たこともないほどダイナミックなカオス・パターンが現われたのです」とハントは語っている。[18]

つまり、気場の中で起きている万華鏡のような変化は、一見バラバラのように見えながらも、その実かなり高度な秩序をもち、豊かなパターンであふれていることをこれは意味していた。「そのパターンは繰り返し不可能なものばかりでしたが、とにかく非常にダイナミックで複雑なものなので、私はそれをカオス・ホログラフィック・パターンとよんでいます」とハントは述べている。[19]

ハントは自分の発見が、主要な生物電磁系統の中に真のカオス・パターンが見つかった最初の例であると考えている。最近、脳電図にカオス・パターンが見つかってはいるが、この場合、そのようなパターンを得るために、かなり多くの電極からの何分間にもおよぶデータが必要だった。ハントは、一個の電極から記録された三、四秒間のデータからカオス・パターンを得ており、これは人間の気場が、脳の電気活動よりもはるかに豊かな情報にあふれ、はるかに複雑でダイナミックに構成されていることを示唆しているのである。

気場は何でできているのか

気場に電気的な側面があるとはいっても、ハントはそれが純粋に電磁的な性格のものだとは考えていない。「もっとはるかに複雑で、まだ未発見のエネルギーでできているのはまちがいないという感じがしています」と彼女は言う。[20]

この未発見のエネルギーとはいったい何なのだろうか。現在のところ私たちにはそれはわからない。いちばんのヒントは、超能力者たちは例外なく、それが通常の物質／エネルギーよりも高い周波数ないし振動をもっていると述べている事実だろう。才能ある超能力者が、不思議な正確さで気場の中に病気を見てとれることを考えると、この点に私たちはもっと真剣に注意を払うべきなのかもしれない。この知覚が普遍的に見られるという事実は（古代のヒンドゥー文献も、エネルギー体はふつうの物質よりも高い振動をもっていると断言している）、こうした人々が気場について重要な事実を直観的に知っていることを示している可能性がある。

古代のヒンドゥー教の文献は、物質が「アヌ」すなわち「原子」で成り立っているとも解説しており、人間の気場の精妙な振動エネルギーは、パラマヌな存在、つまり文字どおり訳せば「原子を超えた」存在であるとも説いている。これは興味深いことだ。なぜなら、ボームもまた、原子を超えた量子下のレベルには、科学にまだ知られていない多くの微細な気場（エネルギー場）が存在していると考えているからだ。人間の気場が存在しているか否かについてはわからないとしているものの、その可能性について彼はこう述べている。「内在秩序にはとらえがたい精妙なレベルがたくさん存在します。私たちがこういったレベルに注意を向けることができれば、日常目にしている以上のものが見えてくるにちがいありません[21]」。

ここで明記しておくべきなのは、どんな場であろうと、私たちにはそれがいったい何であるかわかっているわけではないということだ。ボームも言っている。「電界とは何でしょうか？　私たちにはわかっていないのです[22]」。新しい場が発見されると、最初は謎めいてみえる。そしてそれに名前がつけられ、扱うのに慣れてしまうと、もはや謎ではなくなってしまう。だが、私たちには、電界や重力場というものが実際には何なのかまだわかっていないのである。前章でも触れたように、電子が何であるかさえもわかっていない。それがどういう挙動をするか説明することしかできないのである。このことは、人間の気場も結局はその挙動によって定義されていくであろうことを示しており、ハントの行なったような研究こそが、私たちの理解をどんどん深めていってくれるのである。

オーラに現われる立体像

人間の気場が、いまあげたような限りなく微細なエネルギーで構成されているとすると、それが私たちの日常慣れ親しんでいるような種類のエネルギーとは異なる性質をもつことは確実と言えるだろう。その一例が気場の非局在性である。いまひとつの、それも特にホログラフィックな性質としては、オーラが無形のぼやけたエネルギーの雲として出現したり、またときには立体像に変容する力をもつという点がある。優れた超能力者は、人々のオーラの中にそのような「ホログラム」が浮かんでいるのを目にするとしばしば語っている。ふつうこれは、オーラを発している人の思考の中で重要な位置を占める物や考えの映像だ。オカルト文化の中には、これがオーラの第三層（あるいは知性層）の産物だとするものもあるが、この説の正否を確かめる手段がない現在、オーラの中に実際にこの映像を見ることができる超能力者たちの体験に話を限らなくてはならない。

ビアトリス・リッチはそのような超能力者のひとりである。よくあるように、リッチの力は彼女がまだ幼い頃に現われはじめた。子供の頃、まわりにある物がときどき勝手に動きまわることもあった。成長するにつれて、彼女は人々について通常の手段では知りえないことを自分が知っているのに気づいた。アーチストとして仕事を始めたが、彼女の透視能力があまりにすごいものであったため、彼女は超能力者を本職にして独立することにしたのだった。現在、彼女は家庭の主婦から企業の社長までのあらゆる分野の人たちのリーディングを行ない、その活動についての記事は『ニューヨーク』誌、『ワールド・テニス』誌、そして『ニューヨーク・ウーマン』誌など幅広い範囲のマスコミに掲載されている。

リッチは、リーディングをしている人のすぐまわりやその近くに、映像を見ることがよくある。あるとき彼女は、銀のスプーンや銀の皿のような物体がある男性の頭上をまわっているのが見えた。心霊現象を探りはじめてまだ日の浅かった彼女は、これに仰天してしまった。はじめはなぜそんなものが見えるのかわからなかった。意を決してその男性にこのことを話すと、彼が貿易の仕事をしていて、頭上をまわっていたのはまさに彼が仕事で扱っている物であることがわかったのだった。これは深く彼女の心に残り、ものの見方を永遠に変えてしまった。

ドライヤーも同じような例を数多く体験している。ある女性のリーディングをしていたとき、頭上にジャガイモが何個かまわっているのが見えた。リッチと同じく彼女も最初はわけがわからなかったが、勇気を出して、ジャガイモに何か特別な意味があるのかどうかその女性にたずねてみた。女性は笑いながら自分の名刺を差し出した。「彼女はアイダホ州ジャガイモ評議会か何かの仕事をしていたのね」とドライヤーは言う。「ほら、アメリカ乳業協会のような団体のジャガイモ版よ[23]」。

こういう像はいつもオーラの中だけを浮遊するというわけではなく、身体自体の延長として幽霊のような姿を現わすこともある。あるときドライヤーは、顧客の女性の手や腕に、ホログラムのように見える泥が薄くこびりついているのが見えた。高価な服装や整った髪型、化粧などから見て、彼女がなぜよりによってねばねばした泥のことなど考えているのか想像もつかなかった。彼女にこの像が理解できるかたずねてみると、彼女はうなずき、自分が彫刻家であり、ちょうどその朝、新しい素材を試していたところで、まさにドライヤーが言うとおり、材料が腕や手にこびりついていたと語ったのである。

私自身もまた、気場を見ているときにこれと同じような体験をしている。あるとき私は、執筆中の狼男についての小説について深く考えをめぐらせていたのだが（私が民話的な素材をもとにしたフィクションを好んで書いているのをご存じの読者もおられるかと思う）、自分の身体のまわりに、まるで幽霊のような狼男の像ができているのに気がついた。もちろん、これは純粋に視覚的な現象で、自分が狼男になったような感じなどまったくなかったことは強調しておきたい。それでも、身体を包み込んだホログラム然とした像には充分現実感があり、腕をもち上げると体毛の一本一本が見えたし、自分の手にかぶさっている狼のような手から爪が突き出しているようすまで見ることができたのである。その姿は現実そのものと言えるくらいだったが、ひとつちがう点は、透明感があり、その下に血と肉でできた自分の手が透けて見えていたことだった。恐ろしい体験であるはずなのに、なぜかそうではなく、目にしているものに魅了されてしまっているのが自分でもわかった。

この体験に大きな意味があるのは、そのときたまたまドライヤーが私の家に滞在していて、まだ私がこの幽霊然とした狼男の体に包まれていたときに彼女が部屋に入ってきたことだ。彼女は即座に反応してこう言った。「あらあら、狼男の小説のこと考えてるのね。狼男になっちゃってるわよ」。私たちは、それぞれ自分の見えていたものを比べ、同じ姿を目にしていることを確かめた。話がはずみ、私の思考がこの小説から離れていくにつれ、狼男の像は徐々に消えていったのだった。

オーラの中の映画

超能力者が気場に見るイメージは必ずしも静止画像とは限らない。ビアトリス・リッチは、リーディングをしている人の頭のまわりに、透明感のあるミニ映画のようなものが映し出されているのを見ることがよくあるという。「その人が日常生活でいろいろなことをしている場面が小さな映像となって頭や肩のうしろに見えることもあります。私の描写はとても正確で具体的だとみんな言います。オフィスが見えたり、上司がどんな人かも見えたりします。過去半年間にその人が考えたことや、その人に起きたことも見ることもできます。最近ある女性を見ていたとき、彼女の家が見えて、仮面や笛が壁にかかっていたので、そう言いました。すると彼女は『いいえ、ありません』と言うんです。私が、いやまちがいない、壁には楽器がたくさんかかってる、ほとんどは笛で、仮面もある、と言うと、彼女はこう言いました。『ああ、それは夏の別荘のことだわ[24]』」。

ドライヤーもまた、人の気場に三次元映画のようなものが見えるという。「ふつうはカラーだけれど、茶色だったり鉄板写真みたいに見えることもある。その人の人となりについて描写していることが多くて、五分から一時間まで、長さはいろいろね。画像は信じられないほど詳しいの。その人が部屋にすわっているのが見えるときは、観葉植物が何本あるとか、一本一本に葉が何枚あるか、壁にレンガが何個あるかまで見分けることができる。もちろん、なにか直接の関連がなければそんな細かいことまで説明しないけれどね[25]」。

ドライヤーの描写の正確さについては私も裏づけられる。私はいつも几帳面なほうだったが、子供の頃は特にこの面で早熟のきらいがあった。五歳のときに、何時間もかけておもちゃを全部きれいに整理して片づけ、押入れにしまったことがあった。すべて完了したとき、私は母にこれを見せ、自分できっちりと整頓した状態を乱してほしくないので、お願いだから中のものに何もさわらないようにと言い聞かせたのだった。以来、母がこのときの話をするたびに家族は大いにわいたものだった。ドライヤーとの初めてのリーディングのとき、私の人生で起きた他の数々の出来事とともに、これについても、私の気場に展開される映画の場面そのままを、彼女は詳細にわたって描写してみせたのである。説明しながら、彼女も笑いを押さえきれないようすだった。

ドライヤーは、自分が見るさまざまな映像はホログラムのようだと語っており、映像のひとつを選んで集中して見はじめると、それが部屋全体を満たすほどの大きさに広がるように見えるという。「もしその人の肩に何かがあって、それがたとえば傷だとすると、その場面だけが突然大きくなるの。ホログラムだと感じるのはそういうときね。自分がすーっと中に入っていってその一部になれるように感じるときがあるから。私に起きているのではなくて、私のまわりで起きていることなのよ。まるでその人と一緒に三次元映画、ホログラフィックな映画の中にいるような感じなの[26]」。

ドライヤーの見るホログラフィックな映像は、必ずしもその人生で起きた実際の出来事に限られているわけではない。彼女には無意識の心の働きが視覚的に投影されるところも見えるのである。私たちもよく知っているように、無意識の心は象徴や比喩という言語で語りかけてくる。夢がしばしば意味らしい意味もなく、謎めいているようにみえるのはこのためだ。しかし、いったん無意識の言語の解釈法を覚えてしまえば、夢が意味するものもはっきりしてくる。無意識が用いる語り口で表現されているのは夢ばかりではない。ほとんどの人がそれをどう解釈するのか忘れ去ってしまっていることから、エーリッヒ・フロムが「忘れられた言語」とよんだ言葉、精神の言語に精通した人たちは、人間が創造する他のもの、たとえば神話、童話、宗教的な幻視体験などの中にも、この言葉の存在を見る。

ドライヤーが人間の気場の中に見るホログラフィックな映画にもこの言語で表わされたものがあり、ちょうどそれは夢のもつ比喩的なメッセージに似ている。無意識の心は、私たちが夢をみているときだけでなく、常に活動を続けていることが現在はわかっている。目覚めた状態にある人の自己を一皮むいて、無意識の心の中を絶え間なく流れつづけているイメージの河を、ドライヤーはかいま見ることができるのである。そして、天賦の直観の才と修練の両方のおかげで、彼女は無意識の言語を読みとるのにきわめて優れた技能をもつに到ったのだ。「ユング派心理学者は私のことが大のお気に入りよ」とドライヤーは言う。

それに加えて、ドライヤーには自分がイメージを正しく解釈したかどうかを知る特別の方法がある。「私が正しく説明しないと、そのイメージは消えないの」と彼女は述べている。「それはそのまま気場に残っている。でも、ある特定のイメージについてその人が知るべきことをすべて話してしまうと、それはだんだん霞んできて、消えてしまう[27]」。ドライヤーの考えでは、これは彼女にどのイメージを見せるかを選んでいるのが、その人自身の無意識の心だからである。ウルマンと同じように、ドライヤーもまた、精神は、ふだんの意識状態の自己に対し、その人がより健康に、幸せになり、霊的に成長するために知っておく必要があることをいつも教えようとしていると考えているのである。

人の精神の最も奥深い部分の働きを見据え、解釈できるというドライヤーの能力こそ、彼女が顧客の中であれだけ多くの人たちに深遠な変化をもたらすことができるひとつの理由である。彼女が、私自身の気場の中に展開する流れるようなイメージの数々をはじめて説明してくれたとき、私には、彼女が私自身の夢のことを語っているのではという不思議な感じがしていた。だが、その夢は、私がまだみていない夢、ということになる。最初は、この変幻するイメージの洪水は、不思議とどこかで知っているように思えただけだったが、ひとつひとつがもつ象徴的な意味や比喩を彼女が順に解き明かしていくにつれ、私は自分自身の内的自己の仕組み、働きを見ることができた。自分が納得していたこと、そして自分ではあまり認めたくないことのどちらも見えたのである。リッチやドライヤーのような超能力者が行なっている活動を見れば、気場に厖大な量の情報があることはどう考えても明らかだ。オーラのデータを分析したハントが、あれほど明白なカオスのパターンを得られたのも、はたしてこのためだったのであろうか。

人間の気場にさまざまな像を見る能力は別に新しいものではない。三〇〇年近くも前に、スウェーデンの偉大な神秘家エマヌエル・スウェーデンボルグは、人々のまわりに「波動体」が見えると記しており、この波動体の中に、彼が「描画」とよんだイメージとしてその人の思考が視覚的に現われるとしている。他の人々にはこの波動体が見えないという点について、彼はこう述べている。「思考の中の概念が、まるである種の波動に包まれているかのような固体として私には見える。しかし、その中心部分の固体のような部分を除いては、人間の〔通常の〕感覚がとらえられるものはない[28]」。スウェーデンボルグはまた、自分の気場にも前述の描画を見ることができた。「知人のことを思っていたとき、人間界での姿そのままに彼の像が現われた。だが、そのまわりには、まるで波のまにまに流れているかのように、私が少年時代から彼について知ってきたこと、思ってきたことがすべて見えるのだった[29]」。

ホログラフィック身体診断

フィールド全体にわたってホログラフィックに分散されているのは、波動だけではない。超能力者たちによると、このフィールドにあるその人に関する大量の情報は、身体のオーラのあらゆる部分にも見ることができるという。ブレナンも述べているように、「オーラは全体を表わしているだけでなく、全体そのものも内包している[30]」。カリフォルニアの臨床心理学者、ロナルド・ウォン・ジュウもこの意見に賛成だ。トランスパーソナル心理学会の会長を務めたこともあり、自分自身も透視能力に恵まれているジュウは、個人の履歴でさえも、身体の内部にもともと存在する「エネルギー・パターン」に内包されているとの結論に達している。「身体は一種の小宇宙である。いまその人が対処し、ひとつの全きものへとまとめようとしているさまざまな要素をすべて反映し、それ自体独立したひとつの宇宙なのだ」とジュウは述べている。

ドライヤーやリッチと同様、ジュウもその人の人生の重要な問題に関する映画に波長を合わすという心霊的な力をもっているが、彼の場合、それを気場に見るのではなく、その人の身体に手をおいて、自分の心眼の中にこの映画を呼び起こし、霊視鑑定《サイコメトリー》を使って文字どおり身体からこれを読みとってしまう。ジュウによれば、このテクニックを使うと、その人の生活でいつも浮き彫りになる感情の動き、核心となっている問題、そして人間関係のパターンなどをすみやかに見てとることができるため、しばしばこれを治癒プロセスを促進させる目的で使っているという。「このテクニックは、実は同僚の精神科医アーネスト・ペシから教えてもらったものです」とジュウは述べている。「彼はこれを『ボディ・リーディング』とよんでいました。私は、エーテル体や何かについて語るかわりに、これを説明する方法としてホログラフィック・モデルを使い、ホログラフィック身体診断とよぶことにしたのです(31)」。臨床治療に加え、ジュウはこのテクニックの使い方を教える講座も開いている。

X線的透視能力

前章では、身体が固体構造ではなく、一種のホログラフィックな像である可能性について探ってみた。多くの透視能力者がもつ力で、この見方を裏づけてくれそうなものがもうひとつある。それは、文字どおり人体の内部を見ることができる能力だ。気場を見る才能に恵まれた人でも、視覚を調節し、肉体がまるで色づいた霞でしかないかのごとくに、その内部まで透視できる場合もよくある。

前述したシャフィカ・カラグラは、その調査の過程で、このX線のような透視能力をもつ人たちを何人か見つけた。その中には医者もそうでない人もいたが、彼女がダイアンとよぶある女性は、企業の社長だった。ダイアンに会う直前にカラグラはこう書いている。「精神科医として、自分の内部を『見透かす』ことができるとされる人間に会うことは、通常の私の診療方法を根底から覆すことになる[32]」。

カラグラは、かなりの時間をかけてダイアンの力を調べてみた。さまざまな人たちに彼女を会わせ、その場で診断を下してもらうのである。ある女性の気場を見たダイアンは、それが「萎えて」、「割れてバラバラになっている」と語り、これは彼女の肉体に深刻な問題があることを示していると言った。そしてつぎに彼女はその女性の身体の内部を透視し、脾臓の付近で腸閉塞が起きているのを見た。そのような深刻な事態になっている場合にふつう現われる症状は何ひとつなかったため、これはカラグラを驚かせた。それでも一応この女性はかかりつけの医師を訪れた。そして、そのレントゲン写真は、ダイアンが説明したまさにその部分に閉塞があるのを示していたのである。三日後、彼女は命にかかわるこの障害を取り除くための手術を受けたのだった。

これとは別の一連の調査で、カラグラは、ニューヨークのある大きな病院の外来病棟で当てずっぽうに選んだ患者をダイアンに診察してもらった。ダイアンが診断を下したあとに、カラグラが患者のカルテを調べ、その診断が正しかったかどうかを確かめるというやり方である。ある例で、二人とも面識のない患者を診たダイアンは、まずその女性に脳下垂体（脳の内部深くにある分泌腺）がないこと、膵臓がどうも正しく機能していないように見受けられること、彼女の乳房になんらかの病状があったが、いまはもう除去されていること、そして脊椎から来るエネルギーが腰より下に充分いっておらず、脚にも問題があることなどをカラグラに伝えた。この女性の医療カルテは、まず脳下垂体が外科手術で摘出されており、ホルモン薬を飲んでいるために膵臓に影響が出ていること、ガンのため両方の乳房を切除していること、脊髄への圧迫を和らげ、脚の痛みをとるために背骨の手術を受けており、神経に損傷を受けているせいで排尿が困難になっていることなどが記されていたのだった。

一連の調査を通じ、ダイアンは人体の内奥の部分までなんなく透視できることをつぎつぎと示していった。内臓の状態についてのその描写は詳細をきわめていた。腸の状態から、さまざまな分泌腺の有無、そして骨の密度やもろさまで説明できたのである。カラグラはこう結論づけている。「エネルギー体に関する彼女の分析結果については評価を下せなかったものの、身体の状態に関する彼女の観察は、医療診断によるものと驚くほどの正確さで相関性が見られた[33]」。

ブレナンも人体の内部を見通すことがうまく、この能力を「内面透視」とよんでいる。この内面透視を用いて、彼女は骨折、線維腫、ガンなど幅広い病状を診断してきている。臓器の状態はその色で判断できることが多いと彼女は言う。たとえば、健康な肝臓は濃い赤色をしているが、黄疸にかかった肝臓はいかにも病んだ感じの黄ばんだ茶色、そして化学療法を受けている人の肝臓は緑がかった茶色に見える。内面透視力をもつ他の多くの超能力者と同じように、ブレナンも焦点を調節してウイルスや個々の血球までも見ることができるという。

私自身も、内面透視力をもつ超能力者に何人か出会ったことがあるが、それが本物であることについては断言できる。なかでもドライヤーについては、その能力を使うところを私は実際に見ている。あるときなど、彼女は私の体内の医学的問題を正確に診断したばかりか、私が仰天するような、まったく性格を異にする情報を一緒に教えてくれたのだった。数年前、私は脾臓を悪くしたことがあった。なんとか快復させようと、私は視覚化の訓練を毎日することにした。健康で全き状態にある自分の脾臓のイメージを描き、それが治癒の光を浴びている姿などを視覚化したのだ。が、残念ながら私はとても気が短い人間で、直ちにこれが目立った成果をもたらさなかったため、怒ってしまった。つぎの瞑想のとき、私は頭の中で自分の脾臓を叱りつけ、とにかく私の言うとおりにしたほうがいいぞと、厳しい言葉で伝えたのだった。これはあくまで誰も知りえない私の思考の内面で起きたことで、私自身もこのことはすぐ忘れてしまった。

数日後、私はドライヤーに会い、私の身体を見てくれるよう頼んで、何か気をつけたほうがいいことがあるかどうかたずねた(あの問題のことは言わなかった)。それでも、彼女は直ちに私の脾臓のどこが悪いのかを説明し、そしてそこで一息いれると、どうもわけがわからないといったようすで顔をしかめるのだった。「あなたの脾臓は何かとても頭にきてるわねえ」と彼女はつぶやいた。そして突然、ピンときた。「脾臓にどなりちらしたの?」私は恐る恐るそのとおりだと認めた。ドライヤーは、もうお手上げねと言いたげなようすだった。「そんなことしてはだめ。あなたの脾臓はあなたが望んでいると思っていたことをしたために病んでしまったのに。それも、もとはと言えばあなたが無意識にまちがった指示を与えてしまったからなのよ。それでこんどはどなりちらすんだから、脾臓は本当にわけがわからなくなっちゃったのよ」。彼女は心配そうな様子で首をふった。「絶対に、絶対に自分の身体や内臓に対して怒ったりしてはいけない」と彼女は忠告した。「いいメッセージだけを送らなくてはだめ」。

この出来事は、体内を見ることができるというドライヤーの技能を示しただけでなく、どうやら私の脾臓になんらかの精神ないし意識らしきものがあることを示唆しているようだ。これは、どこで脳が終わりどこから身体が始まるのかはもはや不明であると述べたキャンディス・パートの見解を思い出させただけでなく、ひょっとすると身体を構成するあらゆる要素、つまり、内分泌腺、骨、臓器、細胞なども、すべてがそれ自体の知性を有しているのではなかろうかと私は考えさせられてしまった。もし身体が真にホログラフィックであるとするなら、パートの言葉は私たちが思っているよりもずっと正しく、全体の意識は、それを構成するすべての部分にもしっかり内蔵されているのかもしれないのだ。

内面透視とシャーマニズム

シャーマニズムを中核とする文化の中には、内面透視の能力がシャーマンになるための必須条件のひとつとなっているものがある。チリやアルゼンチンの大草原地帯に住むアローカニア・インディアンの間では、新たにシャーマンと認められた者は、まさにこの能力がそなわるよう祈ることを教えられる。これは、アローカニア文化でのシャーマンの主要な役割が、病気の診断と治療であり、そのためには内面透視が欠かせないものだからだ。[34] オーストラリアのシャーマンは、この力のことを「強い眼」あるいは「心で見ること」とよんでいる。[35] エクアドルのアンデス山脈の東側、森林におおわれた高原地帯に住むヒバロ・インディアンは、「アヤワスカ」とよばれるジャングルのつる植物からの抽出液を飲んでこの力を得る。この植物には幻覚作用を引き起こす物質が含まれており、それを摂取した人間に心霊的な力を授けると信じられている。ニューヨークの新社会研究学院の文化人類学者で、シャーマンの研究を専門としているマイケル・ハーナーによると、アヤワスカは、ヒバロ・インディアンのシャーマンが「患者の身体がまるでガラスであるかのように内部まで見通す」力を与えてくれるのだという。[36]

それが実際に身体内部を見透す力であっても、あるいは体内やその周辺に現われる気味悪い悪魔的な生物のホログラフィック映像といった象徴を通して病を見る力であっても、この病気を「見る」という能力は、シャーマン文化に共通のものである。しかし、内面透視の例が報告されている文化が何であろうと、その意味するところは同じである。つまり、身体はエネルギーでできているものであり、究極的にはそれを包み込んでいる気場と同様に非物質的なのではないかということだ。

気場は宇宙の仕組みの青写真

身体は、単に密度のレベルが異なるいまひとつの気場であり、それ自体もオーラの干渉パターンから発生する一種のホログラムであると考えれば、心が身体全般に対してもつ驚くべき治癒力と、強力なコントロールのどちらも説明できる可能性がある。病気は、実際に身体に現われる何週間も前、ときには何カ月も前に気場の上に姿を現わすことから、病気が実は気場から発生するものだと考える超能力者も多い。これは、「場」のほうがある意味では身体よりも一義的な存在であり、身体がその構造をつくり上げる際に指示を得る一種の青写真として機能していることを示唆している。別の言い方をすると、気場は、身体にとってのひとつの内在秩序なのかもしれないのだ。

身体に病気が表出する何カ月も前に、すでに患者はその病気を「イメージしている」というアクターバーグやシーゲルの調査結果も、これで説明できるのかもしれない。いまのところ、医学では、頭の中のイメージが実際どうやって病気を創造できるかなど見当さえついていない。しかし、これまで見てきたように、思考の中で重要な位置を占める考えは、すぐ気場にイメージとして現われる。もし気場が、身体を導き、それを型どっていくための青写真だとすれば、たとえ無意識にであっても、ある病をイメージし、気場におけるその存在を繰り返し強調することで、私たちはその病が生じるよう身体を実質的にプログラミングしているのかもしれないのだ。

同様に、頭の中のイメージと気場と身体との間に存在する、このダイナミックなつながりそのものが、イメージ法や視覚化によって治癒が可能な理由のひとつなのかもしれない。また、信仰や、宗教上のイメージへの瞑想によって、なぜ聖痕発現者たちの手に釘状の突起が生じうるのかについても説明してくれる可能性がある。現段階の科学では、こうした生物的な力を説明しようにも、その手がかりさえない状態だが、ここでもまた、祈りと瞑想を続けることによって、そのようなイメージが気場にはっきりと刻み込まれ、それが何度も繰り返されることにより、身体に物理的な形となって姿を現わすのではないかとも考えられる。

気場が身体を型どるのであり、その逆ではないと考えている研究者が、デトロイト在住の医師で、過去十二年間にわたり身体の精妙な気場の医学的な意味を探ってきたリチャード・ガーバーだ。「エーテル体は、肉体の成長と発達を導くホログラフィック・エネルギーの〝型板〟である」とガーバーは語る。(37)

ガーバーは、一部の超能力者がオーラの中に見るというはっきりとした層も、思考と気場と身体との間のダイナミックな関係の中でひとつの役割を演じていると考える。肉体がエーテル体の下位に属しているのとまったく同様に、エーテル体はアストラル/感情体の下位に属し、アストラル/感情体は知性体の下位に属す、というふうになっているとガーバーは述べており、それぞれの「体」が下位体の型板として機能するという。したがって、あるイメージや思考が現われる気場のレベルが高いほど、身体を癒し、それを再形成する力も大きなものとなっていくのである。「知性体がアストラル/感情体にエネルギーを供給し、それがエーテル体、肉体に伝わっていくようになっているため、知性体のレベルで人を癒すほうが、アストラルあるいはエーテル体レベルよりも強力であり、持続的な結果をもたらす」とガーバーは語っている。[38]

物理学者ティラーもこの説と同じ意見だ。「人間が創り出す思考は、自然の精神のレベルにパターンを発生させる。したがって、病気というのは、実は精神レベルでのパターンの変化が歯車を介して伝わっていくようにつぎつぎとその効果が伝達され、最終的にそれが表面化してくるものであることがわかる。まずエーテル体のレベルへの影響として現われ、そしてそれが最後には肉体のレベルまで下りてきて、病気として私たちの目にも見えるようになるのである」。ティラーは、病気がしばしば再発することがあるのは、今日の医学が肉体のレベルしか治療しないからだと考えている。医師が気場の治療も行なうことができれば、いっそう持続的な治癒をもたらすことができるだろうと彼は感じている。それができるまでは、多くの治療は、「精神的、霊的なレベルでの基本的なホログラムを変えていないので、持続的なものとはならないことだろう」と彼は論じている。[39]

かなり大規模な推論だが、ティラーはこの宇宙自体も精妙なエネルギーとして始まったものであり、身体の場合と同様の効果によって徐々に密度を増し、物質化していったとさえ主張している。彼の見方によると、たとえば神は、この宇宙を神聖なパターンないし思考として創造したとも考えられる。超能力者は人間の気場にイメージが漂っているのを見るが、そのイメージと同様にこの神聖なパターンも型板として機能し、「一連のホログラムを通じてひとつひとつ次の段階に下りていきながら」、下位に属する宇宙気場のレベルに影響を与え、それらを型どっていき、最終的にはそれが物理的宇宙のホログラムへと融合して固まっていくのである。[40]

もしこれが真実だとしたら、人間の身体はもうひとつの面でホログラフィックである。なぜなら、私たちの一人ひとりが真にひとつのミニチュア宇宙であることになるからだ。それればかりか、もし私たちの思考が、自分自身の気場だけでなく、現実そのものの精妙なエネルギーのレベルにさえ、あの幻影のようなホログラフィック像を形成できるのだとしたら、それは前章で探ったような奇跡現象を人間の心がいかにして引き起こしうるのかも説明してくれるのではないだろうか。また、シンクロニシティや、精神の内奥にあるイメージやプロセスがどうして外界にその姿を現わすか、ということさえ説明できるかもしれない。ここでもまた考えられるのは、私たちの思考がたえずホログラフィック・ユニヴァースの精妙なエネルギー・レベルに影響をおよぼしているということだ。ただし、そのなかで危機や変容の際に現われる強烈な感情を伴った思考のみが、物質的な宇宙に一連の偶然の一致（シンクロニシティ）としてその姿を現わす力をもっているのである。

現実の創造に関わる

もちろん、これらのプロセスが起きるためには、宇宙の精妙な気場がはっきりした層に分かれていることが前提、というわけでもない。宇宙のこの精妙な「場」がなめらかな連続体であっても、このプロセスは機能することだろう。それどころか、これらの精妙な場が私たちの思考にどれだけ敏感であるかを考えると、その組成や構造に関する固定概念をもつことには充分注意しなくてはならない。私たちが信じることが、実際にその構造を型どり、創造してしまう可能性さえあるからだ。

人間の気場が層に分かれているかどうかについて、超能力者たちの間でも意見が分かれているのはおそらくこのせいなのかもしれない。はっきりと分かれた層の存在を信じる超能力者は、実は気場に作用して層を形成させているのかもしれないのだ。自分の気場を観察されている人間がこのプロセスに参加していることも考えられる。ブレナンはこの点についてきわめて明快な意見を述べており、自分の顧客がこれらの層のちがいをわかっていればいるほど、実際に気場に見える層もはっきり区別できるものになるという。彼女は、自分が見る気場の構造も、いまのところあるひとつの体系にしかすぎず、他にもちがう体系が提唱されていることももちろん認めている。たとえば、四世紀から六世紀にかけて書かれたヒンドゥーのヨガ文献の集成であるタントラの著者たちは、気場に三つの層しか知覚していない。

たとえ自分では意図しなくても、透視能力者が気場の中に創り上げてしまった構造が、驚くほど長期間にわたって存在しつづけることもありうるという証拠がある。何世紀にもわたり、古代のヒンドゥー教徒たちは、個々のチャクラにはその中心にサンスクリットの文字が書かれていると信じていた。日本の研究者で、チャクラにおける電流の存在を計測する技術の開発に成功した臨床心理学者、本山博は、自分が最初にチャクラに興味を抱いたのは、ごく普通の女性でありながら生まれつき透視能力をもっていた彼の母親にそれがはっきりと見えたからだという。しかし、長年にわたり、彼女にはどうも解せないことがあった。自分の胸のチャクラに、逆さまになったヨットのように目に映るものが見えていたのだ。本山自身、母が見ていたものが、古代のヒンドゥー教徒たちがハート・チャクラにあると知覚していたサンスクリット文字の「ヤム」（上図）であることがわかったのは、自分で研究を始めてからのことだった。[41]

たとえば、ドライヤーのように、チャクラにサンスクリット文字を見る超能力者もいるし、見ない者もいる。これは、文字が見える超能力者たちが、古代のヒンドゥー教徒たちの信念によって遠い昔に気場に刻み込まれたホログラフィックな構造に、自分の波長を合わせていると考えるしか説明のしようがないようである。

一見この考えは異様に思われるかもしれないが、先例はある。これまでも見てきたように、量子物理学の基本を成している説のひとつが、私たちは現実を発見しているのではなく、その創造に参加しているというものだ。気場の存在する、原子を超えたレベルまで現実を探究していくなら、人間の意識もその創造に関わっているという現実の本質がよりいっそうはっきりしてくるのかもしれない。したがって、人間の気場に特定の構造ないしパターンを発見したと言うことに関しては、充分に慎重であるべきだ。というのも、そこで発見したものとは、実は自分で創り出したものかもしれないからである。

心と人間の気場

プリブラムは、五感による入力を脳が周波数という言語に変換することを発見したのちにある結論に達したが、人間の気場を調べていくと、やはりそれとまったく同じ結論が導かれる。これは非常に意義深いことである。その結論とは、私たちにはふたつの現実があるというものだ。ひとつは、私たちの身体が固体として、時空のなかで正確にある位置を占めているように見える現実。そして、もうひとつは、私たちの本来の存在そのものがかすかな光を放つエネルギーの雲のようなものとして現われ、空間におけるその究極的な位置も曖昧でしかないような現実である。この認識は、かなり深遠な問題を伴なっている。たとえば、それなら心はいったいどうなってしまうのか？　私たちは、自分の心が脳の産物であると教えられてきたが、もし脳や肉体がホログラムでしかなく、段階的にその精妙さを増していく気場の連続体における最も高密度な部分にすぎないとしたら、これは心というものについていったい何を語っているのだろう？　気場に関する研究がこの答えを提供してくれている。

サンフランシスコのマウント・ザイオン病院の神経生理学者、ベンジャミン・リベットとバートラム・

ファインスティンのふたりによってなされた発見が、科学界で最近ちょっとした論争を巻き起こしている。リベットとファインスティンは、患者の皮膚への触覚による刺激が電気信号として脳に到達するまでの時間を測定した。また患者には、自分に何かが触ったと感じたのを意識したときにボタンを押してもらった。リベットとファインスティンは、刺激が起きた後〇・〇〇〇一秒で脳がそれを認識し、患者は刺激を与えられてから〇・一秒後にボタンを押したことがわかった。

しかし驚くべきことに、患者は〇・五秒近くもの間、刺激を受けたこともボタンを押したことも意識の上で認識したとは言わなかったのである。これは、反応すべしとの決定を患者の無意識の心が下していたことを意味している。自分の行動についての患者自身の認識だけが遅れていたのだ。さらに気になることは、被験者の誰ひとりとして、自分がボタンを押そうと意識的に決断する前に、すでに無意識の心がそうさせていたということを認識していなかった、という点だ。実際には自分の行動を意識的にコントロールしていなかったにもかかわらず、あたかもそうしていたという心地良い幻想を彼らの脳が創り上げていたのである。[42] この発見を聞いて、自由意志などというのは幻想なのかと考えさせられた研究者もいたようだ。その後の研究では、たとえば指をもちあげるといったように、私たちがある筋肉を動かそうと「決めた」ときには、その一・五秒前に脳がすでにその動きを行なうのに必要な信号を出しはじめていることがわかっている。[43] ここでも、決定を下しているのは、いったい誰なのか？　通常の意識なのか、はたまた無意識の心なのか？

ハントの発見はもっとすごい。脳よりも気場のほうが刺激に対して早く反応を示すことを彼女は発見したのだ。気場を流れる微弱電流と脳波を同時に計測し、大きな音を立てたり、まぶしい光を当ててみると、気場のほうが必ず脳波より前に反応を記録することを発見したのである。これはいったいどういうことなのだろうか？「人間が世界と関わっていくなかでのひとつの重要な要素として、脳の果たす役割をひどく過大評価しすぎてきたのだと思います」とハントは語っている。「脳はただの性能の良いコンピュータです。でも、創造性、想像力、霊的なものなどに関わるような心の側面は、いずれも脳には見当たりません。心は脳にあるのではないのです。あの例の『場』にあるのですよ」[44]。

ドライヤーも、人が反応を自覚するより先に気場のほうが反応してしまうことに気がついた。その結果、彼女は顧客の反応を顔の表情で判断しようとするのではなく、目を閉じたまま、その人の気場がどう反応するかを見きわめることにしたのだという。「話しながら相手の気場の色が変わるのが見えるの。私の言っていることについてどう感じているか、わざわざ聞かなくても見えるのね。たとえば場が全体にぼんやりしてきたら、私の言っていることが理解できていないというのがわかる、というように」と彼女は述べている[45]。

もし心が脳にあるのではなく、脳と身体の両方に浸透している気場にあるのだとしたら、ドライヤーのような超能力者が、なぜ人の精神の中身のかなり多くの部分を気場の中に見ることができるのかも説明がつく可能性がある。また、前述したように、ふつう思考とは関係ないとされている脾臓のような臓器が、どうして独自の初歩的な形態の知性をもつに至ったのかも説明できるかもしれない。まったくのところ、もし心が場のほうにあるのだとしたら、私たちの意識、思考、感情を覚える部分が、肉体の内部に閉じ込められているとは限らないとも考えられ、これから見ていくように、この見解を裏づける証拠も実際にかなり存在しているのである。

しかし、まずこれとは別の問題に注目しなくてはならない。ホログラフィック・ユニヴァースで虚像にすぎないのは、なにも身体の固体性だけではない。前にも見たように、ボームは、時間そのものでさえも絶対的なものではなく、内在秩序から花開くようにその姿を現わしてくるものだと考えている。これは、過去、現在、未来といった、時間を直線的に分ける区別も、これまた心がつくり上げたいまひとつの概念構造にすぎないことを示唆している。次章では、この考えを立証する証拠材料、それに「いま／ここ」に生きる私たちの生活の中で、この見方がどんな意味をもっているかについて考察してみたい。

第三部　時間と空間

シャーマニズムなどの神秘的な分野の研究がその重要性を増してきているのは、それが人間の心と精神に関する新しい考え方を要求しているからだ。そこで語られているのは、意識の領域を限りなく拡大することや……五感がとらえる物質界は単なる幻想で、影の世界にしかすぎず、私たちが身体とよぶ三次元的な道具も、その身体より限りなく巨大で包括的な何か、この現実の生活のマトリックス自体を構成している何かの容れ物、棲み家としての役割を果たしているにすぎない、という信念であり、知識であり、さらにはそれを実感する体験などについてなのである。

ホルガー・カルヴァイト『夢時間と内面空間』

第七章　時を超えて

すべてのものがそうであるように、精神の「ふるさと」は内在秩序である。目に映る宇宙一切が充満する根源的な場であるこのレベルでは、直線的な時間は存在しない。内在秩序の領域は非時間的なものなのだ。瞬間瞬間は糸を通したビーズのように順につながっているわけではないのである。

ラリー・ドッシー『魂の再発見』

その男が目の前の空間をぼんやり見つめると、部屋はボーッとかすんで透明となり、そこに遠い過去の一場面が現われてきた。突然、彼は宮殿の中庭におり、目の前にはオリーブ色の肌をした若い美女がいた。首のまわりや手首、足首を飾る黄金のアクセサリー、白い半透明の服、編まれた黒髪が四角い形の高い冠の下に気高く束ねられているのが見える。そのうち、彼女についての情報が頭の中にあふれてきた。エジプト人であること、父親は王子ではあるがファラオ（王）ではないことがわかった。また、彼女は結婚もしていた。夫は痩せており、細かく編んだ髪を顔の両側にたらしている。その男は場面を早送りすることもできた。まるで映画のように、この女性の人生に起きる出来事の数々を早いスピードで見ることができたのである。彼女が出産のときに亡くなったことも見えた。長い時間をかけ、込み入った手順で取り行なわれる遺体のミイラ化の作業、葬列、そして納棺の儀式をじっくりとながめ、それが終わるとイメージは徐々に消えて、ふたたび部屋が視界に戻ってきた。

男の名はステファン・オソヴィエツキー。ロシア生まれのポーランド人で、今世紀最大の透視能力者のひとりであり、時は一九三五年二月十四日のことであった。この過去の場面は、彼が石質化した人間の足の一片を手に取ったときに呼び起こされたものである。

発掘品の過去を見透すオソヴィエツキーのすばらしい才能は、やがてワルシャワ大学教授で、当時のポーランドでは最も著名な民俗学者であったスタニスラフ・ポニアトフスキーの知るところとなった。ポニアトフスキーは、世界中の遺跡から集めたさまざまな火打ち石や石器などを使って、オソヴィエツキーをテストしてみた。「石製遺物《リシック》」とよばれるこれらの発掘品のほとんどは、見かけからはその正体すらわからず、それが人の手によって造られたものであることなど、予備知識のある者にしかわからない。また、これらの品は、ポニアトフスキーのために、その年代や歴史的背景などが専門家の手によって事前に調べられて確認されており、この情報がオソヴィエツキーの目に触れることがないようポニアトフスキーも細心の注意を払っていた。

だがそれも関係なかった。オソヴィエツキーは見る物を次から次へと正しく言い当て、その年代、それを生み出した文化、そしてそれが発見された場所を正確に描写してみせたのである。オソヴィエツキーが述べた場所がポニアトフスキーのノートにある情報と食い違うことも何度かあったが、まちがっていたのはいつも彼のノートのほうで、オソヴィエツキーの情報ではないことがのちに判明した。

オソヴィエツキーのやり方はいつも同じだった。彼はその物を手にとると、意識を集中し、自分のいる部屋はおろか自分の身体さえもその影が薄れて、ほとんどその存在が感じられなくなるまでこれを続ける。こうした意識の移行が起きると、彼の目には過去の一場面の三次元映像が見えはじめるのだ。そうなれば場面の中で好きなところにいくこともできたし、見たいものを見ることもできた。過去を透視している間、オソヴィエツキーはまるで自分が描写しているものが目の前で物理的に存在しているかのように目をあちこち動かすことさえあった。

付近に生えている植物から、人々の姿、そして住んでいる住居までも彼には見ることができた。あるとき、紀元前約一万五千年から一万年の間にフランスで栄えた石器時代の文化であるマグダレニアン人の石器を手にとったオソヴィエツキーは、マグダレニアン人の女性はとても手の込んだ髪型をしているとポニアトフスキーに言うのだった。当時これはばかばかしく思われたが、のちに麗々しく飾りつけられたマグダレニアン女性の彫像が発見されるにおよんで、オソヴィエツキーが正しかったことが立証されたのである。

こうした一連の実験を通して、オソヴィエツキーは数多くの過去の情報を提供した。それらは当初いいかげんなものに思われたが、のちに正しいと判明した例は一〇〇以上にものぼる。たとえば、彼は石器時代の人々が油のランプを使っていたと言っていたが、その後フランスのドルドーニュで、彼が説明したとおりの大きさと形の油のランプが発掘された。また、さまざまな集団が狩猟の対象としていた動物や、住居形態、それに埋葬習慣などについても詳細な絵を描いたが、そのいずれも正しいことがのちに考古学上の発見で立証されたのである。(1)

ポニアトフスキーがオソヴィエツキーとともに行なったような研究は、他に例がないというわけではない。トロント大学の人類学教授で、カナダ考古学会創設時の副会長でもあったノーマン・エマーソンも、考古学の研究に透視能力者を用いる可能性について探っている。エマーソンの研究は、ジョージ・マクマレンというトラック運転手を核とするものだった。オソヴィエツキーと同様に、マクマレンも物を通して情報を得る能力をそなえ、その物を使って過去の場面に波長を合わせることができた。またマクマレンは、遺跡を訪れるだけで過去を見ることもできた。そこに着くと、彼はしばらく行ったり来たりして自分のいる位置を確かめる。そして、その場所でかつて栄えた文化やその人々についての説明を始めるのである。エマーソンは一度、マクマレンが何もない大地の上で歩数を数えながら境界線を引くのを見ていたことがあるが、そこはイロクォイ族の共同住居があった場所だと彼は言った。エマーソンはそこに調査杭で印をつけておいたが、はたして六カ月後、マクマレンが言ったとおりの場所に古代の建造物が発掘されたのである。(2)

最初は懐疑的だったエマーソンも、マクマレンとの研究を行なってからはこれを信じるようになった。カナダの有力な考古学者を集めて開かれた一九七三年の年次学会の席上で、彼はこう述べている。「私はある情報提供者から、考古学上の発掘品、および遺跡に関する知識を入手してきているが、この提供者には心霊的な能力があり、意識的に知性を使った形跡もなしに私に情報を伝えているというのが現在の私の確信である」。彼は講演の締めくくりで、マクマレンが見せた力は、考古学に「まったく新しい局面」を開いたと自分は感じており、考古学調査での超能力者の使用を広げていく可能性を探ることは「最優先事項」と考えられるべきものだとも語った。(3)

実際、この過去透視能力、つまり意識の焦点をずらして、文字どおり過去の中を覗きこんでしまうという一部の人間がもつ能力は、さまざまな研究者によって繰り返しその存在が確認されている。一九六〇年代に行なわれた一連の実験で、オランダはユトレヒト州立大学の超心理学研究所長のW・H・テンハフと、南アフリカのヨハネスブルグにあるウィトワーテルスラント大学の人文学部長のマリウス・ヴァルコフは、卓越した力をもつオランダ人の超能力者、ジェラルド・クロワゼが、ほんの小さな骨の一片からでも霊視鑑定を行なうことが可能で、その物の背景を正確に描写できることを発見している。[4] ニューヨークの臨床心理学者、ローレンス・ルシャンは、当初この能力を疑い、のちに変じてこれを信じるようになったといういまひとりの研究者だが、彼はアメリカの著名な超能力者、アイリーン・ギャレットを使って同じような実験を行なっている。[5] 考古学者クラレンス・ワイアントは、一般に中米で最も重要な遺跡と考えられているトレス・サポテスの発見で一躍有名になったが、一九六一年のアメリカ人類学会の年次総会で、この発見はある超能力者の援助がなければできなかっただろうと明かしたのである。[6]

『ナショナル・ジオグラフィック』誌の編集スタッフの一員だったこともあり、マサチューセッツ工科大学の〈技術革新、テクノロジー、社会に関する国防長官との懇談会〉の委員でもあるスティーヴン・A・シュワルツは、過去透視能力が現実のものであると考えているだけでなく、科学の世界観に対し、最終的にはコペルニクスやダーウィンの発見によってもたらされたものと変わらぬほど深遠な変化を引き起こすだろうと信じている。これについてのシュワルツの信念は固く、透視能力者と考古学者の協力関係の歴史を包括的にたどった著作『時の秘密金庫』を著している。「すでに七五年の長きにわたり、心霊考古学は実際に行なわれてきている」とシュワルツは語る。「この新しいアプローチは、『偉大なる唯物的世界観』の根幹として絶対に欠かせない時間／空間の枠組みが、ほとんどの科学者が信じこんでいるほど絶対的なものではけっしてないことを証明するのに大きく貢献してきたのである」。[7]

過去はホログラムとして存在する

このような能力は、過去が失われてしまうのではなく、なんらかの形で人間の知覚の届くところにまだ存在していることを示唆している。通常の宇宙観はそのような状態が存在することを許容しないが、ホログラフィック・モデルではこれが可能だ。時の流れは絶え間ない一連の開示と包み込みの産物であるというボームの見解は、現在が包み込まれて過去の一部となる過程で、それは存在しなくなるのではなく、単に内在秩序の宇宙倉庫の中に戻るにすぎないことを示唆している。あるいは、ボーム自身の言葉を借りると、「過去は、一種の内在秩序として現在の中に生きつづけている[8]」。

ボームが提唱するように、もし意識も内在秩序にその源があるとしたら、これは人間の心と過去のホログラフィックな記録がすでに同じ領域に存在していることを意味しており、言ってみればすでにお隣り同士ということになる。だからこそ、過去に手を伸ばすには、意識の焦点をシフトさせるだけでいいのかもしれない。オソヴィエツキーやマクマレンのような透視能力者は、生まれつきこのシフトを行なうコツをそなえているだけなのかもしれないが、これまで見てきた人間のさまざまな超能力がそうであったように、ホログラフィックな見方は、この才能が誰にもそなわっていることを示唆しているのだ。

過去が内在秩序にどういう形で蓄積されているかを表わす比喩もホログラムの中に見られる。たとえば、ひとりの女性がシャボン玉を吹いているとしよう。そのようなある活動の個々の段階が、多重画像のホログラムの中に連続する画像として記録されているとするなら、個々の画像は映画のひとコマのようなものとなる。もしこのホログラムが「白色光」ホログラム（画像を見るのにレーザー光線を必要とせず、裸眼で見ることが可能なホログラム）であれば、そのフィルムのそばを通る人は、見る角度が変わるにつれて、先ほどの女性がシャボン玉を吹いている姿の三次元映像の映画に相当するものを見ることになる。言いかえれば、異なる画像の数々が開示され包み込まれていくにつれ、それらの画像は連続して流れるように見え、動いているような印象を与えるということだ。

ホログラムのことをよく知らない人は、シャボン玉を吹く行為の各段階は過ぎ去っていくもので、一度知覚されたらもう二度と見ることはできないと考えてしまいがちだが、これは正しくない。ホログラムにはいつも行為の全体が記録されており、それが時間を追って順に起きているように錯覚されるのは、視点が移動することによるものだ。ホログラフィック理論は、私たちの過去についても同じことが言えることを示唆している。過去は忘却の彼方へ消え去ってしまうのではなく、宇宙ホログラムに記録されたまま残っているのであり、それはいつでも取り出すことができるのである。

過去視体験のホログラム的性格を示唆するいまひとつの特徴が、呼び起こす場面の立体性である。たとえば、やはり物品の霊視鑑定能力をもつ超能力者のリッチは、オソヴィエツキーの見た映像が、彼のいた部屋と同じように立体的で、現実感においてはむしろ勝っていたと語っているのはよく理解できると述べている。「まるでその場面に呑み込まれてしまうような感じです」とリッチは語る。「それはとても強力で、一度始まると私もその一部となります。ちょうど同時に二つの場所にいるようなものです。部屋に座っていることは意識しているのですが、その場面の中にもいるのです[9]」。

これと変わらずホログラフィックなのが、この能力のもつ非局在的性質だ。超能力者たちは、ある特定の遺跡について、現場にいても、遠く離れていてもその過去を透視することができる。つまり、過去の記録は特定の場所に蓄積されているのではなく、ホログラムの中にある情報と同じく非局在的であり、時空の枠組みの中のどの地点からも取り出すことができるようなのだ。この現象の非局在的側面は、サイコメトリーに頼らずとも、過去に波長を合わせられる超能力者がいるという事実でますます裏づけられる。ケンタッキー州出身で、その名もよく知られている透視能力者エドガー・ケイシーは、ただ自宅のソファに横たわり、睡眠に近いような状態に入るだけで過去を見ることができた。彼が人類の歴史について語ったことを書きとった書物は何冊にもおよび、しばしば驚くほど正確だった。たとえば、彼はクムランにあったエッセネ派の集落の場所を正確に示し、その歴史上の役割についても詳しく語ったが、これはクムランを見降ろす丘の洞窟で死海写本が発見され、彼の話を立証する十一年も前のことであった。[10]

過去視ができる人間の多くが、人間の気場を見ることもできるという事実には興味深いものがある。オソヴィエツキーが子供の頃、彼の母親は、彼が人のまわりに見えると言ってきかなかった色の輪をなんとかなくしてやろうとして目薬を与えたこともあったくらいだし、マクマレンも人の気場を見てその人の健康状態を診断できる。これは、過去視が、現実の中でもより精妙な、振動という側面を見る能力とつながっていることを示唆している。言いかえれば、過去とは、プリブラムのいう波動領域にコード化されたもののひとつにすぎない、ということなのかもしれない。つまりそれは、宇宙の干渉パターンの一部であり、たいていの人間はそれをカットしてしまうが、ごく一部の人間だけが波長を合わせ、ホログラム状の画像に変換することができるということになる。「波動領域にあるホログラフィックな宇宙においては、四千年前が明日であるのかもしれない」とプリブラムは語っている。[11]

過去からやって来た幻影

過去は宇宙の波動の中にホログラフィックに記録されていて、人間の心がときとしてこれを取り出し、ホログラムに変換することがあるという考えは、幽霊などの出没や憑依について、少なくともその一部を解明してくれる可能性がある。幽霊の出現は、ほとんどの場合、過去の場面や人の姿などを立体的に記録したホログラムである以外はちょっと考えられないように思われる。たとえば、幽霊とは亡くなった人の霊や魂だとする説もあるが、幽霊がすべて人間の姿をしているわけではない。生命の宿っていないはずの物体の姿を見たという人の記録も数多くあり、この事実は、出没する幽霊が肉体を離れた魂であるとする考えが誤りであることを示している。ロンドンにある心霊研究協会がまとめた『生者の霊現』は、しっかりとした資料に裏打ちされた、幽霊の出現やその他の超常現象に関する二巻におよぶ厖大な記録だが、この中にもそのような例が多く取り上げられている。たとえば、ひとつの例では、英国軍のある将校とその家族が、自宅の庭の芝生の上に幽霊のような馬車がやって来て止まるところを一部始終目にしている。この馬車があまりにリアルだったので、将校の息子がそばに近づき、中に女性とおぼしき姿があったのを見たくらいだった。もっとよく見て確かめようとする前にこの像は消えてしまい、馬の足跡や車輪の跡さえ残っていなかったという。[12]

このような体験はよくあるものなのだろうか。その答えは不明だが、少なくともアメリカとイギリスで行なわれたいくつかの研究によれば、国民の一〇から一七パーセントにのぼる人たちが幽霊を見たことがあるとの結果が出ていることがわかっており、このような現象は多くの人が思っているよりもかなり頻繁に起きている可能性を示している。[13]

ある出来事がホログラフィック記録に他よりもはっきりした痕跡を残すことがあるという考えも、幽霊の出現が、暴力的な事件や、強烈な感情を伴なうことが多い出来事が起きた場所でよく見られるという傾向によって裏づけられている。殺人、戦争、その他の殺傷行為が行なわれた場に幽霊が出没する話に関する文献は、それこそ山ほどある。これは、映像と音に加え、ある出来事の最中に人の心に湧きあがってくる感情も宇宙ホログラムに記録されることを示唆している。ここでもまた、そうした出来事に伴なう強烈な感情が、ホログラフィック記録に際立った痕跡を残すため、普通の人間が知らず知らずのうちにそれに触れるという事態が可能になるのだろう。

そしてここでも、このような幽霊の出現の多くは、成仏できずにいる不幸な魂が生み出すものというよりは、過去のホログラフィック記録の中を偶然にかいま見てしまっている現象にすぎないように思われる。この見解もこのテーマに関する文献によって裏づけられている。たとえば、一九〇七年のこと、UCLAの人類学者で、宗教を研究していた学者のW・Y・エヴァンス＝ヴェンツは、詩人ウィリアム・バトラー・イェーツの示唆にしたがい、二年間をかけてアイルランド、スコットランド、ウェールズ、コーンウォル、ブルターニュを旅し、妖精やその他の超自然的存在と遭遇したと言われている人々に話を聞いてまわった。二〇世紀の価値観が、古くからある信念にとって替わるにつれて、妖精との遭遇が以前ほど頻繁でなくなってきており、この伝承がすべて失われてしまう前にこれを記録しておく必要があるとイェーツが彼に語ったのがきっかけだった。

村から村を訪れ、たいていは年老いていたこれら頑固な信念の持ち主たちと語り合うにつれて、月明かりを浴びてそこここが輝いている草原や峡谷で彼らが出会った妖精たちは、必ずしも小柄な姿をしていたわけではないことをエヴァンス＝ヴェンツは発見した。背が高く、普通の人間のように見える妖精もいたが、ひとつ違っていたのは、彼らが透明感のある光を放っており、おもしろいことに、なぜかいつも過去の時代の衣服を身につけていたことだった。

それだけでなく、このような「妖精」たちは、古墳、石碑、崩れかかった六世紀の要塞など、考古学上の遺跡か、あるいはそのまわりに現われることが多く、過ぎ去った日々の生活で行なわれていたさまざまな活動をしている姿もよく見られるという。エヴァンス＝ヴェンツが話を聞いた人たちは、人間のような姿でエリザベス朝時代の服装をした妖精が狩りをしているところや、崩れ果てた古い要塞に出入りする幽霊のような妖精の行列、古代の教会の廃墟に立って鐘を鳴らす妖精などを目撃していた。妖精たちが特に好んだのが戦《いくさ》である。エヴァンス＝ヴェンツは、その著作『ケルト諸国の妖精信仰』の中に、こういった幽霊同士の争いと映るものや、中世の鎧に身を固めた男たちが月明かりの草原に群がって戦う姿、あるいは色とりどりの制服を着た兵士たちが、荒涼とした沼地を埋めつくすところなどを見たという何十人もの人間の証言を載せている。戦は不気味な静けさの中で展開されることもあったし、怒号や騒音の入り混じった本格的な戦闘であることもあったが、やはりいちばん不気味なのは、声だけは聞こえるが姿が見えないという場合であろう。

これらの話から、エヴァンス＝ヴェンツは、彼が話を聞いた目撃者たちが妖精と解釈していたものの少なくとも一部は、実は過去に起きた出来事の一種の残像現象であるとの結論に達している。「自然それ自体にも記憶というものがある」という理論を彼は展開している。「地球の大気の中には、定義不能な心霊的要素があり、すべての人間の行為、すべての物理現象はそこで撮影され、記録される。明確には説明できないある限られた条件の下では、透視能力のないごく普通の人間が、まるでスクリーンに投影される画像のように、それもしばしば映画のようなかたちでこの自然の精神記録を目にすることもありうるのだ(14)」。

妖精との出会いがなぜ少なくなったのかについては、エヴァンス＝ヴェンツが話を聞いたひとりが語った言葉がヒントを与えてくれる。このジョン・デイヴィーズという名の老紳士は、マン島の住人だったが、妖精たちを何度も見た話をしたあとにこう述べた。「島に教育がやって来るまでは妖精を見る人がもっと多かったね。いまじゃあ、見える人はほとんどいないよ」[15]。この「教育」の中には、妖精の存在を信じることなど異端視する見方もまちがいなく含まれていただろうから、ものの見方の変化が、かつては広く見られた過去視能力の退化の原因となったことをデイヴィーズの言葉は示唆している。ここでもまた、私たちに秘められた厖大な可能性の中で、どれが表に現われ、どれが現われないかを決定するのに、信念がいかに強い影響力をもっているかをあらためて思い知らされる。

信念が過去をホログラム状の映画として映し出してくれるか、あるいは脳にそれらをカットするよう命じるか——いずれにせよ、さまざまな証拠はそのような体験がまちがいなく実在することを示唆している。そして、それはなにもケルト諸国に限られているわけではない。インドでは、古代ヒンドゥー文化の衣服に身を固めた兵士の幽霊を見たとの報告もある[16]。ハワイでもそのような幽霊らしき存在の出現はよく知られており、ハワイ諸島に関する本は、羽根のマントをつけたハワイの戦士たちが、棒やたいまつを携えて行進する姿を見た人の話であふれている[17]。古代アッシリアの文献にさえ、幽霊軍隊が、これまた幽霊然とした戦闘をするのを見たという記述があるくらいなのだ[18]。

このように「再生」される出来事がいつの事件なのかを歴史学者が認識できることもたまにある。一九五一年八月四日の午前四時、フランスの海辺の村、ピュイで休暇を楽しんでいたふたりのイギリス人女性が、銃撃戦の音で目を覚ました。大急ぎで窓に駆けよったが、窓から見える村も、その向こうに広がる海もひっそりと静まり返っていて、自分たちが耳にしていた音を説明できるような騒ぎは何ひとつ起きていないのがわかり、ふたりとも仰天してしまった。英国心霊研究協会がこの現象を調査し、このふたりの女性の話は、一九四二年八月十九日、ピュイのドイツ軍に対して連合軍が行なった攻撃に関する軍事資料とぴったり一致することを発見した。この女性たちは、九年前に起きた殺戮行為の音を耳にしていたようなのである。(19)

このような出来事は、その強烈さゆえに、ホログラフィックな世界の暗黒の部分を際立たせてしまうことは事実だが、過去についてのホログラフィック記録の中には、人類のこれまでのよろこびもすべて内包されていることを忘れてはならない。つまり、それは本質的にいままでに起きたことをすべて完璧に網羅した図書館なのであり、この目くるめく無限の宝庫に対し、さらに大がかりに、そして体系的にアクセスする方法を学ぶことは、自分自身および宇宙についての知識をこれまで夢想だにしなかったようなスケールで拡張してくれる可能性を秘めている。ボームの水晶の玉のたとえにあるように、私たちが現実を操作し、現実のものから目に見えないものへと、まるで万華鏡のようにそれを自在に変化させ、コンピュータのプログラムを呼び出すのとまったく同じ手軽さで、過去のイメージを呼び出すことができるようになる日がいつか来るのかもしれない。だが、時間についてのホログラフィックな理解がさらに進むことによって可能になるのは、まだこれだけにとどまらないのである。

ホログラフィックな未来

過去のすべてにアクセスできるという概念には当惑してしまうものの、宇宙ホログラムにおいては未来にさえ手が届くとなると、それさえ色あせてしまう感がある。だが、未来に起きる出来事の少なくとも一部は、過去のものと同じくらい簡単に見られることを立証している厖大な証拠があるのだ。

この点は文字どおり何百という研究によって充分に立証されている。一九三〇年代、J・B・ラインとルイザ・ラインのふたりは、ボランティアの被験者たちがトランプの山から無作為に引くカードを推測したときの成功率が、単なる確率上の数値よりも高いことを発見したが、それほどの高い成功率が偶然起きる確率は三〇〇万分の一しかなかった。[20] 一九七〇年代には、ワシントン州のシアトルにあるボーイング航空機の物理学者ヘルムート・シュミットは、自然に起きる量子レベルでの出来事を人間が予測できるかどうかを調べられる装置を発明した。三人のボランティアを使って繰り返された六〇〇〇回を越えるテストで、この実際の成功率が偶然だけで起きる確率は、一〇億分の一しかないという結果を彼は得たのだった。[21] マイモニデス医療センターの夢研究所における研究で、モンタギュー・ウルマンは、心理学者のスタンリー・クリップナー、研究者のチャールズ・オナトンとともに、未来に関する正確な予知情報は、夢を通じても得られることをはっきり示す証拠を提示している。この三人による研究は、ボランティアに研究所の睡眠研究室で八夜連続して眠ってもらい、その際、次の日に無作為に選択して彼らに見せる絵のことを夢見るように努めてもらうというものだった。ウルマンたちは、八回のうち一回の成功が得られれば、と願っていたのだが、現実には最高五回の「当たり」をとった者も何人かいたくらいだった。

たとえば、あるボランティアは、目覚めたあとに、「大きなコンクリートの建物」から「患者が逃げようとしている」夢をみたと語った。患者は医者の白衣のようなものを身につけていて、やっとのことで「アーチのところまで」たどりついたという。翌日、無作為に選ばれた絵は、ヴァン・ゴッホの『精神療養院の廊下』で、それは殺風景で巨大な廊下の片隅に立つひとりの患者が、アーチの下にあるドアから急いで出ようとしている姿が描かれた水彩画だったのである。[22]

スタンフォード研究所での遠隔視の実験で、プトフとターグは、実験担当者がこの瞬間に訪れている遠く離れた場所のことを被験者が心霊的に見透して説明できるのに加えて、担当者がこれから訪れる場所を、その場所が決められる以前に描写することができるのを発見した。たとえばある事例では、写真家で、名前をヘラ・ハミードというこの面で特にすぐれた才能をもつ被験者に対し、プトフが三〇分後に訪れる場所を描写するように指示した。彼女は意識を集中すると、プトフが「黒い鉄製の三角形」に入るのが見えると言った。この三角形は「人よりも大きい」もので、何だか正確にはつかめなかったが、「大体一秒に一回ぐらいの」一定のリズムで何かがきしむ音が聞こえると述べた。

彼女がこの話をする一〇分前、プトフはメンロー・パーク、パロ・アルト地域での三〇分間のドライブに出発していた。三〇分が経過したあと、そしてハミードが黒い三角形を知覚したことを記録したずっとあとに、プトフは一〇カ所の目的地が書かれた紙が入っている封印された一〇枚の封筒を取り出した。乱数発生器を使い、彼は無作為にひとつを選び出した。中の紙には、研究所から一〇キロほど離れた小さな公園の住所が書かれており、そこに着いた彼は、そこに子供のブランコ——黒い鉄製の三角形——を見つけ、その枠組の下を通って中のブランコに近づいていった。ブランコにすわると、それは前後に揺れながら一定のリズムできしむ音を立てたのである。[23]

遠隔視に関するプトフとタークの研究と同じ結果は、世界各地のおびただしい数の研究所でも繰り返し得られており、プリンストン大学のジャーンとダンの研究機関でも同様の結果が出ている。三三四回にもわたる厳正なテストの結果、ボランティアたちが正しい予知情報を提供できた確率が、全体で六二パーセントにものぼることがわかったのだった。[24]

これよりもさらに劇的な結果を出しているのが、「椅子テスト」とよばれるもので、クロワゼによって行なわれたよく知られている一連の実験である。まず、実験の担当者が、近くイベントが開催される予定になっているどこかの大きな劇場やホールの座席配置図から、無作為にひとつの座席を選び出す。

ホールは世界中のどの都市にあるものでもかまわなかったが、座席が指定されないイベントであることだけが条件だった。そして、そのホールの場所、名前、あるいはイベントの内容も一切告げずに、このオランダ人の超能力者に対し、このイベントが開かれる夕べに、その座席にどんな人が座るのかを描写するように頼んだのである。

欧米の数多くの研究者たちは二五年間にわたって、クロワゼに厳正な椅子テストを行なってきたが、その特定の座席につく人間についての彼の描写は、ほとんどいつも正確で詳細なものだった。その人物の性別、顔の特徴、服装、職業、さらには過去の事件まで彼は言い当てることができたのである。

たとえば、一九六九年一月六日、コロラド大学医学部の精神医学臨床教授であるジュール・アイゼンバッド博士によって行なわれた研究では、一九六九年一月二十三日に開かれる予定のイベントでのある座席が選ばれたとクロワゼに伝えられた。そのときオランダのユトレヒトにいたクロワゼは、アイゼンバッドに対し、その席に座る人は男性で、背は一七五センチ、黒い髪をオールバックにしていて、下の歯に金歯があり、足の親指に傷があって、科学界と産業界の両方に関わる仕事をしており、実験用の白衣に時折り緑色の化学薬品でしみをつけてしまうことがある、と伝えた。一九六九年一月二十三日、その席、つまりコロラド州デンバーにある講堂のその座席に座った人は、ひとつの点を除いてクロワゼの描写とぴったり一致していた。その男性の身長は一七五センチではなく、一七七センチだったのである。[25]

こういう例は、それこそ枚挙にいとまがない。

このような結果はどう説明すればいいのだろうか。クリップナーは、意識は内在秩序にアクセスすることができるというボームの説がひとつの説明になると考えている。[26] プトフとターグの二人は、量子の非局在的な相互結合性が予知能力になんらかの役割を果たしているのではないかと考えている。とくにターグは、遠隔視の際、当人の意識は、すべての点が空間的だけでなく時間的にも無限に相互連結しているような領域――言ってみれば、「ホログラフィック・スープ」のようなものにアクセスできるように思われると主張している。[27]

臨床心理学者で、プリンストン、UCLA両大学の医学部教授も務めていたデイヴィッド・ロイ博士も同じ意見だ。「予知能力の謎を考えあぐねている向きには、プリブラム＝ボーム・ホログラフィック意識理論が、この問題の解決へと進むのに最も明るい希望を示していると言えるだろう」と彼は述べている。現在、カリフォルニア州北部にある未来予測研究所の所長であるロイは、このテーマについては熟知している。過去二〇年間にわたり、彼は予知能力や予測の技能全般に関する調査を行なってきており、人々が、自分の内部に眠っている未来についての直観的な意識に触れられるようなテクニックを開発している。[28]

予知体験の多くがホログラム的性質のものであるという事実は、未来を予測する能力がホログラフィックな現象であるというさらなる証拠を提示している。過去透視と同様に、予知情報は立体画像のかたちで現われることが多いと超能力者たちは語っているのだ。キューバ生まれの超能力者、トニー・コルデロは、未来が見えるときは、まるで頭の中で映画を見ているようだという。子供の頃にそのような映像をはじめて見たコルデロは、キューバが共産主義者によって征服されるヴィジョンを得た。「私は家族に言いました。キューバ全土に赤い旗が立つのが見えたし、みんな国を出なきゃならない、親戚もたくさん撃たれるって」とコルデロは語る。「実際に親戚が撃たれるところを見たのです。硝煙の匂いも嗅ぐことができたし、銃声も聞こえました。その場面の中にいるようでしたよ。人々の話は聞こえるのに、みんな私のことは見えないし声も聞こえないのです。時間の中を旅しているみたいでしたね[29]」。

超能力者が自分の体験を語るときに使う言葉もやはりボームのものと似ている。ギャレットは、透視能力をこう説明している。「実際に展開されている人生のいくつかの局面をとても鋭く感じる。透視中の意識レベルでは、時間は不可分な全体として存在するので、ある物体や出来事は、その過去、現在、未来の状態が連続してすばやく知覚される場合が多い[30]」（傍点筆者）。

予知能力は誰にでもある

人間の意識はすべて内在秩序にその源を発しているというボームの説には、未来にアクセスする能力はだれにもそなわっているものだとの意味合いがあり、これを裏づける証拠もある。普通の人でも予知的な遠隔視でめざましい成果をあげられるとのジャーンとダンの発見も、この能力がかなり広範囲にわたる人々にあることを示すものだ。研究実験で得られた結果、あるいは体験談を含め、数多くの情報がさらなる証拠を提供している。一九三四年のBBCのラジオ放送で、政界や社交界でも有名なバルフォア家の一員であり、英国心霊研究協会の会長でもあったイーデス・リトルトン夫人は、聴取者に対し、自分の予知体験の話を書いて送るようにと言った。彼女のもとには手紙が殺到し、信憑性のないものを除いても、このテーマで一冊の本を埋めるほどの量になったくらいだ[31]。同様に、ルイザ・ラインが行なった調査では、未来予知は他のどんな心霊的体験よりも起こる頻度が高いとの結果が出ている[32]。

また、さまざまな研究結果は、予知体験は悲しい出来事に関するものが多い傾向にあり、不幸な事件の予感のほうが幸福なものよりも四倍多いことを示している。死を予感するものがそのトップを占め、事故が二番目、病気が三番目に多い[33]。この理由は明らかであろう。私たちは、未来を知覚することなど絶対に不可能だとすっかり思い込まされているため、生まれつきもっている予知能力が眠った状態になってしまっているのだ。生命を脅かすような状況下で人が見せる超人的な力と同様に、親しい人が死を迎えていたり、自分の子供など、愛する者が危険な状況にあるといった危機が起きないかぎり、その能力は、私たちの通常の意識レベルまであふれ出してくることはないのである。現代人が自分と時間との関係の本質について把握することも、それを活用することもできないのは、現実についての「高度な理解」のせいなのだ。そのことは、超能力の実験において、原始的文化に属する人のほうがいわゆる文明社会の人よりも高い得点をあげるという事実によっても明らかである[34]。

私たちが、本来もっている予知能力を無意識の奥地に追いやってしまっていることのさらなる証拠は、予感と夢との間の強い関連性にも見出すことができる。数々の研究によると、予知の六〇～六八パーセントが夢をみている最中に起きるとされている[35]。私たちは、未来を見る能力をふだんの意識からは追い払ってしまったかもしれないが、精神の深層ではいまなおそれが活発に活動しているのだ。

部族文化ではこの事実はよく知られており、各地のシャーマンの伝統も、未来を占う際に夢の果たす役割が重要視されているという点ではほとんど共通している。七頭の太った牛と七頭の痩せた牛の夢をみたエジプト王の話が示すように、聖書においても夢の予知力については畏敬の念が払われている。こうしたことが古くから見られることを考えると、予知現象が夢の中で起きる傾向があるのは、現代人が予知というものに懐疑的な態度を示しているからというばかりではなさそうである。無意識が内在秩序の非時間的領域に近接しているということも、なんらかの関係があるのかもしれない。夢をみている状態の自己はふだんの意識的な自己よりも深層にあり、したがって、過去・現在・未来がひとつに溶け合う原初の大洋により近いため、未来についての情報にもアクセスしやすいのだろう。

理由はどうあれ、無意識にアクセスする他の方法を用いても、やはり予知的情報が得られることがあるのは別に驚くには価しない。例えば、一九六〇年代には、カーリス・オーシスと催眠術師のJ・ファーラーは、催眠状態にある被験者のほうが、そうでない者よりも予知能力のテストでかなり高い得点をあげるとの調査結果を得た[36]。その他の研究でも、催眠が超能力をさらに高める効果をもつことが確認されている[37]。しかし、無味乾燥な統計的数字をどれだけ並べても、実例ほどのインパクトはない。その著書、『未来はここに——予知現象の重要性』の中で、アーサー・オズボーンは、フランス人の女優イレーヌ・ミューザに関わる催眠予知実験の結果を記している。催眠状態に入り、自分の将来が見えるかどうかきかれると、ミューザはこう答えた。「私のキャリアは短いものになります。最後に私がどうなるかはとても言えません。ひどいものです」。

驚いた実験担当者は、ミューザにはこれを伝えないことにして、目が覚めると自分の言ったことはすべて忘れているとの術後暗示を与えたのだった。トランス状態から覚めた彼女には、自分のことを予測した内容の記憶はまったく残っていなかった。たとえ知っていたとしても、その知っていたことが原因で彼女があれほどむごい死を迎えたということはありえなかっただろう。数カ月後、彼女のヘアドレッサーがまちがって鉱物性アルコールを火のついたストーブにこぼしてしまい、燃えあがった火がミューザの髪と衣服に引火してしまったのだ。またたく間に彼女の全身は炎に包まれ、数時間後、彼女は病院で息を引き取ったのである[38]。

信じて跳ぶ——ホロリープ

イレーヌ・ミューザの身にふりかかった事件は重大な問題を提起している。もしミューザが自分で予測していた運命のことを知っていたとしたら、それを避けることはできたのだろうか？　別の言い方をすると、はたして未来は固定され、すべては事前に決められてしまっているものなのか、それとも変えることができるものなのだろうか？　一見すると、予知現象の存在は、前者が正しいことを示しているように思われるが、それではものごとのあり方としてあまりに暗い見通しである。もし未来が、その詳細まですべて決まってしまっているホログラムだとしたら、それは私たちに自由意志など残されていないことを意味する。私たちは、すでに書き上げられた台本にもとづいて、何も考えずに動き回っている、運命の操り人形にすぎなくなってしまう。

幸運なことに、さまざまな証拠材料を見ると、圧倒的にこれが正しくないことを示している。予知能力を使って未来をかいま見ることで災害を逃れたり、航空機事故を正しく予見し、その飛行機に乗らないで死を免れたり、あるいは自分の子供が洪水でおぼれるヴィジョンを見て、危機一髪のところでその災難が起きる場所を離れることができたりした人たちの例で文献はあふれ返っている。あのタイタニック号の沈没を予知するヴィジョンを見た人の例が、十九も記録されているのだ。この中には、自分の予感に耳を傾けて助かった人たちが体験したもの、あるいは不吉な前兆を無視して溺死した人たちの体験したもの、そしてこのどちらにもあてはまらない人たちの予知体験が含まれている。(39)

このような事例は、未来が定まっているものではなく、柔軟性があり、変えることができることを強く示唆している。だが、この見方もそれなりの問題を抱えている。もし未来がまだ流動的な状態にあるとすれば、いまから十七日後に、ある特定の席に座る人間を描写するとき、クロワゼはいったいどこからその情報を取り出しているのだろうか。未来が存在し、また同時に存在しないというのはどういうことなのだろうか。

ひとつの可能性として、ロイがある答えを提示している。彼は、現実はまさに巨大なホログラムであると考えており、そこには過去・現在・未来が、少なくともある程度までは確かに固まった状態で存在している。問題は、それがただひとつのホログラムではないということだ。時間も空間もない内在秩序の海には、このようなホログラフィックな存在がたくさん漂っていて、多数のアメーバのように互いに押し合いながら泳ぎ回っているのである。「このようなホログラフィックな存在は、並行世界、並行宇宙として見ることもできる」とロイは言う。

「つまり、ひとつのホログラフィック・ユニヴァースの未来は、確かに前もって決まっているのであり、ある人が未来を予知し、かいま見るときには、その特定のホログラムだけに波長を合わせているのである。しかし、アメーバと同様、これらのホログラムは時として互いを呑み込んだり包み込んだりもするため、あたかもエネルギーの原形質的なかたまりのごとく（というよりも実際にそうであると言うべきだが）、分裂と融合を繰り返していく。この押し合いが私たちを揺さぶることもあり、時として私たちを包み込んでしまうような、あの予感をつくりだしている張本人でもある。そして、この予感を信じて行動し、未来を変えたように見えるとき、実は私たちは、ひとつのホログラムから別のホログラムに跳びうつっているのである。ホログラム内でのこうした跳躍を、ロイは「ホロリープ」とよび、これこそが、私たちに本来そなわった洞察力、そして自由になる力を与えてくれるものなのだと感じている。(40)

ボームもこの同じ状況を少し異なった言い方でまとめている。「人が、現実に起きる事故のことを夢に見て飛行機や船に乗らないというとき、その人が見ていたのは実際の未来ではない。それは現在に存在している何かであり、内在秩序の一部であると同時に、予知されたとおりの未来へと固まっていく過程にあるものなのだ。現にその人が見た未来は、実際の未来とは違っている。なぜなら、その人がそれを変えたからだ。したがって、もしこのような現象が存在するとすれば、現在の内在秩序の中に、未来を予期する期待感のようなものが存在している、と言うほうが正しいと思う。昔の言葉にあるように、先の出来事は現在にその影を落としているのである。そして、内在秩序の奥深くに、その影はあるのだ」[41]。

ボームとロイは、同じことを違う言い方で説明しようとしているように思われる。つまり、未来は、私たちが充分知覚できるほど実体をもつと同時に、変化の余地をもそなえた、しなやかなホログラムである、ということだ。他にもまた別の言い方で基本的には同じと思われる考えを表わす者もいる。コルデロは、未来を、勢いを増しつつある発生初期のハリケーンにたとえ、近づくにしたがってそれがどんどん実際の形をもつようになり、避けられないようになっていく状態として説明する[42]。プトフとターグによる遠隔視をはじめとする数々の研究で、目をみはるような結果をあげている天才的な超能力者インゴ・スワンは、未来が「さまざまな結晶化の可能性[43]」で成り立っていると語る。その予知能力で広く尊敬を集めるハワイのカフナたちも、未来は流動的ではあるものの、「結晶化」の過程にあるとしており、世界の重大な出来事は、事前の最も早い時期に結晶化し、個人の人生での結婚、事故、死のような最も重要な出来事についても同じだと信じている[44]。

現在ではよく知られていることだが、ケネディ暗殺、そして南北戦争のどちらの場合にも、それに先がけて起きたとされる数多くの予知現象はこのカフナの信念を裏づけているように思われる。（ジョージ・ワシントンでさえも、「アフリカ」、すべての人間は「同胞」であるということ、そして「ユニオン」（北軍を指す）になんらかの形でつながりのある内戦が将来起きるという予知的なヴィジョンを見ているのだ[45]）。

さまざまな形のホログラフィックな未来が数多く存在し、ひとつのホログラムから別のものへと跳びうつることによって、どの出来事が現象として表に現われ、どれが現われないかを私たちが選択している、というロイの見解は、そこにもうひとつの意味合いを含んでいる。あるホログラフィックな未来のかわりに別のものを選ぶ、というのは根本的には未来を創造しているのと同じことだ。これまでも見てきたように、意識が「いま、ここ」にあるものの創造にかなり重要な役割を果たしていることを示す証拠は相当ある。だが、もしも意識が、現在を画する境界線を越えたところをさまようこともあり、ときには霧に包まれた未来の風景の中をひそかに歩いているとしたら、はたしてそれは私たちが未来の出来事を創造するのにも一役買っていることになるのだろうか。言いかえれば、人生の気まぐれは、本当にただの偶然の産物なのか、それとも私たちは文字どおり自分の運命を形づくるのにある役割を演じているのであろうか。驚くべきことに、後者が正しいという可能性を示している大変興味深い証拠がいくつかあるのだ。

魂の影の部分に存在するもの

トロント大学医学部の精神科教授ジョエル・ホイットン博士も、人々が自分について無意識のレベルで知っていることを研究するのに催眠術を用いてきた。しかし、臨床催眠術の専門家であると同時に、神経生物学の学位ももつホイットンは、未来のことを質問するかわりに、過去、正確に言うと、それも遠い過去のことについてたずねるのである。ここ数十年のあいだ、静かに、そして騒がれることもなく、ホイットンは、生まれ変わりの存在を示唆する証拠を集めてきたのだ。

生まれ変わりはむずかしいテーマである。というのも、しばしば揶揄の対象とされてきたために、多くの人々は頭からそれをばかばかしいものとして相手にしないからだ。メディアの注目を集めるような、有名人が語るセンセーショナルな話や、自称クレオパトラの生まれ変わり云々とは別に（あるいは、そういう類いのものがあるにもかかわらず、とさえ言えるが）、生まれ変わりに関してはかなりの量のまともな研究が行なわれていることを、ほとんどの人たちは知らずにいる。ここ数十年間に、少数ではあるものの、権威ある研究者たちがこのテーマに関するめざましい証拠の数々を収集してきており、そういう研究者の数も増えてきているのだ。ホイットンは、そのひとりと言える。

こういった証拠は、生まれ変わりを立証しているわけではないし、そのような説を論ずるのがこの本のねらいでもない。第一、何をもって生まれ変わりの完全な証明とするかを想像するのは困難である。そうではなく、ここで触れていく調査結果はひとつの興味深い可能性として提示されているだけであり、それは本書のテーマに関連性があるからだ。それだけに、開かれた心で検討するに価するものなのである。

ホイットンによる催眠研究の主要な論点は、単純かつ驚くべき事実にもとづいている。催眠状態に入ると、人はしばしば自分の前世の存在の記憶と思われるものを思い出す、ということだ。他の研究でも、催眠状態に入れる人間のうち、九〇パーセント以上がそのようなものとおぼしき記憶を呼び起こすことができると示しているものもいくつかある(46)。この現象は懐疑的な人々にも広く認知されている。たとえば、精神医学の教科書である『精神外傷・トランス・変容』は、まだ駆け出しの催眠療法セラピストに対し、催眠状態の患者にそのような記憶が表われてきても驚かないようにと警告を発している。この本の著者は、生まれ変わりという考えは否定しているが、このような記憶がめざましい治癒効果の可能性を秘めていることだけは記している(47)。

この現象が意味するものについては、もちろん激しい論議の対象となっている。多くの研究者は、そのような記憶は空想、あるいは無意識の心が作り上げたものであると論じているが、たしかにそういう場合もあるだろう。とりわけ、この催眠セッション、あるいは「退行」が、被催眠者の空想を誘わないような正しい質問のしかたを知らないレベルの低い術者によって行なわれた場合には、これも充分考えられる。しかしその一方で、高い技術をもつ専門家の指導のもとで、どうも空想とは思えないような記憶を示した人たちのことが記録されている例も多数あるのだ。ホイットンの手で集められた証拠もこの範疇に属している。

この研究調査を行なうにあたって、ホイットンは中核となる被験者を三〇人ほど集めた。この人たちは社会のあらゆる分野から集められ、トラックの運転手からコンピュータ科学者までを含んでおり、生まれ変わりを信じる人も信じない人もいた。そして彼らは一人ひとり催眠術をかけられ、ホイットンは文字どおり何千時間という時間をかけて、自分の前世とされるものについて彼らが語ったことをすべて記録したのである。

比較的大まかな内容とは言え、集められた情報は興味のつきないものばかりである。ひとつ際立っている側面は、被験者の体験がかなりの部分一致していたということだ。全員が自分には数多くの過去世があったと言い、なかにはそれが二〇から二五もあるという人もいたが、ホイットンが「原始人の前世」とよぶところまで退行すると、そこが実質的な限界となり、ひとつの前世が他のものと区別がつかなくなってしまった。(48) 全員が魂には男女の性別がないと語り、多くの人たちは、少なくとも一度は現在の自分と違う性として生きた経験がある。そして全員が、人生の目的は進化し学んでいくことであり、何度も生まれ変わりを繰り返すことによってその機会が与えられていると述べている。

ホイットンはまた、これらの体験が、実在した人物の人生であったことを強く示唆する証拠も発見している。ひとつ驚くべき特徴は、前世の記憶が、被験者の現在の人生で表面上はまったく無関係に見える数々の出来事や体験を説明できる力をもつという点だ。たとえば、ある被験者の場合、カナダで生まれ育った心理学者だったが、子供の頃、不思議なことに言葉に英国のアクセントがあった。また、足を折ることに対して異常な恐怖心を抱いており、飛行機恐怖症、爪を嚙む悪癖、拷問に対する異様な興味があり、また、一〇代の頃に受けた運転免許のテストの最中に、ペダルを踏んだ直後、自分がナチの将校と同じ部屋にいるという謎めいた幻視体験をしていた。催眠状態で、この男性は前世で第二次世界大戦中に英国軍のパイロットであった記憶を呼び起こした。ドイツ上空での攻撃の際に、彼の飛行機は砲弾の雨を浴び、その一発が機体を貫通して彼の足の骨を砕いた。これが飛行機を操縦するペダルのコントロールを失う結果を招き、不時着を余儀なくされたのである。彼はナチに捕えられ、情報の提供を強要されて、生爪をはがされる拷問を受けたのちに、まもなく死を迎えたのだった[49]。

また、被験者の多くは、前世で起きた深い傷を伴なう体験の記憶のベールをはがすことによって、心理的、肉体的に深く癒されるのを感じるとともに、自分が生きた前世の時代の歴史的背景についても、気味悪いほど正確な詳細を提供した。自分がまったく知らない言語を話す者もいた。三五歳になる行動科学者の男性は、ヴァイキングとしての過去世を再体験している最中に何か言葉を発したが、のちにこれは古代スカンジナビア語であることが言語学の権威によって確認された[50]。古代ペルシアまで退行したこの同じ男性は、クモの巣が踊っているようなアラビア語らしき文字を書きはじめ、これものちに、紀元二二六年から六五一年の間に栄えたというメソポタミアの言葉で、もう絶滅して久しいササニド・パーラヴィ語そのままであると、中近東の言語の専門家によって確認された[51]。

しかし、ホイットンの最も特筆すべき発見は、生と生の中間領域に被験者たちを退行させたときに起きた。この光に満たされたまばゆいばかりの領域では、「私たちが知るような意味での時間も空間も存在しない」[52]。ホイットンの被験者たちによると、この領域は、次の人生を計画するためにあるという。将来ふりかかる重要な出来事や状況について、文字どおりその概略を当人に決めさせるためにあるのだ。だが、このプロセスは、お伽話のように望みをかなえるといったものではない。ホイットンにわかったのは、人間がこの「生間」領域にいるときには、普通とは異なる意識状態に入り、そこでは自己意識のレベルが著しく向上し、道徳的、倫理的にも高い意識をもつということであった。それに加えて、自分の短所や過ちを、何とか言い訳をつけて正当化することがもはやできなくなり、完全な正直さをもって自己を見つめるようになるのである。私たちの通常の意識と区別するため、ホイットンは良心がきわめて強いこの精神状態を「超意識」(metaconsciousness)とよんでいる。

　このため、被験者たちが次の人生を計画するときには、道徳的な義務感をもってこれを行なうのである。前世で自分が何か過ちを犯してしまった相手とまた一緒になるように生まれ変わることを選び、自分の行為の償いができる機会をつくるのだ。いくつもの生を通して、愛にあふれ、互いに得るところの多い関係を築き上げた自分の「魂の友《ソウル・メイト》」との楽しい出会いを計画したり、「偶然の」出来事の数々も組み込んで、まだ学ぶべきことを学び、果たすべき目的を果たすことができるようにするのである。ある男性は、自分の次の人生を計画するときには、いくつかの部品を入れると特定の結果が起きるようにできる一種の時計仕掛けの装置を頭に描いていたと語った[53]。

　こういう結果は、必ずしも快いものとは限らない。三七歳のときに強姦された経験をもつある女性は、超意識状態まで退行したあと、今回の生に生まれてくる以前に、この事件を人生に組み込んでいたと告白した。彼女が言うには、その年齢で悲劇を体験することがどうしても必要だった。というのも、それによって「魂全体の色合い」が否応なく変化し、生の意味についてより深く、良い方向に理解する転機となったからである。[54] 別の被験者で、生命を脅かすほどの深刻な腎臓の病気を患っていた男性は、前世の悪業について自分を罰するためにこの病を選んだのだと明かした。しかしまた同時に、腎臓病で死ぬことは自分の台本には書いてなく、この人生に生まれてくる前に、この事実を思い出すのを助けてくれる人か物に出会うよう準備もしてあり、この出会いを通じて、彼の罪悪感と身体の両方を癒すことができるようになっていたとも告白したのである。その言葉どおり、ホイットンとのセッションを始めたのち、彼は奇跡に近い完治を体験したのだった。[55]

しかし、被験者たちが全員、自分の超意識が計画した将来をぜひ知っておきたいと思ったわけではない。自分の記憶を自分で検閲し、トランス状態の最中に言ったことは何も覚えていないように、しっかり術後暗示を与えておいて欲しいとホイットンに頼む人も何人かいた。彼らの説明では、超意識の自己が書いた台本をいじる誘惑に惑わされたくないとのことだった。[56]

これは驚愕すべき概念である。私たちの無意識の心は、自分の運命の大まかな概略をつかんでいるだけでなく、実はそれが実現に向かっていくよう方向づけまで行なっているなどということがはたして可能なのであろうか？　どうもこれが正しいようであることを示す証拠はホイットンの研究だけではない。アメリカで起きた二八件の大きな列車事故の統計を分析した超心理学者のウィリアム・コックスは、事故当日の乗客の数が、それ以前の数週間の同じ曜日に比べてかなり少ないことを発見したのである。[57]

コックスの発見は、誰もが常に無意識に未来を予見しており、その情報にもとづいていろいろなことを決めているとの可能性を示唆している。ある人は災難を避けるようにするし、またある人は、個人的な悲劇を体験することを選んだ前述の女性や、腎臓病に耐えていくことを選んだ男性のように、無意識レベルでの計画や目的を達成すべく、困難な状況を選択しているのかもしれない。「慎重に、あるいは適当にであっても、私たちはこの地球上で自分が置かれる状況を自分で選択している」とホイットンは語っている。「超意識のメッセージは、一人ひとりが置かれている人生の状況は、偶然でもなければ不当なものでもない、ということである。『中間生』の観点から客観的に見れば、人間の体験は、すべて宇宙教室での教訓であるにすぎないのだ[58]」。

ここで明記しておくべき大事な点は、そのような無意識レベルのスケジュールが存在しているからといって、私たちの人生があらかじめ厳密に決められていて、すべての運命が避けられないという意味ではないということだ。ホイットンの被験者の多くが、催眠術中に言ったことを覚えていないよう指示することを頼んだという事実を見ても、未来はその概略が決まっているだけで、まだ変更の余地があることがわかる。

自分の無意識が、自分で思い込んでいるレベルよりも、はるかに深く人生の展開に関わっていることを発見した研究者はホイットンだけではない。ヴァージニア大学医学部の精神医学の教授、イアン・スティーヴンソン博士もそのひとりである。催眠術を用いるかわりに、スティーヴンソンは、前世のものとおぼしき記憶を自然に思い出した子供たちに話を聞いている。この調査に彼は三〇年以上を費やしており、世界各地からの何千というケースを収集し、それらを分析してきた。

スティーヴンソンによると、過去世の記憶を自然に思い出すことは、子供たちの間では比較的よく見られる現象で、このため、検討に価するケースの数は彼のスタッフの調査能力をはるかに越えているという。子供たちが自分の「もうひとつの人生」について語りはじめるのは、一般に二歳から四歳の間のことで、その思い出が詳細にわたることもよく見られた。自分の名前、家族や友人の名前、どこに住んでいたか、どんな家だったたか、仕事は何だったたか、どんな死に方をしたか、それに、たとえば死ぬ前にお金をどこに隠したかという他人の知らないような情報、あるいは殺人が関与していた場合には誰に殺されたのかさえもがこの中に含まれていたのである[59]。

驚くべきことに、子供たちの記憶があまりに詳細なものであるため、スティーヴンソンはそこに出てくる過去世の人間を実際に追跡して調べ、彼らの述べたことのほとんどすべてを確認できるということも頻繁に起きている。スティーヴンソンは、子供たちを過去世で住んでいた場所に実際に連れていき、見も知らぬはずの街を彼らが勝手知ったる様子で案内し、自分の以前の家や所有物、あるいは過去世での親戚や友人たちまで正しく言い当てるところを目の当たりにしているのである。

ホイットンと同じように、スティーヴンソンも生まれ変わりの存在を示唆するデータを大量に集めており、その調査結果をこれまでに六冊の本にまとめて出版している[60]。これもホイットンと同じく、性格や運命に対して無意識が演ずる役割は、私たちが思っているよりもはるかに大きなものであることを発見している。

過去世で知っていた人間と一緒になるように生まれ変わることが多いこと、また、その選択の裏にあるのは、いとおしさや、罪悪感、義務感であるというホイットンの調査結果は、スティーヴンソンの研究でも裏づけられている[61]。彼もまた、私たちの運命を定めているのは、偶然による確率ではなく、人としての責任感であるとの考えをもつ。物質面での状況は、生まれ変わりによって大きく変化することはあるものの、道徳面から見た行動、あるいは関心、能力、価値観などは同じままであることを彼は発見している。過去世で犯罪者であった人は犯罪行動に引かれていく傾向があるし、寛容であった人は寛容で親切な人間でありつづける、などだ。このことからスティーヴンソンは、本当の意味でいちばん重要なのは、人生の外面的なものではなく、内面的なこと、つまり、よろこび、悲しみ、そして人としての「内面的成長」なのだという結論に達している。

とりわけ重要なのは、「因果応報的な業《カルマ》」すなわち、犯した罪は宇宙レベルで罰せられるということを示す明白な証拠は、何ひとつ見出せなかったことである。「つまり、これらのケースから得られた証拠で判断するかぎり、私たちの行ないについて外から審判を下す者はいないし、功徳や善悪の報いに応じて私たちを転生させる存在もいないということになる。もしこの世界がキーツの言うように『魂のつくられる谷間』であるとするなら、その魂をつくるのは私たち自身なのである」とスティーヴンソンは述べている。(62)

スティーヴンソンはまた、ホイットンの研究には表われてこなかった現象で、人生に対する無意識の形成力や影響力をさらに劇的なかたちで示す証拠も発見している。その発見とは、その人の前世が、現世の肉体の形や造りそのものに影響を与える場合があるらしいというものだ。たとえば、スティーヴンソンの調査によると、第二次世界大戦中にビルマ上空で撃墜された英国空軍やアメリカ空軍のパイロットとしての前世を記憶しているビルマ人の子供たちは、全員が、髪も肌も、その兄弟姉妹より明るい色をしているという結果が出ているのだ。(63)

また、はっきりとした顔の特徴や、足の奇形などの身体的特徴が、ひとつの生から次の生へと持ち越されている例も彼は発見している。(64) この例で最も数が多いのは、肉体的な傷が、傷痕やあざとして持ち越されるものだ。ひとつの例では、前世で喉を切られて殺されたことを記憶する少年には、いまでも首に傷痕のような赤みがかった長いあざがあった。(65) 別の例では、過去世で頭を撃って自殺したことを記憶する少年が、やはり現世でも銃弾の弾道とぴったり合ったところ、つまり弾が入った場所と出た場所の二カ所に、傷痕のような生まれつきのあざをもっていたのである。[66] そして、さらにもうひとつの例では、ある少年が、過去世で手術を受けたまさにその部分に、縫合したあとのような赤い線までついたあざをもっていたのだった。[67]

スティーヴンソンはこのようなケースを何百例も集めており、現在この現象に関する研究を四冊にもおよぶ著作にまとめているところである。その中には、亡くなった人間に関する病院のカルテや解剖報告書を入手し、そのような傷が実際にあったばかりか、それが現在のあざや奇形の位置とまったく同一の場所にあったことをはっきり示すことができた例もある。こうしたあざは、生まれ変わりの事実を裏づける最も有力な証拠のひとつであるだけでなく、ある生から次へとこれらの特徴を運ぶ機能を果たす、なんらかの非肉体的な「中間体」とも言うべきものの存在を示唆していると彼は感じている。彼はこう述べている。「前世で刻印された傷は、生と生との間を、身体の延長とも言えるような何かに乗って運ばれるに違いない。そしてつぎにこれが、前世での肉体の傷に相当するあざや奇形を新しい肉体の上につくりだす型板として働くのであろう」。[68]

スティーヴンソンのこの「型板体」理論は、人間の気場とは肉体の形態と構造を導くホログラフィックな型板であるというティラーの説そのままである。別の言い方をすれば、それは、そのまわりに肉体が形づくられる一種の立体青写真なのだ。同様に、あざに関するスティーヴンソンの調査結果は、私たちが本当は思考によってつくられた画像であり、ホログラフィックな構造物にすぎないのだという考えをさらに裏づけるものである。

スティーヴンソンはまた、自分の研究は、人生を創造するのは自分自身であり、ある程度までは自分の肉体についても同じであることを示唆するものだが、このプロセスへの私たちの関与は非常に受動的で、ほとんど無意識的なものであると指摘している。こういった選択には、精神の深層部分、すなわち、内在秩序とのより緊密なつながりをもつ層が関わっているように思われる。あるいは、スティーヴンソンが言うように、「私たちの胃の中で行なわれる夕食の消化、あるいは呼吸を制御しているものよりもずっと深いレベルの精神活動が、これらのプロセスを司っているに違いない[69]」。

その結論の多くは通説とは異なるものであるとはいえ、綿密でしかも徹底した調査を行なうとの評価のおかげで、スティーヴンソンは予想外のところから高い評価を受けることとなった。彼の調査結果は、『アメリカ精神医学ジャーナル』誌、『神経精神病ジャーナル』誌、あるいは『国際比較社会学ジャーナル』誌などの名高い学界誌に発表されている。彼の研究のひとつに関する批評で、権威ある『アメリカ医師会ジャーナル』誌は以下のように論じている。「〔スティーヴンソンは〕感情にとらわれることなく、一連のケースについての詳細を苦労して収集しており、そこに挙げられた生まれ変わりの存在の証拠は、それ以外の根拠では理解することが困難である。……彼はとても無視できないような大量のデータを記録に残している[70]」。

思考がつくりあげるもの

これまでに見てきたさまざまな「発見」についても言えることだが、私たちの無意識の心の深い部分、あるいは霊的な部分は、時間の境界を越えたところまで手を伸ばすことが可能であり、自分の運命を決めているのもこの部分だという考えは、多くのシャーマンの伝承やその他の文献にも見出すことができる。インドネシアのバタック族の人々によれば、ある人間が体験することは、すべてその人の魂（「トンディ」とよばれる）によって決定され、それはひとつの身体からつぎの身体へと生まれ変わっていくもので、その人の過去世の行動ばかりか、肉体的な特徴までも再生する力をもった媒体であるという。[71]オジブウェー・インディアンも、人生は目に見えない霊、あるいは魂によってその筋書きが書かれており、成長と発達を促すようなかたちにそれが仕組まれていると考えている。必要な教訓をすべて学ばないうちに死んだ場合、その人の霊体はこの世界に戻り、ふたたびまた別の肉体に生まれ変わるのである。[72]

カフナはこの目に見えない側面を「アウマクア」、すなわち「高次の自己」とよぶ。ホイットンの超意識と同様に、それは人の無意識の中でも、結晶化した未来、あるいは「固まった」未来の一部を見ることができる部分だ。私たちの運命を創造しているのもこの部分だが、そのプロセスを単独で行なっているわけではない。この本に登場した多くの研究者たちと同様に、カフナたちは思考には実体があり、彼らが「キノ・メア」(影体)とよぶかすかなエネルギー物質でできていると考えた。したがって、私たちがもつ希望、恐れ、計画、心配、罪悪感、夢、あるいは空想などは、心から去ったあとも消滅してしまうのではなく、想念としてひとつの実体となり、これもまた、高次の自己が未来を織りなすための糸の一部となるのだ。

ほとんどの人は自分の思考に責任をもっていない、とカフナは言う。高次の自己に対し、まったくコントロールされていない、互いに矛盾しているさまざまな計画や望み、恐れなどを常に浴びせかけている。これが高次の自己を混乱させるため、ほとんどの人の人生は、これまたコントロールのきかない偶然の産物と見えてしまうのだ。強い力をもち、高次の自己といつもつながりをもっているカフナは、人の未来をつくり変える手助けができると言われていた。同様に、生きていく過程で、人々が頻繁に立ち止まっては自分の人生について考える時間をとり、自分の望みを具体的なかたちで思い浮かべることが非常に大切だと考えられていた。そうすることによって、人は自分の身にふりかかる出来事をもっと意

識的にコントロールできるようになり、自分の未来を自分の手でつくっていくことができるとカフナは説いたのである。(73)

ティラーやスティーヴンソンによる、精妙な中間体の概念を思い起こさせる考えを用い、カフナはこの「影体」物質もやはり肉体の型板をつくると考えていた。ここでも、カフナの中で自分の高次の自己と非常にうまく波長が合っている者は、人の影体物質の形をつくったり変えたりすることができると言われていた。ということは、肉体にも同じようにできることになる。奇跡的治癒が行なわれるのもこうした仕組みによるものとされていた。(74) この見解が、思考やイメージがなぜ健康にあれだけ強力なインパクトをもつのかについて私たちが到達した結論と同様のものであることは興味深い。

チベット密教の神秘主義者たちも、この思考の「物質」を「ツァル」とよび、すべての精神活動はこの神秘的なエネルギーの波動を生み出すと言う。彼らは、宇宙はすべて心の産物であり、すべての存在のツァルの集合によってそれは創造され、生命を与えられていると考えた。密教によると、ほとんどの人は自分がこの力をもっていることに気づいていないが、それは普通の人間の精神が「大海から隔絶された小さな水たまりの如く」にしか機能していないからだという。精神の深いレベルに接触する技をもつ偉大な行者だけが、このような力を意識的に利用することができると言われており、彼らがこの目標を達成するために行なったのは、望むものが創造された姿を繰り返し思い浮かべ視覚化（観想）することであった。チベット密教の文献には、この目的で行なわれる「サーダナ」とよばれる視覚化の訓練がたくさん書かれており、カギュー派のような宗派では、自分の視覚化能力を完成させるため、僧侶は最長七年間も洞窟や閉ざされた部屋の中にひとりで過ごすという。(75)

十二世紀のペルシアのスーフィたちも、自己の運命を変えて新たなものをもたらすのに視覚化が重要であることを強調しており、この思考のかすかな物質を「アラム・アルミタル」とよんだ。多くの透視者と同様に、彼らも人間にはチャクラのような気の中心点によってコントロールされる「微体」があると考えていた。また、世界は段階的に精妙になっていく一連の存在次元（ハダラーとよばれる）に分かれており、この世に隣接した次元は一種の型板的世界とされる。「アラム・アルミタル」はそこで想念の像となり、それがやがて最終的に人生の成り行きを決定していくのである。スーフィたちは独自の視点も加えている。彼らは、胸のチャクラ（「ヒンマ」）がこのプロセスを司っており、自己の胸のチャクラを制御することが、自己の運命を制御するための前提条件であると感じていた。[76]

エドガー・ケイシーも思考を実体のあるもの、物質がさらに精妙になったものであるといい、トランス状態にあるときには、彼のアドバイスを求めてきた人に対し、思考が運命を創り出しているのであり、「思考が建設者である」と繰り返し語っていた。彼の見方では、思考過程はクモが常に糸を紡ぎ出して巣に新しい部分を加えているのに似ている。人生の瞬間瞬間すべてに、私たちは自分の未来にエネルギーと形を与えるイメージやパターンを創り出している、とケイシーは言う。[77]

パラマハンサ・ヨガナンダは、自分の望むような未来を思い浮かべ、それに「集中力のエネルギー」を吹き込むよう人々に勧めた。彼の言葉を借りるとこうなる。「集中と意志の力を使った正しい視覚化は、思考を、精神界でのヴィジョンや夢としてだけでなく、物質界での体験として実現させる」。[78]

まさに、このような考えは広範囲におよぶまったく異なる種類の文献に共通して見出すことができる。「我々は思考の産物である」と釈迦は言った。「我々のすべては思考に始まる。思考によって世界は創られる」。[79]「人が行動する如くに、人は成る。人の望むもの、人の運命なり」とキリスト教以前に書かれたヒンドゥー経典『ブリハッド・アーラニヤカ・ウパニシャド』には述べられている。[80]「大自然の世界にあるすべてが運命によって支配されているわけではない。なぜなら、魂は独自の原則をもっているからだ」と四世紀ギリシアの哲学者イアンブリコスは言った。[81]「求めよ、さらば与えられん……。信仰があれば、あなたがたにできないことはなにもないだろう」と聖書には記されている。[82]そして、「人の運命は、その人自身が創造し、為すことに結びついている」と書いたのは、カバラー（ユダヤ教神秘主義）の書『十三弁の薔薇』を著したラビ・シュタインザルツである。[83]

さらに深いところにあるもの

私たちの思考が運命を創造しているという考えは、今日でもいろいろなところでよく耳にする。シャクティ・ガーウェインの『ポジティヴ・シンキング』（平河出版社、一九八六）、あるいはルイーズ・ヘイの『ライフ・ヒーリング』（たま出版、一九九〇）など、ベストセラーとなった自己啓発書ではそれがテーマとなっている。ヘイは、自分の精神パターンを変えることでガンを治したと語り、そのテクニックを教えるワークショップは大成功を収めている。また、『奇蹟のコース』（*A Course in Miracles*）、あるいはジェーン・ロバーツの「セス」関係の本など、チャネリングによって書かれた本でも、これがその根幹を成す主要な哲学となっている。

著名な心理学者も一部でこの考えを受けいれはじめている。人文心理学協会の前会長で、現在はニューヨークのポモナにある精神研究財団の理事長を務めるジーン・ヒューストンは、その著作『可能なる人間』の中で、この考えについてかなりのページ数をさいて論じている。そのなかでヒューストンはさまざまな視覚化の訓練法を示しているが、そのひとつを「脳の奏でる交響曲を指揮し、ホロヴァース（Holographic Universe）に入る」と名づけているくらいである。[84]

視覚化を使って未来を変えていくことができるという考えを裏づけるのにホログラフィック・モデルをかなり多く用いているもう一冊の本が、メアリー・オルサーとリチャード・A・ザロの『運命を変える』だ。ザロはまた、フューチャーシェイピング・テクノロジーズ社の創設者でもある。同社は「フューチャーシェイピング」（未来の形を決めていく）テクニックに関する企業向けのセミナーを開く会社で、その顧客にはパナソニック、国際銀行債権協会などがある[85]。

月の上を歩いた六人目の人間であり、長年にわたり、地球外の宇宙だけでなく、人間の内面の宇宙についても探究してきた元宇宙飛行士エドガー・ミッチェルも同じような方向に進んできている。彼は、一九七三年に、このような心の力の研究を専門とする組織、知性科学研究所をカリフォルニアに設立した。同研究所は今日でも活発に活動を続けており、現在のプロジェクトとしては、奇跡的治癒および自然退縮において精神が演じる役割についての大規模な研究、そして地球上に明るい未来を創造していくのに意識が果たす役割の研究などがある。「私たちは自分自身の現実を創造している。なぜなら、私たちの内面の感情的な――つまり無意識的な現実が、何かを学べる状況へと私たちを引きずりこむからだ」とミッチェルは述べている。「私たちは、それを不思議な出来事が起きる状況として体験し、自分が学ぶべきものをもった人たちと人生の中で出会っていく。私たちは形而上学的、無意識的な非常に深いレベルでこのような状況を創造しているのである[86]」。

私たちが自分の運命を創造しているという考えが現在広まっているのは、ただの流行なのだろうか。それとも、異なった文化や時代にも同様の考えがあったという事実は、これがもっと深い何か、人間が誰しも直観的に真実と知っている何かだという証拠なのであろうか。現在のところ、この疑問への答えは出ていない。が、ホログラフィック・ユニヴァース――精神が現実の創造に参加し、私たちの精神の最も深いところにあるものが、シンクロニシティとして客観的世界に表出することが起こりうるこの宇宙では、私たちが自分自身の運命の創り手であるという考えも、それほど荒唐無稽なものではない。それどころか、それが正しい確率のほうが高いようにさえ思われる。

最後にあげる三つの証拠

この章を結ぶ前に、見ておく価値のある証拠を最後に三点あげておきたい。いずれも決定的なものではないが、ホログラフィック・ユニヴァースにおいて、意識が時間を超越するさらなる可能性をかいま見させてくれるものである。

▼未来に関する集合夢

心が人の運命を創造するのに一役買っていることを示唆する証拠を提示したもうひとりの過去世研究者が、サンフランシスコ在住の心理学者、故ヘレン・ウォンバック博士である。ウォンバックのアプローチは、小規模のワークショップで参加者をグループごとに催眠術にかけ、特定の時代に退行させたのち、各人の性別、衣服のスタイル、職業、何を使って食べているかなどについて事前に用意した質問をするというものだった。二九年間にもわたる調査を通じ、彼女は文字どおり何千人という人たちに催眠術をかけ、めざましい調査結果を集めた。

生まれ変わりに向けられる批判のひとつに、どうも人は有名人や歴史的人物としての過去世ばかりを思い出しているではないかというものがある。しかし、ウォンバックの調査では、被験者の九〇パーセント以上が、小作人や労働者、農民、あるいは狩猟採集民としての過去世を呼び起こしていた。貴族としての前世を思い出した人は一〇パーセントにも満たず、有名人だった記憶のある人間はひとりもいなかった。これは、過去世の記憶が空想であるとする意見に反する結果である。[87] また、被験者たちは、歴史上の詳細に関して驚くほど正確であった。たとえば、一七〇〇年代の人生を呼び起こした人々は、夕食を食べるのに先が三つに分かれたフォークを使っていると説明したが、一七九〇年代以降の場合は、ほとんどのフォークは先が四つに分かれていると説明しており、これは歴史上のフォークの変遷を正しく反映している。また、衣服や履物、食べ物の内容などについても同じように正確だった、等々である。[88]

ウォンバックは、人々を未来の生へと前進させることもできることを発見した。被験者たちの提示した来るべき世紀に関する描写が、それは興味深いものであったため、彼女はフランスとアメリカで、大がかりな未来予見プロジェクトを実施したのである。残念なことに、研究の完了を待たずに彼女は他界したが、心理学者でウォンバックの研究の同僚でもあったチェット・スノウが彼女の研究を続行し、その結果を近著『未来の集合夢』(*Mass Dreams of the Future*)で発表している。

このプロジェクトに参加した二五〇〇人に関する報告が集計されると、きわめて興味深い特徴がいくつか現われてきた。まず第一に、ほとんど全員と言っていいくらいの人たちが、地球の人口が激減しているという点で一致していた。指定されたさまざまな未来の時代に、自分が肉体として存在さえしていなかったと語る人も多く、存在していたという者も、今日よりも人口がずっと少ないことを指摘していた。

それに加え、被験者は、それぞれが異なった未来と関連している四つの分類に見事に分かれたのである。ひとつのグループは、ほとんどの人間が宇宙ステーションに住み、銀色っぽい服を着て、人工食品を食べているという、よろこびも感じられぬ味気ない未来を語った。もうひとつのグループ、「ニューエイジ派」は、いまよりもずっと幸せな、自然環境の中でのより自然な生活を報告し、そこでは人々が互いに調和のとれた生き方をして、何かを学ぶため、そして霊的な進化のための生活が営まれていた。第三のタイプ、「ハイテク都会派」は、人々が地下都市、あるいはドームや巨大な泡のような屋根でおおわれた都会に住んでいる殺伐とした機械的未来を語った。第四のタイプは大災害を生き延びた人々で、地球的規模のなんらかの災害（おそらく核戦争だろう）に襲われた後の世界に住んでいる。このグループの人たちは、都市の廃墟から、洞窟、あるいは孤立した農場まで、さまざまな形態の住居に住んでおり、手縫いの簡単な服（毛皮製が多い）を着て、食べ物の多くを狩猟に頼っていた。

これはいったいどう説明すればいいのか？　スノウは、ホログラフィック・モデルにこの答えを求めている。彼もロイと同じく、このような調査結果は、運命の霧の中に、いくつか起こる可能性のある未来（「ホロヴァース」）が存在していることを示唆すると考えている。しかし、他の過去世研究者と同様に、個人レベルでも集合レベルでも、運命を創造していくのは自分自身であると彼も考えており、この四つのシナリオも、人類全体が自分自身のために創造しているのであり、起こりうる可能性のある未来をかいま見せてくれるものだとしている。

この結果、スノウは、核シェルターをつくったり、一部の超能力者が予言している「来るべき地球大変動」によって破壊されない地域に移住したりするかわりに、私たちは良い未来を信じ、それをありありと想い浮かべることに時間を費やすべきなのだと説く。グリニッジ標準時で毎年十二月三十一日の正午から午後一時までの間、世界平和と癒しのため、ともに祈り、瞑想することに賛同した世界中の何百万人もの人たちの集合体である〈惑星委員会〉のことを、彼は正しい方向への一歩の例としてあげているのだ。「もし私たちが、今日の集合的思考や行動によって、未来の物理的現実をつくりつづけているのだとしたら、現在ある現実をつくりあげたのは自分たち自身なのだと目覚めるべき時はいましかない」とスノウは述べる。「ひとつひとつのタイプに象徴される地球の姿に関する選択肢は明らかだ。私たちの子孫のためにいったいどれを望むのか？[89]私たち自身にとっても、もしかしたらいつの日にか戻ってきてみたいと思うのはいったいどの地球なのか？」。

▼過去を変える

人間の思考によって形が決まったり変わったりするのは未来だけではないかもしれない。一九八八年の超心理学会の年次学会で、ヘルムート・シュミットとマリリン・シュリッツは、自分たちの実験が示唆するところでは、人間の精神は過去をも変えうる可能性があると発表した。ひとつの研究で、シュミットとシュリッツは、コンピュータによる乱数発生プロセスを使い、一〇〇〇組の音のグループを録音した。各グループは長さの異なる一〇〇の音で成り立っていて、その中には耳に心地良いものもあれば、ただのやかましい雑音もあった。音の選択過程がランダムであったため、確率の法則にしたがい、各グループには大体五〇パーセントの心地良い音と五〇パーセントの騒音が入っているはずである。

これらの音のグループを録音したカセットがボランティアのもとに送られた。この録音されたテープを聞きながら、被験者たちは、念力を使って心地良い音の長さを延ばし、騒音を短くすることをやってみるように言われた。これを完了したあと、被験者たちは研究所にこれを知らせ、それからシュミットとシュリッツが元の録音を調べるのである。ふたりは、被験者が聞いた録音には、騒音よりもかなり多い量の心地良い音が入っていることを発見したのだった。つまり、被験者は念力を使って過去に手を伸ばし、彼らの手もとにある、すでに録音されていたはずのカセットの作成に使われた乱数発生のプロセスに影響を与えたと思われるのである。

別のテストでシュミットとシュリッツは、コンピュータに、無作為に選んだ四つの異なった音から成る一〇〇組の音のグループをつくるようプログラムし、被験者は、やはり念力を使って、こんどはテープに低音より高音が多く現われるようにせよという指示を与えられた。ここでも、ふたたび過去にさかのぼる念力効果が見られた。また、定期的に瞑想しているボランティアのほうが、瞑想しない者よりも大きな念力効果を発揮することがわかったが、これは、無意識との接触をもつことが、精神の中で現実の構築に関わる部分とつながるための鍵であることを示唆している[90]。

すでに起きてしまっている出来事を、私たちが念力によって変化させることができるというのは、聞いていてどうもあまりいい心地はしない考えだ。というのも、過去はまるでガラス容器に入れられた蝶のごとく凍結されたものであると信じるよう、私たちは心の奥底からプログラムされているため、他の可能性があるなどとは想像するのも困難だからである。しかし、ホログラフィック・ユニヴァース——時間は錯覚にすぎず、現実は心が想像したイメージにすぎないこの宇宙では、それも私たちが慣れていくべき可能性なのである。

▼時間の庭園の散策

以上のふたつの考えがかなり現実離れしているように思えたとしても、これからあげる注目すべき時間異常現象に比べると、それも大したものではない。一九〇一年八月十日、オックスフォードのふたりの教授、セント・ヒューズ・カレッジ学長アン・モベリーと、副学長のエリノア・ジョーダンは、ヴェルサイユ宮殿のプチ・トリアノン庭園を散策していた。そのとき、このふたりの女性の目の前で、ちょうど映画の場面が変わるときに使われる特殊効果に似ていないこともない一筋の光が風景を横切っていった。この光が過ぎていったあと、風景の様子が変わっているのにふたりは気がついた。突如として、まわりにいた人々が十八世紀の衣装やかつらを身につけており、みんな何か興奮した様子を見せていた。ふたりがあっけにとられて立ちつくしていると、天然痘の痕が残る顔をした醜い男性が近づいてきて、差し迫った様子でどこか他へ向かうように言うのだった。ふたりは彼のあとをついて並木を横切り、庭園に出たが、そこでは音楽の調べが流れ、貴族とおぼしき婦人が水彩画を描いているのが見えた。

やがてこのヴィジョンは消滅し、風景は平常に戻ったが、あまりに劇的なその変貌にふたりが振り返ると、たったいま歩いてきたばかりの小道は、古い石壁で行く手がさえぎられていたのだった。英国に戻ったふたりは、歴史の資料をくわしく調べた結果、自分たちは、チュイレリー王宮の略奪とスイス護衛兵の虐殺が起きたその日へと時間を超えて移送されたのであり（庭園にいた人々の興奮した様子もそのためだった）、庭園にいたあの女性は、マリー・アントワネットその人だったと結論を下したのである。この体験があまりにもあざやかなものであったので、ふたりはこの出来事を本一冊分の原稿にまとめ、英国心霊研究協会に提出したのだった。[91]

モベリーとジョーダンの体験が大きな意味をもつのは、ふたりが単に過去透視によって過去の一場面のヴィジョンを見たのではなく、実際に過去に戻ってその中に足を踏み入れ、人々に出会ったり、百年以上も前の姿のチュイレリー庭園を歩きまわったりしたという点である。モベリーとジョーダンの体験は、事実として受けいれるのは困難ではあるが、これによってふたりが何か目に見える利益を得たということでもない上に、まずまちがいなく学界での自分たちの評価を大きな危険にさらしたことを考えれば、何の動機でこんな話をでっちあげる必要があるのか、想像するのさえむずかしい。

それに、チュイレリー王宮でこのような現象が起きたと英国心霊研究協会に報告された例は、これが唯一というわけではないのだ。一九五五年五月、ロンドンに住む弁護士とその妻が、やはりこの庭園で、十八世紀の装いをした人物数人に遭遇している。また別の例では、ヴェルサイユを見下ろす場所に位置するある大使館のスタッフが、庭園が歴史上の過去の時代にさかのぼってしまうのを見たと主張している。(92) アメリカでも、アメリカ心理学会とアメリカ心霊研究協会両方の会長を務めた超心理学者ガーナー・マーフィーが、これと似たあるケースの調査を行なっている。バターボーグという名でしか示されていないある女性が、ネブラスカ・ウェスリアン大学にある自分のオフィスから窓の外を眺めたとき、五〇年前のキャンパスの光景が見えたのだ。ふだんのにぎやかな通りや女子学生クラブ会館は消え失せ、そのかわりに広い野原と数本の木々がそこにあり、遠い日の過ぎ去った夏の風に木の葉が揺れていたというのである。(93)

現在と過去の間の境界はそれほど薄っぺらなもので、特定の状況下では、私たちは庭を散策するのと同じくらい容易に過去に戻っていくことができるというのであろうか。いまのところは、何もわかっていない。しかし、時間と空間の枠組みの中を移動する固体というより、部分的には人間の意識と結びついているプロセスを土台とする幻のようなエネルギーのホログラムでできている世界では、このような出来事はあながち不可能なものではないのかもしれない。

心はおろか身体でさえも、私たちが思ってきたほどには時間という枠組みの制約を受けるものではないという考えに不安を覚えるのであれば、つぎのことを思い起こすべきである。すなわち、地球が平坦であると信じていたかつての人類にとって、地球が丸いという考えは、同じように恐ろしいものだったということだ。この章で提示された証拠は、時間の本質を真に理解するという点に関しては、私たちがまだまだ子供にすぎないことを示している。そして、大人にならんとする分岐点に立つ子供がすべてそうであるように、私たちはあらゆる恐れを捨て、世界の本当の姿を受けいれなくてはならない。なぜなら、このホログラフィック・ユニヴァース、すべてのものが精妙なるエネルギーのきらめきにすぎないこの宇宙では、時間に関する私たちの理解のほかにも、まだまだ変わらなければならないものがあるからだ。目の前の風景を横切る光はまだほかにもあり、さらに飛び込むべき深淵が控えているのである。

第八章　スーパーホログラムの旅

ホログラフィックな現実は、意識が肉体への依存から解き放たれたときに体験可能となる。身体および五感の働きに束縛されているかぎり、ホログラフィックな現実は、せいぜい知的な概念構造でしかありえない。〔身体から解放されるとき〕人はそれを直接体験することができる。だからこそ神秘主義者たちは自分のヴィジョンについてあれほどの確信をもって語るのである。それに対し、この領域を体験したことのない者は、懐疑的になったり、ときには無関心なままに置かれてしまうのだ。

ケネス・リング『いまわのきわに見る死の世界』

ホログラフィック・ユニヴァースにおいて実体のないのは、時間だけではない。空間もまた、私たちの知覚の働きの産物として見なければならない。これは、時間が概念構造であるという考えよりもさらに理解するのがむずかしい。なぜなら、「空間が存在しない」状態を概念として把握しようとしても、アメーバ状宇宙や結晶化する未来のイメージといったような、頼みの綱となるわかりやすいたとえがないからだ。私たちは、空間を絶対的なものとして考えるように深く条件づけられているため、空間が存在しない領域で存在するとはいったいどんなことなのか、想像の糸口すらつかめない。にもかかわらず、私たちが時間に束縛されていないのと同様、究極的には空間にも束縛されていないことを示す証拠がある。

そのことを強く示唆しているのが、体外離脱現象、つまり意識が肉体から離れ、どこか別の場所に移動するように思われる体験である。体外離脱、あるいは体外離脱体験（Out-of-Body Experiences）については、歴史を通じ、社会のあらゆる層の人たちによって語られている。オルダス・ハクスリー、ゲーテ、D・H・ロレンス、アウグスト・ストリンドベリ、そしてジャック・ロンドンもみな体外離脱を体験したことを語っている。この現象は、エジプト人、北米インディアン、中国人、ギリシアの哲学者たち、中世の錬金術師たち、オセアニアの人々、ヒンドゥー教徒、ヘブライ人、そしてイスラム教徒たちの間でも知られていた。ディーン・シールズは四四例の非西欧文化の比較研究で、体外離脱体験を信じない文化は三つしかないという結果を得ている。(1) 同様の研究で、人類学者のエリカ・ブルギニヨンは、世界中の四八八の社会――現存する社会として知られているものの約五七パーセント――を調べ、そのうち四三七、つまり八九パーセントに、体外離脱体験に関して少なくともなんらかの言い伝えがあるという結果を得ている。(2)

今日でも体外離脱体験が広範に見られる現象であることは、多くの研究が示している。アバディーン大学の地質学者で、アマチュア超心理学者である故ロバート・クロッコール博士は、このテーマについて九冊もの本を埋めるほどのケースを調べた。一九六〇年代に、オックスフォードの精神物理研究所の所長シリア・グリーンは、サザンプトン大学の学生一一五人にアンケートをした結果、そのうちの一九パーセントが体外離脱体験をもつことがわかった。同様に、オックスフォードの学生三八〇人に同じ質問をしたところ、三四パーセントがイエスと答えている。[3] 九〇二人の成人を対象とした調査で、ハラルドソンは、そのうちの八パーセントがいままでに少なくとも一度は身体の外に出た体験をもつとの結果を得た。[4] そして、一九八〇年に、オーストラリアのニューイングランド大学のハーヴィー・アーウィン博士によって行なわれた調査は、一七七人の学生のうち、二〇パーセントが体外離脱を体験していたことを明らかにした。[5] これらの数字は、平均すると大体五人にひとりが人生のどこかの時点で体外離脱を体験することを示している。別の研究では、この数字が一〇人にひとりという比率になってはいるものの、事実は変わらない。すなわち、体外離脱体験はほとんどの人が思っているよりもずっと一般的な現象なのである。

典型的な体外離脱は、ふつう偶発的なもので、睡眠や瞑想、麻酔状態、病気、そしてひどい痛みの最中などに起きることが最も多い（他の状況下で起きることもある）。突如として、その人は自分の心が身体から分離してしまったというあざやかな感覚をおぼえる。自分の身体の上をふわふわと浮かんでいて、他の場所に移動したり、飛んでいったりすることもできるのに気づく、というのが頻繁に起きる状況だ。肉体から自由になり、自分の身体を上からじっと見下ろすというのはどんな感じなのだろうか。一九八〇年に行なわれた、三三九例の体外離脱旅行のケースに関する研究で、トピーカにあるメニンガー財団のグレン・ガバード博士、トピーカ在郷軍人局医療センターのスチュアート・トゥエムロウ博士、それにカンザス大学医療センターのファウラー・ジョーンズ博士の調査では、この体験を快いものだったとする人が八五パーセトとずば抜けて多く、そのうちの半数以上は、よろこびあふれるものだったと語っている。[6]

私もその気持ちはよくわかる。一〇代の頃、私にも偶発的な体外離脱体験が起こったことがあった。自分の身体の上方に浮かび、ベッドで眠っている自分を見下ろしていることがわかったときの最初のショックから立ち直った後は、壁を通り抜けたり、木の上を飛びまわったりして、言葉では言い表わせない至福感を体験した。身体なしでの旅の最中に、近所の人が紛失した図書館の本さえ見つけてしまい、翌日彼女にその本がどこにあるか教えてあげることができたくらいだった。この体験については、拙著『量子を超えて』の中で詳しく述べている。

ガバード、トゥエムロウ、ジョーンズの三人は、体外離脱体験者の心理的プロフィールの分析も行なっており、彼らが心理的に正常であり、全般に社会的適応能力もきわめて高いという結果を得ているが、これは見逃せない重要な点である。三人は、一九八〇年のアメリカ精神科医学学会の席上でこの結論を発表し、体外離脱体験はよくある出来事だと言って患者に安心感を与え、このテーマに関する本を紹介するほうが、心理療法よりも「治療効果が高い」かもしれない、と参加した精神科医たちに語った。そして、患者はおそらくヨガ行者とでも話をしたほうが、精神科医と話すよりもはるかに心の落ち着きを得られるのではないか、とさえほのめかしたのである![7]

こうした事実は別にしても、説得力という点では、どれほど統計結果を積み重ねてみても実際の体験談にはかなわない。ワシントン州シアトルにある病院のソーシャルワーカーであるキンバリー・クラークは、マリアという心臓病患者に出会うまでは体外離脱体験のことなどまともに考えたことはなかった。入院して数日後、マリアは心臓停止を起こしたが、ただちに回復した。クラークはその日の夕方近く、心臓が停止したという事実のせいでマリアは不安になっているのではないかと思い、彼女の病室を訪れた。予想どおりマリアは興奮していたが、彼女(クラーク)が予測していた理由からではなかった。

マリアは、とても不思議な体験をしたとクラークに語った。心臓が停止したあと、彼女は突然自分が天井から自分を見下ろしており、医師や看護婦が彼女に処置をしているのを見つめていることに気がついたと言うのだ。ところが、救急室で何かがあり、そちらのほうに注意が向いたのだが、「自分がそこにいることを思った」とたんに、彼女は実際にそこにいたのである。つぎにマリアは、建物の三階を「思うだけでそこまで上昇し」、自分が片方のテニスシューズの「靴ひもを見つめている」ことに気づいた。それは古い靴で、小指のところの生地がすり切れて穴があいていた。また、ひもがかかとの下にひっかかっているなど、ほかにもいくつかの詳細に気づいたという。話し終えたマリアは、自分の体験がはたして現実だったのか確かめられるように、建物の張り出しの所に行って、その靴があるかどうか見てきてほしいとクラークに懇願するのだった。

ばかばかしいとは思いながらも多少は興味をひかれるものがあったクラークは、外に出て建物を見上げてみたが、何も見えなかった。三階に行き、各病室に入って、外の張り出しを見たのだが、窓が小さかったのでガラスに顔を押しつけるようにして見なくてはならなかった。ついにある部屋で、ガラスに顔を押しつけて外を見下ろすと、そこに靴があるのが見えた。それでも、彼女の視点からは小指のところに穴があるかどうかや、マリアが語った他の詳細が正しいのかどうかはわからなかった。マリアの話してくれた詳細がすべて正しかったことを確認できたのは、靴を実際に拾ってきてからのことであった。「彼女のあのような視点は、建物の外に浮かび、テニスシューズのすぐ前にいたのでなければありえないことだった」と述べるクラークは、それ以来体外離脱体験を信じるようになった。「あれは私にとっては動かせない証拠であった」[8]。

心臓停止の最中に体外離脱体験をするのは比較的よくあることだ。エモリー大学医学部の教授で、心臓専門医であるとともに、アトランタ在郷軍人局医療センターにも勤めているマイケル・B・セイボムは、自分の患者がそのような「空想」を語ることにあきあきしてしまい、この問題に一挙にかたをつけようと決心した。彼はふたつのグループをつくり、ひとつには、長年の心臓病患者で心臓発作の最中に体外離脱体験をしたと報告している者を三二人、もうひとつには同じく長年の心臓病患者だが、体外離脱体験のない者二五人を集めた。そしてこの患者たちにインタビューをして、体験者には、体外にいる状態から目撃した自分自身の蘇生措置を描写するように、非体験者には蘇生の最中に何が起きたのかを想像して話すように依頼したのである。

非体験者のうち、二〇人は蘇生措置についてかなりまちがった話をした。三人は、正しくはあったが、概略的な描写しかできず、二人は何が起きたのかまったく見当もつかなかった。体験者の間では、二六人が正しいが概略的な描写をし、六人は自分の蘇生措置についてかなりの詳細にわたる正確な描写を行ない、そしてひとりは、一挙一動を網羅したあまりに正確な描写をしたため、セイボムを仰天させた。この調査結果に動かされたセイボムは、この現象についてさらに深く探究することになったのだが、クラークと同様、彼もいまでは体外離脱現象を熱烈に信じるようになり、このテーマについて広く講演活動を行なっている。「なぜこれほど正確な観察が可能なのか、通常の身体感覚を使ったとするのでは納得のいく説明はつかない」ように思える、と彼は言う。「体外離脱仮説が、とにかく手元にあるデータには最もよく合っている説明のように思われる」[9]。

このような患者たちの体外離脱体験は偶発的なものだが、この能力をマスターし、自分の意志で身体を離れられるほどになる人もいる。そのような人物で最も有名なひとりが、放送局の元重役であるロバート・モンローだ。一九五〇年代に初めて体外離脱体験をしたとき、モンローは自分が気が狂ったのだと思い、ただちに医療処置を求めた。医師は何も悪いところがないと言ったが、彼のこの不思議な体験は続き、ずっとこれが不安の原因となったままでいた。だが、ある心理学者の友人から、インドのヨガ行者には、いつでも自分の身体を離れられる者がいるという話を聞いてからは、ついに彼もこのあまり嬉しくない才能を受けいれるようになった。「わたしにはふたつの選択しかなかった。これから一生のあいだ鎮静剤のお世話になるか、それともこの状態について学び、自分でコントロールできるようになるかだ[10]」。

その日以来、モンローは自分の体験に関する日誌をつけはじめ、体外にいる状態について自分で学んだことをひとつひとつ注意深く記録していったのである。まずわかったのは、固体物質の中を通過することが可能で、自分がどこかに行くことをただ「考える」だけで広大な距離を移動できることだった。他の人たちが彼の存在に気づくことはまずなかったが、この「第二状態」にある間に彼が訪れた友人たちは、その「訪問」のときに自分が身につけていた服や、何をしていたかなどを正確に言い当てられると、すぐに体外離脱体験のことを信じるようになった。また、時には他の体外旅行者にばったり会うこともあり、この道を探究しているのが自分だけではないことも発見した。これまでのところ、彼はこうした体験を『体外への旅』（学研、一九八五、抄訳）と『魂の体外旅行』（日本教文社、一九九〇）と題された二冊のきわめて興味深い本の中に綴っている。

体外離脱体験は実験室でも実証されている。ある実験では、超心理学者のチャールズ・タートが、ミスZとしか表記されていない、体外離脱に秀でた女性に、体外離脱状態でないかぎり届かないところにある一枚の紙に書かれた五桁の数字を正しく言い当てさせるのに成功している[11]。ニューヨークのアメリカ心霊研究協会で実施された一連の実験で、カーリス・オーシスと心理学者のジャネット・リー・ミッチェルは、全米各地から文字どおり「飛んで」きた数人の体外離脱の才能に恵まれた被験者たちに、テーブルの上に置いた物、天井近くに吊り下げられた棚に置かれた色つきの幾何学模様を書いた紙、そして特殊な装置の窓から覗かないと見ることができない目の錯覚を表わした画像など、広範囲にわたる目標イメージを正しく描写させることができた[12]。ノース・カロライナ州デューラムにある心霊研究財団の研究部長であるロバート・モリス博士は、体外にいる状態の人の訪問を感知するのに、動物を使った実験まで行なっている。たとえばある実験では、キース・ハレイリーという体外離脱の才能がある被験者の仔猫は、ハレイリーが目に見えない状態でそこにいるときには、必ずニャーニャー鳴くのをやめ、ゴロゴロと喉を鳴らしはじめたのだという[13]。

ホログラム現象としての体外離脱体験

全体として考えれば、証拠は動かしがたいように思える。私たちは、自分の脳で「考える」と教えられているが、これは必ずしも真実とは言えない。ある状況下では、私たちの意識、すなわち、考え知覚する部分は、肉体を離れ、ほとんどどこでも好きなところに存在することができるのである。現在の科学では、この現象を説明することはできないが、ホログラフィックな概念を使って考えればこれもはるかに扱いやすいものとなる。

ホログラフィック・ユニヴァースでは、存在位置というのも錯覚であることを思い出してみよう。りんごの画像がホログラフィック・フィルムの上で特定の存在位置をもっていないように、ホログラフィックに組み立てられている宇宙では、物には決まった存在位置というものがない。あらゆるものは、究極的には非局在的な存在であり、意識も例外ではない。したがって、私たちの意識は頭の中に位置しているように見えるが、ある条件下では、部屋の上のほうの隅にあったり、青々とした芝生の上を浮遊したり、建物の三階にある張り出しの上に乗ったテニスシューズの「ひもと目が合う」ところに浮かんでいたりしているように見えるのも、それと同じく可能なことなのだ。

「非局在的な意識」という考え方を把握するのがむずかしく思えるなら、わかりやすいたとえとして、やはり夢をあげることができる。見物客でにぎわう絵の展覧会にいる夢をみているところを想像してほしい。人の間をぬって歩き、作品を眺めていると、あなたの意識はその夢の中の自分の頭にあるように見える。だが、意識は本当はどこにあるのだろう？ ちょっと分析してみれば、それは夢の中のものすべて、すなわち、展覧会にいる他の人々にも、美術作品にも、そして夢自体の空間そのものにもあることが明らかになる。夢においても存在位置というのは錯覚である。なぜなら、そこにあるものすべて、人々も、物も、空間も、意識も、あらゆるものは夢をみている人の中にある深い根源的な現実から開示されてきているものだからだ。

体外離脱体験のホログラフィックな性質を際立たせているいまひとつの特徴は、いったん体外に出てしまってからの自分の形態の柔軟性である。肉体から離れたあと、体外離脱者は、しばしば自分の生物的な身体そっくりそのままの幽霊もどきの体の中にいることに気づく。このため、人間は、文学で言うドッペルゲンガー（二重身）と似ていないこともない「分身霊」をもつと仮定した研究者も過去にいた。

しかし、最近の調査結果はこの仮説に問題があることを明らかにしている。体外離脱者の中には、この分身霊が裸であると言う者もいるが、もう一方で、きちんと服を着た体の中に自分がいるとする者もいるのだ。これは、分身霊が、生物的身体をエネルギーで複製した永続的存在なのではなく、さまざまな形になることが可能な一種のホログラムであることを示唆している。このことは、体外離脱体験の最中に人々がとる形態が分身霊だけではないという事実でも裏づけられる。光の玉や、形のないエネルギーの雲、あるいは目に見える形がまったくない状態として自分を知覚したとの報告が多々あるのだ。

体外離脱体験の最中にとる形態は、その人の信念や考え方の直接的結果であるという証拠さえある。たとえば、一九六一年に出版された著作『神秘生活』の中で、数学者J・H・M・ホワイトマンは、大人になってからは少なくとも毎月二回の体外離脱を体験しており、そのような体験を二〇〇〇件以上も記録してきたことを明かしている。自分は男性の身体の中に閉じ込められた女性だといつも感じていたとも告白しており、これが分離体験の際に自分が女性の形をとるという結果を生むこともあると語っている。ホワイトマンは、体外の冒険で、子供の身体など、他のさまざまな形態も体験していて、その結果、意識、無意識両方の信念が、この第二の身体がとる形態の決定要素であるとの結論に達した。[14]

モンローもこの意見に賛成で、体外体験の形態を造るのは、私たちの「思考習慣」であると説いている。身体の中にいることがすっかり習慣となっているため、私たちは体外離脱状態でも同じ形態を再生してしまう傾向があるというわけだ。同様に、人間の形態をとるときに自分の身体に着せる服をつくりあげるのは、ほとんどの人が裸でいることになんとなく不安を覚えるからだと彼は考える。「第二の身体は何でも望みどおりの形態に変えることができるのではないか」とモンローは言う。[15]

身体から離れた状態において、もし私たちに何らかの形があるとしたら、いったいその真の姿はどのようなものだろう？　モンローは、いろいろな表面上の仮面を全部すててしまえば、私たちの真の姿は「交錯し共鳴し合うたくさんの波動〔から成る〕振動パターン」であるとの結論に達している。[16] この結論は、何かホログラフィックなことが起きていることを驚くほどはっきり暗示しており、このホログラフィック・ユニヴァースのすべてのものと同じく、究極的には私たち自身も、心がさまざまなホログラフィックな形態に変換している波動現象であることを示すさらなる証拠を提示しているのだ。それはまた、私たちの意識は脳の中にあるのではなく、肉体に浸透し、そのまわりを包んでいるプラズマ・ホログラフィック・エネルギーにあるとするハントの結論に、あらためて信憑性を与えているのである。

このホログラフィックな柔軟性を示すのは、体外離脱状態にあるときの形態だけではない。体外離脱した状態で旅行する才能をもった人たちの観察はたしかに正確なものだが、ときとしてとんでもないまちがいをすることもあり、これが長いあいだ研究者の悩みの種となっていた。たとえば私が体外離脱体験の最中に見つけた図書館の本のタイトルは、体外にいる状態のときには明るい緑色に見えた。しかし、自分の肉体に戻り、その場所へ本を取りに行くと、活字は実際には黒であることがわかったのである。体外旅行者が、人がたくさんいる遠く離れた部屋のことを正確に描写しながらも、ひとり余計な人を加えていたり、テーブルがあるのにソファを知覚したりという、これと同じようなまちがいの例が文献にはあふれている。

ホログラフィックな概念から見たひとつ可能な説明は、このような体外旅行者は、体外にいるときに知覚した波動を、通常の現実を完璧に映し出す正確なホログラフィック画像に変換する能力を完成させていないのかもしれない、というものだ。つまり、体外離脱体験者は、まったく新しい感覚に頼っていると思われるが、その感覚はまだふらついており、波動領域を客観的な外見をそなえた現実構造に変換する技にまだ長けてはいないのかもしれない。

そこに、自己の限界を定めてしまう私たち自身の信念が束縛を加え、このような非物理的感覚をさらに阻害してしまう。何人かの才能ある体外旅行者は、ひとたび自分の第二の身体にいても安心していられるようになると、頭をまわさなくてもすべての方向が同時に「見える」ことがわかったと語っている。

つまり、すべての方角が見えるというのは体外離脱状態ではごく普通のことなのにもかかわらず、目を通して見ることにしか慣れていないため、非物質的なホログラム体の中にいるときでさえそう思い込んでしまって、本当は三六〇度の視覚があるのに、この習慣がそのことに気づくのを邪魔していたのだ。

それどころか、私たちの五感もこの種の検閲の犠牲となっているという証拠さえある。自分は目でものを見ているという私たちの揺るぎない確信に反して、「目を使わずに見る」、すなわち身体の他の部分で見る能力をもつ人々に関する報告は続々と発表されている。ハーバード大学医学部の臨床研究員である医師、デイヴィッド・アイゼンバーグは、脇の下の皮膚の部分で字が読めたり色が識別できるという、北京に住む中国人姉妹の話を最近発表した。[17] イタリアでは、神経学者のチェザーレ・ロンブロッソが、鼻の先と左の耳たぶで見ることができる盲目の少女について調査している。[18] 一九六〇年代、権威ある旧ソ連科学アカデミーは、指先で写真を見たり新聞を読んだりできるというローザ・クレショーヴァというロシア人女性のことを調べ、彼女の能力は本物であるとの見解を発表した。大事な点は、彼女はさまざまな色が自然に蓄積し発散する熱の量の差異を感知していた可能性はないことが示されていたことだ。クレショーヴァは、モノクロの新聞が、熱したガラスで覆われていてもこれを読むことができたのである。[19] クレショーヴァの能力はかなり有名となり、ついに『ライフ』誌も彼女についての記事を掲載したほどである。[20]

ひとことで言えば、私たちがものを見るのは目を通してだけと限られているわけではないとの証拠があるということだ。これはもちろん、私の父の友人トムが、自分の娘の腹部で視線がさえぎられていたにもかかわらず時計の銘文を読めた現象にも、また遠隔視現象にも見られる本質的なメッセージである。こういった現象を見るにつけ、考えてしまわざるをえない。はたして目を使わないで見る力は、現実がやはりマーヤ、すなわち幻であることのさらなる証拠であり、私たちの身体や、一見確固たるものに見えるその生理現象も、私たちの第二の身体と変わらず、知覚が創り出すホログラフィックな構築物にすぎないということなのであろうか。おそらく私たちは、目を通してしか見ることができないと信じ込むよう、あまりに深く習慣づけられているために、肉体の存在でいるときでさえ、実際は可能な広範囲の知覚能力から自分をさえぎってしまっているのかもしれない。

体外離脱体験のいまひとつのホログラフィックな側面が、このような体験の最中に、時として過去と未来との区別があいまいになるという現象だ。たとえば、オーシスとミッチェルは、メイン州在住のよく知られた超能力者で、体外旅行にも優れた才能をもつアレックス・タヌース博士に「飛んで」きてもらい、テーブルの上にある物を描写させてみようとした際、博士は何日か先にそこに置かれるものを描写する傾向があることを発見したのである![21] これは、人々が体外離脱状態にあるときに入る領域は、ボームが語る現実の精妙なレベルのひとつであり、内在秩序に近く、したがって過去、現在、未来の間の区別が存在しなくなるレベルに近いことを示唆している。言いかえれば、現在を記号化した波動のかわりに、タヌースの心は、はからずも未来についての情報を内蔵する波動に波長を合わせてしまい、それを現実のホログラムに変換してしまったようなのである。

タヌースの知覚した部屋がホログラフィックな現象であり、彼の頭の中だけで起きた予知ヴィジョンではないことは、別の事実でも裏づけられている。彼に体外離脱をしてもらう予定になっていた日に、オーシスはニューヨーク在住の超能力者、クリスティン・ホワイティングに、部屋を見張り、何かそこを訪れるものが「見えた」場合にはそれを描写してくれるように頼んでおいた。ホワイティングは、誰が、いつ飛んでくるかまったく知らなかったにもかかわらず、体外離脱してやってきたタヌースの姿をはっきりと見て、茶色のコーデュロイのズボンに白い綿のシャツを着ていたと説明した。これはタヌース博士がこの試みを行なったときにメイン州で身につけていた衣服とぴったり一致するものだった。[22]

ハレイリーも、時として体外に出て未来に旅したことがあるが、この体験が他の予知体験とは質的にちがっているという点については同意見である。「未来の時空への体外離脱体験が通常の予知夢と異なるのは、体外離脱体験では私はまちがいなく『外に』出て、漆黒の暗い領域を通り過ぎ、それが終わると、明るいどこかの未来の場面がある、という点だ」と彼は述べる。未来への体外訪問をするとき、彼はその場面にいた未来の自分の姿さえ目にしている。またそれだけではない。そのとき目撃した出来事がのちに起きると、その実際の場面の中で、そこにタイムトラベルしてきた体外離脱状態の自分の存在を感じられるのである。この不気味な感覚を、「あたかも自分がふたつの存在であるかのように、自分の『陰で』自分に会う体験」と彼は説明しているが、これは普通のデジャ・ヴュ（既視体験）など問題にならないくらいのすごい体験であることだろう。[23]

また、体外離脱状態で過去へ旅をする例も記録されている。スウェーデンの劇作家アウグスト・ストリンドベリは、自分自身も頻繁に体外旅行をしているが、著書の『伝説』の中でそのひとつについて語っている。この出来事は、ストリンドベリがワインショップに座って、若い友人に軍人としてのキャリアをあきらめないよう説得しているときに起きたものだった。自説を裏づけるため、ストリンドベリは、以前のある夜に酒場で起きた出来事のことをもち出した。これは二人が関わっていた出来事だったが、それを説明しようとした矢先、突然彼は「意識を失い」、気がつくと、問題の酒場に座り、その出来事を再体験していたのである。この体験はほんの短い間しか続かず、その後、また唐突に現在の自分の身体に戻ってきていたのだった。[24] 前章で探ったような、透視能力者が過去の出来事の真っ只中に存在したり、その上の空間を「浮遊」したりするという体験でも、彼らが描写していた過去の場面は、やはり過去への体外投影の一形態であると論ずることも可能だ。

まったくのところ、体外離脱現象について現在入手可能な大量の文献を読めば、体外旅行者が自らの体験について述べたことと、私たちがこれまでにホログラフィック・ユニヴァースと関連づけて考えるようになった性格との間の類似性に繰り返し驚かされるはずである。モンローは、体外離脱状態を、もはや厳密な意味での時間・空間は存在せず、思考はホログラム状に変容する可能性があり、意識が究極的には振動ないし波動のパターンとして存在する領域と描写しているが、それに加えて、体外離脱体験中の知覚は、「光が映し出す」というより、「放射されるものを感じとる」ことがその中心となると指摘している。この見解は、体外領域に入る人間が、プリブラムの言う波動領域に足を踏み入れることをあらためて示唆している。[25] 他の体外旅行者も、この第二状態がもつ波動状の性質について言及している。たとえば、フランス人の体外離脱体験者であり、「イラム」の名で著作があるマルセル・ルイ・フォランは、自著『アストラル投影の実践』の多くを、この体外領域がもつ波動のような、電磁的とも思われるような性質について説明する試みに費やしている。また別の者は、この状態にあるときに体験する宇宙との一体感について語り、それを、「すべてはすべて」であり、「自分はそれそのものなのだ」という感じとして言い表わしている。[26]

体外離脱体験はこれだけホログラフィックではあるものの、現実の波動的側面をより直接に体験するということになると、まだまだ氷山の一角にすぎない。体外離脱は人類の一部によって体験されているにすぎないが、私たちの誰もが、波動領域と密接に触れあうことになる状況がいまひとつある。それは私たちが、シェークスピアの言う「その国境より誰ひとり旅人が戻って来ぬ未知の国」へと旅立つときだ。だが問題は、シェークスピアには敬意を表するものの、一部の旅人は実際に戻って来るということである。そして、彼らが語る物語には、ふたたびホログラフィックな香りのする特徴があふれているのだ。

臨死体験

現在では、ほとんど誰もが臨死体験（NDE：Near-death Experience）のことは耳にしたことがあるだろう。つまり、臨床的には「死亡」を宣告されながらも蘇生し、その体験の最中に身体を離れて、死後の世界とおぼしき所を訪れていたことを語るというケースである。アメリカで臨死体験が最初に注目を浴びたのは、一九七五年、精神科医であり、哲学の博士号もあわせもつレイモンド・ムーディ・ジュニアが、ベストセラーとなったこのテーマの研究書、『かいまみた死後の世界』（評論社、一九七七）を発表したときである。その後まもなく、同時期に同様の調査を行なっていたエリザベス・キュブラー＝ロスが、ムーディと同じ結果を得ていたことを明らかにした。この現象を記述する研究者が増えるにつれて、臨死体験が信じられないほど広範な現象であるだけでなく（一九八一年のギャロップ調査では、アメリカ人の成人八〇〇万人、つまり約二〇人にひとりが臨死体験をしているとの結果が出た）、死後の世界がありうるという、これまでで最も動かしがたい証拠を提示していることがだんだん明らかになってきた。

体外離脱体験と同様に、臨死体験も全世界に共通の現象であるようだ。八世紀に書かれた『チベットの死者の書』、また二五〇〇年をさかのぼる『エジプトの死者の書』のどちらにも臨死体験が延々と語られている。プラトンは『国家論』の第十章で、荼毘に付すため薪に火がつけられようとする直前に生き返り、自分は肉体を離れて黄泉の国への「通路」を通ってきたと語ったエルという名のギリシア兵のことを詳しく述べている。尊者ベーダも、八世紀の著書『英国の教会と人々の歴史』の中で同様の話を載せているし、ハーバードで宗教学の講師を務めるキャロル・ザレスキーも、近著『彼岸の国への旅』の中で、中世の文献は臨死体験の話であふれていると指摘しているのだ。

また、臨死体験者にはこれといった共通する特徴がない。臨死体験とその人の年齢、性別、既婚／未婚の別、人種、宗教的ないし霊的なものの考え方、社会的階層、教育レベル、収入、教会へ行く頻度、住む街の大きさ、あるいは居住区域などとの間に関連性がないことは、さまざまな研究が示している。臨死体験は、まるで稲妻のごとく、誰にでも、どんなときにでも起こりうることなのだ。敬虔な信仰をもつ人のほうが無信仰の人より臨死体験をもつ可能性が高いということはない。

臨死体験現象の最も興味深い一面は、人々の体験に一貫性が見られるということだ。代表的な臨死体験を要約するとつぎのようになる。

死を迎えると、自分が突如として自分自身の身体の上方に浮かびながら、下で起きていることを見つめていることに気づく。つぎの瞬間、非常に早いスピードで闇、あるいはトンネルの中を通過していく。そして、まばゆいばかりの光の領域に入ると、そこでは最近この世を去った友人や親戚が自分を暖かく迎えてくれている。言葉では言い表わせないほど美しい音楽を耳にしたり、いろいろな景色を目にすることも多い。なだらかな起伏を見せる草原、花に埋もれた渓谷、水面輝く小川——地球上で見たどんな風景よりも美しいものだ。この光あふれる世界では、痛みも恐れも感じることはなく、圧倒されるようなよろこび、愛、そして平和の気持ちが全身を包む。そして、慈悲の波動を放つ偉大なる「光の存在」と出会い、この存在に促されて「人生の回想」を体験し、自分の一生がパノラマのように再現されるのを目にする。この壮大な世界の体験にすっかり魅了され、ここにとどまることを何よりも願う。しかし、光の存在によって、まだ自分のくるべき時ではないと告げられ、現世に戻るよう説得されて、ふたたび自分の肉体に入っていく。

これは概括的な描写であり、すべての臨死体験がこうした要素全部を含むわけではないことは明記しておく必要がある。このうちのいくつかが欠けた体験もあるだろうし、また他の要素が加わったものもあることだろう。体験の中に出てくる象徴的なものの表われ方も異なる場合がある。たとえば、西洋の文化では臨死体験者がトンネルを通って光の領域に入る傾向があるのに対し、他の文化では、道を歩いていったり、水の流れを越えたりして彼岸の世界に到達するようになっていることもある。

とはいえ、歴史を通じて、臨死体験についてさまざまな文化が語り伝えてきたことには驚くほどの類似性がある。たとえば、今日の臨死体験に繰り返し登場する特徴である人生の回想は、『チベット死者の書』『エジプト死者の書』、プラトンによるエルの彼岸の世界への旅の話、そしてインドの賢者パタンジャリによる二〇〇〇年前のヨガ文献にも描かれているのだ。臨死体験の文化を越えた類似性については、きちんとした研究でも立証されている。一九七七年、オーシスとハラルドソンは、患者が医師その他の医療従事者に語った死の床での視覚体験について、アメリカとインドのケースを九〇〇近くの例で比較した結果、たとえばアメリカ人は光の存在をキリスト教的人格として見るのに対し、インド人の場合はこれがヒンドゥー教となるなどのさまざまな文化的差異はあったものの、その体験の「核」は実質的に同じであり、ムーディやキュブラー＝ロスが述べた臨死体験と類似していることがわかったのである。[27]

医学界は臨死体験を単なる幻覚にすぎないとみなしているが、それが正しくないことを示す証拠は数多くある。体外離脱体験と同様に、臨死体験者も、身体を離れた後に、通常の感覚手段では知りえないような詳細について語ることができる。たとえば、ムーディの報告するある女性は、手術中に身体を離脱して待合室まで宙を漂っていき、自分の娘の着ている服の上下の柄が違っているのを見る。あとでわかったのだが、メイドはあわてて服を着せたため、そのまちがいに気づかなかったのだ。物理的には娘を見ていないはずの母親からそのことを聞かされたメイドは、びっくり仰天してしまったという。[28]別のケースでは、身体を離れた女性の臨死体験者が、病院のロビーに行き、どうも出張をキャンセルして義理の姉の棺の付き添いをすることになりそうだと義弟が友人に話しているのを耳にはさんだ。元気になった後、彼女は、そんなに早く自分のことをあきらめてしまった義弟を叱りつけ、彼を驚愕させたのである。[29]

だが、こうした例でさえ、臨死体験時の体外離脱状態で起きる知覚の中では、まだ最も驚異的なものであるとは言えない。臨死体験研究者は、盲目のため長年にわたり光を知覚していない患者でさえも、臨死体験の最中に身体を離れたときにまわりに起きていることを見て、これを正確に描写することができるのを発見している。キュブラー＝ロスはそのような何人かに出会っており、彼らの話がどの程度正確なのかを見定めるため、長時間にわたるインタビューを行なっている。「驚いたことに、こういう人たちは、そこにいた人々が身につけていた衣服やアクセサリーの色、デザインなどを描写することができたのである」と彼女は述べている。[30]

何よりも想像を絶するのは、複数の人間が関わっている臨死体験や死の床での視覚体験である。あるケースでは、女性の臨死体験者が、トンネルを通って光の領域に近づこうとしているとき、友人が向こうから戻ってくるのに出会ったのだ！　すれちがうとき、その友人はテレパシーを使って、自分も死んだのだが「送り返される」ところだと伝えてきた。この女性も、結局は「送り返され」たが、快復後、彼女が臨死体験をしていたのとほぼ同じ頃に例の友人も心臓停止を起こしていたことがわかったのである。[31]

通常の手段を通じてはまだ訃報を聞いていないのに、臨死体験中にあの世で誰が待っているかを知ったという例は、このほかにも多数ある。[32]

それでもまだ疑いが残る向きには、臨死体験は幻覚だとする考えに対するいまひとつの反証を示そう。それは、脳波計が反応を示さない患者にも臨死体験が起こるという事実である。通常の状態では、話したり、考えたり、想像をしたり、夢をみたり、とにかく何かをすれば、脳波計は大きく振れる。幻覚ですら脳波計に記録されるのである。しかし、脳波計がまったく無反応であったのに臨死体験をしていたというケースが多くあるのだ。もし臨死体験が単なる幻覚にすぎないとしたら、それは脳波計に表われなければならないはずである。

要するに、こうしたすべての要素、すなわち、臨死体験が広範囲にわたっていること、体験者に共通する特徴の欠如、体験の主要な部分の普遍性、通常の感覚手段では知覚しえないことを臨死体験者が見たり知ったりできる能力、そして脳波計が反応を示さない患者にも臨死体験が起こっているという事実などを総合すると、そこから得られる結論はひとつしかありえないように思われる。臨死体験をする人々は、幻覚や妄想に悩まされているのではなく、まったく異なる現実のレベルを実際に訪れているのだ。

これは、多くの臨死体験の研究者が到達する結論でもある。ワシントン州在住の小児科医、メルヴィン・モース医師もそのひとりである。モースが最初に臨死体験に興味をもったのは、七歳になる溺れた子供の治療をしてからだった。人口呼吸を受けたとき、その少女はすでに深い昏睡状態に陥っていて、瞳孔は開いたまま動かず、筋肉反応も瞳孔反応も見られなかった。医療用語では、これはグラスコウ昏睡度3とよばれ、回復の見込みはまずないことを示している。このような低い確率にもかかわらず、少女は完全に回復したのだが、意識を回復したのち、モースが最初に彼女の顔を覗き込んだとき、その子はモースの顔を知っていて、昏睡状態の自分の身体に措置を施しているのを見たと言った。さらにくわしく聞いてみると、彼女は自分の身体を離れ、トンネルを抜けて天国に行き、そこで「天の父」に会ったのだという。天の父は、彼女がまだそこに来ることにはなっていないと語り、そこにいたいか、それとも戻りたいかをたずねた。最初彼女はそこに残りたいと言ったのだが、天の父に、そうするともうお母さんに会えないことになると言われたので、やはり考え直し、自分の身体に戻ったのだった。

モースはこれを信じる気にはなれなかったが、興味はひかれたので、それ以来、臨死体験についてとにかくできるだけのことを学ぼうとした。当時彼は、患者を病院に運ぶ業務を請け負うアイダホ州のある空輸会社に勤めており、このおかげで、人口呼吸を受けて蘇生した数多くの子供に話を聞く機会ができた。一〇年にわたって、この病院で心臓停止から生き返った子供の全員から話を聞いたが、繰り返し繰り返し、子供たちは同じ話をした。意識を失ったのち、自分の身体の外にいることに気がつき、医師が自分に措置を施すのを眺め、トンネルを抜け、光輝く存在に暖かく迎えられる、という話である。

モースはまだ懐疑的なままではあったが、何か論理的な説明はできないものかと、患者が摂取していた薬の副作用についてあらゆる資料を読みあさってみたり、さまざまな心理学的解釈を考えたりもしてみた。が、どれもしっくりとこない。「そしてある日、医療専門誌に掲載された長い記事を読んだのだが、この記事は、臨死体験を脳のさまざまな作用として説明しようとするものだった」とモースは語る。「その頃までには、私は臨死体験についてかなり詳しくなっており、この研究者があげていた説明はいずれも私には納得がいかなかった。そして、彼が最も明らかな解釈を忘れていることがやっとはっきり見えたのである。すなわち、臨死体験が現実のものであるということだ。彼は、魂は実際に旅するのだという可能性を考えていなかったのである[33]」。

ムーディも同じ気持ちを表わしており、二〇年間にわたる研究を通じて、臨死体験者は確かに現実の別のレベルに足を踏み入れているという確信をもつようになったと語っている。そして他のほとんどの研究者たちも同じように感じていると彼は考える。「私は世界中の臨死体験研究者のほとんど全員からその研究について話を聞いている。彼らのほとんどが、心の中では臨死体験が死後の世界をかいまみせてくれているのだと信じていることもわかっている。しかし、彼らは科学者、医療関係者として、私たちの一部は肉体の死後も生きつづけるという『科学的証明』を見出していない。この証明の不在のために、彼らは自分の本当の気持ちを公にできないでいるのである[34]」。

一九八一年に行なった世論調査の結果ギャロップ調査会社の社長、ジョージ・ギャロップも同じ意見をもつようになった。「この不思議な臨死体験との出会いをした人々の話を収集し、評価している研究者の数が増えてきている。そして、その初期の研究結果は、なんらかの、現実の異次元領域との出会いを強く示唆するものだ。ギャロップで行なった大規模な世論調査はこういった研究の中で最新のものであり、ここでもなんらかの超並行宇宙の存在を示す傾向が明らかになっている[35]」。

臨死体験をホログラフィックに見る

この主張は驚くべきものだが、さらに驚きなのは、臨死体験研究の結論についても、そしてそのような結論を出さざるを得なくさせた庞大な量の証拠群についても、科学界はほとんど無視してきたという事実だ。この理由は複雑で多岐にわたっている。ひとつは、現在のところ、霊的な世界の存在を支持するような現象を真剣に検討するというのは、科学ではとにかくかっこわるいこととされており、それにこの本の最初にも述べたように、信念は中毒のようなもので、そこから自由になるのはなかなか容易ではないということである。いまひとつの理由は、ムーディもあげたように、厳密に科学的な意味で証明されたものだけが価値があり意義があるとする、科学者の間に広く浸透している偏見だ。さらにもうひとつは、もし臨死体験が真実だとしても、現実に関するいまの科学の理解では、それを説明することすらおぼつかないという点である。

もっとも、この最後にあげた理由については、問題はないかもしれない。一部の臨死体験研究者は、ホログラフィック・モデルがこのような体験を理解する道を提供してくれると指摘している。そのひとりが、コネティカット大学の心理学教授で、この現象を研究するのに統計分析と標準化されたインタビューのテクニックを使った最初の研究者のひとりであるケネス・リング博士だ。一九八〇年に出版された著書『いまわのきわに見る死の世界』（講談社、一九八一）では、かなりの紙数をさいて、臨死体験のホログラフィック的解釈に好意的な議論を展開している。ひとことで言うと、臨死体験とは、現実のより波動的な次元に足を踏み入れることでもある、とリングは考えているのだ。

リングのこの結論は、臨死体験の中でホログラフィックなものを暗示している数多くの側面にもとづいている。ひとつは、体験者が彼岸の世界を「光」「高い振動」あるいは「波動」でできた領域と描写するという傾向だ。このような体験にしばしば伴なう天界の音楽を、実際の音というよりも「振動の組合わせ」であるとさえ言う臨死体験者もいるが、これはリングによると、死ぬというプロセスでは、意識が外面現象から成る通常の世界から離れ、純粋な波動から成るホログラフィックな現実へと移ることを示しているのである。臨死体験者はまた、この領域は、地球で見たどんなものよりも明るい光で満ちあふれていて、その光は、はかり知れない強烈さにもかかわらず目を痛めることはないと頻繁に語るが、これも来世がもつ波動という側面のさらなる証拠であるとリングは感じている。

また、死後の世界の時間と空間について臨死体験者が語ることも、まちがいなくホログラフィックな性質を示すものだとリングは考えている。彼岸の世界の性質として最もよく語られるのが、その次元では時間と空間がもはや存在しなくなるということだ。ある臨死体験者は、「私がいた空間、そして時間は、すべての時間と空間が否定されたとでもいうようなところでした[36]」とぎこちなく語っている。また別の人は、「これは時間や空間とは別のものであるとしか考えられません。ぜったいそうです。……時間がどうこうということにはとにかく収まらないのですから[37]」と言う。波動領域では時間と空間が崩壊し、存在位置というものに何の意味もなくなることを思えば、臨死体験がホログラフィックな意識状態で起こった場合、その状態はまさしくこの描写どおりのものとなるだろう、とリングは言う。

もし臨死領域が通常の現実のレベルよりもさらに波動的なものであるなら、いったいなぜそこに何か構造があるように見えるのだろうか。体外離脱体験や臨死体験が、心は脳と別に独立して存在できることの充分な証拠を提供しているとすれば、心もまたホログラフィックに機能すると見るのもそう現実離れしたことではない、とリングは考える。つまり、臨死領域という「高い」波動の中にあっても、心は自分の得意なことをしつづける——すなわち、さまざまな波動を現象界に翻訳する作業を続けるというわけだ。あるいは、リングの言葉を借りるとこうなる。「私は、これが相互に作用する思考構造によって創造されていく領域だと考えている。干渉する波動がホログラムの原版にパターンを形成するのとまったく同様に、これらの構造、または『思考形体』は、互いに組み合わさってパターンを形成するのだ。そして、ホログラフィック画像がレーザー光を浴びると完璧な現実感をそなえたものに見えるのとまったく同じように、相互に作用する思考形体によって生み出される画像も現実感をもって現われてくるのである[38]」。

こう推考しているのはリングひとりではない。一九八九年の国際臨死体験研究学会（IANDS）の総会の基調講演で、フィラデルフィアでクリニックを開業する臨床心理学者であるエリザベス・W・フェンスキー博士は、臨死体験とは高い波動をもったホログラフィックな領域への旅であると考えていることを発表した。彼女は、死後の次元における風景、花々、構造物などは、相互に作用する（あるいは干渉しあう）思考パターンでつくられているというリングの仮説についても意見を同じくしている。「臨死体験の研究で、私たちはもはや思考と光とを区別することが困難なところに到達しています。臨死体験では、思考は光であるようなのです[39]」。

天国はホログラムか

リングとフェンスキーがあげるもののほかにも、臨死体験には明らかにホログラフィックな特徴が数多くある。体外離脱体験者と同じく、臨死体験者も、身体から離れたあと、自分が実体のないエネルギーの雲か、あるいは思考によって形づくられるホログラム状の身体のどちらかになっていることに気づく。後者の場合には、それが心のつくった身体であるということが臨死体験者自身にとって驚くほど明らかなことも多い。たとえば、ある臨死体験者の場合、最初に身体から出てきたとき、自分は「くらげのような」姿をしており、シャボン玉のように静かに床に落ちたという。その後すぐに、彼は幽霊のような裸の男性の立体像に膨張していった。しかし、部屋にいた二人の女性を見て恥ずかしくなり、おどろいたことに、こんどはこの感情が突如として自分に服を着せてしまったのである（が、彼女たちがそれを見た気配はなかった）[40]。

私たちの内面にある最も深い感情や願望が、死後の世界の次元で私たちがとる形態を創造している源であることは、他の臨死体験者の報告からも明らかだ。この世では車椅子の生活を余儀なくされていた人は、走ったり踊ったりできる健康体になる。手足の一部を切断した人は必ず四肢を取り戻す。年老いた人は若者の身体になることが多く、そしてそれよりも不思議なのは、子供はたびたび自分を大人として見るということだ。この事実は、すべての子供がもつ大人になりたいという空想を反映しているのかもしれないし、あるいはもっと深く考えれば、魂のレベルでは、自分が思っているよりもずっと長く存在している人もいることを象徴的に表わしているのかもしれない。

これらのホログラム状の身体は細部にいたるまで驚くほど精密につくられている。先にあげた自分の裸体が恥ずかしくなった男性の場合には、自分で物質化させた服は非常によくできていて、何と生地の縫い目まではっきり見えたほどだったのだ[41]！　同様に、臨死状態で自分の手を観察した別の男性は、それが光でできていて、内部の複雑な構造が見え、さらに目を近づけると、「指紋の細かい渦巻と、腕のほうにつながる光の管」さえ見えたという[42]。

ジョエル・ホイットンが行なった研究も一部この点に関連性がある。驚くべきことに、ホイットンが被験者に催眠術をかけ、生間領域に退行させたとき、彼らもまた、臨死体験の代表的な特徴、つまりトンネルの通過、すでにこの世を去った親戚や「ガイド」との出会い、もはや時間も空間も存在しない、壮麗な光に満ちあふれた領域、光り輝く存在との出会い、そして人生の回想などすべてを体験したのだった。ホイットンの被験者たちによると、この人生の回想の主な目的は、実は次の人生をもっと考えて計画できるよう、記憶を新たにさせることで、このプロセスには、光の存在がやさしく、まったく強制もしないようなかたちで助けてくれるのだという。

被験者たちの話を調べた結果、ホイットンもリングと同様に、人が死後の領域で知覚する物体や構造物は、心が創造する思考形体であるという結論に達している。「ルネ・デカルトの有名な格言『我思う、故に我あり』が、生間領域ほど当てはまるところはない」とホイットンは言う。「思考なしには、存在の体験はありえないのである[43]」。

これは、この被験者たちが生間領域でとる形態について特にあてはまることであった。自分が考えないかぎり身体さえなかったと述べた者も何人かいた。「ある男性は、考えるのをやめると、自分は無限の雲の中の一片の雲、他となんら変わらない存在だったと語った。しかし、考えはじめると、また彼自身になったのである[44]」（この状態は、おもしろいことに、タートによる相互催眠実験の被験者が、自分が想念で存在させなければ手がなかったと述べていたのを思い起こさせる）。最初、ホイットンの被験者たちが入った身体は前回の人生での人間に似ていた。が、生間領域に長くいるにつれて、徐々に彼らはそれまでの過去の人生をすべて合わせたようなホログラム状の融合体となっていったのである[45]。この融合アイデンティティには独自の名前すらあり、それは過去世で使っていたどの名前ともちがうものだったが、その名前を自分の肉体の声帯を使って発音できる者は誰もいなかった[46]。

ホログラム状の身体をまだつくりあげていないとき、臨死体験者はどんな姿をしているのだろうか。

多くの人は、何の形があったとも意識せず、単に「自分自身」や「自分の心」だったという。もっとはっきりした印象があり、「さまざまな色の雲」「霞」「エネルギーのパターン」あるいは「エネルギー・フィールド」などの言葉を用いた人もいるが、ここでも示されているのは、私たちはみな、究極的には波動現象であり、波動領域の壮大な母体の中に包み込まれた未知の振動エネルギーのパターンにすぎないということなのである。臨死体験者の中には、色とりどりの光の波動でできているのに加えて、私たちは音からもできていると説く人もいる。「一人ひとりが自分の色彩をもつだけでなく、音階ももっているのだということがわかりました」。出産の際に臨死体験をしたアリゾナ州の主婦はこう語っている。「自分が光の七色のスペクトルに自由に出入りして、その間をなんなく動きまわり、そこにいる人々とすれちがったり、触れあったりすると、その人のもつ音階が自分の音と合わさってハーモニーを奏でるのが聞こえる――そんなところが想像できたら、この見えない世界のことが少しはわかってもらえると思います」。死後の世界で色と音の雲としてだけ現われるたくさんの人たちに出会ったこの女性は、人が臨死の次元で美しい音楽を聞いたと言うときに描写しているのは、それぞれの魂から流れ出るこの甘美な音のことだと考えている。[47]

モンローと同様に、臨死体験者の中にも、体外離脱状態のときはあらゆる方角を同時に見ることができたと語る者もいる。自分がどんな姿をしているのか考えたのち、ある男性は、突然自分の背中を見つめているのに気づいたという。[48] ペンシルバニア州のアマチュア臨死体験研究家で、戦闘中の兵士の臨死体験を専門に調査しているロバート・サリヴァンは、第二次大戦中の軍人で、自分の肉体に戻ってからもこの能力をしばらくのあいだ維持していた人に話を聞いている。「ドイツ軍の機関銃陣地から逃げながら、彼は三六〇度の視界を体験した」とサリヴァンは言う。「走りながら自分の前が見えただけでなく、射手が後ろから彼を狙おうとしているところも見えたのだ(49)」。

一瞬のうちに飛び込んでくる知識

臨死体験中に起こる「人生の回想」もまた、ホログラフィックな特徴を多く示している。リングはこれを「第一級のホログラフィック現象」とよぶ。グロフと、ハーバード大学の医療人類学者で、『人間と死との出会い』の（グロフとの）共著者であるジョーン・ハリファックスも、人生回想のホログラフィックな面について意見を述べている。ムーディをはじめとする何人かの臨死体験研究者によれば、臨死体験者の多くも、この体験を描写するのに「ホログラフィック」という言葉を使っているという(50)。

この言葉が使われる理由は、人生回想の話を読めばたちまち明らかになる。というのも、臨死体験者たちは異口同音に、全生涯が信じがたいほど生々しく、全身を包み込むようなかたちで、立体映像として再生されると繰り返し語っているからだ。「それはまるで、自分の生涯を描いた映画の中にそのまま入り込んでいくような感じです」とある臨死体験者は言う。「生涯のすべての年のすべての瞬間が、感覚面の詳細も含めて全部再生されるのです。まさに完全な想起《トータル・リコール》ですよ。それも一瞬の間のことなんですから(51)」。また別の臨死体験者はこう語る。「なにもかもが本当に奇妙でした。自分がその場にいて、数々の場面が展開されるのを現にこの目で見ているのです。実際にその場面の中を通過していくのですが、とにかくものすごい速さでした。なのに、同時にそのすべてを理解できるほどゆっくりしてもいるのです(52)」。

この一瞬の間に起こるパノラマ的記憶が展開している最中、臨死体験者は、人生のすべての出来事に伴なっていたよろこびや悲しみなどのあらゆる感情を再体験する。それだけでなく、交流があった相手の感情まですべて感じるのである。親切にした人たちの幸せが感じられる。もし人を傷つけるようなことをしていれば、その思慮を欠いた行為のために相手が感じた痛みをはっきりと自覚する。そして、どんな小さな出来事も例外とはならない。子供時代のある時を再体験していたひとりの女性は、突如として、(子供だった)自分が妹の手からおもちゃをひったくったときに妹が感じた失意と無力感をすべて体験したのだった。

ホイットンは、人生回想のときに悔恨の念を生じさせるのは、思慮を欠いた行為だけではないという証拠も発見している。催眠下にある被験者たちは、成就できなかった夢や願望、つまり自分の人生で達成しようと願っていながらできなかったことも、悲しい痛みを感じさせると語った。

思考もまた、人生回想の際に、精密に、しかも迫真のあざやかさをもって再生される。夢想、一度しか目にしていないのに長年にわたり忘れられなかった人々の顔、笑いを誘われたこと、ある一枚の絵をじっと見たときに感じたよろこび、子供っぽい不安、もう長いこと忘れていた白日夢——すべてが一瞬のうちに心の中に入ってくる。ある臨死体験はこう語る。「思考でさえ失われない。……思考はすべてそこにあった[53]」。

このように、人生回想は、その立体性だけでなく、そのプロセスが見せる驚くべき情報蓄積能力という意味でもホログラフィックなものだ。また、さらに三つめのホログラフィックな特徴がある。時間と空間におけるすべての点を内蔵した神話上の時空間のある一点という、ユダヤ教神秘思想の「アレフ」という概念とまったく同じように、人生回想は他のすべての瞬間を内蔵している瞬間でもあるのだ。信じられないほど速いのに、詳細をすべて目にできるほどゆっくりしているという、矛盾した性質を同時にもっている点でも、人生回想を知覚する能力はホログラフィックなものに思われる。一八二一年にある臨死体験者が述べたように、それは「全体と、すべての部分を同時に理解する」能力なのである。[54]

実のところ、この人生回想は、エジプトからユダヤ・キリスト教まで、世界の多くの偉大な宗教の聖典に記されている死後の審判の場面とかなりの類似性を見せているが、ひとつだけ重大なちがいがある。ホイットンの実験の被験者と同様に、臨死体験者も、光の存在によって審判を下されることはまったくないこと、そしてその場にいるときには愛と受容の気持ちだけが感じられることを一致して語っている。そこで行なわれる審判と言えば、自己審判だけであり、臨死体験者自身の罪悪感や悔悛の気持ちから生じるものだけなのである。場合によっては光の存在が自分の主張を述べるときもあるが、それは権威をふりかざす立場からではなく、ガイド、カウンセラーとしてであり、そのただひとつの目的は何かを教えることとだけだ。

宇宙的審判や神の賞罰制度がまったく不在であるという、臨死体験のこの側面は、各宗教団体の間で最も激しい論議の対象となってきたし、いまもそれは変わらない。だが同時に、これは臨死体験で最もよく報告される側面でもある。これはどう解釈すればいいのだろう？　それは議論を呼ぶものではあるが、同時にきわめて単純なものだとムーディは考える。つまり、私たちは自分で思い込んでいるよりもずっと慈悲深い宇宙に生きているということだ。

だからといって、人生回想のときには何でも受けいれられるというわけではない。ホイットンの被験者のように、臨死体験者も、光の領域に入ると高次の、あるいは超意識的な自覚状態に入り、自己に対する反省については澄みきった正直さをもって臨むようになるらしい。

またそれは、光の存在が価値観をまったくもっていないということでもない。臨死体験の中で彼らが繰り返し繰り返し強調することがふたつある。ひとつは、愛の重要性だ。幾度となくこのメッセージが繰り返される。曰く、私たちは、怒りを愛に置き換え、もっと愛することを学び、誰でも無条件で許し、愛することを学ばなければならない。そして、そうすれば私たち自身も愛されるのだ、と。この存在たちが用いる道徳的な基準はこれだけであるように見える。セックスでさえ、私たち人間がよく好んではりつけたがる道徳的な汚れという烙印は消えてしまう。ホイットンの被験者のある男性は、自分の中に引きこもる暗い人生に何度か生まれ変わったあと、こんどは好色でセックスも盛んな女性に生まれて、自分の魂の全体的な成長のバランスをとるようにと熱望された。[55]光の存在の心では、慈しみの気持ちが美徳を計るバロメーターであり、臨死体験者が自分のしたことは正しかったのか誤っていたのかをたずねると、この存在たちは、逆にこうきくのだった――あなたはそれを愛の気持ちからしたのですか？その動機は愛情だったのですか、と。

私たちが地球に置かれているのはこのため、すなわち、愛がすべての鍵であることを学ぶためなのだ、とこの存在は言う。それが困難な作業であることは彼らも認めているが、生物的、霊的な存在である私たちにとって、これはおそらく到底はかり知れないほど重大なことであるとも彼らは教えている。子供たちでさえ、このメッセージをはっきりと頭の中に刻み込んで臨死体験から戻ってくる。車にはねられたあと、ふたりの「真っ白な」服を着たふたりの人に導かれて彼岸の世界に入っていったある少年はこう述べている。「あそこで学んだのは、生きているうちはとにかく愛することが大事なんだ、ということでした[56]」。

この存在が強調するふたつめの点は知識だ。臨死体験者は、自分の人生回想の最中に知識や何かを学ぶことに関連した出来事がちらつくと、この存在たちはよろこんでいるようだった、とたびたび語っている。なかには、肉体に戻ったら、知識の探求、それも特に自己成長や、他の人々を助ける能力に関連した知識の探求を開始するようにはっきりと助言される者もいる。そしてほかにも、「学ぶことは絶え間ないプロセスであり、死んだ後もそれは続いていく」、あるいは「知識は、死後の世界にもっていける数少ないもののひとつ」などの言葉で励まされる者もいる。

死後の次元で知識がいかに目立つ特徴であるかは、これとは別のかたちでも表われている。一部の臨死体験者は、光の領域では突如としてすべての知識が直接自分のものになることを悟る。これはいくつかのかたちをとって表われる。質問に対する答えとしてやってくることもあった。ある男性は、質問をするだけで、たとえば昆虫になるのはどんな感じなのかときけば、それだけでつぎの瞬間にはその体験が自分のものになると言った[57]。別の臨死体験者は、それをこう説明している。「何か質問を考えると……ただちにその答えがわかるのです。それくらい簡単なんですよ。そしてその質問はどんなものでも、何でもかまわないんです。自分が何も知らないテーマについてでも、理解さえできるような立場にはないようなものでも、とにかく何であっても、光が一瞬の間に正しい答えをくれて、理解できるようにしてくれるのです[58]」。

この無限の情報の図書館にアクセスするのに、質問さえする必要はなかったと語る臨死体験者もいる。人生回想のあと、突如として彼らは、時の始まりから終わりまでの間に存在する知るべきことはとにかくすべて知っていることを悟ったのだ。光の存在が何かの動作、たとえば手を振るなどした後に、この知識に触れることができたという者もいた。さらに別の者は、この知識を得るというよりも、思い出したのだと語る。だが、肉体に戻るやいなや、そのほとんどを忘れてしまったのだという(この記憶喪失現象は、このようなヴィジョンを見る機会に恵まれた臨死体験者たちに共通に見られる[59])。いずれにせよ、いったん彼岸の世界に入ってしまえば、グロフの患者たちが体験した超個《トランスパーソナル》的で、無限の相互結合性をもった情報領域にアクセスするのに、わざわざ変性意識状態に入る必要はもはやなくなってしまうようである。

これまであげた側面に加え、この完全なる知識のヴィジョンには、いまひとつのホログラフィックな性質がある。臨死体験者は、このヴィジョンでは情報が「かたまり」でやって来て、一瞬のうちに思考に記されると語ることがよくある。つまり、すべての事実、詳細、イメージや情報が、文章や映画の場面のように直線的につながっているというよりも、一瞬のうちに意識の中に飛び込んでくるということだ。ある臨死体験者は、この飛び込んでくる情報のかたまりを「思考の束」とよんだ。[60] 体外離脱状態でこのような情報の爆発を体験したロバート・モンローは、これを「思考ボール」とよんでいる。[61]

多少なりともサイキックな能力のある人ならば、これは覚えのある体験だろう。というのも、サイキックな情報もこういうかたちで感受されるからだ。たとえば、知らない人にはじめて会ったとき（あるいは、その人の名前を聞いただけでも）、その人に関する情報の思考ボールが一瞬のうちに私の意識の中で光ることがある。この思考ボールには、その人の心理的、感情的な性質、健康状態などについての重要な情報や、あるいはその人の過去の場面さえ入っていることがある。どうも私は、なにか危機に直面している人についての思考ボールを特に受けやすいようだ。たとえば、最近ある女性に会ったときは、彼女が自殺を考えていることが一瞬のうちにわかってしまった。また、それがどんな理由によるのかも一部わかった。そのような状況でいつもするように、私は彼女に話しはじめ、慎重に会話をサイキックな方向へと進めた。彼女がこのテーマについて受容性があることを確かめたのち、私は自分の知っていることをはっきりと言って、彼女に自分の問題について語るようにさせた。そして、彼女が考えていた暗い選択のかわりに、なんらかのカウンセリングを受けるよう約束させたのだった。

情報をこのようなかたちで受けとることは、夢の最中に情報を自覚するのと似ている。夢の中で、ある状況にいる自分が、何も言われていないのに突然その状況についていろいろ知っているという体験は、ほとんど誰でもあることだろう。たとえば、パーティに出ている夢をみているとすると、自分がどこにいるのか悟るやいなや、誰のために何の目的で開かれたパーティなのかがわかっている、というようなことだ。同じように、詳細にわたるアイデアやインスピレーションが、一瞬のうちにひらめくのを体験することは誰にもある。そのような体験は、思考ボール効果の小規模版と言えるだろう。

おもしろいことに、こういったサイキックな情報は、直線的ではなくかたまりとして飛び込んでくるため、これを言葉に翻訳するのに私もしばらく時間がかかるときがある。トランスパーソナルな体験をしている人が覚える心身の全き統一感覚（ゲシュタルト）のように、これは一瞬のうちに訪れる「全体」であるという意味でホログラフィックであり、私たちの時間志向の精神は、これをひもといて、各部分を順序立ったものに並べ換えるのに、少々手間どってしまうというわけだ。

臨死体験の最中に体験する思考ボールに含まれる知識はどんな形をとるのだろうか。臨死体験者によると、音、ホログラムのような動く映像、そしてテレパシーさえ含むあらゆる伝達手段が使われ、リングの考えでは、やはりこうした事実も、来世では「思考が王様である」ことをあらためて裏づけている。(62)

そう聞くと、思慮深い読者の方はすぐにこんな疑問を抱くことだろう。死後、すべての知識にアクセスすることができるなら、なぜ人生の中で学びつづけることにそれほどの意義があるのだろうか、と。この質問を受けた臨死体験者たちは、はっきりとはわからないが、それは人生の目的や、一人ひとりが他者に手をさしのべて助けられるようになることと関係があるように感じられてならない、と答えている。

人生の計画と並行時間の軌道

ホイットンと同じく、臨死体験の研究者たちも、私たちの人生が少なくともある程度までは事前に計画されていて、私たち自身もこの計画をつくるのに一定の役割を演じている証拠を発見している。この点は、臨死体験の中のいくつかの側面に見ることができる。光の世界に到着してから、臨死体験者は、「まだここに来る時ではない」と言われることが多い。リングも指摘しているように、この言葉はなんらかの「人生の計画」が存在することをはっきり示唆している。[63] また、臨死体験者がこのような運命の形成にある役割を演じているのも明らかだ。なぜなら、彼らはそこに残るか、それとも戻るかの選択を与えられることもよくあるからである。臨死体験者が、もう今がその時だと言われながら、それでも戻ることを許されるという場合すらある。ムーディがあげるひとつのケースでは、自分が死んだということを自覚した途端に泣きだしてしまった男性がいた。自分がいなければ妻が甥を育てていくことができないと心配したからだ。これを聞いた光の存在は、彼が自分のことを望んだわけではないので、戻ることを許そうと言ったのだった。[64] 別のケースでは、ある女性が自分はまだ踊り足りないのですと主張した。この言葉を聞いて、存在は大笑いし、彼女もまたこの世に戻る許可を与えられたのである。[65]

私たちの未来に関して、少なくともその概要の一部がすでに描かれていることは、リングが「個人未来視体験」とよぶ現象でもはっきり示されている。これは時折り見られることだが、知識のヴィジョンの最中に、臨死体験者が自分の未来の一部を見せられるというものだ。特に印象的なあるケースでは、臨死体験をした子供が自分の人生のさまざまな詳細を聞かされ、二八歳で結婚し、子供を二人もつことなどが事実としてあげられた。そして、大人になった自分や、将来住むことになる家の部屋に自分の将来の子供たちが座っているところさえ見せられたのだが、この部屋を見まわしていると、壁に何か不思議なもの、彼の心がどうしてもつかみきれないものがあるのに気がついた。何十年もたったのち、これらの予測がそれぞれ実際に起こり、彼は子供の頃目撃したあの場面そのものの中に自分がいることに気づいた。そして、壁にかかっていた不思議な物体は「強制換気ヒーター」で、それは彼が臨死体験をした当時にはまだ発明されていなかったのだった。[66]

これに劣らず驚異的な個人未来視体験では、ある女性の臨死体験者が、ムーディの写真を見せられ、フルネームも告げられて、期が熟したときにこの人に自分の体験を話すことになると言われたのである。時は一九七一年、まだムーディは『かいまみた死後の世界』を出版していなかったので、彼の写真も名前も、この女性には何の意味もなかった。しかし、四年後、期はたしかに「熟し」、ムーディの一家が、はからずもこの女性の住んでいた同じ通りに引っ越してきたのである。その年のハロウィーンに、ムーディの息子がお菓子をもらいに近所をまわっていたとき、彼女の家のドアを叩いた。少年の名前を聞いた彼女は、お父さんに話さなければならないことがあると告げ、ムーディがやってくると、この驚くべき話をしたのだった。[67]

臨死体験者の中には、ホログラフィックな並行宇宙、あるいは時間の軌道がいくつか存在しているというロイの説を支持する者もいる。臨死体験者が個人未来視を体験し、いま目にしている未来は、もし現在の人生をそのまま歩んでいくと起きるものだと言われることも時としてある。ひとつユニークな例では、ある臨死体験者が、もし三千年前のギリシアの哲学者、数学者であるピタゴラスの時代に起こった「ある一連の出来事」がなければこうなったであろうという、まったく異なる地球の歴史を見せられた。このヴィジョンは、もしもその出来事が起きなかったとしたら（それがどんな出来事なのかはこの女性は明かしていない）、私たちは「宗教戦争がなく、キリストの役をする人物もいない」、平和で調和のとれた世界に住んでいたことを明らかにしていた[68]。このような体験は、ホログラフィック・ユニヴァースを動かしている時間と空間の法則が実に不可思議なものであることを示唆している。

運命の中で自分が果たす役割を臨死体験中に直接見せられなかった人でも、戻ってくると、万物のホログラフィックな相互結合性についてしっかり理解している場合が多い。六二歳になるビジネスマンで、心臓停止の最中に臨死体験をした男性が言う。「ひとつ学んだことは、私たちはみな、ひとつの大きな生きている宇宙の一部だということです。もし私たちが、他の人や生き物を傷つけても自分は傷つかないと考えているなら、それは悲しいまちがいです。いま私は、森や、花や、鳥を見て、『あれは私だ、私の一部なんだ』と言えます。私たちはすべてのものと結ばれていて、そのつながりを通して愛を送れば、私たちは幸せになれるのです[69]」。

食べることはできますが、その必要はありません

臨死領域のホログラフィックな側面、心が創造する側面の表われかたはほかにも無数にある。来世のことを説明するのに、ある子供は、食べ物は望めばいつでも現われるが、別に食べることは必要ないと語っており、これも死後の現実が幻影であり、ホログラム的な性質のものであることをあらためて裏づけている[70]。深層心理の象徴的な言語でさえ「客観的な」形を与えられる。たとえば、ホイットンの被験者のひとりが語るには、彼が自分の次の人生で重要な役割を演じる女性に紹介されたとき、その彼女は人間として現われるかわりに、半分がバラの花で、半分がコブラという形で現われたのだった。これが象徴する意味を考えるように指示されてから彼が悟ったのは、自分とこの女性はふたつの前世で互いに

愛し合っていたということだった。しかし、彼女はまた、そのふたつの前世において彼の死の原因ともなっていた。このために、人間が表面に出るかわりに、彼女の性格の中の愛にあふれた部分と邪悪な部分が、このふたつの極端にちがう資質をより良く象徴するホログラム状の形として現われることとなったのである。(71)

このような体験をしているのは、彼だけではない。ハズラット・イナヤット・カーンも、自分が神秘状態に入り、「天界」に旅すると、そこで出会う存在が時として半人半獣の形で現われると語っている。ホイットンの被験者と同様に、カーンもこうした形態は象徴的なものであり、ある存在が一部動物として現われるときは、その存在がもつなんらかの性質を象徴しているのだと解釈した。たとえば、非常に力強い存在はライオンの頭をもって現われるかもしれないし、大変に頭が良くてずるがしこいような存在は狐の特徴をもつこともある。エジプトのような古代文明が、死後の世界を司る神々を動物の頭をもつものとして描いているのはこのためだとカーンは理論づけている。(72)

臨死領域の現実が、私たちの心に宿る思考、願望、象徴を映し出すホログラム状の形態に姿を変えるという傾向は、なぜ西洋人が光の存在をキリスト教の人物として知覚し、インド人はヒンドゥー教の聖者や神として知覚するのか、などを説明してくれる。臨死領域の柔軟性は、このような外面の姿の現実性が、前述の少女が願って出現させた食物、コブラとバラの合体として現われた女性、あるいは男性の臨死体験者が裸でいるのを恥ずかしがって想念でひねり出した幽体の衣服と変わらないという可能性を示唆している。この同じ柔軟性は、臨死体験におけるその他の文化的な相違、たとえば、臨死体験者が来世に到達するのに、なぜある人はトンネルを抜け、ある人は橋を渡り、またある人は水の流れを越え、あるいは単に道を歩いていくだけなのか、といったことも説明できる。ここでも、相互に作用する思考構造だけをもとに創造される現実では、風景そのものですら、体験者の考えや期待によって形が決められていくようなのである。

ここで、ひとつ大事な点をあげておく必要がある。臨死領域はたしかに驚異的で異質のものと思われるかもしれないが、この本で提示されている証拠は、私たち自身の存在のレベルもこれとそう大して変わらないことを示唆している。これまで見てきたように、すべての情報に触れることは私たちにも可能なのだが、ただそれが少しむずかしいだけなのだ。私たちもまた、時折りは未来視を体験できるし、時間と空間の幻のような性質と面と向かい合うこともある。そして、自分の身体を型どり、その形を変えることも可能だし、時には自分の信念にしたがって現実そのものを変えることさえできるが、それには少しばかり時間と努力が必要だ。たしかにサイ・ババのもつ力は、まさに食べ物でさえも、私たちは願うだけで物質化させられることを示唆しているし、テレーゼ・ノイマンの不食生は、食べることですらも、臨死領域にいる人と同じように、究極的には私たちにも必要のないことなのかもしれないという証拠を提供しているのである。

実のところ、どうもこの現実と次のレベルの現実とのちがいは、程度の問題であって、種類が異なるわけではないようである。どちらもホログラム状の構造物であり、ジャーンとダンが言うように、意識と環境との間の相互活動のみによって確立されているものなのだ。別の言い方をすると、私たちの現実は、死後の次元の固体版のように見えるのである。私たちの信念が、身体を釘のような聖痕の形にしたり、精神の深層にある象徴的な言語をシンクロニシティとして外面に表出させるのには、もう少し多くの時間がかかる。だが、表出することはまちがいなく確かで、それはゆっくりと容赦ない流れの中に現われてくる。その流れの絶え間ない存在は、自分たちの生きているこの宇宙について、私たちはまだほんのわずか理解しはじめたにすぎないことを教えてくれているのである。

スウェーデンボルグの見た臨死領域

死後の次元を訪れるには、なにも生命を脅かすような危機に直面しなければならないというわけではない。体外離脱体験中でも、臨死領域に入れるという証拠がある。ロバート・モンローもその著作の中で、現実のあるレベルを訪れ、亡くなった友人にそこで出会った例をいくつかあげている。[73] さらに高度な技で自分の身体を離れて死者の国を訪れていたのが、スウェーデンの神秘思想家スウェーデンボルグである。一六八八年に生まれたスウェーデンボルグは、その時代のレオナルド・ダ・ヴィンチであった。若い頃は科学を学ぶ。スウェーデンでも指折りの数学者であり、八カ国語を話し、彫刻師、政治家、天文学者、そして事業家でもあり、趣味で時計や顕微鏡を製作するほか、冶金学、色彩理論、商業、経済学、物理学、化学、鉱業、解剖学などに関する幅広い著作があり、それればかりか飛行機や潜水艦の原型とも言えるものを発明することまでしている。

こうした活動をしながらも、彼は毎日瞑想し、中年となる頃には深いトランス状態に入る術を習得した。瞑想状態の中で身体を離れた彼は、天国と思われるような場所を訪れ、「天使」や「精霊」と会話を交わしたのだ。スウェーデンボルグがこのような旅の最中に何か深遠なものを体験していたことに疑いの余地はない。彼のこの能力は大変評判となり、スウェーデンの女王からも、亡くなった兄が、なぜ自分が死の直前に書き送った手紙に返事をくれなかったのか調べてほしいと頼まれたくらいだった。スウェーデンボルグは故人にたずねてみることを約束し、翌日にはメッセージを携えて女王のもとに戻ったが、そのメッセージには、女王と亡くなった兄しか知らないはずの情報があったことを女王自身が告白している。彼のもとに助けを求めてくる人たちのために、スウェーデンボルグは故人とのこうした接触を何度か行なったが、ある未亡人には、亡くなった夫の机にあった秘密の隠し場所がどこかを教え、彼女がどうしても必要としていた書類がそこで見つかるという例もあった。この出来事はあまりによく知られるところとなり、ドイツの哲学者イマヌエル・カントは、ここからひらめきを得て、『精霊を見る者の夢』と題するスウェーデンボルグについての一書を著すことになったのである。

だが、スウェーデンボルグによる死後の領域についての報告で最も驚くべきなのは、それが現代の臨死体験者による描写といかに合致しているかということである。たとえば、スウェーデンボルグもまた、暗いトンネルをぬけていくこと、精霊に迎えられること、地球上のどこよりも美しく、しかも時間と空間がもはや存在しない風景のこと、愛を放つまばゆい光、そしてすべてを包みこむ平和と静穏に抱かれることなどについて語っているのだ。(74) また彼は、新たに亡くなった人が天国に到着するところを直接見ることを許されたとも語り、彼が「人生の書の開巻」とよぶ人生回想のプロセスを彼らが受けるところも見させてもらったという。このプロセスで、人は自分の人生で「してきたこと、そしてどんな人間だったのかということすべて」を目の当たりにするとも彼は語っているが、独自の解釈も加えている。スウェーデンボルグによると、人生の書の開巻の際に出てくる情報は、その人の霊体の神経系統に記録されている。したがって、人生回想を喚起するためには、ひとりの「天使」がその人の身体全体を調べる必要があり、これを「手の指から始め、全身に進めていく」のだという。(75)

スウェーデンボルグは、天使たちが意思を伝えるのに使うホログラフィックな思考ボールについても語っており、それは、彼が人のまわりにある「波動体」の中に見る画像と変わらないものだという。ほとんどの臨死体験者と同様、彼もこのテレパシーによる知識の激流は、超高密度の情報が入った絵画的な言語で、それぞれの画像が一〇〇〇もの考えを内蔵しているほどだと説明している。これら一連の画像が伝達される過程はかなり長いものになる場合もあり、それが「数時間続くこともあって、その順序、配列にはただ目をみはるばかりだ」という。[76]

しかし、ここでもスウェーデンボルグは興味深い解釈を加えている。画像を使うほかに、天使たちは、人間の理解を超えた概念を含んだ言語も用いる。そもそもなぜ天使たちが画像を使うのかというと、自分たちの思考や概念をなんとか人間に理解させるには、多少質が落ちるとしても、その方法しかないからだという。[77]

スウェーデンボルグの体験は、臨死体験の中ではあまり語られていない要素もいくつか裏づけている。彼は、精霊の世界ではもはや食べる必要がないことを記しているが、そのかわりに情報が栄養源となるともつけ加えている。[78] 精霊と天使が話をするとき、彼らの思考は立体的な画像、それも特に動物のかたちをとって次々とその姿を現わすと彼は言う。たとえば、天使たちが愛やいとおしさについて語るときには、「仔羊のような美しい動物が現われる。……しかし、邪悪な感情について語るときには、虎や熊、狼、さそり、蛇、あるいはネズミといったような、残忍でぞっとするような、無益な動物でそれが描かれる」。[79] 現代の臨死体験者からの報告にはないが、スウェーデンボルグは、天国には他の惑星から来た精霊もいると語った。これは三〇〇年以上も前に生まれた人間の言葉としては驚くべきものではないか！[80]

最も興味をそそられるのは、スウェーデンボルグの言葉の中で、現実のホログラフィックな性質について述べていると思われる部分だ。ひとつ例をあげれば、人間は互いに別々の存在であるように見えるが、私たちは宇宙的統合性で結びつけられていると彼は言っている。そればかりか、私たちの一人ひとりが天国のミニチュア版であり、それぞれの人間、いや物理的宇宙全体が、さらに偉大な神の現実の小宇宙なのである。これも見てきたように、彼はまた、目に見える現実に隠されているのは波動物質であると考えていた。

実は、一部のスウェーデンボルグ研究者は、スウェーデンボルグの概念にはボームとプリブラムの理論と一致している点が多数あることを指摘している。そのような学者のひとりが、マサチューセッツ州ニュートンにあるスウェーデンボルグ宗教大学教授のジョージ・F・ドール博士である。エール、オックスフォード、そしてハーバードの学位をもつドールは、スウェーデンボルグの考え方の根本には、私たちの宇宙が、ひとつは天界から、いまひとつは私たち自身の魂や霊から生ずるふたつの波のような流れによって間断なく創造され維持されているという概念があることを記している。「これらのイメージを重ね合わせると、ホログラムとの類似性は驚くほどである」とドールは言う。「私たちはふたつの流れの交錯によって成り立っている。ひとつは天界から直接きたもの、もうひとつが、天界からきて、私たちの環境を通ってくる間接的なものだ。私たちは自分を干渉パターンと見ることができる。なぜなら、流入しているのは波動現象であり、私たちは波が出合うところであるからだ(81)」。

また、スウェーデンボルグは、その幽霊然としてつかみどころのない性質に反して、実際は天界こそが私たちの物理的世界の現実よりも根源的なレベルの現実であると考えていた。それは地球上の万物が生じてきた元型とも言える源であり、すべてはまたそこに帰っていく。この概念も、ボームの内在／外在秩序の考え方とそう大きくかけ離れてはいない。それに、彼もまた、死後の世界と物理的現実とのちがいは程度の問題であって、種類が異なるわけではなく、物質界は、思考が構築する天界の現実の固体版であるとも考えていた。天界と地上界の両方を形成している物質は、神のもとから「段階的に流れこんでくる」ものである、とスウェーデンボルグは言う。そして「それぞれの新しい段階で、その物質はより広範囲に、つまりさらに粗くなり、かすんできて、そして流れが遅くなるために粘性を増し、冷めてくるのである」[82]。

スウェーデンボルグは自分の体験について二〇冊にものぼる本を著したが、その死の床で何か自分の言ったことで取り消したいことはないかと問われた。彼は心をこめてこう答えている。「私が書いたことは、いまここに見る私の姿と同じく、すべて真実です。許されていたならばもっと多くを語ったことでしょう。死を迎えればみなさんにもすべてがわかります。そうすれば、互いにもっとこのことについて語り合うことができるでしょう」[83]。

どこでもない地

体外離脱をして現実の隠されたレベルにまで旅をする力をもっていた歴史上の人物はスウェーデンボルグだけではない。十二世紀のペルシアのスーフィたちも、トランス状態に近い瞑想を利用して、「精霊の棲む地」を訪れていた。そしてここでも、彼らの語るものと、この章で積み重ねられてきた証拠との類似性は驚くほどである。この別世界では、人間は「微体」をもっており、そこにある感覚を頼りに活動するが、その感覚はその体にある特定の器官とは必ずしも関係していないと彼らは論じた。また、そこは霊的なことを教える導師《イマーム》が多数いる次元でもあり、彼らはこれを「隠されたイマームの地」とよぶこともあった。

また彼らは、この世界は、アラム・アルミタル（思考）の微細な物質だけから創造されるものであるとしていた。空間そのもの、すなわち「近いこと」「距離」そして「遠方の」場所などでさえ、すべて思考によって創られる。だが、だからと言って、隠されたイマームの地が実体のないもので、まったくの無からできているという意味ではない。あるいは、ひとつの心から創造された風景であるわけでもない。それは、多くの人々の想像力によって創り出された存在のレベルであり、しかもそれ自体が物質性と一定の規模をもち、森も、山も、都市すらもそなえているものなのである。スーフィたちは多くの書物をさいてこの点をつまびらかにしようとしている。この概念は西洋の多くの思想家たちにとってあまりに異質なものであったため、パリのソルボンヌ大学のイスラム学の教授で、イラン・イスラム哲学の屈指の権威であった故アンリ・コルバンは、これを表わすために、「想在的《イマジナル》」(imaginal)という語をつくりだし、想像力によって創出されるものではあるが、存在論的に見ると物理的現実と変わらぬ現実性をもつ世界を意味するものとした。「私の専門分野では、長年のあいだアラブ、ペルシアの文献を解釈する必要に迫られてきた。もしも、単に『想像上の』(imaginary)という言葉で満足してしまったら、これら文献の意味するところをまちがいなく裏切ることになっていただろう。どうしても何か他の表現を見つけなければならなかったのはこのためなのだ」とコルバンは述べている[84]。

死後の領域が、本質的に想在的《イマジナル》なものであることから、スーフィたちは、想像力自体も知覚能力の一端であるとの結論を下した。この考えは、ホイットンの被験者が、なぜ考えることによってはじめて手を物質化させることができたのか、また、イメージを視覚化することが、なぜ私たちの健康や身体の構造にあれほど強力な影響をもたらすのかについても新たな解明の光を当ててくれる。また、スーフィたちはその結論から「創造的な祈り」とよばれるプロセス、すなわち視覚化によって、自分の運命の基本構造そのものをつくり変えることができるという信念を形成していったのである。

ボームの内在／外在秩序の概念と同じく、スーフィたちも、その幻のような性質にもかかわらず、死後の領域こそが物理的宇宙のすべてを生み出す生成母体であると考えた。物理的現実にあるすべてのものはこの霊的な現実から生ずる、と彼らは言う。しかし、それでも、瞑想によって精神の内奥に分け入っていくと、いずれ内面世界に到達し、「最初は外界として目に見えていたものが、結局はそこに内包されていたとわかる」というのは、彼らのうちで最も学を積んだ者にとってさえ、非常に不可思議なことであった。(85)

こうした認識もまた、明らかに現実のもつ非局在的でホログラフィックな性質のことを語っている。私たちの一人ひとりが天界の全体を内包しているのだ。それればかりか、天界は一人ひとりの中にその位置を占めているのである。スーフィの言い方を借りれば、霊的な現実を「どこか」に探し求める必要はない、その「どこか」は、私たち自身の内面にあるということなのだ。実際、十二世紀のペルシアの神秘思想家スフラワルディは、死後の領域の非局在的性質を論ずるなかで、隠されたイマームの地は、「ナ・コージャ・アバッド」すなわち「どこでもない地」とよぶほうがいいかもしれないと語っている。(86)

確かにこの考えは別に新しいものではない。それは、「天の王国は我が内にあり」という言葉に表された気持ちと同じものだ。が、まちがいなく新しいのは、そのような見解が、実は現実の隠されたレベルのもつ非局在的な側面を指しているという考えである。ここでも、人が体外離脱体験をするとき、本当はその人はどこにも移動などしていないのかもしれないということが暗に示されている。自分がどこかに移動するという体験をするよう、はじめから虚像である現実のホログラムを単に変容させているだけかもしれないのである。ホログラフィック・ユニヴァースでは、意識はあらゆるところにあるだけでなく、どこでもないところにもあるのだ。

死後の世界が、精神の深層の非局在的な領域にあるという考えは、一部の臨死体験者も間接的に表現している。ある七歳の少年は言う。「死は、自分の心の中に入っていくようなものです[87]」。ボームも、この人生から次の人生に移る間に私たちに何が起きるのかについて、これと似た非局在的な見解を提示している。「現在のところ、私たちの思考過程すべては、ここ目の前にあることに注意を払わなければならないと告げています。そうしないと、たとえば通りを渡ることもできない、というわけです。しかし、意識は常に時間と空間を超えた限りない深淵にあり、内在秩序の隠されたレベルにあるものなのです。だから、もし実際の現在そのものに充分深く入り込んでいくことができれば、この瞬間と次の瞬間との間には、もはやちがいがなくなるのかもしれません。死の体験では、人はそういう状態に入っていくものと考えられます。永遠に触れることができるのは確かに現在ですが、思考はそれをとりもつのです。すべてはどこに意識を向けるかということなのです[88]」。

知性と調和あふれる光の像

意識を変えるだけで、現実のより精妙なレベルにアクセスできるという考えは、ヨガの教えの主要な前提のひとつである。ヨガの修行の多くは、いかにしてこの旅をするかを教えるためのものである。そしてここでも、この冒険に成功した者たちは、いまではこの本でもうすっかりおなじみとなった風景を語るのだ。そのような人間のひとりが、その名こそほとんど知られていないものの、広く尊敬を集めた人物で、一九三六年にインドのプーリーで没したヒンドゥーの聖者シュリ・ユクテシュワル・ギリである。一九二〇年代にシュリ・ユクテシュワルに会ったエヴァンス＝ヴェンツは、この聖者のことを「感じの良い雰囲気と高貴な人格」をもち、まちがいなく「まわりの信奉者たちがもつ敬愛に価する」と述べている[89]。

シュリ・ユクテシュワルは、この世界と次の世界との間を行ったり来たりすることにとりわけ才能があったようで、死後の世界は「光と色の非常にかすかな振動」でできており、「物質宇宙よりも何百倍も大きい」と描写した。また、それは私たちの存在している領域よりもかぎりなく美しく、「紺碧の湖、明るい海と虹の川」であふれていると語っている。そしてそこは、地上界よりもはるかに強い「神の創造の力で息づいている」ために、天気はいつも快適で、表面に現われる天候の変化といえば、「白く光り輝く雪と、色とりどりの雨」がたまに降るだけなのだという。

この素晴らしい世界の住人たちは、望みどおりの身体を物質化させることができるし、身体のお望みの部分を使って「見る」こともできる。また、これも望みどおりの果物やどんな食べ物でも物質化させることができるが、「食べることの必要性からはほとんど解放されている」し、「永遠に新しい知識という甘美な食物だけで宴を囲む」のである。

彼らはテレパシーを通してやりとりする一連の「光の絵」を使って互いに意思を伝えあい、「友情の不滅」を祝い、「愛はけっして破壊されることはない」のを悟り、「もしも自分の行ないや、真実を見ることにおいて過ちがあれば」鋭い痛みを感じ、そして「地球上でのさまざまな転生を通じて得た厖大な人数の親戚、父親、母親、妻、夫、そして友人たちと直面するとき」、特定の誰を愛すればよいのかまったくわからなくなり、そこから「すべての人に対し、神の愛、平等な愛」を与えることを学ぶのである。

この光り輝く地に住むようになったとすると、私たちの現実の純粋な本質はいったいどんなものになるのだろう。この質問に対し、シュリ・ユクテシュワルは、単純であると同時にホログラフィックな答えを出している。食べることも、呼吸することすらも必要ないこの世界、たったひとつの想いによって

「かぐわしき花のあふれる庭」を物質化させることが可能で、身体の傷は、すべて「ただ願うだけで癒される」この世界では、私たちは、ひとことで言うと、「知性と調和あふれる光の像」なのである。(90)

ふたたび、光について

現実のより精妙なレベルを描写するのにホログラム的な言葉を使ったヨガの師は、シュリ・ユクテシュワルだけではない。インドではガンディーと並んで敬愛されている思想家、政治活動家、そして神秘家であるシュリ・オーロビンド・ゴーシュもそのひとりである。一八七二年にインドの上流階級の家庭に生まれたシュリ・オーロビンドは、英国で教育を受けたが、そこでもたちまち神童としての評判が立った。英語、ヒンドゥー語、ロシア語、ドイツ語、フランス語に堪能なばかりか、古代のサンスクリット語にも通じていた。一日に何冊もの本を読み（青年時代は、厖大なインドの聖典をすべて読破した）、どのページであっても、そこに書いてあったことを一字一句もらさずに暗唱することもできた。彼の集中力は伝説的で、絶え間なく身体中を刺す蚊にさえまったく動じず、一晩中同じ姿勢で勉強することもできると言われていた。

ガンディーと同様、シュリ・オーロビンドもインド独立運動に積極的に参加し、扇動の罪で投獄されたこともある。しかし、知的、人道的な情熱にあふれていたにもかかわらず、彼はずっと無神論者を通していた。が、それもある日、旅の行者が彼の兄弟の生命を脅かすような病気を一瞬にして治してしまうのを目にするまでのことだった。それ以降、シュリ・オーロビンドはヨガの修行に人生を捧げ、シュリ・ユクテシュワルと同様、瞑想を通じて、最終的には、彼自身の言葉で言うなら「意識のさまざまな局面の探訪者」となることを学んだのである。

シュリ・オーロビンドにとってこれはやさしいことではなかったが、なかでも自分の目的を達成するのに乗り越えなければならなかった最も手に負えない障害は、普通の人間の心の中を絶え間なく流れつづける限りない会話や思考をいかにして黙らせるかということであった。ほんの一瞬の間でも、心の中のすべての思考をなくそうと一度でも試みたことのある人なら、これがいかにおそろしく困難な行為であるかがわかるはずだ。しかし、同時にこれは必要なことであり、ヨガの文献もこの点についてはきっぱりと明言している。精神のより精妙で内在的な領域を探っていくことは、意識を向ける対象について、ボーム的とも言える変更を確かに要求される。あるいは、シュリ・オーロビンドの言葉で言うなら、「私たちの内面にある新しい地」を発見するためには、まずどうやって「古いものを捨て去る」かを学ばなければばならないのだ。

シュリ・オーロビンドが自分の心を沈黙させ、内面に入っていけるようになるには何年もの月日がかかったが、いったんこれに成功してしまうと、まさに私たちがこれまで見てきたような、精神世界のマルコ・ポーロともよべる人たち全員が遭遇したものと同じ広大な領域を発見したのだった。すなわち、時間と空間を超えた「無限に広がる色とりどりの振動」から成る領域、そして人間の意識よりもはるかに進化しているために、私たちなど子供に思えてしまうような、肉体をもたない存在の住む領域である。この存在は、自分の意思のとおりにどんな形になることもできるとシュリ・オーロビンドは語っている。そして、同じ存在がキリスト教信者にはキリスト教の聖者として、インド人にはヒンドゥー教のものとして現われるが、その目的はだますことなどではなく、単に「特定の意識に対し」自分たちを手の届く距離に置くためであることを彼は強調している。

シュリ・オーロビンドによれば、これらの存在の真実の姿は「純粋な振動」として現われる。二巻におよぶその著作『ヨガについて』の中で、彼は、形態あるいは振動として現われることができるという この存在の能力を、「近代科学」の発見した波動／粒子の二面性にたとえてさえいる。この光り輝く領域では、情報を得るにも、「ひとつひとつ」学ぶという方法に限られることはなく、「大きなかたまり」で吸収することが可能で、一目見るだけで「大きく広がる時間と空間」を知覚することができる、とシュリ・オーロビンドは記している。

実際のところ、シュリ・オーロビンドの説の多くは、ボームやプリブラムの結論と区別がつかない。彼は、ほとんどの人間の頭の中には「心理的な幕」があり、これが「物質のベール」の向こう側を見るのを妨げているが、このベールの先をのぞくことをおぼえれば、あらゆるものが「強弱が変わる光の振動」からできていることがわかると語る。また、意識もさまざまな振動からできていると説き、すべての物はある程度の意識をもっているとも考えていた。もしも物に意識がないとすれば、物との接触ができる可能性はないのだから、ヨガ行者が物体を動かすことなどできないはずだ、とシュリ・オーロビンドは言う。

なかでも最もボーム的なのは、全体性と断片についてのシュリ・オーロビンドの意見だ。シュリ・オーロビンドによると、「光り輝く偉大な精霊の王国」で学ぶ最も重要な点のひとつは、すべてが別々に存在しているというのはまったくの錯覚であり、あらゆるものが究極的には互いに結びつけられていて、ひとつの全体であるということだ。シュリ・オーロビンドは、その著作の中でもこの点を何度も繰り返し強調しており、高次の振動レベルから低いところに降りてくるにしたがって、はじめて「累進的な断片化の法則」がその効力を発するのだとしている。私たちが物事を断片化してしまうのは、意識および現実の低い振動レベルに存在しているからだ、とシュリ・オーロビンドは言う。そして、覚醒した明晰な意識、よろこび、それに存在すること自体の幸せなど、高次の精妙な領域ではごく当たり前のことが感じられないのは、この断片化の傾向のせいなのだ、と。

究極的には切れ目のないひとつの全体である宇宙では、無秩序というものが存在することはありえないというボームと同様に、シュリ・オーロビンドは意識についても同じことが言えると考えている。宇宙のある一点が完全に無意識であるとしたら、宇宙全体が無意識になるはずだと彼は述べており、道端にある小石や、爪にはさまった一粒の砂のことを、生命のない死んだものと私たちが見ているのなら、その見方はまたしても錯覚であり、それは断片化に対して夢遊病的に慣らされてしまっていることから生じているにすぎないという。

ボームと同じく、全体性を神性の顕現と見るシュリ・オーロビンドは、すべての真実の相対性と、縫い目のないホロムーヴメントを「もの」に分けようとすることの独断性を自覚することができた。宇宙を絶対的な事実や不変の理論に還元してしまうことが歪曲につながる、という点についてはきわめて強い確信があったため、彼は宗教にさえ反対し、生涯を通じて、真の精神性はいかなる組織や僧籍からくるものではなく、内面にある精神的宇宙から生じてくるものだと強調してやまなかったのである。

私たちは、心や五感の罠から自分を切り離してしまわねばならないだけでなく、思想家の罠、あるいは神学者、教会設立者の罠、そして強力なる言葉の網や偉大なる思想の呪縛からも逃れなければならない。これらすべては、精神を形態という壁で囲ってしまおうと、私たちの内面で待ちかまえているのだ。だが、私たちは常にそれを越えていかねばならない。大いなるもののために小なるものを棄て、限りなきもののために限りあるものを棄てねばならない。そして光から光へ、経験から経験へ、さらに魂から魂へと進んでいく用意がなければならないのだ。……最も強く信じている真実にさえとらわれることがあってはならない。なぜなら、それもまた、いかなる形態、いかなる表現に限定されることをも拒む、言葉では言い表わせぬものを形にし表現したものにしかすぎないからである。(91)

しかし、もしも宇宙が究極的には言葉では言い表わせぬもの、色とりどりの振動の寄せ集めであるとしたら、私たちが知覚しているさまざまな形体はいったい何なのだろうか。物理的現実とはいったい何なのだろうか。それは、とシュリ・オーロビンドは言う――「安定した光の集合体」であるだけなのだ。(92)

無限の中を生きつづける

臨死体験者が語る現実像は驚くほど一貫しており、世界中のすぐれた神秘思想家たちの証言によってもその正当性は裏づけられている。さらに驚きなのは、世界の「先進国」に住む私たちにとって、現実のこうした精妙なレベルは息を呑むほど異質のものかもしれないが、いわゆる「原始的」な人々にとっては、それも慣れ親しんだ領域であるという点だ。

オーストラリアの先住民族、アボリジニーたちのコミュニティで生活し、その研究を行なった人類学者E・ナンディスワラ・ナーヤカ・テーロ博士は、アボリジニーのシャーマンが深いトランス状態に入ることにより訪れる領域である「夢時間《ドリームタイム》」という概念は、西洋で描かれる死後の世界の局面とほとんど一致していることを指摘する。それは人間の精神が死後に赴く場所であり、そこにたどり着いたシャーマンは、死者と話を交わし、すべての知識に触れることができる。またそこは、時間や空間などの地上界での生にあった境界が存在しなくなる次元で、誰もが無限というものに対処することを学ばねばならないところなのだ。このため、オーストラリアのシャーマンたちは、よく死後の生のことを、「無限の中を生きつづけること」とよんでいる。(93)

ドイツの民族心理学者で心理学と文化人類学の学位をもつホルガー・カルヴァイトは、テーロよりもこの考えをさらに一歩進めている。シャーマニズムの専門家ながら臨死体験研究にも積極的なカルヴァイトは、世界中のシャーマン文化のほとんどすべてに、この広大な超次元領域の描写が見られると指摘する。そこには、人生回想、教え導く役をはたす高次の霊的存在、想念によって現われる食べ物や、えも言われぬほど美しい草原、森、山などについての言及が満ちあふれているのである。まさに、死後の領域に旅する能力が、シャーマンになるための最も共通した必要条件であるばかりか、臨死体験そのものが人をその役割へと押しやる触媒となることもしばしばあるのだ。たとえば、オグララ・スー族、セネカ族、シベリアのヤクート人、南米のグアジロ・インディオ、ズールー族、ケニアのキクユ族、韓国のムーダン（巫堂）、インドネシアのメタワイ島に住む人々、そしてカリブー・エスキモーたち——これらすべての文化に、生命を脅かすような病が原因で、死後の世界へとまっさかさまに突っ込んでいったのちにシャーマンとなった人の言い伝えが残っているのである。

しかし、初めての臨死体験に混乱してしまう西洋人とは異なり、これらシャーマン文化に属する探究者たちは、どうもこの目に見えない領域の地理についてずっと幅広い知識をもっているように見えるし、そこに繰り返し戻っていけるということもしばしばだ。なぜか？　カルヴァイトは、そのような文化にとってはこの体験が日常の現実だからだと考えている。私たちの社会が死や、死にゆくことについて思ったり語ったりすることを抑圧し、現実を物質的な観点からのみ定義することによって神秘的なものの価値をおとしめているのに対し、部族文化の人々は、現実の心霊的な本質と日常的に接触をもっている。したがって、こういう内面世界を律する法則についてもずっとよく理解しており、その領域を航海していく技術もはるかに優れているのだとカルヴァイトは言う[94]。

シャーマン文化に属する人々がこういった内面世界をよく訪れていることは、人類学者のマイケル・ハーナーが、ペルー領アマゾンに住むコニボ族インディアンと生活を共にしていたときの体験でも裏づけられている。一九六〇年、アメリカ自然史博物館はコニボ族の研究のためにハーナーを一年間にわたる調査旅行に派遣し、同地に滞在中、彼はアマゾンの先住民たちに、彼らの信仰について教えてくれるよう頼んだのだった。彼らは、もし本気でそれを学びたいと願うなら、アヤワスカ（魂のつる）とよばれる幻覚性植物からつくるシャーマンの聖なる飲み物を飲まなければならないと言った。ハーナーはこれを受けいれ、その苦い調合飲料を飲んだ。その後彼は体外離脱を体験し、コニボ族の神話にある神々や悪魔が棲む世界へと旅する。そこで彼は、笑いを浮かべるワニの頭をした悪魔の姿を見た。自分の胸から「気のエッセンス」が出てきて、頭部が青い鳥であるエジプト風の人物が操る船のほうに向かって浮かび上がっていくのを目にした。そして、自分自身の死がもたらす、徐々に感覚を失っていく現象とおぼしきものを感じたのだった。

だが、この精神の旅の中で最も劇的な体験は、彼の脊椎から出現した、羽をもつ龍のような存在の一団との出会いだった。彼の身体から這い出してきた後、この存在は彼の目の前で、ある一場面を視覚的に「投影」し、これが地球の「真実の」歴史だというものを見せた。一種の「思考言語」を通して、彼らは自分たちがこの惑星にあるすべての生命の起源、進化のどちらも司っている存在だと説明した。それればかりか、彼らは人間の中だけでなく、すべての生命に宿っており、地球上にこれだけ多様な生命の形態を創造したのは、素姓こそ明らかにしなかったものの、宇宙に住むある敵から自分たちの身を守るためだという（ハーナーは、これらの存在はほぼDNAに近いものだったが、一九六一年当時の彼は、DNAのことなど何も知らなかったと記している）。

この一連の幻視体験が終わった後、ハーナーは、超常的な才能をもつことで知られるコニボ族の盲目のシャーマンをさがし求め、この体験を話した。霊界に何度も旅しているこのシャーマンは、ハーナーが自分の身に降りかかった出来事を語るのに耳を傾けながら時折りうなずいていたが、彼が龍のような存在と彼らの主張のことを言うと、にんまりとした。「ああ、やつらはいつもそう言うんだよ。でもやつらは、外側の暗黒世界の主でしかないのさ」。こう言って彼はハーナーの見方を正したのである。「私は仰天した」とハーナーは言う。「私の体験したことは、この裸足で盲目のシャーマンにとってはすでに先刻承知のものだったのだ。私が足を踏み入れたのと同じ隠された世界を、自分自身でも探訪した体験からよく知っていたのである」。しかし、彼の受けたショックはこれだけにとどまらなかった。ハーナーは、近くに住んでいたふたりのキリスト教宣教師たちにもこの話をしたのだが、興味深いことに、彼らも自分の語っていることがよくわかっているような様子だった。話が終わった後、ふたりは、彼の話の一部が聖書の黙示録の中のある一節とぴったり一致していると語ったが、無神論者であるハーナーはそれまでその箇所を読んだことはなかった(95)。ハーナーが足もともおぼつかない状態で入っていった領域に旅した経験があるのは、どうもコニボ族の老シャーマンだけではないようだ。旧約聖書や新約聖書の預言者たちが語る幻視体験や「天国への旅」の一部も、やはり内面領域へのシャーマン的な旅路であったのかもしれない。

私たちが、古風な民話、あるいは魅力的ではあるが素朴な神話として見てきたものが、実は現実の隠されたレベルの地理についての高度な記述であったということはありえるのだろうか。カルヴァイトについて言えば、その答えは断固としてイエスだ。「死の現象と本質に関する近年の研究がもたらした革命的な発見から見て、部族文化の宗教や死者の世界についての考えを、単なる限定された概念と見ることはもはやできない。〔むしろ〕シャーマンは、時代の先端を行く知識も豊かな心理学者であると考えるべきなのだ」[96]。

まごうかたなき魂の輝き

臨死体験の現実性に関する最後の証拠は、体験した人を変えてしまうというその影響力である。臨死体験の研究者は、臨死体験者がこの来世への旅によって、ほとんど例外なく深い変化を体験することを発見している。以前よりも幸せに、楽観的になり、のんきで所有物のことをあまり気にかけなくなる。最も衝撃的なのは、その人の愛の包容力が大きく広がることだ。よそよそしかった夫が突如として暖かくやさしい人に、仕事中毒の人間が、リラックスして家族と過ごす時間を増やすようになり、内向的な人が外向的になる。こうした変化はしばしば非常に劇的なものであり、知人からすっかり別人になってしまったと言われるほどの場合もよくある。犯罪者が完全に自分の生き方を変えてしまったり、地獄で燃えさかる炎のことを説教していた牧師が、この呪いのメッセージをやめ、無条件の愛と慈悲の心を説くようになってしまったケースさえ記録されているほどだ。

臨死体験者はまた、前よりもはるかに精神的／霊的なものを志向するようになる。人間の魂は不滅であるという確信をもつだけでなく、宇宙は慈悲深く、知性のあるものであり、その愛にあふれる存在はいつも自分たちとともにあるという、不変にして深遠な直観をもってこの世界にもどってくるのである。

しかし、この自覚の結果、彼らが必ずしも以前より宗教的になるとはかぎらない。シュリ・オーロビンドと同様に、臨死体験者は宗教と精神性《スピリチュアリティ》／霊性との区別を強調し、自分の人生で満開に花開いたのは後者であって前者ではないことを明言している。事実、さまざまな研究が示すところによると、臨死体験をしたのち、人は自分の宗教以外の考え、たとえば輪廻転生や東洋の宗教などに以前よりも開かれた態度を見せているのである。(97)

こうした関心の広がりは、しばしば他の分野にまでおよぶ。たとえば、本書で論じられているようなテーマ――とりわけ心霊的現象や新物理学《ニュー・フィジックス》――に強い関心を示す場合が多い。たとえば、リングが調査したある臨死体験者は、重機械を操作する作業員で、臨死体験の前は読書や学問にはまったく興味を示したことがなかった。しかし、臨死体験の最中に完全なる知識というヴィジョンを体験し、回復したときには、そのヴィジョンの内容こそ思い出せなかったものの、その後いろいろな物理学の用語が頭の中に浮かんでくるようになったのである。臨死体験からそれほどたっていないある朝、彼は量子という言葉を突如として口にする。その後、謎めいた調子でこう語ったのだ。「マックス・プランク――近いうちにこの名前はまた出てくるよ」。そして時がたつにつれ、彼の頭の中に、数式の一端や、数学的な記号が浮かびはじめたのである。

彼も彼の妻も、量子という言葉の意味を知らなかったし、図書館に行って調べてみるまでは、マックス・プランクがいったい誰なのかも知らなかった（量子物理学の父として広く知られている）。自分が根拠のないでたらめを言っているのではないことがわかってからは、彼は猛烈な勢いで本を読みはじめ、それは物理学のみならず、超心理学、形而上学、そして高次元意識に関するものにまでおよび、物理学を専攻するために大学にまで入ったのだった。この男性の妻が、リングに手紙を送り、夫の変貌の様子を説明している。

以前の私たちの生活では聞いたこともない言葉を彼が口にすることもよくあります。それが外国語だったりすることもありますが、とにかく「光」理論と関連して学ぶのだそうです。……光速より速いものについて話してみたり、私にはわかりにくい話です。……〔彼が〕物理学についての本を取り上げると、すでに答えを知っていて、もっとほかに感じとっていることもあるようです……(98)

この男性は、臨死体験の後、さまざまな超能力も発揮しはじめていたが、これも臨死体験者の間ではそれほどめずらしいことではない。一九八二年、ミシガン大学の精神科医であり、IANDSの研究部長であるブルース・グレイソンは、この問題の調査のために作成されたアンケートを六九人の臨死体験者に渡し、これを集計してみたが、そこで評価された心霊現象および超能力現象について、そのほとんどすべてに増加があったという結果を得ている。(99)アイダホ州に住む主婦で、自分自身の変容を引き起こした臨死体験の後に臨死体験研究者となったフィリス・アトウォーターは、何十人という臨死体験者にインタビューを行ない、同様の結果を得た。「テレパシーや、治癒の才能がよく見られる」と彼女は述べている。「未来を『思い出す』ことについても同じだ。時間と空間は止まり、未来に起きることを詳細にわたって体験する。そしてそれが実際に起きると、その出来事だとわかるのである」(100)。

ムーディは、このような人たちの体験する、いい意味でのアイデンティティの深い変化こそ、臨死体験が実際になんらかの霊的次元への旅であることを示す最も動かしがたい証拠であると考える。リングも同意見だ。「〔臨死体験の核心部分に〕私たちは、絶対的な、まごうかたなき魂の輝きを見る」と彼は語る。「この霊的な核心は強い畏敬の念を呼び起こし、あまりに圧倒的であるため、それに触れる人は、その瞬間にまったく新しい存在のあり方へと永遠に押しやられてしまうのである」[101]。

　こうした次元の存在や人類のもつ霊的な要素を認めはじめているのは臨死体験研究者だけではない。長年にわたって瞑想を続けているノーベル賞受賞者のブライアン・ジョセフソンも、現実には目に見えない精妙なレベルがあると確信しており、瞑想を通じてそのレベルに触れることもできるし、人が死んだ後に行くのもここではないかと考えている[102]。

　一九八五年、アメリカの上院議員クレイボーン・ペルの呼びかけで、ジョージタウン大学において開かれた、生物学的な死を超えた世界の可能性に関するシンポジウムで、物理学者のポール・デイヴィーズも同じような開かれた態度を表明した。

「少なくとも人間に関するかぎり、精神が物質から生み出されるものであること、もう少し正確に言うと、精神は物質（つまり、私たちの脳）を通じて自己を表現するということについては私たちはみな合意している。量子から学ぶべきなのは、物質が具体的で明確に定義された存在を得ることは、それが精神と一緒になったときにはじめて可能になるという点だ。もし精神が物質というよりもパターンであるとすれば、明らかにそれは数多くの異なった形で表われる力をもっていることになる[103]」

　やはりシンポジウムの参加者のひとりだった精神神経免疫学者キャンディス・パートでさえも、この考えには好意的であった。「情報が脳に蓄積されているということをまず理解することが大事だと思うし、私はこの情報が形を変えて何か他の領域に入ることも考えられると思う。もともと情報を形成していた分子（固体）が崩壊した後は、この情報はどこにいってしまうのか？　物質は創造することも破壊することもできない。したがって、生物的な情報の流れも死の時点でただ消滅してしまうことは不可能で、姿を変えて別の領域へと移らなければならないのかもしれない」と彼女は述べている[104]。

ボームが現実の内在的レベルとよんだものは、実際には精神の領域であり、時代を越えて多くの神秘思想家たちを著しく変容させてきた燦然たる魂の輝きの源だったという可能性は、はたして考えられるだろうか。ボーム自身もこの考えを言下に否定してはいない。内在領域は、「まったく同様に、観念論、精神、意識とよぶこともできます」と、彼はいつもの淡々とした調子で述べる。「物質と精神、というふたつのものを分割するのも抽象概念です。基盤はいつもひとつなのです[105]」。

光の存在とは誰なのか

いまあげた意見のほとんどが、神学者ではなく、物理学者によるものであるため、前述のリングの臨死体験者が見せた新物理学に対する関心も、なにかさらに深いものを示しているのではと考えざるをえない。ボームが示唆するように、かつてはもっぱら神秘思想家のものであった領域に物理学が道をつけはじめているのだとしたら、このような侵食が臨死領域に棲む存在たちによってすでに予見されていたと考えることはできるだろうか。臨死体験者がそういう知識を貪欲なまでに渇望するように仕向けられるのはこのためなのか？　彼らは、そして彼らが代表している全人類は、はたして来たるべき科学と精神の統合とも言うべきもののために準備をさせられているのだろうか？

この可能性については、もう少し後に探ってみたい。まずは、考えるべき問題が別にある。もしこの高次元が存在することについてはもはや疑問がないとしたら、その領域はどこまで広がっているのだろう？　さらに具体的に、そこに棲む存在とは誰なのか、彼らの社会、もう一歩踏み込んで、彼らの文明とはいったいどんなものなのであろうか？

もちろんこれは答えるのがむずかしい問題だ。ホイットンは、生間領域に入り込んだ人々にいろいろと助言を与えている存在の素姓を探ろうとしたが、得られた答えはあまりとらえどころのないものばかりだった。「この質問に、とにかくいちおう答えてくれた被験者たちが語る印象は、この存在が地上界での転生のサイクルを完了した者たちだということだった」と彼は言う(106)。

モンローは自分でも内面領域に何百回と旅し、他の何十人というすぐれた体外離脱者にもこの点について話を聞いてみたが、やはり何もわからずじまいだった。「彼らが何者であろうと、〔こうした存在は〕完璧な信頼感を喚起するやさしい暖かみを放つ力をもっている」と彼は述べている。「私たちの思考を知覚することなど〔彼らにとっては〕ばかばかしいほど容易である」。そして「彼らには人類の歴史や地球史のすべてが、こと細かな詳細に至るまではっきりとわかっている」。だがモンローも、これらの非物質的存在がいったい誰なのかということになると、ただ一点を除いて自分にもわからないと明かしている。そのひとつだけわかっていることとは、彼らにとって最も重要なのが、「自分が関係している人間の幸せを無条件に案じること」らしいという点だ(107)。

この隠された領域については、ほかにあまり言えることもないが、そこを訪れる特権に恵まれた人々は、みな共通して、広大で美しさにあふれる多くの天界の都市を見たと報告している。臨死体験者、ヨガの達人、そして「アヤワスカ」を摂取したシャーマンたち――こういった人々はみな、これらの大都会を驚くほどの一貫性をもって描写する。十二世紀のスーフィもこれについてはよく知っており、そのいくつかに名前さえつけていた。

こうした偉大な都市の最も大きな特徴は、それが燦然と輝いているということだ。また、建物が何か見慣れぬものであることもよく言われる。そこは荘厳なまでに美しく、内在次元の他の特徴とまったく同じように、その壮麗さは筆舌に尽くしがたいという。このような都市のひとつについて、スウェーデンボルグはこう描写している。「驚くべき建築デザインにあふれかえり、あまりの美しさに、これこそ芸術そのもののふるさとであり発祥地であろうと考えてしまうほどである」[108]。

また、これらの都市を訪れる人々は、知識の探究に関連した学校などの建物が異様に多いとたびたび明言している。ホイットンの被験者のほとんどは、生間領域にいる間に、少なくともある程度の時間を、図書館やセミナー室などを備えた広大な学習の殿堂で過ごしたことを思い出している[109]。臨死体験者の多くも、その体験の最中に、「学校」「図書館」「高等教育機関」などに案内されたことを報告している[110]。そして、学ぶことだけを目的としてつくられ、「精神の隠された深み」に旅することによってしか行き着くことのできない偉大な都市に関する記述は、十一世紀のチベットの文献にさえ見ることができるのである。カリフォルニア大学バークリー校のサンスクリット学者エドウィン・バーンボウムによれば、ジェームズ・ヒルトンは、彼の手になる小説『失われた地平線』の中で、シャングリラという架空の村(理想郷)を創作しているが、それはこういったチベットの伝説からひらめきを得たものであるという*[111]。

*高校から大学の時期を通じて、私(タルボット)は、この世のものとは思えないような荘厳な場所にある不思議に美しい大学で、自分が霊的な事柄に関する授業に出ているという、あざやかな夢を頻繁に見ていたことがあった。これは学校に行く不安から来る夢ではなく、自分が空を飛んでいる信じがたいほど気持ちのいい夢で、人間の気場や輪廻転生についての講義に、身体の重みさえ感じることなく、浮かんだ状態で出かけて行くことができるのだった。この夢の中で、私は現世での知り合いですでに他界していた人たちや、自分たちはこれから生まれ変わる魂だと語る人々にさえ出会った。興味深いことに、やはり普通よりも高い霊的能力をもち、しかもこれと同じ夢をみたことのある人

たちにも私は会ったことがある（そのひとり、ジム・ゴードンというテキサス州在住のすぐれた透視能力者は、この体験にすっかり面喰らってしまい、昼間は他の子供たちと一緒に一回、そして夜は夜で眠っている間に一回と、なぜ二回も学校に行かなければならないのかと母親にたずね、彼女をほとほと困らせたという）。モンローやそのほか多数の体外離脱の研究者たちが、空を飛ぶ夢というのは、実は体外離脱のおぼろげな記憶なのだと考えていることは、ここで触れておく価値があるだろう。もしそうだとすると、少なくとも一部の人間は、生きている間もこのような非物質界の学校を訪れているのかもしれない。この本を読んでいる方で誰かそのような体験をした人がいるなら、ぜひその話を伺ってみたいと思う。

ただし問題は、想在的《イマジナル》な領域ではこのような描写はあまり意味がないという点だ。臨死体験者が遭遇する壮大な建築物がはたして現実なのか、それとも単なる寓話的な幻でしかないのかを確信をもって言うことはできないのである。たとえば、ムーディ、リングともに、自分の訪れた高等学習の建物は、知識のためだけに建てられているばかりか、文字どおり知識そのもので建てられていると語る臨死体験者のケースを報告しているのだ[112]。このきわめて興味深い言葉の選択は、このような殿堂への訪問が、実際には人間の概念をとてつもなく超越した何か——たとえば純粋な知識の生きた雲、あるいはキャンディス・パートの言葉を借りると、情報がその形を変えて他の領域に移った後の姿——であるために、建物や図書館といったホログラムに翻訳する以外、人間の精神がこれを処理できる方法がないのかもしれないことを示唆している。

同じことが、隠された次元で人が出会う存在たちについても言える。外見だけで、彼らが本当は何者なのかを知ることはけっしてできない。たとえば、有名な世紀末のアイルランド人の予言者で、体外離脱者としても並はずれた才能の持ち主だったジョージ・ラッセルは、彼が「内面世界」とよんだものへの旅の最中に、多数の「光の存在」に出会っている。あるインタビューで、これらの存在がどんな姿をしているのかをきかれた彼は、こう述べた――

はじめて見たこれらの存在のこと、そして彼らがどう現われてきたのかは、はっきり覚えています。まず最初にまばゆい光があり、つぎに私は、この光が、半透明でオパールのような光を出す空気から型どられた、背の高い人物の心臓のところから出ているのが見えました。そして、輝きを放つ電気の火が全身を走っているのです。その中心は心臓のようでした。この存在の頭のまわりや、まるで生きている金の織り糸のように風に吹かれて全身を流れている光り輝く髪の波打つ中には、炎のような翼の形をしたオーラが現われました。存在そのものから、光はあらゆる方向に流れ出ているように思えました。そしてこのヴィジョンが私に残した印象は、驚くほどの軽やかさ、よろこび、あるいは陶酔感といったものでした。[113]

一方モンローは、いったんこれらの非物質的存在のひとりとともにしばらく過ごすと、その存在は自らの外見を棄ててしまうので何も知覚できなくなるが、「その存在そのものである放射」を感じとれる状態は続くと述べている。[114] ここでもまたつぎのような問いが可能である。すなわち、内面の次元への旅人が光の存在と出会うとき、その存在は現実なのか、それとも寓話的な幻なのだろうか？　答えはもちろん、そのどちらも少しずつ当たっているということだ。なぜなら、ホログラフィック・ユニヴァースでは、すべての外見は虚像であり、そこにある意識どうしの相互作用によって築かれたホログラムのような像である反面、その虚像は、プリブラムも言うように、そこにある何かにもとづいてもいるからである。これこそ、私たちの目には外在的な姿で現われながらも、常にその源は言葉では言い表わせない領域、すなわち内在的な領域にある宇宙で生きる私たちが直面するジレンマなのである。

　私たちの心が死後の世界で築き上げるホログラム状の像が、そこにある何かに少なくともある程度は関係があるように思われることには、多少救われるものがある。実体をもたない知識の雲に出会うと、私たちはそれを学校や図書館の姿に変換する。臨死体験者が愛憎相半ばする女性に出会うと、彼はその女性を半分がバラで半分がコブラであるものとして知覚するが、やはりそれは彼女の性格の純粋な本質を表現するシンボルであることは確かなのだ。そして、隠された領域への旅人が、助けの手を差しのべてくれる、肉体をもたない意識に出会うと、それを光り輝く天使のような存在として見るのである。

　こうした存在の最終的な素姓に関しては、彼らの行動から判断して、私たちよりもはるかに長く生きており、はるかに賢く、人類との間に深い愛情にあふれた結びつきをもっているということ以外、はたして神なのか、天使なのか、輪廻転生を完了した人間の魂なのか、はたまた完全に人間の理解を越えた何者かなのかという疑問の答えは出ないままである。これ以上推測するのは私たちの分を越えるというものだろう。それは何千年にもわたり、人類が答えられずにきた疑問に挑むことになるばかりか、霊的な理解を宗教的なものに変えるべからずというシュリ・オーロビンドの警告を無視することにもなるからである。科学がもっと多くの証拠を集めるにつれ、その答えは確実に明らかなものとなっていくことだろうが、それまでは、これらの存在がいったい誰で、何者なのかという疑問は、未解決のままで残ることになる。

私たちの信念が形づくるホログラム状の幽体像に遭遇するのは、なにも来世だけに限らない。どうも私たち自身の存在レベルでもそのような体験ができる場合があるようだ。たとえば哲学者のマイケル・グロッソは、聖母マリアの奇跡的出現も、人類の集合的信念が創造したホログラム状の投影である可能性があると考えている。とりわけホログラフィックな趣のある「マリア・ヴィジョン」は、一八七九年にアイルランドのノックで起こった有名な聖母の出現である。このケースでは、十四人の人間が、村の教会に隣接する草原に、マリア、ヨセフ、聖ヨハネ（近くの村にあった彫像によく似ていたためにそうだとわかった）の、光を放ちながらも不気味に動かない三つの像を見ている。この燦然と光り輝く像はきわめてリアルで、目撃者たちがそばに近づくと、聖ヨハネがもっていた本の字まで読めるくらいだった。しかし、そこにいた女性のひとりが聖母を抱きしめようとすると、彼女の腕はただの空気をつかんで交差しただけだったのだ。「その像は完璧に本物に見えたので、自分の目にこれだけはっきりと識別できるものが、なぜ手では感じることができないのか不思議でしかたがなかった」とその女性はのちに書いている。(115)

いまひとつ、驚くほどホログラフィックなものと思われるのが、これと変わらずよく知られているエジプトのゼイトゥーンでの聖母の出現だ。これは一九六八年、ふたりのイスラム教徒の自動車修理工が、カイロ郊外の貧民街にあるコプト教会の建物の中央にあるドームの張り出しに、光り輝くマリアの幻像が立っているのを見たことに始まった。それから三年間というもの、光を放つマリア、ヨセフ、そして幼児のキリストの立体像がこの教会の上に毎週現われるようになり、それが空中に六時間も漂っていることもあった。

ノックのものと異なり、ゼイトゥーンの幻像は、動きまわったり、これをひとめ見ようといつも集まってくる群集に向かって手を振ったりもした。しかし、この像もやはりホログラフィックな面を多くもっていた。その幻像が現われるときには、必ず前触れとしてまばゆいばかりの光がきらめいた。波動という姿から徐々に焦点が合ってくるホログラムのように、この幻像もやはり最初は無形態で、それがゆっくりと人間の形になっていくのだった。そして、「純粋な光でできた」鳩の一群を伴なっていることもあり、鳩は群集の頭上高く飛びまわったが、羽ばたいてはいなかったという。最も意味深長なのは、これが三年間にわたって現われたのち、この現象に対する関心がだんだんと薄れはじめた頃には、ゼイトゥーンの像も薄れてきてかすむようになり、最後の数回は、光る霧状の雲でしかなかったという点だ。とはいっても、最高潮のときにはこの像は文字どおり何十万人という人々によって目撃されているし、相当な数の写真も撮影されている。「私はこの人たちの多くから話を聞いているが、彼らが目にしたものについて語るのを聞いていると、どうしても何かホログラフィックな投影現象のことを述べているように感じられてならない」とグロッソは語っている。(116)

グロッソはその刺激的な著作『最後の選択』の中で、さまざまな証拠を調べた結果、このようなヴィジョン体験は、実在した歴史上の人物マリアの出現ではなく、実際は集合無意識によってつくられる心霊的でホログラフィックな投影であることを確信したと語る。おもしろいことに、マリアの幽体像はすべて沈黙しているというわけではない。たとえばファティマやルルドでの出現のように、話をするものもあり、そういうときのメッセージは、例外なく、私たち人間がその生き方を変えなければ襲ってくるであろう終末への警告である。グロッソはこれを、人間生活と地球の生態系に対して近代科学がおよぼした激烈な衝撃について、人類の集合無意識が深く憂慮していることを示すものと解釈している。私たちの集合夢は、つまるところ私たち自身の自己破壊の可能性について警告しているのである。

人々のマリアに対する信仰が、彼らの無意識の投影を現実の像として生じさせる働きをしているのだという意見に賛成する者はほかにもいる。たとえばロゴは、一九二五年に、ゼイトゥーンのマリア出現の場となったコプト教会が建てられていたとき、この建設資金を提供した篤志家の夢に聖母が登場し、教会の建設が完了したらすぐそこに現われると彼に告げていたことを指摘している。マリアはその約束の時期には現われなかったが、この予言はその地域でもよく知られていた。つまり、「いつか、この教会にマリアが出現するという言い伝えが、四八年間にわたって存在していたのだ」とロゴは言う。「この先入観念が、教会自体の内面に、聖母の心霊的な『青写真』を徐々につくりあげていった。言いかえれば、ゼイトゥーンの住民たちの想念がつくりだす心霊的エネルギーのプールが、だんだんその容量を増していき、それが一九六八年の時点で最高潮に達して、聖母マリアの像が物理的現実に躍り出てきたのだ！」[117] マリア・ヴィジョンについては、私も前著でやはり同じ説明を提示している。[118]

ＵＦＯの一部も、やはりなんらかのホログラフィックな現象であることを示す証拠がある。一九四〇年代後半、他の天体からの宇宙船とおぼしきものを目撃したとの報告が人々から寄せられはじめたとき、そういう報告を詳細にわたって調べ、少なくともその一部は真剣にとらえるべきだということに気づいた研究者たちは、この現象は当然見たとおりのものであると考えていた。つまり、ＵＦＯは地球よりも高度な、そしておそらくは地球外にある文明からやってきた知性によって操られる飛行体だということである。ところが、ＵＦＯとの遭遇体験がさらに広がり、特にＵＦＯの乗員との接触のケースが増えて、さまざまなデータが集まるにつれて、宇宙船とよばれているこういう物体は、地球外からやってきたものではないということが多くの研究者に明らかになってきた。

地球外のものではないことを示すいくつかの特徴には、次のようなものがあげられる。まず第一に、目撃例が多すぎる。文字どおり何千というＵＦＯおよびその乗員との遭遇が記録されており、これだけたくさんあると、それがすべて実際に他の天体からの訪問だとは考えるのは困難だ。第二に、ＵＦＯの乗員は、本当の地球外の生物であれば当然考えられるような特徴をもっていない。つぎにあげるような描写が多すぎる。彼らは人間もどきの姿をしており、私たちと同じ空気を呼吸し、地球上のウィルスをうつされることにもまったく恐れを見せず、地球の重力や太陽の電磁波の放射にもうまく適応して、顔には私たちにも認識できる感情を表わし、私たちの言葉も話す。これらはみな、その可能性こそ考えられるものの、本物の地球外生物とはちょっと考えにくい特徴ばかりである。

第三に、彼らは地球外からの訪問者らしき挙動を示していない。ホワイトハウスの芝生に華々しく着陸するかわりに、彼らは、農民や、車が故障して動けない人たちの前に現われる。空を飛びまわり、何十人、時には何百人もの目撃者にその姿を見せるというのに、公式に接触してくることにはまったく関心を見せない。そして、実際に人と接触をもったときでも、その行動は不可解なままである。たとえば、いちばんよく報告される種類の接触は、なんらかの医学的検査が関わるものだ。しかし、よく考えてみると、私たちにはほとんど理解不能なくらい遠い宇宙の一帯を移動してこれる技術力をもった文明であれば、わざわざ肉体的に接触をしなくても、そのような情報を入手する手段をもっているはずではなかろうか。少なくとも、この謎めいた現象にたしかに遭遇していると思われる人たちの数を考えると、なにもこれだけたくさんの人間を誘拐しなくてもそれくらい可能なはずではないかと思わざるをえない。

最後に、そしてこれが最も興味をひく点なのだが、ＵＦＯは物理的な物体のような挙動すら示していない。レーダーのスクリーン上で、ものすごい速度で飛びながら、一瞬のうちに直角に曲がったりするが、これは物理的物体であればバラバラに分解してしまうような芸当である。大きさを変えることもあれば、どこかへ消滅してしまう、あるいはどこからともなく現われたり、色を変えたり、その形を変えてしまうことさえある（こうした特徴はその乗員も見せることがある）。つまるところ、その挙動は、物理的物体のものとは到底考えられず、何かまったくちがうもの、もうすっかり私たちもこの本でおなじみになっているものに当てはまるのである。天体物理学者で、世界でも最も尊敬されるＵＦＯ研究者のひとりであり、映画『未知との遭遇』の中の登場人物ラコームのモデルでもあったジャック・ヴァレーは、最近こう述べている。「それはなんらかの像、あるいはホログラフィックな投影の挙動である[119]」。

　ＵＦＯの非物質的でホログラム的な性質が研究者たちにも明らかになってくるにつれて、ＵＦＯは他の銀河系からではなく、実は異次元、すなわち現実の別レベルからの訪問者であると結論を下す者も出てきた（すべての研究者がこの見解に賛成しているわけではないことは明記しておく必要がある。ＵＦＯは地球外からやってきたものだと確信している研究者もいる）。しかし、この説明でも、やはりＵＦＯ現象のその他多くの異様な側面を充分に説明しきれているとは言えない。たとえば、なぜＵＦＯは公式に接触してこないのか、なぜあれほどおかしな挙動をするのか、等々である。

　このＵＦＯの異次元訪問者説が、少なくとも最初にこの用語が使われた意味においてはまだ不充分なものでしかないことは、ＵＦＯ現象のさらに不可思議な側面が注目されるにつれてますます明白となってくる。なかでも不可解なのが、ＵＦＯ遭遇は客観的な体験というよりも、主観的、心理的な体験であるという証拠がだんだん増えてきているという点だ。たとえば、よく知られているベティ・ヒル、バーニー・ヒル夫妻の「中断された旅」は、記録にあるものの中で、最も徹底的に実証されているＵＦＯによる誘拐のケースだが、ひとつの点を除き、すべての面で実際の地球外生物との接触であるかのように思える。その一点とは、UFOの指令官がナチの制服を着ていたということだ。この事実は、もしヒル夫妻の誘拐者が本当に地球外文明の者であるなら、どうも変だということになるが、もしこの出来事が心理的な性質のものであり、明らかな象徴や不可思議な論理のずれがよく見られる夢や幻覚により近いものであるとすれば、充分に納得できるものとなる(120)。

他のUFO遭遇はさらに超現実的で夢に近い性格をもっており、文献には、UFOに乗っている存在がばかばかしい歌を歌ったり、おかしな物(たとえばジャガイモなど)を目撃者に投げつけたりするといったようなケース、あるいは、最初は宇宙船に乗せられるただの誘拐として始まったものが、途中からダンテ的世界の数々を訪れる幻覚の旅になってしまったりするケース、人間の形をしていた生物が、鳥や巨大な昆虫などの幻想的な怪物に姿を変えてしまうケースなども見ることができるのである。

まだこういった証言があまり出そろっていなかった一九五九年、ユングは早くもUFO現象に見られる心理的・元型的要素からひとつのひらめきを得て、「空飛ぶ円盤」とは、実は人間の集合無意識の産物であり、形成過程にある現代の神話の一種ではないかという説を打ち出した。一九六九年、UFO体験の神話的次元がさらに明らかになるにつれ、ジャック・ヴァレーはこの見解を一歩進めた。その画期的な著作『マゴニアへのパスポート』の中で、UFOは新しい現象であるどころか、どうも新しい装いをまとった非常に古い現象のようであり、ヨーロッパのエルフやノームなどの妖精についての描写から、中世の天使の話、アメリカ先住民族の伝説に描かれている超自然的な存在に至るまでの、さまざまな民話にある言い伝えと非常によく似ていることを彼は指摘しているのである。

UFOに乗っている存在のばかげた挙動は、ケルト伝説に出てくる天使や小妖精、北欧の神々、アメリカ先住民族に見られるトリックスターなどのいたずら好きな挙動と同じだ、とヴァレーは言う。うわべをはがしてその底にある元型を見れば、こうした現象はすべて、常に脈打っている途方もない何か、それが出現する文化と時代に合わせるためにその姿を変えこそすれ、長い長い時間、人類とともに存在してきた何かの一部なのである。その何かとはいったい何なのだろう？　『マゴニアへのパスポート』でもヴァレーは本質的な答えは出しておらず、ただ単に、それが知性をもち、時を超えた存在であり、あらゆる神話がその基盤をおいている現象であるとだけ語っている。(121)

するとUFOやそれに関連する現象とはいったい何なのか。『マゴニアへのパスポート』の中でヴァレーはこう言っている。それはきわめて高度に発達した人間以外の知性体、それも私たちの理解をあまりに超えているため、その論理がばかばかしいものとしか映らないような知性体の表われである可能性をしりぞけることはできない、と。だが、もしそうだとするなら、〈神話〉というものは人類にとって欠かせない有機的な表現方法であり、言語や芸術と同様、人間であること自体が産み出す根源的なものだという、ミルチア・エリアーデからジョセフ・キャンベルに至る神話学の大家たちの結論は、いったいどう解釈すればいいのだろう？　現代人の集合精神はあまりにも殺伐として無味乾燥なものであるために、人間以外の知性体に対する反応としてしか神話をつくることができなかった、などという考えを私たちは本当に受けいれることができるのだろうか？

とはいうものの、もしUFOや関連現象が単なる心霊的な投影であるとしたら、円形の焦げ跡や、着陸地点に残された深いくぼみ、レーダーのスクリーン上のまごうかたなき航跡、そして彼らが医学検査を行なった人々に残る傷痕や切開した跡などの物理的痕跡はいったいどう説明すればいいのか。私は、一九七六年に発表した記事の中で、このような現象を分類するのが困難なのは、私たちがそれを根本的にまちがった世界観の枠組みに何とか収めようとしているからだと提唱した。(122)量子物理学が示すように、精神と物質が分離不可能なほど結びついているのであれば、UFOや関連現象は、心理的世界と物理的世界の区別が究極的には存在しないことのさらなる証拠だと主張したのである。こういった現象は実際に人間の集合精神の産物ではあるものの、確かに現実に存在するものでもあるのだ。別の言い方をすれば、それは人類がまだ正しく理解できるようになっていないものであり、主観的でも客観的でもない現象、つまり「全観的」——この異質な存在状態を表わすのに私がつくった言葉——な現象なのである（スーフィの神秘体験についてではあったが、私と同様に、現実のあいまいさを説明するのに、コルバンがすでに“imaginal”（想在的）という言葉をつくっていたことは、当時まだ知らなかった）。

この見解は、研究者の間でもだんだん広く聞かれるようになってきている。リングも最近出版された記事の中で、UFOとの遭遇は想在的《イマジナル》な体験であり、臨死体験者が直面する、現実ではあるものの精神がつくりあげている世界と似ているだけでなく、シャーマンが隠された次元に旅するときに遭遇する神話的な現実とも似ていると論じている。要するに、こういう体験が示しているのは、現実とは、精神が生み出す幾層にも分かれたホログラムであるということだ[123]。

「私がますます惹きつけられているのは、こうしたさまざまな体験の存在を認め、尊重する気を起こさせてくれるだけでなく、これまではたいてい異なる分野の学者たちによって研究されてきた領域間の結びつきに気づかせてくれるような、そういった視点である」とリングは語る。「シャーマニズムは人類学の中にまとめられがちであり、UFO現象は、UFO学という何だかわからない分野のものとされてしまう。臨死体験を研究するのは超心理学者や医学関係の人たちだ。そして、スタン・グロフはサイケデリック体験をトランスパーソナル心理学の視点から研究した。私が思うに、想在的という概念は、こうしたさまざまな体験の個々の本質だけを見るのではなく、それらの間のつながりや共通点に目を開かせてくれるものとなりうるのではないだろうか。また、ホログラフィックという概念にも、やがてそうなる可能性があるのではないかと思う[124]」。一見異質なものと映るこうした諸現象の間にある深遠な関係について強い確信を抱いているリングは、最近、ＵＦＯ遭遇者と臨死体験者とを比較研究するための助成金を得たところである（訳注――この研究はすでに『オメガ・プロジェクト』として発表されている）。

ニューヨークのジュリアード学院の民俗学者であるピーター・Ｍ・ローチェヴィッツ博士も、ＵＦＯは全観的（omnijective）なものであるとの結論に達している。そればかりか、彼は、ヴァレーが『マゴニアへのパスポート』の中で論じている現象のすべては、おそらく人間の精神の深層に起きるプロセスを象徴的に表わしていると同時に、実際に存在する現実でもあるということに民俗学者が気づくべき時が来ていると考えているのだ。「さまざまな経験はひとつの連続体を形成しており、そこでは、知覚できないかたちで現実と想像が互いの中に流れ込んでいる」とローチェヴィッツは言う。その連続体こそボームの言う万物の統一性を示すさらなる証拠であると彼は認識しており、また、このような現象が想在的《イマジナル》／全観的《オムニジエクティヴ》なものであるという証拠に照らしてみれば、もはやそれらを単なる信念の産物とみることは、もはや民俗学者としてとるべき見解ではないと感じている[125]。

ヴァレー、グロッソ、そしてベストセラーとなった『コミュニオン』の著者であり、ＵＦＯによる誘拐の犠牲者の中でも最も有名で、理路整然とした語り口の持ち主であるホイットリー・ストリーバーをはじめとする多数の研究者は、こうした現象が全観的な性質をもっているらしいことを認めはじめている。ストリーバーも述べているように、ＵＦＯ内の存在との遭遇は「いわばマクロ世界におけるはじめての量子の発見なのかもしれない。すなわち、それを観察する行為自体が、それ自体の感覚や輪郭や意識をそなえた具象的な現実を創りあげているのかもしれないということだ[126]」。

要するに、この不可思議な現象の研究者たちの間には、想在的なものは死後の領域に限られているわけではなく、表面上は堅固に見える私たちの日常世界にもあふれ出てきているという合意がだんだんとできつつあるということなのだ。もはやシャーマンのヴィジョンの中だけに制約されることもなく、古き神々はその天界の帆船をコンピュータ世代の玄関の真ん前へと進めてきているのである。ただ、その船は龍頭船のかわりに宇宙船となり、青い鳥の頭を宇宙ヘルメットに替えているだけのことなのだ。想在的世界が日常にあふれ出てくることや、この死者の世界と私たち自身の領域との合流は、ずっと昔に予期しておくべきだったのかもしれない。というのも、ギリシア神話の詩人であり音楽家であるオルフェウスもこのように警告していたからだ。「黄泉の国の王プルートーの門の鍵をあけるべからず。中に住むは夢の人々」。

宇宙は客観的存在ではなく全観的であり、私たち自身の住む安全な地域をほんの少し越えたところには、未知の領域であると同時に私たちの精神の一部でもある広大な彼岸、霊的な風景《ランドスケープ》（より正確には心景《マインドスケープ》）が広がっている——こういった認識は確かに重要ではあるが、それでさえも、ほかの何よりも深い謎に解明の光を当ててくれるわけではない。デンバー大学の宗教研究学科で教鞭をとるカール・ラシュキーが指摘するように、「UFOが、クエーサー（類星体）やサラマンダー（火とかげ）と並んで存在しうる全観的な宇宙では、光を放つ円形の存在が真実のものなのか、幻覚上のものなのかという問題はその重要性を失ってしまう。問題は、はたしてそれが存在するかとか、どんな意味で存在するのかなどということではなく、究極的にどんな目的をもったものなのかということである」[127]。

言いかえれば、こうした存在は結局のところ、いったい何者なのだろうか？　臨死領域で遭遇する存在の場合と同様、ここでも明快な答はない。さまざまな意見があるなかで、リングやグロッソのような研究者たちは、それらは、物質界に侵入してくるとはいえ、人間以外の知性体なのではなく、霊的な投影であるという見解に傾いている。たとえばグロッソは、マリア・ヴィジョンと同様に、こうした存在は人類の精神が不安状態にあることの証拠であると考える。彼はこう述べている。「UFOその他の異常現象は、人類の集合無意識の中に存在する不安が表面化してきた姿なのだ[128]」。

もう一方には、元型的な特徴こそあるものの、UFOはサイキックな投影ではなく、未知の知性体であると主張する研究者たちがいる。たとえばラシュキーは、UFOは「宇宙の中で、私たちと対をなす次元からのホログラフィックな物質化」であり、この解釈のほうが、「サイキック投影仮説よりもまちがいなくまさっている。誘拐された人たちの『宇宙人』や彼らの乗る『宇宙船』に関する描写が、いかにあざやかで複雑、しかも驚くべき一貫性のあるものかをじっくりと検討すれば、サイキック投影仮説の不備が露呈してくる」と述べている[129]。

ヴァレーもこの一派に属する。「私は、UFO現象は、信じがたいほどの複雑さを有する未知の知性体が、私たちと象徴的なかたちで意思疎通するためのひとつの方法だと信じている。それが地球外のものであることを示す証拠は何もないが、そのかわり、時空を超越した異次元……〔から来ている〕という証拠は山ほどある。UFOとは、私たちのまわりのいたるところに存在している〝複数宇宙〟(universe ではなく multiverse)——その存在の証拠はいつの時代にもすぐ手を伸ばせるところにあったにもかかわらず、私たちがずっとその検討を頑なに拒んできた複数宇宙からやって来るものなのだ[130]」。

私自身の感じでは、まず、ひとつの説明でUFO現象の異なる側面をすべて解き明かせるということはおそらくないだろう。現実の隠された次元がいかに広大であるかを考えれば、高次元の振動領域にまちがいなく無数の非物質的存在がいると考えるほうが自然だと思う。地球と銀河系の他の星とを分かつ厖大な距離を考えれば、UFO目撃例のおびただしい数は、それが地球外のものではないという兆しと映るかもしれないが、ホログラフィック・ユニヴァース——私たちの世界と同じ空間に無限の数の現実があるやもしれぬこの宇宙では、目撃例の厖大な数も、もはや問題点でなくなるどころか、スーパーホログラムがいかに豊かな知性体であふれ返っているかを示す証拠となる可能性すらある。

いったいどれだけの数の非物質的生物が私たちと同じ空間を共有しているのか、それを調べるのに必要な情報はとにかくまったく手元にないというのが実情だ。たとえ物質次元の宇宙が生態的にサハラ砂漠のようになってしまっても、時間も空間もない内面宇宙の広がりは、熱帯雨林や珊瑚礁のように生命にあふれているかもしれないのである。結局は、臨死体験やシャーマンの体験に関する研究も、いまのところこの雲に包まれた領域の境界線のほんの少し内側に足を踏み入れたにすぎない。そこにある大陸がどれだけ大きいのか、大海が、山脈がいったいいくつあるのかも私たちにはわかっていないのである。

それに、もし私たちを訪れている存在の姿が、体外離脱者が体外に出たあとに意識する「体」のように実体のない柔軟な形態をもつものだとしたら、その出現がカメレオンのようにさまざまな形をとるものであってもまったく驚くには当たらない。それどころか、実際の姿は私たちの理解をあまりに越えており、実は彼らにそのような形を与えているのは、ホログラフィックに構築されている私たち自身の精神のほうかもしれないのだ。臨死体験の際に出会う光の存在を歴史上の宗教的な人物に、純粋な知識の雲を図書館や学習のための機関へと変換してしまうのと同様に、UFO現象の外見も私たちの心がつくりあげているのかもしれないのである。

もしそうだとすると、こうした存在の真の姿は一見あまりにも彼岸的で奇妙なものであるため、彼らになんらかの形を与えるには、私たち自身が民話的記憶や神話的無意識の最深層の領域を探り、それに必要な象徴を見つけてこなければならないということになるが、これは興味深い点だ。またそれは、彼らの行動を解釈する際には慎重にも慎重を期さねばならないということを意味してもいる。たとえば、ＵＦＯによる誘拐事件では、異星人に医学的検査を受けたという報告例が多いが、それも実際に起こったことについての象徴的な表現にしかすぎないのかもしれないのだ。私たちの肉体を探っているというよりも、この非物質的知性体は、私たちにはまだ呼び名のない部分、たとえば、気で成り立っている自己の精妙な構造や、あるいは魂そのものなどを実際は探っているのかもしれない。もしこの現象が、人間以外の知性がまさに全観的なかたちで表われているのだとすると、以上のような問題が浮上してくるのである。

一方、ノックやゼイトゥーンの市民が光り輝く聖母像を実体化させてしまったり、物理学者の意識がニュートリノにあれこれ影響をおよぼしたり、サイ・ババのような聖者が虚空から物を物質化させたりといったことが可能であるなら、私たちのまわりに、自分自身の信念や神話がホログラフィックに投影されたものがあふれ返っているとしても、それは至極当然のことであろう。少なくとも、超常体験の一部はこの範疇に入る可能性がある。

たとえば、史書によると、コンスタンティヌス大帝とその軍勢は、空に燃えさかる巨大な十字架を見たとされているが、これは、異教徒の世界をキリスト教化するという壮大な行為に乗り出さんとしていた軍隊が、この歴史的な行動の前夜に感じていた感情の高揚が、サイキックなかたちで外面に現われた現象でしかなかったと思われる。第一次世界大戦当時、ベルギーのモンスにおいて、当初は前線で苦しい戦いを強いられていた何百人もの英国兵士たちが、巨大な聖ジョージと天使の一団を大空に見たという、よく知られる「モンスの天使」の出現も、このサイキックな投影という分類に当てはまるようである。
いわゆるＵＦＯやその他の民間伝承に見られる体験は、実際は非常に幅の広いものであり、おそらくこれまでにあげた解釈のすべてを含むことは明らかだと私は思う。また、私はかねてより、このふたつの解釈（異次元の知性体説とサイキックな投影説）は互いに相容れないものではないと考えている。コンスタンティヌス大帝の燃えさかる十字架もまた、超次元の知性体の現われであったのかもしれないのだ。言いかえれば、私たちの集合的信念や感情がサイキックな投影現象をつくりだすまでに高まったとき、実は私たちはこの世とあの世との間の扉を開いているのかもしれないのである。おそらく、こうした知性体が姿を現わして私たちと交流することができるのは、彼らが現われやすいようなサイキックな場を私たちの強力な信念がつくりだすときだけなのだろう。

新物理学の概念で、ここでのテーマに関連したものがいまひとつある。意識には電子などの素粒子をこの世界に出現させる働きがあることを認めたとしても、そこから直ちに、意識のみがこの創造のプロセスの動因であるという結論に飛びついてはならない、とテキサス大学の物理学者ジョン・ホイーラーは注意を促している。私たちは確かに素粒子を、ひいては全宇宙を創造してはいるが、それらのものも私たちを創造している、とホイーラーは言う。彼が「自己創造的宇宙論」とよぶ仕組みの中で、それぞれが互いを創造しているのだ。[131] この視点から見れば、ＵＦＯの存在も、人類の集合無意識から発する元型である可能性は充分あるものの、私たち自身のほうが彼らの集合無意識の元型である可能性もある。彼らが私たちの精神の深層の一部であるのと同じように、私たちも彼らの一部であるかもしれないのだ。ストリーバーもこの点に触れており、彼を誘拐した存在が属する宇宙と私たち自身の宇宙は、全宇宙的を舞台にした霊的交流のなかで「ともにお互いを紡ぎ出している」と語っている。[132]

「UFOとの遭遇」という大きなカテゴリーにくくられた幅広い種類の出来事の中には、私たちがまだ知ることすらない現象も含まれているかもしれない。たとえば、この現象がなんらかのサイキックな投影であると考えている研究者たちは、例外なくそれが人間の集合意識の投影であることを当然の前提としている。ところが、この本でも見てきたように、ホログラフィック・ユニヴァースでは、もはや意識が脳だけに限られているという視点はとれないのだ。キャロル・ドライヤーが私の脾臓と意思を通じ合い、私がどうなったせいでそれが怒っていると言えるからには、他の臓器もそれぞれ独自の精神構造をもっているということになる。精神神経免疫学者は、免疫系の細胞についても同じことが言えるとしており、ボームや他の物理学者によれば、素粒子でさえもこうした特徴を見せているという。これはとてつもなく現実離れしているように聞こえるかもしれないが、UFOや関連現象の一部の側面も、これらの集合意識が投影されたものである可能性すらあるのだ。マイケル・ハーナーの、龍のような存在との遭遇に見られるいくつかの側面も、DNA細胞という知性体が視覚的に現われたものの一種と彼が直面していたことを確かに示唆している。これと同じ流れで、ストリーバーは、UFOに乗った存在が、「進化の力が意識ある精神に対して作用したときに見せる姿」である可能性を示唆している。[133] 私たちは、こうしたすべての可能性に心を開いておかねばならない。その究極の深淵までが意識をもつ宇宙では、動物、植物、あるいは物質そのものでさえも、こういう現象の創造に加わっているのかもしれないのである。

ひとつわかっているのは、ホログラフィック・ユニヴァース――すなわち、分割はもはや存在せず、精神の深層におけるプロセスが外界にあふれだし、花々や木々とまったく同じように客観的世界の風景の一部となることがありうる宇宙では、現実そのものも、みんなが共有する夢でしかなくなってしまう、ということだ。存在の高次の次元では、この夢のごとき側面はさらに明らかとなり、この点は多くの伝統にもはっきりと述べられている。『チベット死者の書』は、死後の世界が夢のような本質をもっていることを繰り返し強調しているし、もちろんこれこそが、オーストラリアのアボリジニーがそれを夢時間とよんでいる所以でもある。現実はあらゆるレベルで全観的であり、存在論的には夢と同じであるというこの見解をいったん受けいれれば、つぎに控えている問題はこうなる――それはいったい誰の夢なのか？

　この質問に答えようとしてきた宗教や伝統的神話は、ほとんどが同じ答えを出している。それは、ただひとつの神聖なる知性、すなわち神の夢、ということだ。ヒンドゥー教の聖典ヴェーダやヨガ文献は、宇宙は神の夢であると繰り返し明言している。キリスト教でよく言われる、私たちは神の心の思考であるという格言にこの気持ちが要約されているし、あるいは詩人キーツが言ったように、私たちはみな「神の長い不死の夢」の一部なのである。

　だが、はたして私たちは、ひとつの神聖な知性によって、神によって夢みられているのだろうか。それとも宇宙の万物の集合意識――電子、Z粒子、蝶、中間子星、ナマコ、そして人間あるいはそれ以外の宇宙のあらゆる知性によって夢みられているのだろうか。ここでもふたたび、私たちは概念上の限界に突き当たる。というのも、ホログラフィック・ユニヴァースでは、この問いかけには意味がないからだ。はたして部分が全体を創造しているのか、それとも全体が部分を創造しているのかを問うことはできないのである。なぜなら、部分は全体そのものだからだ。したがって、万物の集合意識を「神」とよぼうが、単に「万物の意識」とよぼうが、それは何の変わりもないことなのである。宇宙は、言葉では言い表わせない驚嘆すべき創造の行為によって維持されており、とにかくそれをなんらかの言葉に凝縮することは不可能なのだ。結局やはり、それは自己創造的宇宙論に行き着く。あるいは、カラハリ砂漠の先住民族がいみじくも語ったように「夢をみること、これまた夢なり」なのである。

第九章　夢時間《ドリームタイム》への回帰

人間だけが、もはや自分がいったいなぜ存在しているのかわからないところにまで来てしまった。自分の脳も使わないし、身体や、感覚や、夢の中にある秘密の知識も忘れ去ってしまっている。精霊が我々の一人ひとりの中に注いでくれた知識を使っていないのだ。そのことに気づいてすらいないので、彼らは目的地のない道を、ただやみくもにつまずきながらよろよろと進んでいく。その道は、彼ら自身がブルドーザーですべてをなぎ倒し、平らに舗装したハイウェイだ。その行き着く先にある巨大な虚無の穴に少しでも早く着けるように、彼らを飲み込もうと口を開けて待ちかまえているその穴にできるだけ早く着けるようにつくった道なのだ。速くて快適なハイウェイだが、それがどこに行き着くのか私は知っている。それを見たことがある。自分のヴィジョンでそこにいったこともあるが、それは考えるだにおぞましい光景だ。

ラコタ族シャーマン　レイム・ディア

『レイム・ディア——ヴィジョンを求める者』より

ホログラフィック・モデルはこれからいったいどこに向かうのだろうか？　その答えを探る前に、過去にこの概念がどのようなところにあったのかを見る必要があるかもしれない。本書で私は、ホログラフィックという概念を「新しい理論」と言ってきた。たしかに、科学の文脈の中にはじめて登場したという意味において、この概念は「新しい」ものだ。しかし、これまで見てきたように、この理論のいくつかの側面はすでに古代のさまざまな伝統の中にそのきざしを見せているのである。また、そのようなきざしは、そうした伝統の中だけにあったわけではない。興味深いことに、宇宙をホログラフィックなものとみなす理由を見出した人、あるいは少なくとも宇宙のホログラフィックな性質を直観した人たちはほかにもいるようなのである。

たとえば、宇宙は内在秩序と外在秩序というふたつの根本的な秩序の複合体として見ることができるというボームの考えは、他の文化の中にも見出すことができる。チベット仏教ではこれを空と不空とよぶ。不空は目に見えるものの現実だ。空は、内在秩序のように宇宙のあらゆるものの生まれる場所であり、すべてはそこから「かぎりない流れ」に乗ってあふれ出てくる。しかし、実在しているのは空だけで、客観的世界にあるすべての形態は錯覚であり、ふたつの秩序の間の絶え間ない流れがあるおかげで存在しているにすぎない(1)。

そして、空は「精妙な」「分割不可能な」ものであり、「個別性を示すような性質がまったくない」と説明されている。それは縫い目のない全体性なので、言葉で表現することができないのである(2)。正確に言えば、不空もまた言葉で表現することはできない。なぜなら、それもまたひとつの全体であり、その中にある意識や物質など、すべては分割不可能なものであるからだ。ここにひとつのパラドックスがある。つまり、不空は、本質的には幻のようなものであるにもかかわらず、「たくさんの宇宙からできたかぎりなく広大な複合体」を内包しており、なおかつ、その分割不可能な面は常に存在しているのだ。チベット学者のジョン・ブローフェルドが述べているように、「そのようにできた宇宙では、すべてのものは、すべてのものの中に互いに浸透し、浸透されているのである。空でもそうであるように、不空でも同じことなのだ――部分は全体なのである[3]」。

チベット人は、プリブラムの考え方についてもすでにその一部を表現していた。チベット仏教の中でも最も名高い十一世紀のヨーギ（行者）ミラレパによると、私たちが空を直接に知覚することができないのは、無意識の心（ミラレパの言葉では「内なる意識」）が、あまりに強く「条件づけられてしまっている」からだという。この条件づけは、彼が「精神と物質の境界」とよぶもの、あるいは私たちなら波動領域とよぶものを見るのを妨げるばかりか、私たちが生と生の間に入り、もはや身体をもたない状態にあるときでさえ、自分で身体をつくってしまう原因となるという。「目に見えない天界の領域では……この幻のような心が大の悪党となる」と書いたミラレパは、弟子たちに対し、「完璧なる観察と瞑想」を実践し、この「究極的現実」を悟るよう説いた[4]。

禅仏教もやはり現実が究極的には分割不可能であることを認識しており、禅のおもな目的というのは、まさにこの全体性をどうすれば知覚できるようになるかを学ぶことである。ロバート・ソールとオードリー・カーは、その著書『禅師のゲーム』の中で、まるでボームの論文からそのままもってきたと言ってもおかしくないような言葉でこう述べている。「現実の分割不可能な本質を言語の概念的な仕切りと混同してしまうのが根本的な無知（無明）であり、禅は私たちをそこから解放しようとするものである。存在についての究極的な答えは、どんなに高度なものであったとしても、知的概念や哲学に見出すことは不可能である。それは〔現実の〕直接的、非概念的な体験のレベルにあるのだ[5]」。

ヒンドゥー教では、現実の内在的レベルをブラフマンとよぶ[6]。ブラフマンは無形のものだが、目に見える現実にあるすべての形態が誕生する場所であり、それらの形態は、終わりなき流れの中でブラフマンから現われ、またそこに包み込まれていく[7]。内在秩序は、精神とよんでもいっこうに差し支えないとするボームと同様に、ヒンドゥー教ではこの現実のレベルを人格化し、それが純粋意識でできていると言うこともある。つまり、意識は物質のさらに精妙な形態であるだけでなく、物質よりも根本的な存在なのであり、ヒンドゥーの宇宙創造論の視点によると、意識から物質が現われてきたのであって、その逆ではないのである。あるいは、聖典ヴェーダの言葉を借りれば、物質的世界は、意識の「包み隠す」力と「投影する」力の両方を通して存在界に生み出されてきた、ということになる[8]。

物質的宇宙は第二世代の現実、つまり包み隠された意識の創造物であることから、ヒンドゥー教ではそれを、うつろうもの、実体がないもの、すなわちマーヤであるとしている。『スヴェタスヴァターラ・ウパニシャド』に述べられているように、「人は、自然が幻《マーヤ》であり、ブラフマンがこの幻のつくり手であることを知るべきである。この世界のすべてには、ブラフマンの存在が広く浸透しているのだ[9]」。同様に、『ケーナ・ウパニシャド』には、ブラフマンが不可思議な存在であり、「一瞬ごとにその姿を人間の形から一本の草に変えている」と記されている[10]。

あらゆるものはブラフマンの分割不可能な全体性から生まれ出てくるため、世界もまた縫い目のないひとつの全体である、とヒンドゥー教徒は言う。そして、個別的な存在自体が究極的にはありえないということを私たちが悟るのを妨げているのも、やはりマーヤなのだという。「統合された意識をマーヤが寸断し、その結果、物体は自己とは別のものと見られ、そしてつぎにそれが宇宙のおびただしい数の物体に分割された存在として見られるようになるのである」。ヴェーダの研究者ジョン・ウッドロフ卿はこう語る。「そして、〔人類の〕意識がベールで被われ、収縮した状態にあるかぎり、そのような客観性なるものが存在しつづけていく。だが、体験というものの究極的な本質においては、この分離状態は消滅する。なぜなら、そこには体験者、体験、そして体験されるものが、見分けさえつかないひとつのかたまりの状態で存在しているからである(11)」。

これと同じ概念は、ユダヤ教の思想にも見出すことができる。ユダヤ神秘思想、カバラーの伝統によれば、「創造のすべては、神の超越的側面が幻影として投影されたものである」とスイスのカバラーの専門家レオ・シャーヤは言う。しかし、その幻影という本質に反し、それは完全な無ではない。「なぜなら、現実を映し出したものは、どんなに小さく、ばらばらで、はかなくても、その存在の原因となったものをなにかしら有しているからだ(12)」。天地創造の神によって引き起こされた創造のプロセスが幻影であるという考えは、ヘブライ語にすら反映されている。というのは、トーラ(律法)について十三世紀に書かれた神秘思想の論述であり、カバラー文献の中でも最も有名な『ゾハール』は、動詞のバロ、つまり「創造する」には、「幻影をつくりあげる」という概念が隠されていると指摘しているからである(13)。

シャーマン的思考の中にもホログラフィックな概念は数多くある。ハワイのカフナは、宇宙に存在するすべては互いにかぎりなく結びついており、それを網の目にたとえることもできると言う。シャーマンは万物間の相互結合性を認識しているため、自分がいるのはこの網の目の中心なのだと考える。だからこそ彼は宇宙のあらゆる部分に影響をおよぼすことができるのだ(興味深いことに、ヒンドゥー思想でもマーヤの概念はしばしば網の目にたとえられる(14))。

意識は常に内在秩序にその源をもつと語るボームと同様に、アボリジニーも精神の真の源は夢時間の超越的現実にあると信じている。普通の人々にはこれがわからず、自分の意識は身体の中にあると信じてしまう。しかし、シャーマンはそれが真実ではないことを知っており、そのために彼らは現実の精妙なレベルと接触をもつことができるのだ[15]。

スーダンのドゴン族の人々も、物質的世界は、より深層にある根源的な世界の産物であり、この存在の根源的な次元から絶え間なく湧き出てきては、またそこに流れ戻ると考えている。あるドゴン族の老人は、それをこう説明している。「何かを引き寄せ、その引き寄せたものをまた元に戻す――それがこの世界の活動というものだ[16]」。

実は、内在／外在秩序という考え方は、ほとんどすべてのシャーマン文化の伝統に見出すことができる。その著作、『四つの風の名人――あるシャーマンの物語』の中で、ダグラス・シャロンはこう述べている。「世界のどこのものであれ、おそらくシャーマニズムの中心的概念は、この世界に存在する生物や非生物など、目に見える形態すべての背後には、そのすべてを産み出し育む、生命の本質とでも言うべきものがあるという考えだろう。最終的には、すべてがその言葉で表わせぬものへ、神秘的で人格をもたない未知へと帰っていくのである[17]」。

ろうそくとレーザー

ホログラフィック・フィルムの特性の中でひとつ最も興味深いのは、画像がフィルム面に非局在的に分散されている点だろう。これまで見てきたように、ボームは宇宙自体もこのような成り立ちをしていると考えており、魚と二台のテレビモニターを用いた思考実験によって、なぜ宇宙も同様に非局在的であると考えられるかを説明している。多くの古代の思想家たちも、現実のこの側面を認識したか、あるいは直観的に感じとっていたようである。十二世紀のスーフィは、これを「大宇宙は小宇宙である」と一言で言ったが、これはブレイクの「一粒の砂の中にある世界」というたとえを先取りするものと言える。[18] ミレトスのアネクシメネス、ピタゴラス、ヘラクリトス、プラトンなどのギリシア哲学者や、古代グノーシス派の人々、前キリスト期のユダヤ哲学者フィロ・ユーダイオス、中世のユダヤ哲学者マイモニデスなども、みな大宇宙／小宇宙の考え方を受けいれていた。

古代エジプトの半神話的存在である預言者ヘルメス・トリスメギストスは、シャーマン的なヴィジョン体験で現実の精妙なレベルを目にしたのち、わずかながら異なった表現を用いて、知識を得るための主要な鍵のひとつは、「ものの外側にあるものは、内側にあるものの如く、小は大の如し」と認識することであると語った。[19] このヘルメス・トリスメギストスを一種の守護聖者とみなしていた中世の練金術師たちは、この気持ちをひとつの格言へと凝縮した。「天の如く、地も然るべし」。ヒンドゥー教の『ヴィシュヴァーサラ・タントラ』は、同じ大宇宙＝小宇宙の考え方に触れて、これよりもややぶっきらぼうに、こう述べる。「ここにあるものは、あらゆるところにもある[20]」。

オグララ・スー族の呪術師《メディシン・マン》ブラック・エルクは、この同じ概念にさらに非局在的な視点を加えている。ブラック・ヒルズ丘陵地帯のハーニー・ピークの頂きに立っていた彼は、「偉大なるヴィジョン」を体験し、その中で「言葉にできる以上のものを見、見た以上のことを悟った。なぜなら、私は聖なる作法にのっとって、形あるもののすべてを精霊として目のあたりにし、すべて形あるものはひとつの存在としてともに生きていかねばならぬことを見てとることができたからだ」。この言葉にはできないものとの遭遇から彼が得た最も深遠な理解のひとつが、ハーニー・ピークは世界の中心である、ということだった。しかし、これはなにもハーニー・ピークだけが特別であるということではない。なぜなら、ブラック・エルクが言うように、「どこでも世界の中心である」からだ[21]。それより二十五世紀以上も前に、ギリシアの哲学者エンペドクレスは、これと同じ聖なる彼岸性に触れて、こう書いている。「神とは、その中心があらゆるところにあり、その外周がどこにもない円である[22]」。

古代の思想家の中には、単純な言葉だけでは飽き足らず、現実のホログラフィックな特質を伝えようとして、さらに複雑なたとえに頼る者もいた。この目的のため、ヒンドゥーの聖典『ヴァタムサカ・スートラ』は、宇宙を、インドラ神の宮殿にくまなくつるされていたという、伝説的な真珠の飾りにたとえている。その飾りは、「ひとつ〔の真珠〕を見ると、他の真珠が全部そこに映って見えるように配置されている」のであった。この経典の注釈によると、「同様に、世界にある個々の物は、それ自体として存在しているだけでなく、他のすべての物をも内包しており、実のところ、あるひとつの物は、すなわち他のすべての物でもあるのだ[23]」。

七世紀に仏教の華厳宗を興した法蔵は、やはりすべてのものの間にある究極的な相互結合性および相互浸透性を説明するのに、驚くほど似た比喩を用いている。宇宙全体は、それを構成する各部分に内在していると考えていた(また、宇宙のすべての点は、その中心であるとも信じていた)法蔵は、宇宙を宝石でできた多次元のネットワークにたとえ、そのひとつひとつが他のすべてを映し出し、無限につながっていく図にたとえたのである[24]。

時の女帝、則天武后から、そのイメージが何を言わんとしているのかよくわからない、もっとわかりやすく説明するように、と言われた法蔵は、部屋に鏡をたくさん入れて、その中心にロウソクを置いた。これが一の多に対する関係を表わしています、と法蔵は則天武后に言った。そしてつぎに、よく磨いた水晶を部屋の中心に置いて、まわりにあるものすべてを映し出すようにし、これが多の一に対する関係を示しています、と言ったのだった。しかし、宇宙は単なるホログラムなのではなく、ホロムーヴメントであることを強調するボームと同じように、法蔵も、このモデルは静止した状態にあり、宇宙の森羅万象の間に存在する宇宙的な相互関係のダイナミズム、そしてその絶え間ない動きを反映してはいないとも強調した(25)。

つまり、ホログラムが発明されるずっと以前に、多くの思想家たちがすでに宇宙の非局在的な成り立ちをかいま見ており、その洞察をそれぞれ独自に表現するまでに至っていたのである。このような試みは、その当時よりも技術的に進んだ時代に生きる私たちの目には、やや程度の低いものに映るかもしれないが、その重要性を過小評価してはならない。その重要性は、私たちが気づいている以上にずっと大きいかもしれないのだ。たとえば、十七世紀のドイツの数学者であり哲学者であったライプニッツは、仏教の華厳宗のことをよく知っていたらしい。だからこそ彼は、宇宙は、それぞれが宇宙全体の反映を内蔵している「モナド」という基礎的存在からできていると主張したのだと論ずる向きもある。ここで意義深いのは、ライプニッツが世界に積分法をもたらしたということであり、まさにこの積分法があったからこそ、デニス・ガボーアはホログラムを発明できたのである。

ホログラフィック理論の将来

というわけで、古代から存在するこの観念——世界の哲学や形而上学の伝統のほとんどすべてに、少なくともなんらかのかたちで表現されているとおぼしきこの観念についての探究は、ひとめぐりして現在にもどってきた。だが、こうした古代からの理解がホログラムの発明につながり、ホログラムの発明がボームとプリブラムによるホログラフィック・モデルの構築につながるのであれば、ホログラフィック・モデル自体はいったいどんな新しい進歩や発見につながっていくのであろうか。地平線にはさらに多くの可能性がすでにその姿を現わしてきている。

▼ホロフォニック・サウンド

プリブラムによる脳のホログラフィック・モデルからアイデアを得て、アルゼンチンの生理学者ユーゴ・ズッカレーリは、光のかわりに音でできたホログラムとも言うべき新しい録音技術を最近開発した。ズッカレーリの技術は、人間の耳が実は音を発しているという興味深い事実をその基礎にしている。この自然に起こる音が、ホログラフィック画像を再生するために使われる「基準レーザー(参照波)」のオーディオ版であることに気づいた彼は、これを基礎に、ステレオ方式のものよりもさらに現実感、立体感をもつ音を再生する革命的な新録音技術を開発したのだ。彼はこの新しい種類の音を「ホロフォニック・サウンド」とよんでいる(26)。

ズッカレーリのホロフォニック録音を聞いたロンドン・タイムズ紙の記者は、こんな記事を書いている。「自分がどこにいるのか確かめて安心するために、私は腕時計の数字をちらりと見やったくらいだった。壁しかないとわかっている私の後ろから人々が近づいてきた。……七分間が終わる頃には、私はテープにある声を体現する人物の印象すら感じていた。これは、音によってつくられる多次元的な『像』である(27)」。ズッカレーリの技術は、脳自体が音を処理する方法にもとづいているため、光のホログラムが目を欺くのと同じように、耳を欺くのに成功しているようだ。この結果、聴いている人は、前を歩いている人の足音を耳にすると足をよけたり、顔のすぐそばでマッチを擦っているような音がすると頭を動かしてよけようとしたりする（マッチの匂いがすると言う人さえいるということだ）。驚くべきことに、ホロフォニック録音は、通常のステレオサウンドとはまったく無関係であるため、ヘッドフォンの片側だけで聴いても、その不気味な立体感をそのまま保つことができる。この技術のもととなっているホログラフィックな原理は、片方の耳が聞こえない人でもなぜ頭を動かさずに音の位置を特定できるのかを説明できるらしい。

ポール・マッカートニー、ピーター・ガブリエル、それにヴァンゲリスといった壮々たるレコーディング・アーティストがこのプロセスを知ろうとしてズッカレーリに接触したが、特許の問題に関わるため、この技術を完全に理解するのに必要な情報をまだ彼は公表していない。

▼化学における未解決の謎

化学者のイリヤ・プリゴジンは、ボームの内在／外在秩序の概念が、化学の分野におけるある種の異常現象を説明するのに役立つかもしれないと指摘した。科学は、物事は常に無秩序が拡大する状態に向かうというのが、宇宙における絶対的な法則のひとつであると長いあいだ信じてきた。エンパイア・ステート・ビルからステレオを落としたら、それが歩道に当たってさらに秩序立った存在となり、ビデオデッキに変身するということはない。それはさらに無秩序なものとなり、めちゃめちゃに割れた部品の山と化す。

プリゴジンは、これが必ずしも宇宙のすべてに関して正しいわけではないことを発見したのである。化学要素の中には、混ぜ合わせると、無秩序に向かうのではなく、より秩序だった配列に発展するものがあることを彼は指摘している。この自然に現われてくる秩序体系を彼は「散逸構造」とよび、その謎を解明してノーベル賞を授賞した。しかし、いったいどうして、新たな、より複雑な体系が突如として出現することが可能なのだろうか？　言いかえれば、散逸構造はいったいどこからやってくるのか？

プリゴジン他の人々は、どこからともなく物質化するなどというのはとんでもない見当ちがいで、これは通常よりもさらに深いレベルの秩序が宇宙に存在することを示すものであり、現実の内在的な面が外在化する証拠であると示唆している。(28)

もしそうであるなら、そこには大変な意味が隠されている。なかでも、どうして人間の意識が複雑さを増し、新しいレベルの現象——たとえば態度や価値観、新しい行動パターンといったものが突如として出現するのか、また、あらゆる複雑な現象の中でも最も興味つきない神秘である生命そのものが、いったいどうして数十億年前の地球に出現したのかという疑問についても、さらに深い理解につながっていく可能性がある。

▼新種のコンピュータ

脳についてのホログラフィックなモデルは、最近コンピュータの世界にも浸透している。これまで科学者はよりよいコンピュータをつくるただひとつの方法は、さらに大きなものをつくることだと考えてきた。しかし、ここ五年ほどの間に、研究者たちは新しい戦略を編み出し、単体の巨大な装置をつくるかわりに、多くの小さなコンピュータをまとめて接続し、人間の脳の構造に近いような「神経ネットワーク」を作りはじめる者が出てきている。最近、ニューメキシコ州立大学のコンピュータ科学者マーカス・コーエンは、「多重ホログラフィック回析格子」を通過する光の干渉波を使ったプロセッサのほうが、脳の神経構造にさらに近いものとなる可能性があると指摘した。(29)　同様に、コロラド大学の物理学者デイナ・Z・アンダーソンは、連想によって記憶を呼び起こす能力を備えた光学記憶装置《オプティカル・メモリー》を構築するのにホログラフィック回析格子が使えることを実証している。(30)

こういった展開はたしかにおもしろいが、それはまだ宇宙についての機械論的な認識法を洗練させたものにすぎず、現実の物質的な枠組みの範囲内で起きている進歩である。しかし、これまで見てきたように、ホログラフィックな考え方の最も驚くべき主張は、宇宙の物質性は錯覚である可能性があり、また、物質的現実といっても、それは、広大で意識をそなえた非物質的宇宙のほんの一部でしかないのかもしれないというものだ。もしそうだとするなら、それは未来にどのような意味をもたらすのだろうか。この精妙な次元の神秘を真に解明していくのに、私たちはいったい何から手をつけはじめればいいのだろうか？

科学の根本的見直しの必要性

いまのところ、現実の未知の側面を探るために私たちの手にある一番の道具は、やはり科学である。それなのに、人間の存在の超常的な面や霊的な面を説明する段になると、概して科学は期待を裏切ることが多かった。もし科学がこの分野でさらに前進しようとするなら、明らかに根本的見直しが必要だが、具体的にその見直しとは何を意味するのであろうか。

なによりもまず第一に必要なのは、超常的・霊的現象の存在を認めることである。知性科学研究所の所長で、以前はスタンフォード研究所の上級社会科学者であったウィリス・ハーマンは、この認識は科学のためばかりか、人間の文明の生存にとってもきわめて重大なことであると感じている。それだけではなく、科学の根本的見直しについてのさまざまな著作があるハーマンは、この認識がまだ起こっていないことに驚愕の念を表わしている。「時代と文化のちがいを越えて語り継がれてきた体験や現象は、どんな性格のものであっても、否定できない額面どおりの妥当性が必ずあると考えようではないか」と彼は提唱している。(31)

前にもあげたように、こうした認識が生まれていない理由の少なくとも一部として、超常現象などに対して西洋科学が長らく抱きつづけてきた偏見があげられるが、しかし、ことはそれほど単純ではない。たとえば、催眠下において過去世を思い出す現象のことを考えてみてほしい。はたしてそれが実際の前世の記憶かどうかは今後実証されるべきことだが、人間の無意識には、少なくとも過去世の記憶とおぼしきものをつくりだす能力があるという事実は厳然と存在している。だというのに、精神医学界の主流は大半がその事実を黙殺している。なぜなのか？

精神科医のほとんどはそのようなものの存在を信じていないからだという回答がすぐでてくるだろうが、必ずしもそうではない。フロリダ在住の精神科医ブライアン・L・ワイスは、エール大学医学部卒業生であり、現在はマイアミのマウント・サイナイ医療センターの精神科部長を務めているが、一九八八年に刊行された著書『前世療法』（PHP研究所、一九九一）がベストセラーになって以来（その本の中で彼は、生まれ変わりについて懐疑的だった自分が、催眠下にある女性患者が自ら過去世について語り出すのを目の当たりにしてからは、それを信じるようになったと述べている）、彼のもとには、実は自分もひそかに生まれ変わりを信じているという精神科医からの手紙や電話が彼のもとに殺到しているという。「これは氷山の一角でしかないと思います」とワイスは語る。「プライバシーの守れる自分のオフィスでは、この退行療法をもう一〇年も二〇年も行なっているという精神科医もいます。そして、『誰にも言わないでほしいのですが……』というわけです。これを受けいれようという気のある人はたくさんいるのですが、自分ではそれを公言したがらないのですよ」[32]。

同じように、ホイットンとの最近の会話の中で、輪廻転生がやがて科学的な事実として認められる日がくると思うかと私がたずねたとき、彼はこう答えた。「いや、もう認められていると思います。私の経験で言えば、科学者は文献を読みさえすれば転生を信じるようになります。その証拠は、どう考えても動かしがたいものなので、知的観点からこれを認めるのはもうごく自然という感じがします[33]」。

ワイスやホイットンの説は、超常現象に関する最近の調査でも裏づけられているようだ。匿名を条件に調査に答えた二二八人の精神科医（大学の学長や医学部長も数多く含まれていた）のうち、なんと五八パーセントが、「心霊的現象の理解」は、これから精神医学を修める学生にとって重要なことであると答えたのだ！　そして、四四パーセントが、治癒のプロセスでは、心霊的な要素が重要だと考えていることを認めたのである[34]。

心霊現象に関する研究が真剣な扱いに価するにもかかわらず、科学界がそれを怠っているのは、その存在を信じないことももちろんだが、ややもするとそれ以上に人にバカにされるのを恐れているためでもあるようだ。ワイスやホイットン（そして、この本で取り上げてきた研究を行なっている多くの勇敢な研究者たち）のような、道なき道を切り開いていく人間がもっとたくさん出てきて、個人的に信じていること、発見したことを公表することが必要なのだ。要は、超心理学におけるローザ・パークス*が必要なのである。

＊一九五五年、白人にバスの席を譲ることを拒否したアラバマ州モンゴメリーの黒人女性。バス・ボイコット運動の発端となり、この運動の中からキング牧師が登場した。

科学の根本的見直しの一部となるべきいまひとつの要素は、何が科学的な証拠となり得るかの定義を広げることである。超常現象および霊的現象は人類の歴史において重要な役割を演じてきており、私たちの文化の最も基本的な側面を形成するのにも一役買っている。しかし、こういった現象を定義し、研究室で綿密に調べるのはそうたやすいことではないため、科学はそれを無視する傾向にあったのである。

さらにひどいのは、実際にそういった現象が研究された場合でも、研究のために分離、分類されるのは、その現象の中のほとんど取るに足らない側面であることが多いという点だ。たとえば、体外離脱体験で、科学的な意味で根拠があるとされている数少ない発見のひとつが、体外離脱者が身体から出ると脳波が変わるというものだ。それはそれでいい。だが、とにかくモンローのような体験者の話をいちどでも読めば、もしその体験が現実のものであるとするなら、それは人類の歴史に対し、コロンブスによる新世界の発見、あるいは原爆の発明と変わらぬほどの衝撃を与える可能性があることに気づくはずなのだ。真にすぐれた透視能力者が実際に透視をしているところを見たことのある人なら、R・H・ラインとルイザ・ラインによる無味乾燥な統計よりはるかに深遠な何かを自分が目撃していることが直ちにわかるはずなのである。

もちろんこれは、ライン夫妻の研究が重要ではないということではない。しかし、厖大な数の人々が同じ体験について語りはじめたなら、その体験談もやはり重要な証拠として見るべきなのである。ただ単に、同じ現象の中でもそれほど重要でない他の側面ほど厳密に実証できないからといって、それを退けてしまうべきではないのだ。スティーヴンソンが述べているように、「どうでもいいようなことについて確信をもつよりも、たとえ一〇〇パーセントの確信がなくても、重要なことについて学ぶほうがずっといいと思う(35)」。

この基本ルールが、他のもっと広く受けいれられている自然現象に関してはすでに適用されていることは明記しておくに価する。宇宙が、ひとつの根源的爆発、すなわちビッグ・バンで始まったということは、ほとんどの科学者によって何の疑いもなく受けいれられている。が、これはちょっとおかしい。なぜなら、これが正しいと信じるに足るだけの動かしがたい理由があるのは事実だが、まだ誰ひとりとしてそれが正しいことを証明した人間はいないからである。一方、もし臨死体験を研究する心理学者が、臨死体験中に体験者自身が訪れる領域は、現実の異なるレベルとして実際に存在するものであるなどと断言しようものなら、その心理学者は証明できないことを言ったとして攻撃されるだろう。だが、これもおかしい。なぜなら、この場合でも、やはりそれが正しいと信じるに足るだけの動かしがたい理由があるからだ。言いかえれば、科学は、もしそれが「時流に合う」ものなら、きわめて重要なことについて、一〇〇パーセントの確信がなくてもすぐ受けいれるのに、「時流に合わない」ものである場合は、それがだめだということなのである。科学が、超常現象、霊的現象、どちらの研究に関しても多少なりとも意義ある道筋をつけられるまでになるには、まずこの矛盾した二重基準を捨てなくてはならない。

最も大切なのは、科学が客観性というもの、つまり、自然を研究する最良の方法は、一歩離れて分析的になり、冷徹さをもって客観的になることであるという見方に心を奪われるのをやめて、そこにもっと参加型のアプローチを取り入れていかなければならないということだ。こうした態度の変化の重要性は、ハーマンをはじめとする数多くの研究者たちによって強調されている。また、この本の中でも、これが必要であるという証拠を私たちは繰り返し目にしてきた。物理学者の意識が素粒子に影響を与えることができる宇宙、医師の態度がプラシーボが効果を表わすかどうかを決定してしまう宇宙、実験をする側の心が機械の作動状況に影響を与える可能性のある宇宙、そして想在的な存在が物質的現実にあふれ出してくることがありうる宇宙では、もはや私たちは、自分が研究対象とは別の存在であるふりなどしてはいられない。ホログラフィックで全観的な宇宙、森羅万象がひとつの切れ目ない連続体の一部であるこの宇宙では、厳密な意味での客観性は存在しなくなるのだ。

これは、とりわけ超常現象や霊的現象を研究する際にあてはまることであり、遠隔視実験を行なうと、なぜある実験室ではめざましい成功を収め、別の実験室ではひどい失敗に終わるのかの理由でもある。超常現象の研究者の中には、すでに厳密な客観的アプローチから、より参加型のアプローチに切り替えている者も一部にいる。たとえば、ヴァレリー・ハントは、アルコールを飲んでいる人間がそばにいると、実験結果に影響が現われることを発見したため、計測値をとっている最中は、そのような人の実験室立ち入りを禁じている。同じ流れで、ロシアの超心理学者、デュボロフとプーシキンは、他の超常心理学者が出したのと同じ実験結果を得るには、被験者全員を催眠状態にしたほうが成功率が高いことを発見した。催眠術が、被験者の意識レベルの思考や信念などが原因で起こる干渉を打ち消し、「きれいな」結果を出すのを助けるようである(36)。今日の私たちには、このようなやり方はかなり極端で変わったものに思われるかもしれないが、科学がホログラフィック・ユニヴァースの秘密を解明していくにつれて、これが標準的な作業手順となる可能性もある。

客観性から参加型への移行は、科学者の役割にもまちがいなく変化をもたらすことだろう。何かを観察するときには、観察するというその行為ではなく、観察する体験が重要なのだということがだんだん明らかになるにつれ、科学者のほうも、自分たちを観察者とみなすことは徐々に減っていき、体験者とみなすようになるだろうと考えられる。ハーマンも述べているように、「自分からよろこんで変わってもいいとする姿勢が、参加型の科学者の根本的に重要な資質である(37)」。

ここでもまた、そのような変化がすでに起きている証拠が一部にある。たとえばマイケル・ハーナーは、アヤワスカ（魂のつる）を飲んだコニボ族の人々に何が起こるかをただ観察するかわりに、彼自身もその幻覚剤を摂取した。もちろん、すべての人類学者が自らそのような危険を冒してもいいとは思わないだろうが、ハーナーの場合、観察者ではなく参加者になったことによって得られたことのほうが、そばに座ってノートをとっているだけの場合よりもどれだけ多かったかは明らかである。

ハーナーの成功は、臨死体験者や体外離脱体験者といった精妙領域への旅人たちにただインタビューをするかわりに、自分もそこに旅する方法を未来の参加型科学者が編み出すかもしれないことを示唆している。すでに覚醒夢の研究者たちは、自らの覚醒夢の体験を探究し、その結果を報告している。ほかにも、内面次元を探るための、これとはまたちがうもっと斬新なテクニックを開発する人間が出てくるかもしれない。たとえば、厳密な意味では科学者ではないものの、モンローは体外離脱体験を促すような特殊なリズムの録音テープをつくった。また彼は、ブルーリッジ山脈にモンロー応用科学研究所という研究機関を設立し、何百人という人たちに研修を受けさせ、自分と同じような体外離脱体験をさせることに成功したと語っている。このような展開ははたして未来の予兆なのだろうか。それは、宇宙飛行士（Astronaut）だけでなく、精神飛行士（Psychonaut）も夜のニュースに登場するような英雄となる時代を予見させるものなのだろうか。

高次の意識へと進化させる力

「どこでもない地」への道筋を提供してくれるのは、科学ばかりではないようである。ケネス・リングは『霊界探訪』（三笠書房、一九八六、抄訳）の中で、臨死体験が増加の傾向にあることを示す動かしがたい証拠があることを指摘している。これまでも見てきたように、部族文化では、臨死体験をした者がただならぬ変容をきたし、自らもシャーマンとなってしまうことがよく起こる。現代の臨死体験者も同様に精神的／霊的に変身を遂げる。それまでの人格から突然変異を起こして、以前よりも愛にあふれ、慈悲深く、そしてサイキックな人間に変わってしまうのである。このことからリングは、私たちが目にしているのは「現代の人間のシャーマン化」であるとの結論を下している。[38] だが、もしそうだとしたら、なぜ臨死体験は増えているのか？　リングは、その答えは単純であると同時に、深遠なものだと考えている。私たちが目にしているのは、「人類すべてを高次の意識へ進化させる力」だと言うのだ。

　また、人間の集合意識から浮かんできては人を変容させてしまうこのような現象は、臨死体験だけではないのかもしれない。マイケル・グロッソは、ここ一世紀の間に聖母マリアのヴィジョンを見る人が増加していることにも進化的な意味が隠されていると考えている。同様に、ラシュキー、ヴァレーをはじめとする数多くの研究者たちも、ここ数十年の間に爆発的に増加したUFO目撃体験にも進化的な意味があると感じている。リングをはじめとする一部の研究者は、UFOとの遭遇が現にシャーマンになる際の入門儀式《イニシエーション》に類似していることを指摘しており、これも現代人類のシャーマン化を示すさらなる証拠である可能性があるとしている。ストリーバーもこの見解に賛成だ。「〔UFO現象が〕何者かによって引き起こされているのだろうと、自然〔に起きている〕のであろうと、それがひとつの種から新たな種への飛躍的な変化であることはどう見ても明らかだと思います。私たちがいま目にしているのは、進化が実際に目の前で起きているプロセスなのではないでしょうか」[39]。

　もしこのような推測が正しいとしたら、この進化上の変容の目的はいったい何なのだろう。どうもその答えはふたつあるようだ。古代からの数多くの言い伝えには、物質的現実のホログラムが現在よりもずっとしなやかで、死後の世界の次元にある不定型で流動的な現実にずっと近いものであった時代のことが語られている。たとえば、オーストラリアのアボリジニーは、世界全体が夢時間だった時代があったという。エドガー・ケイシーもこれと同じ意見を表わしており、地球は「最初、自らを望みどおりのかたちで自分の中から押し出すことによって生まれる、思考形態ないしは視覚化された表象という本質の中に存在しただけだった。……そしてその後、精霊が自らを物質の中に押し込むことによって、物質性なるものが地球に誕生したのだ」と説いている。[40]

アボリジニーは、地球が夢時間に回帰する日がいつかやってくると説く。まったく推測の域を出ないが、もしかしたら、私たちが現実というホログラムを操ることをだんだん覚えていくにしたがって、この予言が実現するのを目にするときがくるのかもしれない。「意識とその環境との間のインターフェース」とジャーンとダンがよぶものをあれこれ操作することに精通していくにつれて、はたして私たちは、ふたたび変形自在となった世界を体験できるようになるのだろうか？　もしそうだとしたら、そのようなしなやかな環境を安全に操る方法について、現在よりもはるかに多くを学んでいく必要がでてくる。これこそが、いま私たちの間で進行しているように思われる進化的なプロセスの目的のひとつなのかもしれない。

古代の教えの多くはまた、人類は地球上で創生したのではなく、私たちの真の故郷は神とともにある、あるいは少なくとも、非物質的ではるかに素晴らしい楽園のような純粋精神の領域にあるとも説いている。たとえば、あるヒンドゥーの神話によると、人間の意識は、「意識そのもの」の海、「時間も空間もなく、無限で永遠なる」大海に起きたさざ波として始まったという。[41] 自身に目覚めた人間の意識は、この無限の大海の一部であることを忘れ、孤立と分離を感じた。デイヴィッド・ロイは、アダムとイヴのエデンの園からの追放も、この神話のひとつの変形であると言う。すなわち、人間の意識は、はかり知れないほど遠い過去のどこかで、内在秩序にあった故郷を離れたのであり、自分が宇宙のあらゆるものを含む全体性の一部であったことを忘れ去ってしまったのだという、太古からの記憶なのかもしれないと論じているのである。(42)この見方では、地球は一種の遊び場――「自分が……高次元のホログラフィックな投影であることを自覚しているかぎり、肉体的存在としてのあらゆるよろこびを自由に体験してもいい」遊び場となるのだ。(43)

これが真実ならば、私たちの集合意識の中にちらちらと現われはじめている進化の炎は、本当の故郷はどこかほかのところにあり、望むならそこに帰ることもできることを高らかに知らせるトランペットの音、覚醒を促す一種のモーニング・コールなのかもしれない。たとえばストリーバーは、まさにそれこそがUFOがやってくる理由であると考えている。「おそらく彼らは、私たちが非物質的な世界に生まれていく際の産婆役を果たしているのだと思います。彼らの棲む領域ももちろんその非物質界です。私の印象では、物質界というのは、それよりもはるかに大きな世界のほんの一瞬の現象にすぎず、現実とは根本的に非物質的なかたちで花が開くように生じてくるものなのです。物質的現実が存在の発生源であるとは思いません。その存在は、おそらく物質的なもの以前に意識としてあったものなのだと思います」(44)。

ホログラフィック・モデルを長く支持してきたテレンス・マッケンナも意見を同じくしている。

これが意味しているのは、どうも魂の存在の自覚が起きる時点から、黙示録的な可能性の実現までの間に、大体五万年の時間があるようだということである。現在の私たちが、この危機における歴史上の最後の瞬間にいることは疑いの余地がない。この危機とは、歴史の終焉であり、惑星からの離脱、〔そして〕死に対する勝利に関わるものだ。実は、私たちは、ひとつの惑星の生態が遭遇できる最も深遠なる事件——生命が物質という暗いさなぎから解き放たれる瞬間——に一歩一歩近づいているのである。(45)

もちろんこれらはみな推測である。だが、ストリーバーやマッケンナが示唆するように、何か新しいものへと移行する瞬間が目前であるにせよ、その分水嶺がもう少し先のことであるにせよ、私たちがなんらかの精神的な進化の道をたどっていることは明らかだ。宇宙のホログラフィックな本質を考えれば、いまあげたふたつの可能性に近いような何かが、いつかどこかで私たちを待ちかまえていることも、これまた明らかなのである。

そして、物質界からの解放が人間の進化の終点であると考えてしまう誘惑にかられる向きには、来世という変幻自在で想在的な領域も、またひとつの段階にすぎないという証拠が控えている。たとえばスウェーデンボルグは、彼の訪れた天界を越えたところにも、また別の天界があり、そこはあまりに明るい光で満ちあふれ、彼の知覚はまったく形らしきものをとらえることができなかったので、ただ「流れる光」のようにしか見えなかったのだという。(46) 臨死体験者も、ときとしてこのようなはかり知れないほど精妙な領域について述べている。「高次の世界にはたくさんのレベルがあります。神のもとへ戻り、神の魂がおわすレベルに到達するには、身につけているものをひとつひとつ落としていって、魂を完全に自由にしなければならないのです」。ホイットンの被験者のひとりはこう述べている。「学びのプロセスはけっして終わることがありません。……さらに高いレベルをかいま見せてもらえることもあります。それぞれが、その前の段階よりもさらに明るく輝いているのです[47]」。

内在秩序の中に深く入っていくにつれて現実はますます波動状になっていくように見えるので、それが恐ろしく思える人もいるかもしれない。そうなるのも無理はないだろう。明らかに私たちはまだ子供のようなものであり、いわば、自由に絵を描けるまでに至っていないため、どのように描いたらいいのかちゃんと教えてくれる縁取りのついたぬり絵帳を必要としているのだ。スウェーデンボルグの言う「流れる光の領域」に投げ込まれることは、ＬＳＤがもたらす完全に流体化した幻覚に自分から飛び込んでいくのに等しい。私たちはまだ充分に成長しておらず、そのような領域で私たちの精神がつくりあげるであろう怪物に対処できるほどに、自分の感情や態度、信念などをコントロールできているとは言えないのだ。

しかし、そうだからこそ、私たちは現在、ＵＦＯなどの体験が提供する想在的な現象との比較的限られた接触を通じて、少しずつ全観的宇宙への対処のしかたを学んでいるのかもしれない。

また、光の存在が人生の目的は学ぶことであると繰り返し語っているのも、おそらくはこのためなのだろう。

私たちは、まさにシャーマンの旅の途上にあり、聖なるものについての技法を苦労して学ぼうとしている子供にすぎない。私たちがここで学んでいるのは、意識と現実がひとつの連続体である宇宙の本質的な部分、すなわち変幻自在な性質にどう対処していけばいいのかということだ。そしてこの旅では、何よりも重要なレッスンがひとつある。それは、向こう側にある無形の世界、そしてその息を呑むような自由が恐ろしいものに感じられるかぎり、私たちは、快適なまでに固体化されて境界線のはっきりしたホログラフィックな夢を自分のために見つづけるだろうということだ。

だが、宇宙を解析するための概念区分も私たち自身がつくりあげたものだ、というボームの警告を忘れてはならない。その区分は「外部の世界」に存在しているわけではない。「外部の世界」にあるのは、分割不可能な全体性、ブラフマンだけだからだ。そしてある一連の概念区分に飽き足らなくなったら、私たちは常につぎの段階へと進む用意がなければならない。シュリ・オーロビンドが言うように、魂から魂へ、光から光へと前進していかねばならないのだ。なぜなら、私たちの目的は、単純でありながらも、終わりなきものでもあるからだ。

アボリジニーの言うように、私たちはまさに、無限の中を生きつづけていく方法を学んでいるにすぎないのである。

訳者あとがき

マイケル・タルボットが案内するホログラフィックな宇宙の旅はいかがだっただろうか。ときには乗り物酔いを起こすほど激しく世界観をゆさぶられることもあったかもしれないが、総じてすばらしい旅だったことを願っている。プリブラム、ボームという二人の偉大な科学者の提唱するホログラフィック理論の解説から始まるこの旅では、いつのまにか、読者は息を呑むような超常現象の世界が展開する未知の次元へと誘われていく。にわかには信じがたいような事象ばかりでありながら、すべては私たちにも納得できるようなしっかりとした基盤の上に立った説明がなされているため、自分の世界観が少なからず変わってしまった方もおられるのではないだろうか。

自分ははたして何者なのか、現実の本質とはいったい何なのか？　こう問いかけてみたことがない人間はまずいないだろう。それは永遠の命題であり、結局のところ私たちの行為すべてはこの問いが形を変えて表わされ、それに自分で何とか答えようとする試みにすぎない。それは心を動かされずには語ることのできないテーマであり、誰ひとりとして客観的立場の観察者、傍観者ではありえないものなのだ。考えてみればこれも、純然たる「観察者」なるものはありえないという、量子物理学の発見に通じるものがある。

世界はすべて究極的には自分の力などまったくおよばないかたちで機械のごとく動いており、自分はその怒濤のような流れに翻弄されながらも、その時の運、あるいは努力によって、いい目にもひどい目にも会うが、何とかそれをくぐり抜けていくよう努める――凡人の私たちが今日持っている根本的世界観を（無謀にも）ひとことで表現するとすれば、こんなものになるだろう。日常生活の忙しさの中に埋もれてしまってはいるものの、その根底にはどうしようもない無力感があり、当然その行き着く先には、はてしない絶望が待ちかまえている。根源にある世界観がこれなら、そこに美にあふれる世界が生まれるはずもなく、私たちが醜悪な環境をつくり上げているのも、基本的にはこの世界観が現実界に具象化した姿にすぎない。

この無力感の根底には、自分と世界は切り離された別個の存在であるという見方、ボームの言う「断片化された」現実観があるが、その源となっている「自我」、つまりいつも私たちの思考の中で一人称の主人公を務めている自分という存在は、人類と共にいつもあったものなのだろうか。以前目にした本に、これが人類の進化の歴史ではごく最近の話であり、せいぜいギリシア文化以降に発達したものだという主旨のことが書かれていた。考えてみれば、古代のシャーマン文化、あるいは縄文時代に生きた人間が、今日の私たちがするように頭の中でいつもぶつぶつ会話をしながら生きていたとは私には思えない。「そうだ、あの洞窟の絵を完成させよう。待てよ、その前にこっちの壺を何とかしなくちゃ。あーあ、今日は何を食べようか」などと内的な会話をしながら彼らが歩きまわっている姿を想像するのはちょっとむずかしいのではなかろうか。そこには自分と世界の関わりを定義する何か別の形があったはずであり、そのふたつを分ける境界線があったのかどうかも疑わしいくらいだ。当然、現代の人間がもっているような無力感とはおよそ無縁の存在であったことだろう。

この本でタルボットが提示しているのは、まさにそんな無力感を吹き飛ばし、実は自分にはあらゆるものと結びつきがあり、世界とはこんなにも神秘にあふれ、すばらしいものだったのだと感じさせてくれるような世界観、現実観だと思う。そう感じられる瞬間は誰もが経験しているはずだ。それはさまざまなかたちで訪れ、雄大な自然を前にしても、あるいは無機質な都会の電車の中でふと見かけた見知らぬ子供の笑顔からでも、突如として内面から湧きあがる感動として私たちを包み込む。いささか手前味噌になるが、実はこの本を読みながら、私はこれと同じような気持ちが幾度となく自分に訪れるのを感じた。うまく言い表わせないが、意識の深層ではすでに知っていたことを「思い出させて」くれたという気持ち、そうだったのだ、とあらためてその正しさを感動とともに再確認できた気持ちとでも言えるのかもしれない。

そんなこともあって、この翻訳のプロセスは驚きの連続だった。人は見たいものしか見ず、聞きたいものしか耳にしないと言われるが、あえて単純な疑問を呈するとすれば、なぜこういう情報がメディアにあふれていないのかが不思議でしかたない。タルボット自身も語っているように、ここに登場する事例は、どれも魂をゆさぶられるものであり、世界観の大転換を私たちに迫るようなものばかりだ。それができないということは、すでに役立たなくなっている世界観の「渦巻」に、私たちがどれほど強くしがみついているのかを如実に示しているのではないだろうか。

翻訳についてひとこと述べさせていただければ、何よりもまず「わかりやすさ」を念頭においた。原文がとてもこなれていて読みやすく、これだけ難解なテーマにもかかわらず、文章としてもきわめて優美な仕上がりになっているため、訳文を読むと英文が頭に浮かんでくるような直訳調はなるべく避けたいというのが訳者の気持ちだった。本書で原著のすぐれた資質がうまく表現できていないとすれば、それはひとえに訳者の日本語の力量不足によるものだ。

それと、いわゆる「ニューエイジ」関係の翻訳書には、どうもカタカナが多すぎて読みにくいというのが前からの印象だった。「ハイアーセルフのヴィジョンをアファメーションによってポジティヴにとらえ、自分のスピリチュアリティに生かす」的な文章を読むと、翻訳者が提供しているのは「てにをは」だけで、自分の想像力（そして創造力）でそれを日本語に表現し、その選択に責任を持つことを避け、何となく耳ざわりのいいカタカナ語で無難にいこうという姿勢が見えてしまう。今日の私たちが当然のごとく使っていて、ひょっとすると多くの人たちははじめから日本語であると考えてしまっているような言葉、たとえば、銀行、郵便、保険、演説なども、すべて明治時代の先達が頭をひねって創りあげた訳語であることを忘れないようにしたい。

もちろん、国粋主義的になろうというわけでは毛頭ないが、ここにも今日の日本が置かれた状況が端的に表われている。精神性、霊性はもともと日本の伝統の中にも深く根ざしているものであり、それをあたかも存在しないかのごとくに物質主義一色に塗り固めてしまったのは、ほかならぬ私たち自身なのだ。日本の霊性の「再発見」とは、人類古来の叡智を掘り起こす過程でもあり、ここにも部分が全体を含むというホログラフィックな関係が見られることには、きわめて示唆的なものがある。しかしこの作業が、単に日本の特殊性、独自性をことさらに強調し、このまちがった一歩をさらに進めて優越性まで行き着いてしまうと、全体を見逃し、部分にとらわれる愚をまたも繰り返してしまうことになる。あくまでも全体が部分を規定しているのであって、その逆ではないのだ。いくら精神性を論じても、最後は「やっぱり日本ってすごいんだ」で終わってしまっては、堂々巡りの極致ではないか。

海外から訪れた意識の研究家などによる講演やワークショップなどで、よくこれが「あなたがたの見方は、われわれ日本人（あるいは東洋人）のものとは違う」というかたちで表現されるのに出くわすが、これこそ、普遍性よりは差異、独自性を強調するという、まさしく断片化そのものではないかと思う。違いがあるのは当然だが、それを超えた全体性、そしてそこに隠された内在秩序にこそ真実があるというのがこの本の結論である。まさしく、すべての概念区分は錯覚にすぎず、そこが見えないかぎり、私たちは「快適なまでに固体化されたホログラフィックな夢」をみつづけるわけだが、この場合はそれを「快適なまでに日本人的な」と言いかえるべきであろうか。ある友人がいみじくも言ったように、「もう外人はいい。みんなをガイア人とよぶべき」時代にまで私たちは到達しているのである。

　話がだいぶそれてしまったが、タルボットもはっきり言っているように、人類が種のレベルでひとつの大変革を迎えようとしていることは疑いの余地がない。これが、リングなどの唱える「人類のシャーマン化」につながり、私たち自身が飛躍的進化を遂げられるのかどうかは、切に個人個人が自分の日常のレベルで世界観の転換ができるか否かにかかっている。本書の中のジャーンの言葉を借りるなら、受け身の状態でただ存在している宇宙の構造をわれわれが調べているといった図式は「完全に過去のものとなっている」のだ。物理的に生存するかどうかのレベルを超越し、はたして人類はこの一大飛躍ができるのであろうか。自分も当然そのプロセスの一部であり、ただの観察者ではありえないことを百も承知ながら、その成り行きを見守るのはどんなドラマよりも面白いと考えてしまう。そういう時代にあって、この本は現実を全体性として理解するための、まったく新しいパラダイムを提示する画期的な書と言えるだろう。

　これからの活躍が楽しみだった著者のマイケル・タルボットは、残念なことに一昨年の夏、三八才の若さでこの世を去った。心から冥福を祈るとともに、あえて言わせてもらうなら、彼はいま光の領域にあって、この本を読んでいる私たちのことを、全幅の愛をもって見守っていることだろう。そして、自分が正しかったことを知り、会心の笑みを浮かべているにちがいない。人類が飛躍的に進化する可能性が語られるようになった時代を迎えたいま、この本のもつメッセージには、はかり知れない重要性があり、ひとりでも多くの人にこれが伝わることを訳者として願うばかりである。

結びに、この本を最初に私に紹介し、翻訳のきっかけとなる出会いをつくってくれたジョン・クレイグ、愛知早苗夫妻、それに寺山心一翁氏、翻訳の当初にお世話になった高取隆喜、山本由紀子の両氏、そして春秋社取締役の林幹雄氏、編集の労を直接担い、訳文全体をていねいに見て下さった同編集部の鹿子木大士郎氏に感謝の気持ちを表したいと思う。この長い翻訳の期間を通じて心の支えとなってくれた家族に、そしてすべてつながりある者、物たちにも、心をこめて、ほんとうにありがとう。

川瀬　勝

一九九四年　春

新装版によせて

二十一世紀に入ってからの世界は、少なくとも政治的な面を考えると、誰もが予想をしなかったような展開をたどり、人類の進化という観点からは、どう考えても退歩としか見えないような様相を呈しているように思える。初版の訳者あとがきにも書いたが、私たちの心の奥底にある、自分の置かれた世界、宇宙に対する無力感は、軽減されるどころか、ますます強くなっていると言えるだろう。

そんな中にあって、この本が新装版として刊行されるのを知らされたときは、年甲斐もなく大喜びしてしまった。と言うのも、この本が提示する深遠な宇宙論に、ひとりでも多くの人に触れてほしいと長く願ってきたからだ。もう一〇年前にもなる出版以来、訳者のところにも、ぜひ再刊してほしいという声が定期的に届いていた。

＊　＊　＊

訳した人間からはあまり言うべきことではないのかもしれないが、今回の再刊にあたり、あらためて読み直してみても、この本が提示する世界観の斬新さ、深遠さは、いささかも変わっていないという印象を持った。それどころか、今般の世界の状況の中では、ますます意義深いものとなり、その輝きを増しているると思うのは訳者ひとりの思い込みだろうか。

個人的な興味もあって、数あるさまざまな宇宙論を読もうとしてはみたが、おおむね、基本的な物理学、数学の素地がない人間には、どうしても論理についていけないと感じることが多かった。それに対して、ホログラム理論は、著者の言うように、通常の世界観を根底から覆すものではあるが、量子力学をはじめとする最先端の物理学の理論にも適合しており、凡人にも納得のいく説明を提示してくれている。これまでとはまったく異なるひとつの宇宙観として、もっとさまざまな人々に論じてほしいものだ。

また、本書が出版されたのち、何度か「脳」をテーマとしたベストセラーが生まれているが、残念なことに、ほとんどが、人間の体験あるいは意識は、脳の中で起きる化学反応に還元できるとする、唯物論、還元主義から一歩も出ていない世界観にもとづいたものであるのは驚きだ。自分が個として体験する感情や衝動、あるいは覚醒などが、観察可能な化学反応にすぎないとか、利己的な遺伝子に操作された結果であるという説明は、単なる科学的な事実を述べたものであり、人間の存在に関する根本的な問いには何も答えてくれない。

本書の中で、カール・プリブラムは、物質面からしか脳を観察しようとしない現代科学とはまったく異なる理論を展開している。まず、「精神」はどこにあるのか、という問いに対し、それはプロセスであり、そういうものが物理的に存在しているわけではないという観点から出発する。目の前にある「脳味噌」の内部に意識が存在するという考えは、どう考えても意味を成さないし、本の後半に次々と登場するエピソードのどれも説明してはくれない。

とは言うものの、私たちは現代に生きる存在であり、やはり自分の物質的な世界観の枠組みの中での、科学的で、筋の通った説明をしてもらえないと、心の底から納得することはできない。さまざまな科学理論から挿話に至るまで、この本に登場する話はどれもきちんと調査が行われ、しっかりした基盤に立っているのは、やはりタルボットのライターとしての力量のなせるわざだろう。

＊　＊　＊

タルボットは既にこの世になく、ホログラム理論を宇宙レベルにまで拡大した物理学者、デイヴィッド・ボームは一九九四年にこの世を去っている。しかし、プリブラムは今でも活躍中であり、ホログラム理論についても熱弁をふるい続けているのは、頼もしいかぎりだ。

意識の命題である、私たちはどこから来て、どこへ行くのかという根本的な問いを考えるのに、この本が少しでも役立つことを訳者としても祈ってやまない。

そして、新装なった本書が、ひとりでも多くの方の目に触れてくれることを心から願っている。

川瀬　勝

二〇〇五年　春

参考文献

はじめに

1. Irvin L. Child, "Psychology and Anomalous Observations," *American Psychologist* 40, no. 11 (November 1985), pp. 1219-30.

第1章　ホログラムとしての脳

1. Wilder Penfield, *The Mystery of the Mind : A Critical Study of Consciousness and the Human Brain* (Princeton, N. J. : Princeton University Press, 1975). (ペンフィールド『脳と心の正体』塚田裕三＋山河宏訳，法政大学出版局，1987)
2. Karl Lashley, "In Search of the Engram," in *Physiological Mechanisms in Animal Behavior* (New York : Academic Press, 1950), pp. 454-82.
3. Karl Pribram, "The Neurophysiology of Remembering," *Scientific American* 220 (January 1969), p. 75.
4. Karl Pribram, *Languages of the Brain* (Monterey, Calif. : Wadsworth Publishing, 1977), p. 123. (プリブラム『脳の言語』須田勇監，酒井誠訳，誠信書房，1978)
5. Daniel Goleman, "Holographic Memory : Karl Pribram Interviewed by Daniel Goleman," *Psychology Today* 12, no. 9 (February 1979), p. 72.
6. J. Collier, C. B. Burckhardt, and L. H. Lin, *Optical Holography* (New York : Academic Press, 1971).
7. Pieter van Heerden, "Models for the Brain," *Nature* 227 (July 25, 1970), pp. 410-11.
8. Paul Pietsch, *Shufflebrain : The Quest for the Hologramic Mind* (Boston : Houghton Mifflin, 1981), p. 78.
9. Daniel A. Pollen and Michael C. Tractenberg, "Alpha Rhythm and Eye Movements in Eidetic Imagery," *Nature* 237 (May 12, 1972), p. 109.
10. Pribram, *Languages*, p. 169. (『脳の言語』)
11. Paul Pietsch, "Shufflebrain," *Harper's Magazine* 244 (May 1972), p. 66.
12. Karen K. De Valois, Russell L. De Valois, and W. W. Yund, "Responses of Striate Cortex Cells to Grating and Checkerboard Patterns," *Journal of Physiology*, vol. 291 (1979), pp. 483-505.
13. Goleman, *Psychology Today*, p. 71.
14. Larry Dossey, *Space, Time, and Medicine* (Boston : New Science Library, 1982), pp. 108-9. (ドッシー『時間・空間・医療：プロセスとしての身体』栗野康和訳，めるくまーる，1987)
15. Richard Restak, "Brain Power : A New Theory," *Science Digest* (March 1981), P. 19.
16. Richard Restak, *The Brain* (New York : Warner Books, 1979), p. 253 (レスタック『脳の人間学』河内十郎訳，新曜社，1982)

第２章　ホログラムとしての宇宙

1. Basil J. Hiley and F. David Peat, "The Development of David Bohm's Ideas from the Plasma to the Implicate Order," in *Quantum Implications*, ed. Basil J. Hiley and F. David Peat (London : Routledge & Kegan Paul, 1987), P. 1.
2. Nick Herbert, "How Large is Starlight ? A Brief Look at Quantum Reality," *Re Vision* 10, no. 1 (Summer 1987), pp. 31-35.
3. Albert Einstein, Boris Podolsky, and Nathan Rosen, "Can Quantum-Mechanical Description of Physical Reality Be Considered Complete ?" *Physical Review* 47 (1935), p. 777.
4. Hiley and Peat, *Quantum*, p. 3.
5. John P. Briggs and F. David Peat, *Looking Glass Universe* (New York : Simon & Schuster, 1984), p. 96.
6. David Bohm, "Hidden Variables and the Implicate Order," in *Quantum Implications*, ed. Basil J. Hiley and F. David Peat (London : Routledge & Kegan Paul, 1987), P. 38.
7. "Nonlocality in Physics and Psychology : An Interview with John Stewart Bell," *Psychological Perspectives* (Fall-Winter 1988), p. 306.
8. Robert Temple, "An Interview with David Bohm," *New Scientist* (November 11, 1982), p. 362.
9. Bohm, *Quantum*, p. 40.
10. David Bohm, *Wholeness and the Implicate Order* (London : Routledge & Kegan Paul, 1980), p. 205.（ボーム『全体性と内蔵秩序』井上忠他訳，青土社，1986）
11. Private communication with author, October 28, 1988.
12. Bohm, *Wholeness*, p. 192.（『全体性と内蔵秩序』）
13. Paul Davies, *Superforce* (New York : Simon & Schuster, 1984), p. 48.
14. Lee Smolin, "What is Quantum Mechanics Really About ?" *New Scientist* (October 24, 1985), p. 43.
15. Private communication with author, October 14, 1988.
16. Saybrook Publishing Company, *The Reach of the Mind : Nobel Prize Conversations* (Dallas, Texas : Saybrook Publishing Co., 1985), p. 91.
17. Judith Hooper, "An Interview with Karl Pribram," *Omni* (October 1982), p. 135.
18. Private communication with author, February 8, 1989.
19. Renee Weber, "The Enfolding-Unfolding Universe : A Conversation with David Bohm," in *The Holographic Paradigm*, ed. Ken Wilber (Boulder, Colo. : New Science Library, 1982), pp. 83-84.（ウィルバー編『空像としての世界』井上忠他訳，青土社，1984）
20. Ibid., p. 73.

第３章　ホログラフィック・モデルと心理学

1. Renee Weber, "The Enfolding-Unfolding Universe : A Conversation with

David Bohm," in *The Holographic Paradigm*, ed. Ken Wilber (Boulder, Colo.: New Science Library, 1982), pp. 72.（『空像としての世界』）
2. Robert M. Anderson, Jr., "A Holographic Model of Transpersonal Consciousness," *Journal of Transpersonal Psychology* 9, no. 2 (1977), p. 126.
3. Jon Tolaas and Montague Ullman, "Extrasensory Communication and Dreams," in *Handbook of Dreams*, ed. Benjamin B. Wolman (New York: Van Nostrand Reinhold, 1979), pp. 178-79.
4. Private communication with author, October 31, 1988.
5. Montague Ullman, "Wholeness and Dreaming," in *Quantum Implications*, ed. Basil J. Hiley and F. David Peat (New York: Routledge & Kegan Paul, 1987), p. 393.
6. I. Matte-Blanco, "A Study of Schizophrenic Thinking: Its Expression in Terms of Symbolic Logic and Its Representation in Terms of Multidimensional Space," *International Journal of Psychiatry* 1, no. 1 (January 1965), p. 93.
7. Montague Ullman, "Psi and Psychopathology," 1986年11月8日アメリカ心霊研究協会が開催した，サイコセラピーにおける心霊的要素について会議への提出論文.
8. Stephen LaBerge, *Lucid Dreaming* (Los Angeles: Jeremy P. Tarcher, 1985) を見よ.
9. Fred Alan Wolf, *Star Wave* (New York: Macmillan, 1984), p. 238.
10. Jayne Gackenbach, "Interview with Physicist Fred Alan Wolf on the Physics of Lucid Dreaming," *Lucidity Letter* 6, no. 1 (June 1987), p. 52.
11. Fred Alan Wolf, "The Physics of Dream Consciousness: Is the Lucid Dream a Parallel Universe?" *Second Lucid Dreaming Symposium Proceedings / Lucidity Letter* 6, no. 2 (December 1987), p. 133.
12. Stanislav Grof, *Realms of the Human Unconscious* (New York: E. P. Dutton, 1976), p. 20.
13. Ibid., p. 236.
14. Ibid., pp. 159-60.
15. Stanislav Grof, *The Adventure of Self-Discovery* (Albany, N. Y.: State University of New York Press, 1988), pp. 108-9.（グロフ『自己発見の冒険［1］：ホロトロピック・セラピー』吉福伸逸＋菅靖彦訳，春秋社，1988）
16. Stanislav Grof, *Beyond the Brain* (Albany, N. Y.: State University of New York Press, 1985), p. 31（グロフ『脳を超えて』吉福伸逸＋星川淳他訳，春秋社，1988）
17. Ibid., p. 78.
18. Ibid., p. 89.
19. Edgar A. Levenson, "A Holographic Model of Psychoanalytic Change," *Contemporary Psychoanalysis* 12, no. 1 (1975), p. 13.
20. Ibid., p. 19.
21. David Shainberg, "Vortices of Thought in the Implicate Order," in *Quantum Implications*, ed. Basil J. Hiley and F. David Peat (New York: Routledge &

Kegan Paul, 1987), P. 402.
22. Ibid., p. 411.
23. Frank Putnam, *Diagnosis and Treatment of Multiple Personality Disorder* (New York : Guilford, 1988), p. 68.
24. "Science and Synchronicity : A Conversation with C. A. Meier," *Psychological Perspectives* 19, no. 2 (Fall-Winter 1988), p. 324.
25. Paul Davies, *The Cosmic Blueprint* (New York : Simon & Schuster, 1988), p. 162.
26. F. David Peat, *Synchronicity : The Bridge between Mind and Matter* (New York : Bantam Books, 1987), p. 235.（ピート『シンクロニシティ』管啓次郎訳，朝日出版社，1989）
27. Ibid., p. 239.

第４章　素晴らしきかなわが身体――ボディ・ホログラフィック

1. Stephanie Matthews-Simonton, O. Carl Simonton, and James L. Creighton, *Getting Well Again* (New York : Bantam Books, 1980), pp. 6-12.
2. Jeanne Achterberg, "Mind and Medicine : The Role of Imagery in Healing," *ASPR Newsletter* 14, no. 3 (June 1988), p. 20.
3. Jeanne Achterberg, *Imagery in Healing* (Boston, Mass. : New Science Library, 1985), p. 134.（アクターバーグ『自己治癒力：イメージのサイエンス』井上哲彰訳，日本教文社，1991）
4. Private communication with author, October 28, 1988.
5. Achterberg, *ASPR Newsletter*, p. 20.
6. Achterberg, *Imagery*, pp. 78-79.（『自己治癒力』）
7. Jeanne Achterberg, Ira Collerain, and Pat Craig, "A Possible Relationship between Cancer, Mental Retardation, and Mental Disorders," *Journal of Social Science and Medicine* 12 (May 1978), pp. 135-39.
8. Bernie S. Siegel, *Love, Medicine, and Miracles* (New York : Harper & Row, 1986), p. 32.（シーゲル『奇跡的治癒とはなにか』石井清子訳，日本教文社，1988）
9. Achterberg, *Imagery*, pp. 182-87.（『自己治癒力』）
10. Bernie S. Siegel, *Love*, p. 29.（『奇蹟的治癒とはなにか』）
11. Charles A. Garfield, *Peak Performance : Mental Training Techniques of the World's Greatest Athletes* (New York : Warner Books, 1984), P. 16.（ガーフィールド『ピーク・パフォーマンス：ベストを引き出す理論と方法』荒井貞光他訳，ベースボール・マガジン社，1988）
12. Ibid., p. 62.
13. Mary Orser and Richard Zarro, *Changing Your Destiny* (New York : Harper & Row, 1989), p. 60.
14. Barbara Brown, *Supermind : The Ultimate Energy* (New York : Harper & Row, 1980), p. 274.（ブラウン『スーパーマインド：心は脳を超える』橋口英俊＋松浪克文他訳，紀伊國屋書店，1983）

15. Brown, *Supermind*, p. 275. Dossey, *Space*, pp. 112-13. (『スーパーマインド』)
16. Larry Dossey, *Space, Time, and Medicine* (Boston, Mass: New Science Library, 1982), p. 112. (『時間・空間・医療：プロセスとしての身体』)
17. Private communication with author, February 8, 1989.
18. Brendan O'Regan, "Healing, Remission, and Miracle Cures," *Institute of Noetic Sciences Special Report* (May 1987), p. 3.
19. Lewis Thomas, *The Medusa and the Snail* (New York : Bantam Books, 1980), p. 63. (トマス『歴史から学ぶ医学：医学と生物学に関する 29 章』大橋洋一訳，思索社，1986)
20. Thomas J. Hurley III, "Placebo Effects : Unmapped Territory of Mind / Body Interactions," *Investigations* 2, no. 1 (1985), p. 9.
21. Ibid.
22. Steven Locke and Douglas Colligan, *The Healer Within* (New York : New American Library, 1986), p. 224. (ロック＋コリガン『内なる治癒力：こころと免疫をめぐる新しい医学』池見酉次郎監，創元社，1990)
23. Ibid., p. 227.
24. Bruno Klopfer, "Psychological Variables in Human Cancer," *Journal of Prospective Techniques* 31 (1957), pp. 331-40.
25. O'Regan, *Special Report*, p. 4.
26. G. Timothy Johnson and Stephen E. Goldfinger, *The Harvard Medical School Health Letter Book* (Cambridge, Massachusetts : Harvard University Press, 1981), p. 416.
27. Herbert Benson and David P. McCallie, Jr., "Angina Pectoris and the Placebo Effect," *New England Journal of Medicine* 300, no. 25 (1979), pp. 1424-29.
28. Johnson and Goldfinger, *Health Letter Book*, p. 418.
29. Hurley, *Investigations*, p. 10.
30. Richard Alpert, *Be Here Now* (San Cristobal, N. M. : Lama Foundation, 1971). (ラム・ダス『ビー・ヒア・ナウ：心の扉を開く本』吉福伸逸＋上野圭一訳，平河出版社，1987)
31. Lyall Watson, *Beyond Supernature* (New York : Bantam Books, 1988), p. 215. (ワトソン『スーパーネイチャー II』内田美恵＋中野恵津子訳，日本教文社，1988)
32. Ira L. Mintz, "A Note on the Addictive Personality," *American Journal of Psychiatry* 134, no. 3 (1977), p. 327.
33. Alfred Stelter, *Psi-Healing* (New York : Bantam Books, 1976), p. 8.
34. Thomas J. Hurley III, "Placebo Learning : The Placebo Effect as a Conditioned Response," *Investigations* 2, no. 1 (1985), p. 23.
35. O'Regan, *Special Report*, p. 3.
36. Thomas J. Hurley III, "Varieties of Placebo Experience : Can One Definition Encompass Them All ?" *Investigations* 2, no. 1 (1985), p. 13 に引用．
37. Daniel Seligman, "Great Moments in Medical Research," *Fortune* 117, no. 5 (February 29, 1988), p. 25.

38. Daniel Goleman, "Probing the Enigma of Multiple Personality," *New York Times* (June 25, 1988), p. C1.
39. Private communication with author, January 11, 1990.
40. Richard Restak, "People with Multiple Minds," *Science Digest* 92, no. 6 (June 1984), p. 76.
41. Daniel Goleman, "New Focus on Multiple Personality," *New York Times* (May 21, 1985), p. C1.
42. Truddi Chase, *When Rabbit Howls* (New York : E. P. Dutton, 1987), p. x.
43. Thomas J. Hurley III, "Inner Faces of Multiplicity," *Investigations* 1, no. 3/4 (1985), p. 4.
44. Thomas J. Hurley III, "Multiplicity & the Mind-Body Problem : New Windows to Natural Plasticity," *Investigations* 1, no. 3/4 (1985), p. 19.
45. Bronislaw Malinowske, "Baloma : The Spirits of the Dead in the Trobriand Islands," *Journal of the Royal Anthropological Institute of Great Britain and Ireland* 46 (1916), pp. 353-430.
46. Watson, *Beyond Supernature*, pp. 58-60. (『スーパーネイチャーII』)
47. Joseph Chilton Pearce, *The Crack in the Cosmic Egg* (New York : Pocket Books, 1974), p. 86.
48. Pamela Weintraub, "Preschool ?" *Omni* 11, no. 11 (August 1989), p. 38.
49. Kathy A. Fackelmann, "Hostility Boosts Risk of Heart Trouble," *Science News* 135, no. 4 (January 28, 1989), p. 60.
50. Steven Locke, in Longeveity (November 1988), "Your Mind's Healing Powers," *Reader's Digest* (September 1989), p. 5 に引用.
51. Bruce Bower, "Emotion-Immunity Link in HIV Infection," *Science News* 134, no. 8 (August 20, 1988), p. 116.
52. Donald Robinson, "Your Attitude Can Make You Well," *Reader's Digest* (April 1987), p. 75.
53. "Your Mind's Healing Powers," *Reader's Digest* (September 1989), p. 6 に引用された *New York Times* (April 20, 1989) 中の Daniel Goleman の言葉.
54. Robinson, *Reader's Digest*, p. 75.
55. Signe Hammer, "The Mind as Healer," *Science Digest* 92, no. 4 (April 1984), p. 100.
56. John Raymond, "Jack Schwarz : The Mind Over Body Man," *New Realities* 11, no. 1 (April 1978), pp. 72-76. "Jack Schwarz : Probing ... but No Needles Anymore," *Brain / Mind Bulletin* 4, no. 2 (December 2, 1978), p. 2 も見よ.
57. Stelter, *Psi-Healing*, pp. 121-24.
58. Donna and Gilbert Grosvenor, "Ceylon," *National Geographic* 129, no. 4 (April 1966).
59. D. D. Kosambi, "Living Prehistory in India," *Scientific American* 216, no. 2 (February 1967), p. 104.
60. A. A. Mason, "A Case of Congenital Ichthyosiform," *British Medical Journal* 2 (1952), pp. 433-23.

61. O'Regan, *Special Report*, p. 9.
62. D. Scott Rogo, *Miracles* (New York : Dial Press, 1982), p. 74.
63. Herbert Thurston, *The Physical Phenomena of Mysticism* (Chicago : Henry Regnery Company, 1952), pp. 120-29.
64. Thomas of Celano, *Vita Prima* (1229). Thurston, *Physical Phenomen*, pp. 45-46 に引用。
65. Alexander P. Dubrov and Veniamin N. Pushkin, *Parapsychology and Contemporary Science*, trans. Aleksandr Petrovich (New York : Plenum, 1982), p. 50.
66. Thurston, *Physical Phenomena*, p. 68.
67. Ibid.
68. Charles Fort, *The Complete Books of Charles Fort* (New York : Dover, 1974), p. 1022.
69. Ibid., p. 964.
70. Private communication with author, November 3, 1988.
71. Candace Pert with Harris Dienstfrey, "The Neuropeptide Network," in *Neuroimmunomodulation : Interventions in Aging and Cancer*, ed. Walter Pierpaoli and Novera Herbert Spector (New York : New York Academy of Science, 1988), pp. 189-94.
72. Terrence D. Oleson, Richard J. Kroening, and David E. Bresler, "An Experimental Evaluation of Auricular Diagnosis : The Somatotopic Mapping of Musculoskeletal Pain at Ear Acupuncture Points," *Pain* 8 (1980), pp. 217-29.
73. Private communication with author, September 24, 1988
74. Terrence D. Oleson and Richard J. Kroening, "Rapid Narcotic Detoxification in Chronic Pain Patients Treated with Auricular Electroacupuncture and Naloxone," *International Journal of the Addictions* 20, no. 9 (1985), pp. 1347-60.
75. Richard Leviton, "The Holographic Body," *East West* 18, no. 8 (August 1988), p. 42.
76. Ibid., p. 45.
77. Ibid., pp. 36-47.
78. "Fingerprints, a Clue to Senility," *Science Digest* 91, no. 11 (November 1983), p. 91.
79. Michael Meyer, "The Way the Whorls Turn," *Newsweek* (February 13, 1989), p. 73.

第5章　奇跡がいっぱい

1. D. Scott Rogo, *Miracles* (New York : Dial Press,1982), p. 79.
2. Ibid., p. 58. Herbert Thurston, *The Physical Phenomena of Mysticism* (London : Burns Oates, 1952) ; A. P. Schimberg, *The Story of Therese Neumann* (Milwaukee, Wis. : Bruce Publishing Co., 1947) も見よ。
3. David J. Bohm, "A New Theory of the Relationship of Mind and Matter," *Jounal of the American Society for Psychical Research* 80, no. 2 (April 1986), p. 128.

4. Ibid., p. 132.
5. Robert G. Jahn and Brenda J. Dunne, *Margins of Reality : The Role of Consciousness in the Physical World* (New York : Harcourt Brace Jovanovich, 1987), pp. 91-123.（ジャン＋ダン『実在の境界領域：物質界における意識の役割』笠原敏雄他訳，技術出版，1992）
6. Ibid., p. 144.
7. Private communication with author, December 16, 1988.
8. Jahn and Dunne, *Margins*, p. 142.（『実在の境界領域』）
9. Private communication with author, December 16, 1988.
10. Private communication with author, December 16, 1988.
11. Steve Fishman, "Questions for the Cosmos," *New York Times Magazine* (November 26, 1989), p. 55.
12. Private communication with author, November 25, 1988.
13. Rex Gardner, "Miracles of Healing in Angelo-Celtic Northumbria as Recorded by the Venerable Bede and His Contemporaries : A Reappraisal in the Light of Twentieth-Century Experience," *British Medical Journal* 287 (December 1983), p. 1931.
14. Max Freedom Long, *The Secret Science behind Miracles* (New York : Robert Collier Publications, 1948), pp. 191-92.
15. Louis-Basile Carre de Montgeron, *La Veritě des Miracles* (Paris : 1737), vol.i, p. 380. H. P. Blavatsky, *Isis Unveiled*, vol. i (New York : J. W. Bouton, 1877), p. 374 に引用.
16. Ibid., p. 374.
17. B. Robert Kreiser, *Miracles, Convulsions, and Ecclesiastical Politics in Early Eighteenth-Century Paris* (Princetion, N. J. : Princeton University Press, 1978), pp. 260-61.
18. Charles Mackey, *Extraordinary Popular Delusious and the Madness of Crowds* (London : 1841), p. 318.
19. Kreiser, *Miracles*, p. 174.
20. Stanislav Grof, *Beyond the Brain* (Albany, N. Y. : State University of New York Press, 1985), p. 91.（『脳を超えて』）
21. Long, *Secret Science*, pp. 33-39.
22. Frank Podmore, *Mediums of the Nineteenth Century*, vol. 2 (New Hyde Park, N. Y. : University Books, 1963), p. 264.
23. Vincent H. Gaddis, *Mysterious Fires and Lights* (New York : Dell,1967), pp. 114-15.
24. Blavatsky, *Isis*, p. 370.
25. Podmore, *Mediums*, p. 264.
26. Will and Ariel Durant, *The Age of Louis XIV*, vol. XIII (New York : Simon & Schuster, 1963), p. 73.
27. Franz Werfel, *The Song of Bernadette* (Garden City, N. Y. : Sun Dial Press, 1944), pp. 326-27.

28. Gaddis, *Mysterious Fires*, pp. 106-7.
29. Ibid., p. 106.
30. Berthold Schwarz, "Ordeals by Serpents, Fire, and Strychnine," *Psychiatric Quarterly* 34 (1960), pp. 405-29.
31. Private communication with author, July 17,1989.
32. Karl H. Pribram, "The Implicate Brain," in *Quantum Implications*, ed. Basil J. Hiley and F. David Peat (London : Routledge & Kegan Paul, 1987), p. 367.
33. Private communication with author, February 8, 1989. Karl H. Pribram, "The Cognitive Revolution and Mind / Brain Issues," *American Psychologist* 41, no. 5 (May 1986), pp. 507-19 も見よ.
34. Private communication with author, November 25, 1988.
35. Gordon G. Globus, "Three Holonomic Approaches to the Brain," in *Quantum Implications*, ed. Basil J. Hiley and F. David Peat (London : Routledge & Kegan Paul, 1987), pp. 372-85. Judith Hooper and Dick Teresi, *The Three-Pound Universe* (New York : Dell, 1986), pp. 295-300（テレシ＋フーパー『3ポンドの宇宙：脳と心の迷路』林一訳，白揚社，1989）も見よ.
36. Private communication with author, December 16, 1988.
37. Malcolm W. Browne, "Quantum Theory : Disturbing Questions Remain Unresolved," *New York Times* (February 11, 1986), p. C3.
38. Ibid.
39. Jahn and Dunne, *Margins*, pp. 319-20（『実在の境界領域』）. Dietrick E. Thomsen, "Anomalons Get More and More Anomalous," *Science News* 125 (February 25, 1984).
40. Christine Sutton, "The Secret Life of the Neutrino," *New Scientist* 117, no. 1595 (January 14, 1988), pp. 53-57. "Soviet Neutrinos Have Mass," *New Scientist* 105, no. 1446 (March 7, 1985), p. 23 ; Dietrick E. Thomsen, "Ups and Downs of Neutrino Oscillation," *Science News* 117, no. 24 (June 14, 1980), pp. 377-83 も見よ.
41. S. Edmunds, *Hypnotism and the Supernormal*, (London : Aquarian Press, 1967). Lyall Watson, *Supernature* (New York : Bantam Books, 1973), p. 236 に引用. （ワトスン『スーパーネイチュア』牧野賢治訳，蒼樹書房，1974）
42. Leonid L. Vasiliev, *Experiments in Distant influence* (New York : E. P. Dutton, 1976).
43. Russell Targ and Harold Puthoff, *Mind-Reach* (New York : Delacorte Press, 1977)（ターグ＋パソフ『マインドリーチ』集英社，1978）を見よ.
44. Fishman, *New York Times Magazine*, p. 55 また，Jahn and Dunne, *Margins*, p. 187（『実在の境界領域』）も見よ.
45. Charles Tart, "Physiological Correlates of Psi Cognition," *International Jounal of Neuropsychiatry* 5, no. 4 (1962).
46. Targ and Puthoff, *Mind-Reach*, pp. 130-33. (『マインドリーチ』)
47. E. Douglas Dean, "Plethysmograph Recordings of ESP Responses," *International Journal of Neuropsychiatry* 2 (September 1966).

48. Charles T. Tart, "Psychedelic Experiences Associated with a Novel Hypnotic Procedure, Mutual Hypnosis," in *Altered States of Consciousness*, Charles T. Tart (New York : John Wiley & Sons, 1969), pp. 291-308.
49. Ibid.
50. John P. Briggs and F. David Peat, *Looking Glass Universe* (New York : Simon & Schuster, 1984), p. 87.
51. Targ and Puthoff, *Mind-Reach*, pp. 130-33. (『マインドリーチ』)
52. Russell Targ, et al., *Reseach in Parapsychology* (Metuchen, N. J. : Scarecrow, 1980).
53. Bohm, *Journal of the American Society for Psychical Research*, p. 132.
54. Jahn and Dunne, *Margins*, pp. 257-59. (『実在の境界領域』)
55. Gardner, *British Medical Journal*, p. 1930.
56. Lyall Watson, *Beyond Supernature* (New York : Bantam Books, 1988), pp. 189-91. (『スーパーネイチャーII』)
57. A. R. G. Owen, *Can We Explain the Poltergeist* (New York : Garrett Publications, 1964).
58. Erlendur Haraldsson, *Modern Miracles : An Investigative Report on Psychic Phenomena Associated with Sathya Sai Baba* (New York : Fawcett Columbine Books, 1987), pp. 26-27.
59. Ibid., pp. 35-36.
60. Ibid., p. 290.
61. Paramahansa Yogananda, *Autobiography of a Yogi* (Los Angeles: Self-Realization Fellowship, 1973), p. 134. (ヨガナンダ『あるヨギの自叙伝』SRF 日本支部訳，森北出版，1983)
62. Rogo, *Miracles*, p. 173.
63. Lyall Watson, *Gifts of Unknown Things* (New York : Simson & Schuster, 1976), pp. 203-4. (ワトソン『未知の贈り物』村田恵子訳，ちくま文庫，1992)
64. Private communication with author, February 9, 1989.
65. Private communication with author, October 17, 1988.
66. Private communication with author, December 16, 1988.
67. Judith Hooper and Dick Teresi, *The Three-Pound Universe* (New York : Dell, 1986), p. 300. (『3ポンドの宇宙』)
68. Carlos Castaneda, *Tales of Power* (New York : Simson & Schuster, 1974), p. 100. (カスタネダ『未知の次元』名谷一郎訳，講談社，1979)
69. Marilyn Ferguson, "Karl Pribram's Changing Reality," in *the Holographic Paradigm*, ed. Ken Wilber (Boulder, Colo. : New Science Library, 1982), p. 24. (『空像としての世界』)
70. Erlendur Haraldsson and Loftur R. Gissurarson, *The Icelandic Physical Medium : Indridi Indridason* (London : Society for Psychical Research, 1989).

第6章　ホログラフィックにものを見る

1. Karl Pribram, "The Neurophysiology of Remembering," *Scientific American*

220 (January 1969), pp. 76-78.
2. Judith Hooper, "Interview : Karl Pribram," *Omni* 5, no. 1 (October 1982), p. 172.
3. Wil van Beek, *Hazrat Inayat Khan* (New York : Vantage Press, 1983), p. 135.
4. Barbara Ann Brennan, *Hands of Light* (New York : Bantam Books, 1987), pp. 3-4.
5. Ibid., p. 4.
6. Ibid., cover quote.
7. Ibid., cover quote.
8. Ibid., p. 26.
9. Private communication with author, November 13, 1988.
10. Shafica Karagulla, *Breakthrough to Creativity* (Marina Del Rey, Calif. : DeVorss, 1967), p. 61.
11. Ibid., pp. 78-79.
12. W. Brugh Joy, *Joy's Way* (Los Angeles : J. P. Tarcher, 1979), pp. 155-56.
13. Ibid., p. 48.
14. Michael Crichton, *Travels* (New York : Knopf, 1988), p. 262.（クライトン『インナー・トラヴェルズ』上下，田中昌太郎訳，早川書房，1991）
15. Ronald S. Miller, "Bridging the Gap : An Interview with Valerie Hunt," *Science of Mind* (October 1983), p. 12.
16. Private communication with author, February 7, 1990.
17. Ibid.
18. Ibid.
19. Ibid.
20. Valerie V. Hunt, "Infinite Mind," *Magical Blend*, no. 25 (January 1990), p. 22.
21. Private communication with author, October 28, 1988.
22. Robert Temple, "David Bohm," *New Scientist* (November 11, 1982), p. 362.
23. Private communication with author, November 13, 1988.
24. Private communication with author, October 18, 1988.
25. Private communication with author, November 13, 1988.
26. Ibid.
27. Ibid.
28. George F. Dole, *A View from Within* (New York : Swedenborg Foundation, 1985, 1985), p. 26.
29. George F. Dole, "An Image of God in a Mirror," in *Emanuel Swedenborg : A Continuing Vision*, ed. Robin Larsen (New York : Swedenborg Foundation, 1988), p. 376.（ラーセン『エマヌエル・スウェーデンボルグ：持続するヴィジョン』高橋和夫監修，春秋社，1992）
30. Brennan, *Hands*, p. 26.
31. Private communication with author, September 13, 1988.
32. Karagulla, *Breakthrough*, p. 39.
33. Ibid., p. 132.

34. D. Scott Rogo, "Shamanism, ESP, and the Paranormal," in *Shamanism*, ed. Shirley Nicholson (Wheaton, Ill.: Theosophical Publishing House, 1987), p. 135.
35. Michael Harner and Gary Doore, "The Ancient Wisdom in Shamaic Cultures," in *Shamanism*, ed. Shirley Nicholson (Wheaton, Ill.: Theosophical Publishing House, 1987), p. 10.
36. Michael Harner, *The Way of the Shaman* (New York : Harper & Row, 1980), p. 17.（ハーナー『シャーマンへの道：「力」と「癒し」の入門書』吉福伸逸＋高岡よし子訳，平河出版社，1988)
37. Richard Gerber, *Vibrational Medicine*, (Santa Fe, N. M.: Bear & Co., 1988), p. 115.
38. Ibid., p. 154.
39. William A. Tiller, "Consciousness, Radiation, and the Developing Sensory System." *The Psychic Frontiers of Medicine*, ed. Bill Schul (New York : Ballantine Books, 1977), p. 95 に引用。
40. Ibid., p. 94.
41. Hiroshi Motoyama, *Theories of the Chakras* (Wheaton, Ill.: Theosophical Publishing House, 1981), p. 239.（本山博『チャクラ・異次元への接点』宗教心理出版，1978)
42. Rechard M. Restak, "Is Free Will a Fraud ?" *Science Digest* (October 1983), p. 52.
43. Ibid.
44. Private communication with author, February 7, 1990.
45. Private communication with author, November 13, 1988.

第7章　時を超えて

1. Stephan A. Schwartsz, *The Secret Vaults of Time* (New York : Grosset & Dunlap, 1978) ; Stanislaw Poniatowski, "Parasychological Probing of Prehistoric Cultures," in *Psychic Archaeology*, ed. J. Goodman (New York : G. P. Putnam & Sons, 1977) ; and Andrzey Borzmowski, "Experiments with Ossowiecki," *International Journal of Parapsychology* 7, no. 3 (1965), pp. 259-84 を見よ。
2. J. Norman Emerson, "Intuitive Archaeology," *Midden* 5, no. 3 (1973).
3. J. Norman Emerson, "Intuitive Archaeology : A Psychic Approach," *New Horizon* 1, no. 3 (1974), p. 14.
4. Jack Harrison Pollack, *Croiset the Clairvoyant* (New York : Doubleday, 1964).
5. Lawrence LeShan, *The Medium, the Mystic, and the Physicist* (New York : Ballantine Books, 1974), pp. 30-31.
6. Stephan A. Schwartz, *The Secret Vaults of Time* (New York : Grosset & Dunlap, 1978), pp. 226-37, また Clarence W. Weiant, "Parapsychology and Anthropology," *Manas* 13, no. 15 (1960) も見よ。
7. Schwartz, op. cit., pp. x and 314.

8. Private communication with author, October 28, 1988.
9. Private communication with author, October 18, 1988.
10. Glenn D. Kittler, *Edgar Cayce on the Dead Sea Scrolls* (New York : Warner Books, 1970) を見よ. （キトラー＋ケイシー『エドガー・ケイシーの死海写本：リーディングの実証』大西正幸監訳，たま出版，1985）
11. Marilyn Ferguson, "Quantum Brain-Action Approach Complements Holographic Model," *Brain-Mind Bulletin*, updated special issue (1978), p. 3.
12. Edmund Gurney, F. W. H. Myers, and Frank Podmore, *Phantasms of the Living* (London : Trubner's, 1886).
13. J. Palmer, "A Community Mail Survey of Psychic Experiences," *Journal of the American Society for Psychical Research* 73 (1979), pp. 221-51 ; H. Sidgwick and committee, "Report on the Census of Hallucinations," *Proceedings of the Society for Psychcal Research* 10 (1894), pp. 25-422 ; and D. J. West, "A Mass-Observation Questionnaire on Hallucinations," *Journal of the Soiety for Psychical Research* 34 (1948), pp. 187-96 を見よ.
14. W. Y. Evans-Wentz, *The Fairy-Faith in Celtic Countries* (Oxford : Oxford University Press, 1911), p. 485.
15. Ibid., p. 123.
16. Charles Fort, *New Lands* (New York : Boni & Liveright, 1923), p. 111.
17. Max Freedom Long, *The Secret Science behind Miracles* (Tarrytown, New York : Robert Collier Publications, 1948), pp. 206-8 を見よ.
18. Editors of Time-Life Books, *Ghosts* (Alexandria, Va. : Time-Life Books, 1984), p. 75.
19. Editors of Reader's Digest, *Strange Stories, Amazing Facts* (Pleasantville, N. Y. : Reader's Digest Association, 1976), pp. 384-85.
20. J. B. Rhine, "Experiments Bearing on the Precognition Hypotheses : III. Mechanically Selected Cards," *Journal of Parapsychology* 5 (1941).
21. Helmut Schmidt, "Psychokinesis," in *Psychic Exploration : A Challenge to Science*, ed. Edgar Mitchell and John White (New York : G. P. Putnam's Sons, 1974), pp. 179-93.
22. Montague Ullman, Stanley Krippner, and Alan Vaughan, *Dream Telepathy* (New York : Macmillan, 1973).
23. Russell Targ and Harold Puthoff, *Mind-Reach* (New York : Delacorte Press, 1977), p. 116. (『マインドリーチ』)
24. Robert G. Jahn and Brenda J. Dunne, *Margins of Reality* (New York : Harcourt Brace Jovanovich, 1987), pp. 160, 185. (『実在の境界領域』)
25. Jule Eisenbud, "A Transatlantic Experiment in Precognition with Gerard Croiset," *Journal of American Society of Psychological Research* 67 (1973), pp. 1-25, また W. H. C. Tenhaeff, "Seat Experiments with Gerard Croiset," *Proceedings Parapsychology* 1 (1960), pp. 53-65 ; and U. Timm, "Neue Experiments mit dem Sensitiven Gerard Croiset," *Z. F. Parapsychologia und Grezgeb. dem Psychologia* 9 (1966), pp. 30-59 も見よ.

26. Marilyn Ferguson, *Bulletin*, p. 4.
27. Personal communication with author, September 26, 1989.
28. David Loye, *The Sphinx and the Rainbow* (Boulder, Col. : Shambhala, 1983).（ロイ『スフィンクスと虹：脳と心と未来像』樋口覚訳，青土社，1985)
29. Bernard Gittelson, *Intangible Evidence* (New York : Simon & Schuster, 1987), p. 174.
30. Eileen Garrett, *My Life as a Search for the Meaning of Mediumship*, (London : Ryder & Company, 1949), p. 179.
31. Edith Lyttelton, *Some Cases of Prediction* (London : Bell, 1937).
32. Louisa E. Rhine, "Frequency of Types of Experience in Spontaneous Precognition," *Journal of Parapsychology* 18, no. 2 (1954), また "Precognition and Intervention," *Journal of Parapsychology* 19 (1955), *Hidden Channels of the Mind* (New York : Sloane Associates, 1961) を見よ。
33. E. Douglas Dean, "Precognition and Retrocognition," in *Psychic Exploration*, ed. Edgar D. Mitchell and John White (New York : G. P. Putnam's Sons, 1974), p. 163.
34. A. Foser, "ESP Tests with American Indian Children," *Journal of Parapsychology* 7, no. 94 (1943) ; Dorothy H. Pope, "ESP Tests with Primitive People," *Parapsychology Bulletin* 30, no. 1 (1953) ; Ronald Rose and Lyndon Rose, "Psi Experiments with Australian Aborigines," *Journal of Parapsychology* 15, no. 122 (1951) ; Robert L. Van de Castle, "Anthoropology and Psychic Research," in *Psychic Exploration*, ed. Edgar D. Mitchell and John White (New York : G. P. Putnam's Sons 1974) ; and Robert L. Van de Castle, "Psi Abilities in Primitive Groups," *Proceeding of the Parapsychological Association* 7, no. 97 (1970) を見よ。
35. Ian Stevenson, "Precognition of Disasters," *Journal of American Society for Psychical Research* 64, no. 2 (1970).
36. Karlis Osis and J. Fahler, "Space and Time Variables in ESP," *Journal of the American Society for Psychical Research* 58 (1964).
37. Alexander P. Dubrov and Veniamin N. Pushkin, *Parapsychology and Contemporary Science* trans. Aleksandr Petrovich (New York : Consultants Bureau, 1982), pp. 93-104.
38. Arthur Osborn, *The Future Is Now : The Significance of Precognition* (New York : University Books, 1961).
39. Ian Stevenson, "A Review and Analysis of Paranormal Experiences Connected with the Sinking of the *Titanic*," *Journal of the American Society for Psychical Research* 54 (1960), pp. 153-71, また Ian Stevenson, "Seven More Paranormal Experiences Associated with the Sinking of the *Titanic*," *Journal of the American Society for Psychical Research* 59 (1965), pp. 211-25 を見よ。
40. Loye *Sphinx*, pp. 158-65.
41. Private communication with authors, October 28, 1988.
42. Gittelson, *Evidence*, p. 175.

43. Ibid., p. 125.
44. Long, op. cit., p. 165.
45. Shafica Karagulla, *Breakthrough to Creativity* (Marina Del Rey, Calif.: De Vorss, 1967), p. 206.
46. H. N. Banerjee によれば，*Americans Who Have Been Reincarnated* (New York : Macmillan Publishing Company, 1980), p. 195 に見られるある研究（シカゴ州立大学哲学教授 James Parejko が行なったもの）では，催眠をかけられたボランティア 100 名のうち 93 名が，前世のものと考えられる知識を語ったという．ホイットン自身は，彼の被験者のうち催眠にかかりやすい者はすべて，そのような記憶の想起が可能であることを見出している．
47. M. Gerald Edelstein, *Trauma, Trance and Transformation* (New York : Brunner / Mazel, 1981).
48. Michael Talbot, "Lives between Lives : An Interview with Dr. Joel Whitton" *Omni WholeMind Newsletter* 1, no. 6 (May 1988), p. 4.
49. Joel L. Whitton and Joe Fisher, *Life between Life* (New York : Doubleday, 1986), pp. 116-27.（ホィットン『輪廻転生：驚くべき現代の神話』片桐すみ子訳，人文書院，1989）
50. Ibid., p. 154.
51. Ibid., p. 156.
52. Private communication with authors, November 9, 1987.
53. Whitton and Fisher, *Life*, p. 43.
54. Ibid., p. 47.
55. Ibid., pp. 152-53.
56. Ibid., p. 52.
57. William E. Cox, "Precognition : An Analysis I and II," *Journal of the American Society for Psychical Research* 50 (1956).
58. Whitton and Fisher, *Life*, p. 186.
59. Ian Stevenson, *Twenty Cases Suggestive of Reincarnation* (Charlottesville, Va.: University Press of Virginia, 1974) ; *Case of the Reincarnation Type* (Charlottesville, Va.: University Press of Virginia, 1974), vols. 1-4 ; and *Children Who Remember Previous Lives* (Charlottesville, Va.: University Press of Virginia, 1987)（スティーヴンソン『前世を記憶する子どもたち』笠原敏雄訳，日本教文社，1990）などを見よ．
60. 同上.
61. Ian Stevenson, *Children Who Remember Previous Lives* (Charlottesville, Va.: University Press of Virginia, 1987), pp. 240-43.（『前世を記憶する子どもたち』）
62. Ibid., pp. 259-60.
63. Stevenson, *Twenty Cases*, p. 180.
64. Ibid., pp. 196,233.
65. Ibid., p. 92.
66. Sylvia Cranston and Carey Williams, *Reincarnation : A New Horizon in Science, Religion, and Society* (New York : Julian Press, 1984), p. 67.

67. Ibid., p. 260.
68. Ian Stevenson, "Some Questions Related to Cases of the Reincarnation Type," *Journal of the American Society for Psychical Research* (October 1974), p. 407.
69. Stevenson, *Children*, p. 255. (『前世を記憶する子どもたち』)
70. *Journal of the American Medical Association* (December 1, 1975). Cranston and Williams, *Reincarnation*, p. x. に引用.
71. J. Warneck, *Die Religion der Batak* (Gottingen, 1909). Holger Kalweit, *Dreamtime and Inner Space : The World of the Shaman* (Boulder, Colo. : Shambhala, 1984), p. 23 に引用.
72. Basil Johnston, *Und Matinu erschuf die Welt. Mythen and Visionen der Ojibwa* (Cologne : 1979). Holger Kalweir, *Dreamtime and Inner Space : The World of the Shaman* (Boulder, Colo. : Shambhala, 1984), p. 25 に引用.
73. Long, op. cit., pp. 165-69.
74. Ibid., p. 193.
75. John Blodfeld, *The Tantric Mysticism of Tibet* (New York : E. P. Dutton, 1970), p. 84. Alexandra David-Neel, *Magic and Mystery in Tibet* (Baltimore, Md. : Penguin Books, 1971), p. 293 も見よ.
76. Henry Corbin, Creative *Imagination in the Sufism of Ibn 'Arabi*, trans. Ralph Manheim (Princeton, N. J. : Princeton University Press, 1969), pp. 221-36.
77. Hugh Lynn Cayce, *The Edgar Cayce Reader. Vol. II* (New York : Paperback Library, 1969), pp. 25-26. Noel Langley, *Edgar Cayce on Reincarnation* (New York : Warner Books, 1967), p. 43 も見よ. (ラングレイ＋ケイシー『私は前世の秘密を知った：エドガー・ケイシー転生の証明』今村光一訳, 中央アート出版社, 1986)
78. Paramahansa Yogananda, *Man's Eternal Quest* (Los Angeles : Self-Realization Fellowship, 1982), p. 238.
79. Thomas Byron, *The Dhammapada : The Sayings of Buddha* (New York : Vintage Books, 1976), p. 13.
80. Swami Prabhavananda and Frederick Manchester, trans., *The Upanishads* (Hollywood, Calif. : Vedanta Press, 1975), p. 177.
81. Iamblichus, *The Egyptian Mysteries*, trans. Alexander Wilder (New York : Metaphysical Publications, 1911), pp. 122, 175, 259-60.
82. Matthew 7 : 7, 17, 20.
83. Rabbi Adin Steinsaltz, *The Thirteen-Petaled Rose* (New York : Basic Books, 1980), pp. 64-65.
84. Jean Houston, *The Possible Human* (Los Angeles : J. P. Tarcher, 1982), pp. 200-5.
85. Mary Orser and Richard A. Zarro, *Changing Your Destiny* (San Francisco : Harper & Row, 1989), p. 213.
86. Florence Graves, "The Ultimate Frontier : Edgar Mitchell, the Astronaut-Turned-Philosopher Explores Star Wars, Spirituality, and How We Create Our Own Reality," *New Age* (May / June 1988), p. 87.

87. Helen Wambach, *Reliving Past Lives* (New York : Harper & Row, 1978), p. 116.
88. Ibid., pp. 128-34.
89. Chet B. Snow and Helen Wambach, *Mass Dreams of the Future*, (New York : McGraw-Hill, 1989), p. 218.
90. Henry Reed, "Reaching into the Past with Mind over Matter," *Venture Inward* 5, no. 3 (May / June 1989), p. 6.
91. Anne Moberly and Eleanor Jourdain, *An Adventure* (London : Faber, 1904).
92. Andrew Mackenzie, *The Unexplained* (London : Barker, 1966). Ted Holiday, *The Goblin Universe* (St. Paul, Minn. : Llewellyn Publications, 1986), p. 96 に引用.
93. Gardner Murphy and H.L. Klemme, "Unfinished Business," *Journal of the American Society for Psychical Research* 60, no. 4 (1966), p. 5.

第 8 章　スーパーホログラムの旅

1. Dean Shields, "A Cross-Cultural Study of Beliefs in Out-of-the-Body Experiences," *Journal of the Society for Psychical Research* 49 (1978), pp. 697-741.
2. Erika Bourguignon, "Dreams and Altered States of Consciousness in Anthropological Research," in *Psychological Anthropology*, ed. F. L. K. Hsu (Cambridge, Mass. : Schenkman, 1972), p. 418.
3. Celia Green, *Out-of-the-Body Experiences*, (Oxford, England : Institute of Psychophysical Research, 1968).
4. D. Scott Rogo, *Leaving the Body* (New York : Prentice-Hall, 1983), p. 5.
5. Ibid.
6. Stuart W. Twemolow, Glen O. Gabbars, and Fowler C. Jones, "The Out-of-Body Experience : I, Phenomeology ; II, Psychological Profile ; III, Differential Diagnosis"（アメリカ精神医学会 1980 年度大会に提出された論文）. Twemlow, Gabbard, and Jones, "The Out-of-Body Experience : A Phenomenological Typology Based on Questionnaire Responses," *American Journal of Psychiatry* 139 (1982), pp. 450-55 も見よ.
7. Ibid.
8. Bruce Greyson and C. P. Flynn, *The Near-Death Experimence* (Chicago : Charles C. Thomas, 1984)（グレイソン＋フリン『臨死体験：生と死の境界で人はなにを見るのか』笠原敏雄監訳，春秋社，1991）. Stanislov Grof, *The Adventure of Self-Discovery* (Albany, N. Y. : SUNY Press, 1988), pp. 71-72（『自己発見の冒険［1］』）に引用.
9. Michael B. Sabom, *Recollections of Death* (New York : Harper & Row, 1982), p. 184.
10. Jean-Noel Bassior, "Astral Travel," *New Age Journal* (November / December 1988), p. 46
11. Charles Tart, "A Psychophysiological Study of Out-of-the-Body Experiences in a Selected Subject," *Journal of American Society for Psychical Research* 62 (1968), pp. 3-27.

12. Karlis Osis, "New ASPR Research on Out-of-the-Body Experiences," *Newsletter of the American Society for Psychical Research* 14 (1972). Karlis Osis, "Out-of-Body Research at the American Society for Psychical Research," in *Mind beyond the Body*, ed. D. Scott Rogo (New York : Penguin, 1978), pp. 162-69 も見よ.
13. D. Scott Rogo, *Psychic Breakthroughs Today* (Wellingborough, Great Britain : Aquarian Press, 1987), pp. 163-64.
14. J. H. M. Whiteman, *The Mystical Life* (London : Faber & Faber, 1961).
15. Robert A. Monroe, *Journeys Out of the Body* (New York : Anchor Press / Doubleday, 1971), p. 183.（モンロー『体外への旅』山河宏訳，学研，1985）
16. Robert A. Monroe, *Far Journeys* (New York : Doubleday, 1985), p. 64.（モンロー『魂の体外旅行：体外離脱の科学』坂場順子訳，日本教文社，1990）
17. David Eisenberg, with Thomas Lee *Wright, Encounters with Qi* (New York : Penguin, 1987), p. 79-87.
18. Frank Edwards, "People Who Saw without Eyes," *Strange People* (London : Pan Books, 1970).
19. A. Ivanov, "Soviet Experiments in Eyeless Vison," *International Journal of Parapsychology* 6 (1964). M. M. Bongard and M. S. Smirnov, "About the 'Dermal Vision' of R. Kuleshova," Biophysices 1 (1965) も見よ.
20. A. Rosenfeld, "Seeing Colors with the Fingers," Life (June 12, 1964). クレショーヴァおよび「目を使わずに見る」能力一般に関しては，Sheila Ostrander and Lynn Schroeder, *Psychic Discoveries Behind the Iron Curtain* (New York : Bantam Books, 1970), pp. 170-85 を見よ.
21. Rogo, *Psychic Breakthroughs*, p. 161.
22. Ibid.
23. Janet Lee Mitchell, *Out-of-Body Experiences* (New York : Ballantine Books, 1987), p. 81.
24. August Strindberg, *Legends* (1912 edition). Colin Wilson, *The Occult* (New York : Vintage Books, 1973), pp. 56-57（ウィルソン『オカルト』中村保男訳，平河出版社，1985）に引用.
25. Monroe, *Journeys Out of the Body*, p. 184.（『体外への旅』）
26. Whiteman, *Mystical Life*. Mitchell, Experiences, p. 44 に引用.
27. Karlis Osis and Erlendur Haraldsson, "Deathbed Observations by Physicians and Nurses : A Cross-Culturel Survey," *The Journal of the American Society for Psychical Research* 71 (July 1977), pp. 237-59.
28. Raymond A. Moody, Jr., with Paul Perry, *The Light Beyond* (New York : Bantam Books, 1988), pp. 14-15.（ムーディ『光の彼方に：死後の世界を垣間見た人々』笠原敏雄＋河口慶子訳，ＴＢＳブリタニカ，1990）
29. Ibid.
30. Elisabeth Kubler-Ross, *On Children and Death* (New York : Macmillan, 1983), p. 208.
31. Kenneth Ring, *Life at Death* (New York : Quill, 1980), pp. 238-39.（リング『い

まわのきわに見る死の世界』，講談社，1981）

32. Kubler-Ross, *Children*, p. 210.
33. Moody and Perry, *Light*, pp. 103-7.（『光の彼方に』）
34. Ibid., p. 151.
35. George Gallup, Jr., with William Proctor, *Adventures in Immortality* (New York : McGraw-Hill, 1982), p. 31.
36. Ring, *Life at Death*, p. 98.（『いまわのきわに見る死の世界』）
37. Ibid., pp. 97-98.
38. Ibid., p. 247.
39. Private communication with author, May 24, 1990.
40. F. W. H. Myers, *Human Personality and Its Survival of Bodily Death* (London : Longmans, Green & Co., 1904), pp. 315-21.
41. Ibid.
42. Moody and Perry, *Light*, p. 8.（『光の彼方に』）
43. Joel L. Whitton and Joe Fisher, *Life between Life* (New York : Doubleday, 1986), p. 32.（『輪廻転生』）
44. Michael Talbot, "Lives between Lives : An Interview with Joel Whitton," *Omni WholeMind Newsletter* 1, no. 6 (May 1988), p. 4.
45. Private communication with author, November 9, 1987.
46. Whitton and Fisher, *Life between Life*, p. 35.（『輪廻転生』）
47. Myra Ka Lange, "To the Top of the Universe," *Venture Inward* 4, no. 3 (May / June 1988), p. 42.
48. F. W. H. Myers, *Human Personality*.
49. Moody and Perry, *Light*, p. 129.（『光の彼方に』）
50. Raymond A. Moody, Jr., *Reflections on Life after Life* (New York : Bantam Books, 1978), p. 38.（ムーディ『続・かいまみた死後の世界』駒谷昭子訳，評論社，1989）
51. Whitton and Fisher, *Life between Life*, p. 39.（『輪廻転生』）
52. Raymond A. Moody, Jr., *Life after Life* (New York : Bantam Books, 1976), p. 68.（ムーディ『かいまみた死後の世界』中山善之訳，評論社，1977）
53. Moody, *Reflections on Life after Life*, p. 35.（『続・かいまみた死後の世界』）
54. この 1821 年の臨死体験者がきっかけとなって，トマス・ド・クインシーの『阿片吸引者の告白』が生まれた．
55. Whitton and Fisher, *Life between Life*, pp. 42-43.（『輪廻転生』）
56. Moody and Perry, *Light*, p. 50.（『光の彼方に』）
57. Ibid., p. 35.
58. Kenneth Ring, *Heading toward Omega* (New York : William Morrow, 1985), pp. 58-59.
59. Ring, *Heading toward Omega*, p. 199 ; Moody, Reflections on Life after Life, pp. 9-14 ; and Moody and Perry, Light, p. 35（『続・かいまみた死後の世界』）などを見よ．
60. Moody and Perry, *Light*, p. 35.（『光の彼方に』）

61. Monroe, *Far Journeys*, p. 73. (『魂の体外旅行』)
62. Ring, *Life at Death*, p. 248. (『いまわのきわに見る死の世界』)
63. Ibid., p. 242.
64. Moody, *Life after Life*, p. 75. (『かいまみた死後の世界』)
65. Moody and Perry, *Light*, p. 13. (『光の彼方に』)
66. Ring, *Heading toward Omega*, pp. 186-87.
67. Moody and Perry, *Light*, p. 22. (『光の彼方に』)
68. Ring, *Heading toward Omega*, pp. 217-18.
69. Moody and Perry, *Light*, p. 34. (『光の彼方に』)
70. Ian Stevenson, *Children Who Remember Previous Lives* (Charlottesville, Va.: University Press of Virginia, 1987), p. 110. (『前世を記憶する子どもたち』)
71. Whitton and Fisher, *Life between Life*, p. 43. (『輪廻転生』)
72. Wil van Beek, *Hazrat Inayat Khan* (New York: Vantage Press, 1983), p. 29.
73. Monroe, *Journeys Out of the Body*, pp. 101-15. (『体外への旅』)
74. Leon S. Rhodes, "Swedenborg and the Near-Death Experience," in *Emanuel Swedenborg: A Continuing Vision*, ed. Robin Larsen et al. (New York: Swedenborg Foundation,1988), pp. 237-40. (『エマヌエル・スウェーデンボルグ：持続するヴィジョン』)を見よ.
75. Wilson Van Dusen, *The Presence of Other Worlds* (New York: Swedenborg Foundation, 1974), p. 75.
76. Emanuel Swedenborg, *The Universal Human and Soul-Body Interaction*, ed. and trans. George F. Dole (New York: Paulist Press, 1984), p. 43.
77. Ibid.
78. Ibid., p. 156.
79. Ibid., p. 45.
80. Ibid., p. 161.
81. George F. Dole, "An Image of God in a Mirror," in *Emanuel Swedenborg: A Continuing Vision*, ed. Robin Larsen (New York: Swedenborg Foundation, 1988), pp. 374-81. (『エマヌエル・スウェーデンボルグ：持続するヴィジョン』)
82. Ibid.
83. Theophilus Parsons, *Essays* (Boston: Otis Clapp, 1845), p. 225.
84. Henry Corbin, *Mundus Imaginalis* (Ipswich, England: Golgonooza Press, 1976), p. 4.
85. Ibid., p. 7.
86. Ibid., p. 5.
87. Kubler-Ross, *Children*, p. 222.
88. Private communication with author, October 28, 1988.
89. Paramahansa Yogananda, *Autobiography of a Yogi* (Los Angeles: Self-Realization Fellowship), p. viii. (『あるヨギの自叙伝』)
90. Ibid., pp. 475-97.
91. Satprem, *Sri Aurobindo or the Adventure of Consciousness* (New York: Institute for Evolutionary Research, 1984), p. 195.

92. Ibid., p. 219.
93. E. Nandisvara Nayake Thero, "The Dreamtime, Mysticism, and Liberation : Shamanism in Australia," in *Shamanism*, ed. Shirley Nicholson (Wheaton, Ill. : Theosophical Publishing House, 1987), pp. 223-32.
94. Holger Kalweit, *Dreamtime and Inner Space* (Boston : Shambhala Publications, 1984), pp. 12-13.
95. Michael Harner, *The Way of the Shaman* (New York : Harper & Row, 1980), pp. 1-8.（『シャーマンへの道』）
96. Kalweit, *Dreamtime*, pp. 13,57.
97. Ring, *Heading toward Omega*, pp. 143-64.
98. Ibid., pp. 114-20.
99. Bruce Greyson, "Increase in Psychic and Psi-Related Phenomena Following Near-Death Experiences," *Theta*. Ring, *Heading toward Omega*, p. 180 に引用.
100. Jeff Zaleski, "Life after Death: Not Always Happily-Ever-After," *Omni WholeMind Newsletter* 1, no. 10 (September 1988), p. 5.
101. Ring, *Heading toward Omega*, p. 50.
102. John Gliedman, "Interview with Brian Josephson," *Omni* 4, no. 10 (July 1982), pp. 114-16.
103. P. C. W. Davies, "The Mind-Body Problem and Quantum Theory," in *Proceedings of the symposium on Consciousness and Survival*, ed. John S. Spong (Sausalito, Calif. : Institute of Noetic Sciences, 1987), pp. 113-14.
104. Candace Pert, Neuropeptides, *the Emotions and Bodymind in Proceedings of the Symposium on Consciousness and Survival*, ed. John S. Spong (Sausalito, Calif. : Institute of Noetic Sciences, 1987), pp. 113-14.
105. David Bohm and Renee Weber, "Nature as Creativity," *ReVision* 5, no. 2 (Fall 1982), p. 40.
106. Private communication with author, November 9, 1987.
107. Monroe, *Journeys Out of the Body*, pp. 51 and 70.（『体外への旅』）
108. Dole, in *Emanuel Swedenborg*, p. 44.
109. Whitton and Fisher, *Life Between Life*, p. 45.（『輪廻転生』）
110. こうした例については Moody, *Reflections on Life after Life*, pp. 13-14（『続・かいまみた死後の世界』）; and Ring, Heading toward Omega, pp. 71-72 を見よ.
111. Edwin Bernbaum, *The Way to Shambhala* (New York : Anchor Books, 1980), pp. xiv, 3-5.（バーンバウム『シャンバラへの道：聖なる楽園を求めて』足立啓司訳，日本教文社，1986）
112. Moody, *Reflections on Life after Life*, p. 14（『続・かいまみた死後の世界』）; and Ring, *Heading toward Omega*, p. 71.
113. W. Y. Evas-Wentz, *The Fairy-Faith in Celtic Countries* (Oxford : Oxford University Press, 1911), p. 61.
114. Monroe, *Journeys Out of the Body*, pp. 50-51.（『体外への旅』）
115. Jacques Vallee, *Passport to Magonia* (Chicago : Henry Regnery Co., 1969), p. 134.

116. Private communication with author, November 3, 1988.
117. D. Scott Rogo, *Miracles* (New York : Dial Press, 1982), pp. 256-57.
118. Michael Talbot, "UFOs : Beyond Real and Unreal," in *Gods of Aquarius*, ed. Brad Steiger (New York : Harcourt Brace Jovanovich, 1976), pp. 28-33.
119. Jacques Vallee, Dimensions : *A Casebook of Alien Contact* (Chicago : Contemporary Books, 1988), p. 259.
120. John G. Fuller, *The Interrupted Journey* (New York : Dial Press, 1966), p. 91.
121. Jacques Vallee, *Passport to Magonia*, pp. 160-62.
122. Talbot, in *Gods of Aquarius*, pp. 28-33.
123. Kenneth Ring, "Toward an Imaginal Interpretation of 'UFO Abductions,'" *ReVision* 11, no. 4 (Spring 1989), pp. 17-24.
124. Personal communication with author, September 19, 1988.
125. Peter M. Rojcewicz, "The Folklore of the 'Men in Black' : A Challenge to the Prevailing Paradigm," *ReVision* 11, no. 4 (Spring 1989), pp. 5-15.
126. Whitley Strieber, *Communion* (New York : Beech Tree Books, 1987), p. 295.
127. Carl Raschke, "UFOs : Ultraterrestirial Agents of Cultural Deconstruction," in *Cyberbiological Studies of the Imaginal Component in the UFO Contact Experience*, ed. Dennis Stillings (St. Paul, Minn. : Archaeus Project, 1989), p. 24.
128. Michael Grosso, "UFOs and the Myth of New Age," in *Cyberbiological Studies of the Imaginal Component in the UFO Contact Experience*, ed. Dennis Stillings (St. Paul, Minn. : Archaeus Project, 1989), p. 81.
129. Raschke, in *Cyberbiological Studies*, p. 24.
130. Jacques Vallee, *Dimensions : A Casebook of Alien Contact* (Chicago : Contemporary Books, 1988), pp. 284-89.
131. John A. Wheeler, With Charles Misner and Kip S. Thorne, *Gravitation* (San Francisco : Freeman, 1973).
132. Strieber, *Communion*, p. 295.
133. Private communication with author, June 8, 1988.

第 9 章　夢時間への回帰

1. John Blofeld, *The Tantric Mysticism of Tibet* (New York : E. P. Dutton, 1970), pp. 61-62.
2. Garma C. C. Chuang, *Teachings of Tibetan Yoga* (Secaucus, N. J. : Citadel Press, 1974), p. 26.
3. Blofeld, *Tantric Mysticism*, pp. 61-62.
4. Lobsang P. Lhalungpa, trans., *The Life of Milarepa* (Boulder, Colo. : Shambhala Publications, 1977), pp. 181-82.
5. Reginald Horace Blyth, *Games Zen Masters Play*, ed. Robert Sohl and Audrey Carr (New York : New American Library, 1976), p. 15.
6. Margaret Stutly, *Hinduism* (Wellingborough, England : Aquarian Press, 1985), pp. 9,163.
7. Swami Prabhavananda and Frederick Manchester, trans., *The Upanishads*

(Hollywood, Calif. : Vedanta Press, 1975), p. 197.

8. Sir John Woodroffe, *The Serpent Power* (New York : Dover, 1974), p. 33.
9. Stutley, *Hinduism*, p. 27.
10. Ibid.,pp. 27-28.
11. Woodroffe, *Serpent Power*, pp. 29,33.
12. Les Schaya, *The Universal Meaning of the Kabbalah* (Baltimore, Md. : Penguin, 1973), p. 67.
13. Ibid.
14. Serge King, "The Way of the Adventurer," in *Shamanism*, ed. Shirley Nicholson (Wheaton, Ill. : Theosophical Publishing House, 1987), p. 193.
15. E. Nandisvara Nayake Thero, "The Dreamtime, Mysticism, and Liberation : Shamanism in Australia," in *Shamanism*, ed. Shirley Nicholson (Wheaton, Ill. : Theosophical Publishing House,1987), p. 226.
16. Marcel Griaule, *Conversations with Ogotemmeli* (London : Oxford University Press, 1965), p. 108.
17. Douglas Sharon, *Wizard of the Four Winds : A Shaman's Story* (New York : Free Press, 1978), p. 49.
18. Henry Corbin, *Creative Imagination in the Sufism of Ibn 'Arabi*, trans. Ralph Manheim (Princeton, N. J. : Princeton University Press., 1969), p. 259.
19. Brain Brown, *The Wisdom of the Egyptians* (New York : Brenrano's, 1923), p. 156.
20. Woodroffe, *Serpent Power*, p. 22.
21. John G. Neihardt, *Black Elk Speaks* (New York : Pocket Books, 1972), p. 36. (ナイハルト『ブラック・エルクは語る：スー族聖者の生涯』弥永健一訳，現代教養文庫，社会思想社，1977)
22. Tryon Edwards, *A Dictionary of Thought* (Detroit : F. B. Diekerson Co., 1901), p. 196.
23. Sir Charles Eliot, *Japanese Buddhism* (New York : Barnes & Noble, 1969), pp. 109-10.
24. Alan Watts, *Tao : The Watercourse Way* (New York : Pantheon Books, 1975), p. 35.
25. F. Franck, *Books of Angelus Silesius* (New York : Random House, 1976). Stanislav Grof, *Beyond the Brain* (Albany, N. Y. : SUNY Press, 1985), p. 76 (『脳を超えて』) に引用.
26. "Holophonic' Sound Broadcasts Directly to Brain," *Brain / Mind Bulletin* 8, no. 10 (May 30,1983), p. 1.
27. "European Media See Holophony as Breakthrough," *Brain / Mind Bulletin* 8, no. 10 (May 30, 1983), p. 3.
28. Ilya Prigogine and Yves Elskens, "Irreversibility, Stochasticity and Non-Locality in Classical Dynamics," in *Quantum Implications*, ed. Basil J. Hiley and F. David Peat (Londn : Routledge & Kegan Paul, 1987), p. 214. "A Holographic Fit ?" *Brain / Mind Bulletin* 4, no. 13 (May 21, 1979), p. 3 も見よ.

29. Marcus S. Cohen, "Design of a New Medium for Volume Holographic Information Processing," *Applied Optics* 25, no. 14 (July 15, 1986), pp. 2288-94.
30. Dana Z. Anderson, "Coherent Optical Eigenstate Memory," *Optics Letters* 11, no. 1 (January 1986), pp. 56-58.
31. Willis W. Harman, "The Persistent Puzzle : The Need for a Basic Restrucuring of Science," *Noetic Science Review*, no. 8 (Autumn 1988), p. 23.
32. "Interview : Brian L. Weiss, M. D.," *Venture Inward* 6, no. 4 (July / August 1990), pp. 17-18.
33. Private comunication with author, November 9, 1987.
34. Stanley R. Dean, C. O. Plyler, Jr., and Michael L. Dean, "Should Psychic Studies Be Included in Psychiatric Education ? An Opinion Survey," *American Journal of Psychiatry* 137, no. 10 (October 1980), pp. 1247-49.
35. Ian Stevenson, *Children Who Remember Previous Lives* (Charlottesville, Va. : University Press of Virginia, 1987), p. 9. (『前世を記憶する子どもたち』)
36. Alexander P. Dubrov and Veniamin N. Pushkin, *Parapsychology and Contemporary Science* (New York : Consultants Bureau, 1982), p. 13.
37. Harman, *Noetic Science Review*, p. 25.
38. Kenneth Ring, "Near-Death and UFO Encounters as Shamanic Initiations : Some Conceptual and Evolutionary Implications," *Re Vision* 11, no. 3 (Winter 1989), p. 16.
39. Richard Daab and Michael Peter Langevin, "An Interview with Whitly Strieber," *Magical Blend* 25 (January 1990), p. 41.
40. Lytle Robinson, *Edgar Cayce's Story of the Origin and Desting of Man* (New York : Berkley Medallon, 1972), pp. 34, 42. (ロビンソン『人類の運命を読む：エドガー・ケイシー最後の警告』今村光一訳，中央アート出版社，1985)
41. From the Lankavatara Sutra as quoted by Ken Wilbur, "Physics, Mysticism, and the New Holographic Paradigm," in Ken Wilbur, *The Holographic Paradigm*, (Boulder, Colo. : New Science Library, 1982), p. 161. (『空像としての世界』)
42. David Loye, *The Sphinx and the Rainbow* (Boulder, Colo. : Shambhala Publications, 1983,), p. 156. (『スフィンクスと虹』)
43. Terence McKenna, "New Maps of Hyperspace," *Magical Blend* 22 (April 1989), pp. 58, 60.
44. Daab and Langevin, *Magical Blend*, p. 41.
45. McKenna, *Magical Blend*, p. 60.
46. Emanuel Swedenborg, *The Universal Human and Soul-Body Interaction*, ed. and trans. George F. Dole (New York : Paulist Press, 1984), p. 54.
47. Joel L. Whitton and Joe Fisher, *Life between Life* (New York : Doubleday, 1986), pp. 45-46. (『輪廻転生』)

本書は『ホログラフィック・ユニヴァース——時空を超える意識』
（一九九四年初版）を改題したものです。

［著者紹介］マイケル・タルボット　Michael Talbot――1954年、米ミシガン州生まれ。ミシガン州立大学卒。幼い頃より超常現象を体験し、科学がなぜ超常現象を解明できないのかについて探究を続ける。『神秘思想と新物理学』『量子を超えて』『あなたの過去生：生まれ変わりハンドブック』などのノンフィクションの他、小説も３冊ある。1992年、ニューヨークで死去。

［訳者紹介］川瀬勝（かわせ・まさる）――会議通訳者、翻訳家、ヒプノセラピスト。ハワイ大学卒、慶応義塾大学大学院修士課程修了。国会議員秘書などを経て独立、各界要人の通訳を務める。モントレー国際研究大学翻訳通訳大学院での教授職ののち帰国。訳書にフリーク『気づきの扉』（サンマーク）、ハンコック『異次元の刻印』（バジリコ）、デラヴィ『地球巡礼者』（武田ランダムハウスジャパン）、キャディ『心の扉を開く』（日本教文社、共訳）、メイス『七つのチャクラ』（サンマーク）、ウィルソン『アトランティスの遺産』（角川春樹事務所）など。

投影された宇宙――ホログラフィック・ユニヴァースへの招待

1994年５月20日　初　版第１刷発行
2005年４月25日　新装版第１刷発行
2023年11月10日　　　　第16刷発行

著　者　マイケル・タルボット
訳　者　川瀬　勝
発行者　小林公二
発行所　株式会社　春秋社
〒101-0021　東京都千代田区外神田2-18-6
電話　03-3255-9611（営業）
03-3255-9614（編集）
振替　00180-6-24861
https://www.shunjusha.co.jp/
装　幀　HOLON
印刷所　萩原印刷株式会社

ISBN 4-393-36624-7　定価はカバー等に表示してあります

ソマティック心理学

久保隆司

深層心理学の流れをたどりつつ、さまざまな心理療法を総説し、その根底に流れる心身統合への道を、神経生理学など現代科学の知見も取り入れつつ統合的に探求する。　三五〇〇円

レイアウトの法則

アートとアフォーダンス

佐々木正人

〈物〉と〈人間〉の関係を探求する心理学＝アフォーダンスの最新局面とアーティスト達との刺激的邂逅。絵画、建築、写真、ブックデザインの現場に〈レイアウト〉の法則を探る。　二三〇〇円

意識の諸相　上・下

D・J・チャーマーズ
太田紘史他訳

意識とは何か？　哲学的ゾンビや映画「マトリックス」の哲学など多彩なアイデアを駆使して、唯物論に抗し、独自の心の形而上学を築こうと邁進する哲学の鬼才の思索の全貌。　各四五〇〇円

新版　質的研究入門

〈人間の科学〉のための方法論

U・フリック
小田博志監訳

画期的入門書として多くの読者に支持されてきた「質的研究入門」刊行から8年。旧版の改良に加え、急速な発展を続ける「質的研究」の最新動向を詳細に盛り込んだ待望の新版。　三九〇〇円

※表示価格は税別